U0947351

本书受“上海高校高峰高原学科建设计划”资助

◎肖永奎 著

法度与道德

王安石学术及其变法运动述论

上海古籍出版社

图书在版编目(CIP)数据

法度与道德：王安石学术及其变法运动述论 / 肖永奎著. —上海：上海古籍出版社，2021.11
ISBN 978-7-5732-0083-9

Ⅰ.①法… Ⅱ.①肖… Ⅲ.①王安石(1021－1086)—学术思想—研究②王安石变法—研究 Ⅳ.①B244.55 ②K244.05

中国版本图书馆 CIP 数据核字(2021)第 226649 号

法度与道德：王安石学术及其变法运动述论

肖永奎　著

出版发行　上海古籍出版社
地　　址　上海市闵行区号景路 159 弄 A 座 5F
邮政编码　201101
网　　址　www.guji.com.cn
E-mail　guji1@guji.com.cn
印　　刷　常熟市文化印刷有限公司印刷
开　　本　635×965　1/16
印　　张　21
插　　页　3
字　　数　292,000
版　　次　2021 年 11 月第 1 版　2021 年 11 月第 1 次印刷
印　　数　1—1,100
书　　号　ISBN 978-7-5732-0083-9/B・1228
定　　价　88.00 元

如有质量问题，请与承印公司联系

序：积久学必精

张立文

十年艰辛追爱智，一朝思得博士花。求道工夫不与闲，谁说肖黄不落家。肖永奎博士十年学问思辨，五年钩深致远，其博士论文《王安石经学与变法研究》即将出版。这既是其多年求道硕果的面世，亦是其攀学术高峰的起始。

王安石是北宋著名的改革家、经学家、思想家、文学家。他胸怀家国民众，忧患积贫积弱，强毅变法措施。虽群谤盈廷，但以“天变不足畏，人言不足恤，祖宗之法不足守”的三不足以对。王安石的理论思维虽为理学的非主流派，但与主流派周敦颐、张载、程颢、程颐共同推动着理体学思潮的开创，开启了北宋思想解放运动，即从“不敢言服、郑非”的注疏之学中解脱出来。共同倡导以义理解经的新的经学研究范式，构建了“六经注我”的理学理论思维自由创新的新时代。王安石义理解经，其宗旨是为变法的合理性、合法性制造依据。《四库全书提要》有言：“安石之意，本以宋当积弱之后，而欲济之以富强，又惧富强之说，必为儒者所排击，于是附会经义，以钳儒者之口。”[1]王安石挽救北宋积贫积弱的危机，实行变法，

〔1〕《周官新义》，《丛书集成初编》，上海商务印书馆1937年版，第1页。

寻求理论依据，以钳排击者之口。他在《周礼义自序》中说："士弊于学久矣！圣上闵焉，以经术造之，乃集儒臣训释厥旨，将播之校学……以所观乎今，考所学乎古，所谓见而知之者，臣诚不揆，妄以为庶几焉。"〔1〕他试图通过训释经典著作而发现适合变法的价值，以能"致法就功"。他认为《周礼》其书理财者居半，爱之。如行青苗法，都稽此书。其在《诗义自序》中说："书成，以赐太学，布之天下。又使臣某之序，谨拜手稽首言曰：'诗上通乎道德，下止乎礼义。故其言之文，君子以兴焉；循其道之序，圣人以成焉。'"〔2〕是为培养具有道德和礼义的人材，颁之太学，太学学生便受荆公新学的教育，如永嘉学派的周行己、许景衡、薛季宣等都在太学学习时接受"新学"的影响。王安石在《书义自序》中说："熙宁二年，臣某以《尚书》入侍，遂与政，而子雱实嗣讲事，有旨为之说以献。八年下其说太学，颁焉。……实始操之以验物，考之以决事。"〔3〕三经新义在荆公新学独行于世六十年，科举之士子，熟于新义才能中举，所以在当时影响巨大深远。它横扫考据注疏之俗学，为义理之学的注经、改经、补经鸣锣开道。

为化解当时内忧外患的社会危机，纲常宗庙、礼制失序的道德危机，儒释道三教冲突的信仰危机，必须重构伦理道德和价值理想，一批有智慧、有远见的士子和学者，变革、革新是他们的共识。于是在庆历年间由范仲淹、欧阳修为首发起变革运动，是为"庆历新政"。提出明黜陟、抑侥幸、精贡举、择长官、厚农桑、减徭役、修武备，及重命令、轻恩信等措施。从上而下实行一次改造，虽很快失败，但变革的精神却继承了下来。王安石以"不畏浮云遮望眼"的洞见，高举变法的大旗。熙宁二年（1069 年），王安石任参知政事，与陈升之同领制置三司条例司，同年实行均输法、青苗法；三年（1070 年），改诸路更戍法、立保甲法、行募役法；四年（1071 年），更定贡举法，以经义策论取士，立太学生三舍法；五年（1072 年），行

〔1〕《周官新义》，《丛书集成初编》，上海商务印书馆 1937 年版，第 1 页。
〔2〕转引自柯昌颐：《王安石评传》，上海商务印书馆 1933 年版，第 226 页。
〔3〕同上，第 227 页。

市易法、保马法，颁方田均税法；八年（1075年），《诗》《书》《周礼》三经新义成，诏颁于学宫，在短短的四年间颁行10法，既没有给州县官员说明各法的性质、意义、价值以及施行的办法，也没有给地方官吏以充分准备实行各法的时间，以致地方官吏手忙脚乱、罔顾不及，更不检查各法是否按法正确施行，故而出现诸多弊端，这就给不同意变法以及变法触犯其既得利益的人与集团以排击的口实和事实。于是朝议排击纷纷。由攻击变法而谤议作为变法理论根据的“三经新义”及其经学思想。元丰八年（1085年）宋神宗崩，哲宗即位。高太后临朝罢各新法。九年（1086年），王安石随新法被罢而卒。

肖永奎博士对王安石经学探赜索隐，还其本来面目。如对于其源流的误读，或以其经学学术本于周敦颐，或以为出自贾昌朝，或以为“盖本于敞，如‘伊尹相汤伐桀，升自陑’之说之类，经义都勦取之。”对此，肖永奎将《三经》经文原典、刘敞《七经小传》解、《三经义》解例表作同异的比较。《尚书》的《尧典》《舜典》《皋陶谟》《禹贡》《伊训》《微子》；《毛诗》的《周南·卷耳》《魏风·园有桃》《小雅·常棣》《小雅·十月之交》；《周礼》的《天官·大宰》《地官·司市》，刘、王二人诠释均异。唯《禹贡》“二百里蔡。”，训蔡“放也；放罪于此”，两人同，皆据于孔安国传。以王安石经解勦取刘敞之说，不能成立。若王安石为抄袭刘敞，在当今亦是不允许的学术规范问题。

化解误读，追索其真实的原委。在北宋道学家、哲学家疑经改经的思想自由的新经学运动中，司马光的疑孟，欧阳修的疑《周易·系辞》等非孔子所作。王安石以《春秋》为“断烂朝报”，却成为王安石叛经的根据。肖永奎认为最早误读王安石断烂朝报的为苏辙。他在《春秋集解引》中说：“至《春秋》满不能通，则诋以为断烂朝报。使天下士不能复学。呜呼！孔子之遗言而凌灭至此。”杨时作为二程高弟批判安石学术最力，却说《春秋》“于六经尤为难知，故《春秋》不列学官，非废而不用也。”二程另一弟子尹焞说：“介甫未尝废《春秋》，废《春秋》以为断烂朝报，皆后来无忌惮者托介甫之言也。”两人之言，已为安石辩白。李绂认为，王安石讲断烂朝报是对陆佃农师、龚原深父在其《春秋后传》和《春秋解》中认为阙文太多，故言断烂朝报，并非诋经之意。其实王安石自己曾撰《春秋左氏解》十卷，言言精核，辨左氏为战国时人。在其所著《原性》有曰："孔子作《春秋》，则游、夏不能措一辞。"可见其并没有非《春秋》，其"断烂朝报"之说是对陆、龚的阙文多而言的。

积久学精，辑佚《礼记发明》。由于长期对王安石经学的误读、误判，其经学著作亦随之佚失，再加上对王安石变法的排斥、攻击，亦殃及其作为变法理论根据的经学著作的流传。近代以来，随着对王安石变法重新认识和评价，其经学著作也得到学者的重视，也开始了对其经学、子学著作的辑佚，但欠缺甚多。于是肖永奎博士便着手搜集资料，撰写了《王安石经学著作考》，对其经学著作的写作时间、卷数、版本、流传进行考证，以体认其经学著作的人文语境、时代精神以及其思想的发展过程，并以扎实历史资料、时人的论说证其大体的内涵。基于其经著有的没有辑佚，肖永奎博士便对《礼记发明》进行辑佚。赵希弁《郡斋读书附志》载，王安石有《礼记要义》二卷；卫湜《礼记集说》："临川王氏：《礼记发明》一卷。"肖永奎认为此两书即为一书，题名分卷不同而已。其转述王安石佚文比较完整，据此他作《礼记发明辑佚》，共辑得佚文55条，其中《曲礼》上下12条，《檀弓》上下13条，《王制》8条，《曾子问》1条，《礼运》6条，《哀公问》1条，《坊记》1条，《中庸》11条，《表记》2条。可窥见王安石对《礼记》诠释的思想和方法。如对《中庸》首三句的诠释："人受天而生，使我有是之谓命，命之在我之谓性。不唯人之受而有是也，至草木、禽兽、昆虫、鱼鳖之类，亦禀天而有性也。然性果何物也？曰：性善而已矣。……"并以《中庸》与《周易》的"穷理尽性以至于命"诠释性命。王安石的诠释合乎经典的意蕴。然朱熹的《中庸章句》直解"天命之谓性"："性即理也，天以阴阳五行化生万物，气以成形，而理亦赋焉……"，完全是其理体学的哲学思维的贯彻。肖永奎博士对于《礼记发明》的辑佚，与荣肇祖辑佚《王安石老子注辑本》，蒙文通辑《王介甫〈老子注〉佚文》，张宗祥辑录《王安石〈字说〉辑》可谓同功。是对王安石经学研究的贡献。

钩深致远，和合创新。永奎从和合学视域契入王安石经学，便展开一个新的世界。他认为当社会面临信仰危机，儒学信仰体系衰落，与佛道以及世俗的价值相比，已无法凝聚人心，经学注疏考据之学已无法构成人们心中的信仰根基，无法为社会提供一种公共的共享的价值体系。改变僵死的，不能唯变所适的旧经学，已是当务之急。与社会上兴起的变法诉求相适应，亦催生了经学义理学的理性主义思潮，以标举批判注疏考据之学，提倡经学致用。王安石的新经学，以新的变法思想、新范式、新方法解释经典。他将经术变法与经学义理及变法现实融突和合，使经术变法、经学义理成为现实变法不可或缺的理论根据，并援引经典论证变法的合理性，为其经学与变法树立新的权威，激发士大夫敢于作为的变法精神。虽《书》《诗》《周礼》三经新义名义上为科举改制统一经义服务，实际上是为构建一个新的富国强兵的变法设计。《三经新义》既突破解经的"家法"与"师法"，又以海纳百川的心态援引、吸收诸子解经的成果，加以自己的解读，并运用其《字说》分文析字，阐明义理。在此基础之上融突和合创新，构建了经学义理新体系，推动经学义理之学的发展。

肖永奎博士《王安石经学与变法研究》运用了和合学方法深入探赜熙宁变法如何以经学为其理论依据，以及经学唯变所适为变法实现合理性论证的关系，在相互联动中，互相促进，互相发展，营造了一个互相创新的局面，使北宋社会出现了新气象、新思维、新方法。肖永奎该书广纳兼揽前人研究成果，而能言前人所未言，发前人所未发，辑前人所未辑。因此，有其重要意义和价值。

是为序。

于中国人民大学孔子研究院

2021 年 1 月 10 日

目录

导论：法度与道德之间

公元11世纪中叶，经过近百年的稳定发展，宋朝虽未能如汉唐之盛世，威及西、北，但也出现了经济社会前所未有的繁荣，政治上法制完备，文化兴盛，人民生活安定。然就是这“和平之世”，很多人却看到其中隐藏着的巨大危机，纷纷有“盛世转危”之虑，如哲学家程颐年十八即上书仁宗皇帝（1050年），劝其兴起改革，“期非常之功”。在他晚年完成的《易传》中，因《临》之卦辞而论曰：“自古天下安治，未有久而不乱者，盖不能戒于盛也。”盛世才是要变革之时。熙宁元年（1068年），王安石应神宗之问而上《本朝百年无事札子》，系统总结了宋代政治，条列其问题，最后则曰“大有为之时，正在今日”。这不断兴起的变革呼声，虽然与宋代社会政治面临的各种问题具体相关，即为“合变时节”（朱熹语），但它背后有着更深层次的思想根源：人类对于“永久秩序”的期望与探索。

揭示这一问题，对之进行探索的正是北宋中期兴起，并逐渐走向历史舞台的新儒学思潮。它是思想家们站立在当时所能拥有的全部文化资源的基础之上，以儒家思想为主导，延及经学、文学、史学等领域，面对时代危机，融突创造而成的新思想形态。它所产生的一系列文化及思想原则，决定了其后中国数百年的意识形态，此为学界所熟知。虽然新儒学的思想范围很广，但它的核心是对“好的秩序或生活”的追问。与此相应，社会政治秩序的变革是新儒学普遍的诉求，并在北宋中后期激发了三次大规模的政治改革运动，它们的实质都是在君主政体的背景下谋求国家善治。第一次是庆历年间（1043—1045年），由范仲淹、欧阳修等人领导的新政改革，第二次是熙宁年间（1069—1076年），由王安石主持的变法运动，第三次是元祐年间（1086—1093年），由司马光、苏辙等人主持，程颐亦参与其中的更化运动。其中尤以第二次的王安石变法（又称熙宁变法）最为引人关注，它持续的时间最长，其后在神宗的主导下更延续到元丰八年（1085年）。它的改革是全面的，涉及经济、政治、教育、典礼、刑法、军事以及外交等各个领域；但它所引起的争议也是最大的，南宋以后的儒学持续对其进行批判，王安石的学术及其新政亦逐渐成为"异端"。至于第三次的元祐更化运动，直接的原因正是对新政的"更化"，而内在更认同于庆历传统。这使得第二次的学术与政治改革运动更显"特殊"了，但客观而论，这三次学术与政治改革运动都围绕着"秩序"的建立问题进行探索，它们之间有着某种内在关联。

从庆历学术开始，关于"秩序"的思考便被定位为以"三代"为典范，并对周秦以来的政治进行了反思，让他们感受最为深刻的是这段历史的"乱世纷纷"，除了汉唐短暂的"盛世"，大部分的时间都是动荡不安的年代，至于五代，更是"乱世之极"。显然，这种历史观的建构是与他们的变革诉求直接联系在一起的。在对"为什么"的理解中，他们的探索与近代以来从专制政治的角度对古代历史进行批判的视角不同，〔1〕他们深入到儒家的经史传统，重新审视历史，思索现实，回应人心的变化，而将重点放在儒家政教秩序的重建上，他们称之为"道"的复兴。我们可以说这种态度是"复古"的，石介的《原乱》更是明确地将"乱世纷纷"的根源归结为

---

〔1〕"中国古代专制说"是近代以来最为流行的学术观念之一，近年来一些学者围绕其产生的根源、传播的历史以及古代政制重新定位等问题进行了很多争论，对此可参考蒋凌楠：《晚清"专制"概念的接受与专制历史谱系的初构》，《史学理论与史学史学刊》2015年卷（总第13卷）；侯旭东：《中国古代专制说的知识考古》，《近代史研究》2008年第4期；白彤东：《中国是如何成为专制国家的?》，《文史哲》2016年第5期。依然主张"专制说"的学者也进行了重新的论证，如张分田：《"专制"问题论纲——关于"重建中国思想史知识体系"的若干思考》，《天津社会科学》2011年第3期；黄敏兰《质疑"中国古代专制说"依据何在——与侯旭东先生商榷》，《近代史研究》2009年第6期。

“乱古之制也”。然关键不是对“复古”的态度进行评价，毕竟在他们的思想视野中，“三代”提供了一种最好的秩序典范，我们要做的是，揭示新儒学家们在这一名义之下，面对人类对秩序问题的追问，提供了怎样的思考。

新儒学是怎样展开对秩序问题探索的呢？某种程度上，可以讲正是因为王安石变法，各派之间围绕着儒家的经史传统进行的激烈争论，使得这一问题清晰而完整地呈现了出来。两个基本的范畴，即法度与道德，作为秩序的基本方面被提了出来。显然，它们并不是在宋代才出现的，而是一直存在于古代政治哲学的论说中，如《孟子》的“徒法不足以自行，徒善不足以为政”；《荀子》的“治人”与“治法”等。只不过新儒学以一种新的方式将其表述了出来，并围绕着两者的统一问题展开激烈的论争。据笔者的研究与思考，新儒学主要是在三个层面的问题上展开了争论，但在揭示这些问题之前，首先要在古代政治哲学的语境中，对“法度”与“道德”的概念作出解释。

首先是“法度”的两重含义。它最直接的含义是与合理性、普遍性，或某种具有典范意义的制度、行为相关联的。如《论语·尧曰》有“谨权量，审法度”，“法度”即是“礼乐制度”，与“权量”并称，具有某种“标准”的含义。又如荀子使用“法度”一词，多与“礼义”并称，也是如此。这样抽象地去考虑，只有合乎于“规范”“义理”，具有普遍性的制度或行为才能称为“法度”。这说明它相对于现实中的具体制度或规章具有超越性意义。而在政治的现实运行中，具体制度意义上的“法度”只能是“制度的法律化”，它只能体现为国家颁布的法律形式，在古代国家中，主要是以敕、律、令等形式呈现出来。这是“法度”的第二重含义。两者之间始终保持着一种张力，对具体制度的改革，要合乎“法度”来进行。

在“制度的法律化”这一层面上使用的“法度”概念，还隐含着这样的一个逻辑，即政治的治理行为必须通过制度来进行，这是其特点，是政治实现治理的必然途径。这意味着政治行为有着与人们日常生活不一样的地方，后者可以私人性的方式进行，如给予某人恩惠等。但政治事务具有公共性，孟子曾批判子产“惠而不知为政”，正是指政治的这一特点。当然，承认这一点，并不意味着就自然走向制度主义，即完全相信制度本身的结构与组织可以导向善治的理念，儒家政治还是普遍地相信人的行为，或道德占有着一个重要的地位。

其次是道德之于政治的两个问题。“道”与“德”本是独立使用，一般认为“道德”一词出现于战国以后。对于其本义，张立文先生曾谓：“‘道’的初义是道路，‘德’的初义是眼睛望着道路走。后来‘道’引申为道理、道义、事理、原理、方法、引导、治理等，‘德’引申为恩德、品行、节操、属性、福、德政、规律等。又合为‘道德’，依据两字初义，即眼睛看着道路直走，就不会走错路，这便合乎道德之意。”〔1〕据此，“道”为原理、道义等，而“德”为人对道的体认、觉悟与践行，所谓“德，得也”。因此，就其一般的含义来讲，“道德”实际上类似于一种成人之学，最终指向一种人格的养成，在儒家即是圣贤或君子。当然，儒家有儒家之道德，道家有道家之道德，法家亦有法家之道德，故韩愈有“道与德为虚位”的说法。

以现在伦理学的范畴，对儒家的“道德”观念进行分析，基本上有以下几种倾向。比较早的是港台新儒家，尤其是以牟宗三为代表，将其解释为道义论（deontology），即以道德理性或观念为道德的根本。但是现在的一些学者并不认同，而更多地倾向于从美德论（virtue ethics）的角度进行解读。这些争论与本文密切相关的一对概念是“道德实体”与“道德行为”：“道德实体”是行为者对道德之为道德的觉悟，是圣贤人格的成就，是存有意义上的道德；而“道德行为”则是指主体之行为，包括言论与行动。〔2〕就此而论，道德之于政治的含义，主要包括以下两个方面。

一是政治的正当性问题。这一问题具有普遍性，无论何种社会政治结构，采用何种政体，都面临着这一问题。它的实质是人们的道德观念对

〔1〕 张立文：《中国哲学思潮发展史》（上），人民出版社2014年版，第102页。

〔2〕 对这一问题的讨论，参见唐文明：《隐秘的颠覆：牟宗三、康德与原始儒家》，生活·读书·新知三联书店2012年版。对儒家美德伦理的关注，见最近出版的相关著作，如陈来：《儒学美德论》，生活·读书·新知三联书店2019年版；黄勇：《当代美德伦理：古代儒家的贡献》，东方出版中心2019年版。

“政治行为”的某种规谏或评价，要求政治具有合乎社会普遍道德的含义，所谓“政者，正也”。[1] 就古代政治的基本状况而言，这里的政治行为包括的范围很广，如吏治、理财、刑罚、外交、军事、教育、典礼，甚至包括君主的一些个人或家庭行为。这一方面是因为君主的行为被赋予某种道德模范性的意义，所谓“君子之德风，小人之德草”，同时君主之德也是正当性的确认。对君主的道德要求，某种程度上也适用于对官员的要求，不过后者的影响要稍微小一点。对政治行为之正当性的考虑，其中“民本”是儒家树立的最核心的道德理念，以爱民为核心，要求政治以庇护民众为第一要务。

二是治理者的素质问题。一般而言，这里的素质包括两个层面，即德与才。与之相联系的两种人才类型就是“贤者”与“能者”，早在孟子那里，就已经区分地使用这两个概念了。“能者”是指一些专门的人才，如在理财、刑法、军事等方面有着突出的才能；而“贤者”是指有德者，具有政治方面的道德品质，如忠诚、廉洁、守职、奉法等的人才，这普遍地存在于各个领域。存在着能者无德，或有德者无能的情况，但在一些政治的基本问题上，有德者本身就有其政治价值。孟子所谓“贤者在位，能者在职”，正代表着儒家一般的秩序期待，这也隐含着这样的观念：对于维持整个政治体制的良好运行，“贤者”的作用更为重要。

依据以上对法度与道德之含义的分析，其中隐含着以下三个基本的问题。首先是什么样的制度是合乎法度的，即什么是“良法”？政治、经济、教育、刑法等各个层面的制度，应该符合什么样的原则才能是好的？其次是在政治治理的过程中，单独依靠道德或制度，都不可能产生善治，关键是怎样将两者统一起来。正是在这一问题上，新儒学内部有着根本

〔1〕“政者，正也”，本意指君主的表率作用，与《论语》中“正名”观念一起，都表达着儒家对政治正当性问题的理解。相关论述可参见王琦、朱汉民：《“政者，正也”析论》，《湖南大学学报》（社会科学版）2015 年第 5 期；荀东锋《孔子正名思想研究》，复旦大学 2012 年博士论文。值得注意的是，基于对当今政治状况的思考，有学者重新阐释了儒家这一政治思想传统，他们称之批评政治，或主张回归“正”治，实际上都高扬儒家的道德价值，以纠正当今政治的某些偏向。参见陈来：《儒家的政治思想与美德政治观》，《中国哲学史》2020 年第 1 期；张志宏：《回归“正”治——当代中国哲学研究的发展路向》，《文史哲》2020 年第 3 期。

的分歧。最后是在新的历史条件下，怎样确立政治的正当性。除了民本的观念之外，庆历、元祐学术都认为儒家的纲常伦理是最根本的，通过严君臣之辨，提倡将“知廉耻”的价值观作为政治的基本规范。

当然这只是分析地来看，其中有这样的三个问题。实际上它们是紧密地联系在一起的，同一论题中涉及不同的问题。新儒学围绕这些问题进行了论述，尤其是第一和第二个问题。王安石对“法度”的论述让人深刻，他的变法包含着一个明确的目标，即将一切政治事务纳入法度的框架之中，这也包括皇权本身。而在他使用“法度”这个概念的时候，就包含着两重含义的融合，即合乎义理的制度的法律化。他将“善法”理解为基于“公私一体”、中道，以及合乎人性等原则而建立起来的制度体系，它是以人心自然地悦服为其归向，以合乎人性的发展为其宗旨，这不能不说是古代法治精神的系统发展。但不能因此就说他是法家的代表。笔者以为“法治”是古代各家的共同理念，儒家的政教体系亦是“礼法”的系统，〔1〕而王安石所要建立的制度体系，按照他的说法正是“与学士大夫讨论先王之法，以措之天下也”。

然而，如我们已经熟知的，王安石的新法遭到了来自于其他各派的反对，新法是否合乎所谓的“先王之法”？激烈的争论在他们之间展开了。一方面如何理解“先王之法”，即对儒家经史传统的诠释问题；另一方面制度的建立是否具有“有效性”，即如何适应现实条件，更好地解决现实利益的冲突。但值得注意的是，如果认真地比较反对者对于具体制度的主张，他们内部的冲突也是很大的，除了元祐年间苏轼、苏辙与司马光关于役法的争论公开化之外，在其他方面，冲突也是存在的。以经济政策为例，程

---

〔1〕 萧公权先生在分析孔子的德治理念时指出，他是意图将人治与法治结合起来，并不是要舍弃制度，纯任道德，又论荀子的礼治实际上“治法”的一种形式，与法家“专重治法”不同，“后者（荀子）则求治人以行治法”。因此，他反对后人仅仅从“人治”的角度来解读儒家。笔者认同这一理念，这里所讲的问题实际上正是本文所要探讨的“法度与道德如何统一”的问题。见萧公权：《中国政治思想史》（上册），商务印书馆 2011 年版，第 78、120 页。对儒家的法治进行专门探讨的论文，可参见涂可国：《政治儒学的一个重要向度：先秦儒家的法治思想》，《当代儒学》2019 年第 1 期；胡水君：《儒家法治：学理可能及其现代生发》，《天府新论》2019 年第 1 期；刘小平：《儒家为何必然需要法治？——黄宗羲的“法”理论及其内在转向》，《法制与社会发展》2020 年第 5 期。

颢、程颐对土地国有化（井田制）比较感兴趣，苏轼、苏辙早期的文章也曾主张国家贷款政策，对于当时争论最为激烈的青苗法，后来程颐曾讲过“且放过，又且何妨”的话。又如在科举改制的问题上，苏轼的观点比较独到，对于王安石、司马光、程颐等人执着于经义取士的做法并不是很认同。

这其中王安石与司马光之间的对立最为惹人注目，在经济、吏治、刑法、外交、军事等各个方面，都可以看出两者之间的严重分歧。由此来看，两者各自成为一方的意见领袖，并非偶然。历史似乎也到了一个大变革的关口，中国历史中积累的各种制度资源借此得到了一个重新整合和实践的机会，这之后中国几百年的古代历史中，再也难以找到这样的一个时期，即儒学如此大规模地关注“制度”的建构，并谋求现实改革的突破。笔者以为对于这些争论的研究，一方面要关注它的经史源头，另一方面是要对其历史意义做出评价。

但我们也看到，除了对于新法是否合乎“先王之法”这一问题进行争论之外，在第二个问题上，即法度与道德如何统一的问题上，王安石持有着几乎与所有反对者截然不同的观念，这或许才是他不被认同的根本原因。按“道德”一词的含义，对“道德实体”的追问，即个人成德的问题，在新儒学那里被明确地提了出来。早期的新儒学家，如胡瑗、孙复、石介那里提出了秩序以及“道统”的观念，但稍后的周敦颐、张载、程颢、程颐等人，开始将问题的重心转向对“实体”问题的探讨，这在学界对宋明理学的研究中已成为共识，此处不再赘述。王安石在这一倾向中扮演着一个重要的角色，除了对“性命之理”进行探讨之外，他还提出了“精理论”“致一论”等学说，表达了他对成德问题的关注。但这里的问题是，“道德实体”如何可能走向政治治理，并参与善治的完成？

从庆历学术与政治传统开始，对于这一问题形成了一个共识，即通过“君子党”（欧阳修语）的联合，实现与君主共治天下的理想。君子正是儒家“道德实体”的觉悟者，他们之间的联合主要是通过一系列的道德价值来达到相互之间的认同，比如“知廉耻”的价值观在这一时期起着特别重要的作用；其他还有直言敢谏、恬退（对权力表现出一种默然的态度）等，都是评价一个人是否为君子的标准。但是在一个人进入到这个评价体系之前,他的才能也是一个必要条件,比如在文学、史学、经学等领域有着不凡的见识。一般而言,一个人的道德与他享有的名誉是相应的,因此“尊名”才可以“厉贤”(欧阳修语)。当然,这种联合要走上政治的舞台,还必须得到君主的“委职”(范仲淹语)。

元祐政治明确地继承了这一传统,司马光延续了欧阳修的“君子党”联合执政的观念,他称之为“圣君而用贤臣”。程颐作为一个哲学家,更是为这种政治路线进行合乎“天理”的论证。在其《易传》中,他系统地发展了感应论的学说来论说君子之间走向联合的必然性,所谓“君子之进,必以其类”,那么“小人之进”,亦必以其类;甚至君臣之间的感通之道,亦以“气类相求”。正是通过这样的联合,“君子党”在君主的“委职”之下获得治理天下的机会。他们以为这是政治的根本,又称之为“纲纪”。“制度”是次要的,根本在于“人事”的选择,即君子在位。司马光断定只要选择的人是对的,就没有坏的制度;苏辙后期的论述中也讲只要保证君子在位,那么一切制度、政事,“自有人能料理者”。

从“道德”到“君子党”,从“君子党”到“圣君贤相”,再到政事的处理与法度的建立,庆历、元祐传统确立起了道德与政治之间的关联。他们越是强调君子的修身之德,越是讲求对“道德实体”的觉悟,就越是在政治上期待着人事的根本变革。然而这样的一种法度与道德的统一方式,并没有得到王安石的认同。王安石是较早且系统地对庆历传统进行反思的,他提出的理由是,“君子党”占领着道义的制高点,实际上超越国家制度法令,并成为秩序的破坏者。他讲“小人乃为朋党,君子何须为朋党”,君主要做到“无虐茕独而畏高明”,“茕独”是卑贱者;“高明”是在高位而有名誉者,要保持法度的公正性,不要因其卑贱而虐之,亦不能因一些人在高位有名誉而曲法处之。

需要强调的是,王安石对“君子党”的批评,并不是否定“君子”,或道德在政治中的作用。因为“君子党”并不是一个纯粹的文人或学术团体,而是某种政治团体,它以获得君主的“委职”为其主要的目标。但它与现代的政党类型又不同，它没有内部的组织规范性，而是依靠着士人群体的道义感以及获得相应的名誉为联合的方式。在它没有获得“委职”的时候，它作为一种批评性的力量，类似于儒家所讲的道统，对君权以及政府有着监督、批评的作用；一旦它获得“委职”，便可以转化为治理的主体。但无论如何，它都是要作为政治力量存在，并影响政治的法令政策。但是也应看到这样的“君子党”一旦存在，因为它本身占据着道义的制高点，那么便不可能有对它的任何批评，或有效的监督，而一旦他们获得“委职”，所推行的政策便自然具有合理性，无论是否如此。王安石的担忧正在于此，他直接批评“君子党”的存在，将导致“是非淆乱”，或“以名乱实”。只有法度才是政治的可靠根基，所有的政治力量或事务都要纳入法度之中，超越于法度的力量最终都会是破坏性的。当然要正确地理解王安石所讲的“法度”，即合乎儒家政教理念之制度的法律化。

但是有人可能会有疑问，难道君子不是要遵守国家法令么？事实上，君子要遵守的是“道义”，并不一定是法律化的制度，在政治上傲视君权以及其他法律的情况是被允许，甚至是被鼓励的，只要符合君子们的道义观。而王安石要将一切建立在法度的基础上，这必然会在两者中产生冲突，因为人们对于“道义”的认识并不是统一的，可是政治需要某种程度的统一，否则它都无法保持政令的推行。王安石坚持认为在政治上，所能做的仅仅是将“道德”作为一个重要的因素，纳入法度的运行之中，而非作为一个“党”逾越于法度之上。这样对“君子”的考察主要是看他的行为，“忠信”是最主要的标准，“守法奉公”是最核心的品德，创造性地推行法度以利于民，是最重要的才能。这些都是在法度之中，且可以被具体考核的，一个人是否获得了“道德实体”，也要在法度中被考核，而不是逾越于其上。正是因此，我们可以将王安石的政治理念称之为“法度本位”的。

显然，正是这样的一种思路，构成了王安石与庆历以及元祐传统的根本分歧，因为我们看到关于“制度”的争论可以维持在“君子党”的内部，但取消“道德”作为一个超越性的政治力量，而将其纳入法律的运行之中，是后者难以认同的。对王安石持续的批评虽然表现在多个方面，但这一点最为根本，也最值得我们讨论。王安石的这一政治路径所带来的问题是：他是否破坏了儒家延续的道义论，以及其所具有的对政治持续的批评力量；反对“君子党”是否意味着取消了对政治权力（君权）的道义约束。在近代观念的影响下，往往使人觉得王安石是在对学术的团体进行打击，或是如苏轼所批评的不能容纳“异见”。对此，笔者不以为然，因为士大夫集团并非是一个单纯的学术团体，批评者首先是作为一个公职身份者而存在的。批评意见只能在国家治理的领域内，在保证政令畅通的情况下，才能是合理的；学术的批评自当有它存在的形式。据笔者的观察，在王安石当政期间，并不存在颁布法令，或越权对学术以及其他社会力量进行打击的情况，他谨慎地维持一种平衡，将全部的变革集中在国家治理的领域中。总之，正是在“法度”的理念之下，王安石重新召回了儒家的政教资源，开启了一场前所未有的变革实践。而在以后的数百年历史中，它却被一次又一次的忽视，同时儒家的政治理念除了一次又一次地高喊“道德”的口号之外，变得越来越缺少建构性。

对王安石变法及其学术的研究，近代以来一直是国内外学界的热点问题，所产生的相关论文与著作也可谓汗牛充栋。围绕着怎样解释王安石学术与变法，也曾发生过激烈的争论，李华瑞教授出版于2004年的《王安石变法研究史》对国内此前的主要观点与研究进行了总结。2015年由张保见、高青青编选的《王安石研究论著目录索引（1912—2014）》也已出版，使学者可以更详细地获得关于王安石研究的相关重要成果。这些研究尤其关注王安石的经济措施，早前的一些学者主要倾向于将他解读为一个国家资本主义或社会主义者，这包括一些国外学者，如日本佐伯富的《王安石》、英国H. R. 威廉逊的《王安石——中国宋朝的政治家和教育家》（*Wang An-Shih, A Chinese Statesman and Educationalist of the Sung Dynasty*）等，这种解释与当时西方经济学流行的凯恩斯主义相关。20世纪的50年代，美国华人学者刘子健明确否定了王安石变法的社会主义性质，他站在中国历史的传统中进行了重新的解释，认为王安石是一个儒家的道德理想主义者，以提倡职业道德和能力来建造一个训练有素、管理高效的政府为手段，以实现儒家的道德社会为目标，可谓独树一帜。国内学者邓广铭、漆侠先生对王安石变法给予了很高的评价，站在历史现实的角度，对王安石的新经济政策给予了充分的肯定，并赞扬他作为一个改革家所具有的大无畏精神。进入新世纪，余英时先生的《朱熹的历史世界》对宋代士大夫政治文化进行了系统的分析，其中关于“共治”理想的叙述也是本文关注的焦点。而国内卢国龙教授的《宋儒微言》从建立政治宪纲的角度，对北宋三次学术与政治运动进行了系统的分析，对本文的研究有着很大的启发。

对王安石学术的关注，从20世纪80年代开始，出现了比较系统、全面的论述性著述，如萧永明教授的《北宋新学与理学》，从为学方法、社会政治思潮以及本体论等诸方面论述了两者的区别；李祥俊教授的《王安石学术思想研究》从经学、儒学、佛学等各个层面对王安石的学术进行了分析，但他将经学与儒学区分开来，可能会引起一些误解，因为汉代以后经学就是儒学的主要形式。一些年轻学者对王安石的研究也值得关注，如刘成国博士的《荆公新学研究》，对王安石的学术源流与流传进行了系统地论述，尤其他最近出版的《王安石年谱长编》，以五卷本的内容详尽地考证了王安石的生平、事迹与著述，很多考证都具有正本清源的作用；杨天保的《金陵王学研究》立足于当时的科举社会，对王安石早期学术进行了考证；方笑一的《北宋的新学与文学》分析了王安石的文学与经学之间的联系；胡金旺的《王安石的哲学与〈三经新义〉》对王安石的道学观念进行了论述。

王安石主要通过他的经学著作，来建立自己对儒家政教体系的解读，但遗憾的是明清以后，他的经著几乎遗失殆尽，这客观地限制了学界对他的学术与变法的研究。清初以来，学者就没有停止过相关的辑佚工作，如清初全祖望就曾从《永乐大典》中辑佚出《周礼新义》，后来文渊阁《四库全书》中所流传的版本即同出于《大典》；又如民国张宗祥的《王安石〈字说〉辑》。尤其是台湾程元敏先生的《三经新义辑考汇评》，在前人辑佚的基础之上，检宋元明之经解、文集、笔记而成，最为详备。2017年复旦大学王水照先生编纂出版了《王安石全集》，收入了王安石经学的辑佚成果，包括《三经新义》《礼记说明》《易解》《字说》，以及《老子注》和《熙宁奏对日录》，对于学者的研究工作极有裨益。

值得注意的是，这些辑佚资料加在一起，所得佚文近五千条，另有《淮南杂说》《论语解》《孟子解》的佚文数条，虽然只是王安石经学的很少部分，但其总量也已远超其《文集》中的杂著、议论诸篇的总和了。正是在这些辑佚资料基础之上，对王安石经学的重新研究也变得可能与必要了。只是系辑佚的缘故，难免会出现断章取义或误解的情况，需要研究者在使用的时候，能够认真辨析。一些学者已经开始专门对王安石的经学进行了研究，如胡金旺的《王安石的哲学与〈三经新义〉》、杨倩描的《王安石易学研究》，以及台湾地区黄复山的《王安石〈字说〉之研究》和林菁菁的《王安石对于典籍之诠释与应用》。但需要指出的是，这些研究还都是碎片化的，更没有将其学术与变法理念贯通起来进行叙述。对于其他类型的著述与论文，其中不乏可以参考的资料与观点，在本文的论述中都有引用，此处就不再一一赘述。

第一章　时代危机与新经学的语境建构

北宋新儒学的兴起是以新经学为依托,以文学、史学为辅助,以社会伦理与政治结构全面改革为宗旨的学术运动。在当时政治危机的背景之下,以范仲淹为首的改革派发动了一场新政运动。学术与政治开始紧密地交织在一起。它所产生的人文语境与政治遗产是王安石学术的一个源流,又是熙丰变法所不得不面对的学术与政治遗产。因此,在对王安石的学术及其变法运动进行分析之前,先要对北宋中期的新经学与政治运动有一个系统的认识与了解。

第一节　政教失序与新经学的兴起

对于北宋新儒学的兴起,《宋元学案》谓"庆历之际,学统四起"。正是在景祐、庆历年间(1034—1048 年),经由范仲淹、欧阳修等人的推荐,新儒学的重要代表人物,如胡瑗、孙复、石介、李觏等人才逐渐走向社会政治变革的前台。新儒学的问题意识来自于对时代危机的直接感受与思索,这突出地表现为他们对儒家政教秩序的关怀与追求。政教秩序在他们的表述中,就是圣人之道。孙复论曰:

所谓夫子之道者，治天下经国家大中之道也。其道基于伏羲，渐于神农，著于黄帝尧舜，章于禹汤文武周公，然伏羲而下，创制立度或略或繁，我圣师夫子从而益之损之，俾协厥中，笔为六经，由是治天下经国家大中之道，焕然而备。[1]

从伏羲、黄帝，经尧、舜、禹、汤、文武、周公，至孔子而集其大成的道，指示着一种良好的社会政治秩序，孙复称之为“治天下经国家大中之道”。“圣人之道”又是人伦常行之道，曾向孙复问学的石介讲道：“孔子之道，君臣也、父子也、夫妇也、朋友也、长幼也。”[2]新儒学的复兴带着这样一种强烈的意识，他们分析时代危机来源自政教秩序的破坏。

现实社会中政教的失序，在新儒学看来，是危机产生的根源。时代的危机突出地表现为两个方面，一是周秦以来的乱世纷纷，二是佛老昌盛，儒学价值面临信仰的危机。石介作《原乱》曰：

周秦而下乱世纷纷，何为而然也？原其故，盖有由矣，由乱古之制也。夫天子，君也；诸侯，臣也，君南面，臣北面，上下之制也。……周至夷王，王室弱矣，不敢自尊于诸侯，与诸侯下堂而相见，则君臣之礼，夷王乱之也。君臣之礼乱，则朝觐之礼废，而诸侯不臣矣，天下无王矣。[3]

不惟“君臣之礼乱”而天下无主，什一之税废而聚敛之名起，井田之制废而经界不正，男女之序乱则女主专政，封建之制坏而天下微，后宫之制坏则邦国殆，宦官之权启则乱政启。“古圣人为之制，所以治天下垂万世也，而不可易，易则乱矣。”在石介看来，政教失序是乱世的根源。欧阳修

---

〔1〕 孙复：《上孔给事书》，《孙明复小集》，文渊阁《四库全书》本，台湾商务印书馆1985年（影印）本，第1090册，第172页。

〔2〕 石介：《辩私》，《徂徕集》卷八，文渊阁《四库全书》本，台湾商务印书馆1985年（影印）本，第1090册，第232页。

〔3〕 石介：《原乱》，《徂徕集》卷五，文渊阁《四库全书》本，第217页。

对五代为乱世之极的论述，也表达了这一观念：

> 家人之道，不可不正也。夫礼者，所以别嫌疑而明微也。甚矣，五代之际，君君臣臣父父子子之道乖，而宗庙、朝廷、人鬼皆失其序，斯可谓乱世者与欤！自古未之有也。[1]

以人伦与制度的关系来看，人伦即“五常之道”，是儒学所谓教化的根本，[2]礼乐刑政皆指向于对人伦的信仰。人伦自有其秩序，所谓君君臣臣、父父子子。人伦秩序构成了制度和理性的来源，是人道标准的存在。制度忽视，或违逆人伦的自然秩序，只是靠强权来维持，不仅不能持久，更使制度本身变成非人道的。那么反过来，制度也是人伦的保障，两者相互依存，这是儒家政教秩序所表达的。在欧阳修等人看来，五代之乱世，君无权以制臣，这是制度方面败坏；而导致君不君，臣不臣，则是人伦秩序得不到制度的保障。因此陷入了恶的循环，这是乱世的根源。那么怎样打破这种循环呢？人伦秩序的重建与制度的变革是同样重要的，但前者更为根本，这是新儒学着眼于秩序问题的基本思考。

二是佛老的兴盛与儒学信仰的危机。新儒学之辟佛老，学界已有专门之论述。[3] 中唐韩愈就是辟佛的急先锋，他以佛教为以夷变夏，甚而提出“人其人，火其书，庐其居，明先王之道以道之”[4]的主张。北宋时，石介作《怪说》，其论以儒教为常道，佛老之说为怪。欧阳修以为佛教兴盛源于政教失序，其论：

---

〔1〕 欧阳修等：《唐废帝家人传》，《新五代史》卷十六，中华书局2016年版，第201页。

〔2〕 “三纲五常”是儒家人伦的基本诉求，关于这一概念的发展与完善，此处采用向世陵先生的观点，即以它的历史渊源可以追溯到先秦儒家，汉代董仲舒明确提倡，东汉《白虎通义》确立“三纲”为国家意志，东汉中期以后，才出现将儒学的实质与核心最终被归结到三纲五常上的思潮。见向世陵《宋代经学哲学研究（基本理论卷）》，上海图书馆出版社，上海科学技术文献出版社2014年版，第15页。

〔3〕 理学家为建立儒家的形而上理论，普遍地有“出佛入老”的经历。专门的论著，可参见陈运宁《中国佛教与宋明理学》，湖南人民出版社2002年版；李承贵《儒士视阈中的佛教——宋代儒士佛教观研究》，宗教文化出版社2007年版，等等。

〔4〕 韩愈：《原道》，刘真伦、岳珍注：《韩愈文集汇校笺注》卷一，第1册，中华书局2010年版，第4页。

> 尧舜三代之际，王政修明，礼义之教充于天下，于此之时，虽有佛老，无由而入。及三代衰，王政阙，礼义废，后二百余年而佛至中国。[1]

“王政阙，礼义废”，中国人无以自守，佛老乘虚而入。问题在于佛老的传入，不能够给中国带来好的秩序么？石介直接说道：“君臣父子皆出于儒也，礼乐刑政皆出于儒也，仁义忠信皆出于儒也。”[2]显然，在新儒学看来，佛老多是供人逃离社会，培养某种超脱趣味的学说罢了。人伦秩序、道德法则、礼乐刑政之制度都出自儒学。只是在佛老学说中，是否也存在一种关于秩序的理念呢？这并不是新儒学家们所考虑的，因为在孙复等人的论述中，佛老主要是作为人伦与治道的破坏者而存在的，其《儒辱》言：

> 且夫君臣、父子、夫妇，人伦之大端也。彼则去君臣之礼，绝父子之戚，灭夫妇之义，以之为国则乱矣，以之使人则贼作矣。[3]

君臣、父子、夫妇，是人伦之大端，而佛老罔顾，如何以之治国？另一位新儒学的代表人物胡瑗在《周易口义》中解释“潜龙勿用”，尝试从德性论的角度对佛老进行批判：

> 然此“勿用”者，盖言勿用此潜龙为德也。……故孔子目长沮桀溺，曰：鸟兽不可与同群，又曰：素隐行怪，后世有述焉，吾弗为之矣。盖后世之人多以潜隐为德，或隐于岩野，或遯于林泉，罔德义以沽名，傲衣冠以耀志，故有终身不见用于世而乱人伦者也。[4]

---

〔1〕 欧阳修：《本论上》，《居士集》卷十七，洪本健校笺：《欧阳修诗文集校笺》（上册），上海古籍出版社2009年版，第511页。

〔2〕 石介：《宗儒名孟子（生）》，《徂徕集》，文渊阁《四库全书》本，第1090册，第229页。

〔3〕 孙复：《儒辱》，《孙明复小集》，文渊阁《四库全书》本，第1090册，第176页。

〔4〕 胡瑗：《周易口义》卷一，文渊阁《四库全书》本，第8册，第175页。

“以潜隐为德”者，胡瑗意指佛老也。在他看来，逃离人伦是不能对现实社会政治秩序有所贡献的，“终身不见用”，又何以修德？应该坚持孔子的态度，立足于人世，着眼于社会秩序的建立与维持，“鸟兽不可与同群，吾非斯人之徒与而谁与？”

胡瑗对“潜隐为德”的批评，颇能反映新儒学复兴之初，所具有的一个基本态度。或许有人追问胡瑗说，古时有儒者潜隐的情况，如舜耕历山之时。他答曰，儒之“隐者”与佛老的不同，儒之“隐者”在于“养成圣德，然后施为于天下耳”，怎样能以隐居本身为乐呢？虽然有天下混乱，儒者亦可以潜隐之时，但“隐其身不隐其道”，“不以一己之私忘天下之公”也。这与范仲淹所述“先天下之忧而忧，后天下之乐而乐”，与李觏所论“鸡鸣而起，诵孔子、孟轲群圣人之言，纂成文章，以康国济民为意”[1]，都表达了新儒学慨然以道自任，积极作为的精神风貌。

第二节　新经学的语境建构

学术要回应社会的危机，是其具有生命力的直接表现。显然，汉唐以来流行的经学注疏学体系，逐渐陷入一种僵化、繁琐的学术范式之中，无法有效地回应政教秩序所面临的危机。因此，新经学要将士大夫从注疏学的章句与繁琐中解放出来，以一种理性精神重新解读经典，发展经学义理，提倡经学致用。经学义理学成为北宋新经学兴起的标识，它的实质是赋予旧的经学以新的使命，成为面对现实危机的思想资源，从而获得再生的转机和生命力。下面几节我们要重点探讨新经学的语境建构，以展示新经学普遍的诉求与特点。

一、超越汉唐的意识

首先是宋儒要求超越汉唐，重建学术正统的意识。这在中唐韩愈那里就已经明确地表现出来了。韩愈《与孟尚书书》中论到：

---

〔1〕《上孙寺丞书》，《李觏集》卷二十七，中华书局2011年版，第311页。

> 夫杨墨行，正道废，且将数百年，以至于秦，卒灭先王之法，烧除其经，坑杀学士，天下遂大乱，及秦灭，汉兴且百年，尚未知修明先王之道；其后始除挟书之律，稍求亡书，招学士，经虽少得，尚皆残缺，十亡二三。故学士多老死，新者不见全经，不能尽知先王之事，各以所见为守，分离乖隔，不合不公，二帝三王群圣人之道于是大坏。后之学者无所寻逐，以至于今，泯泯也。……汉氏已来，群儒区区修补，百孔千疮，随乱随失，其危如一发引千钧，绵绵延延，浸以微灭，于是时也，而唱释老于其间，鼓天下之众而从之，呜呼！其亦不仁甚矣。[1]

在韩愈看来，汉儒以下是在杨墨横行、秦皇焚书之后，先王典籍残缺，“新者不见全经”的历史遭遇之下，开始经学传承的。然不过是区区修补，不能回复“二帝三王群圣人之道”。实际上，这里表达了韩愈对汉代经学的不满，认为其不能尽圣人之道，亦不能复先王之法。这一意识被宋儒所继承，孙复在给范仲淹的书信中论到：

> 孔子既殁，七十子之徒继往，“六经”之旨郁而不章也久矣。加以秦火之后，破碎残缺，多所亡散。汉魏而下，诸儒纷然四出，争为注解，俾我“六经”之旨益乱，而学者莫得其门而入……专主王弼、韩康伯之说而求于大易，吾未见其能尽于大易者也；专守左氏、公羊、穀梁、杜预、何休、范宁之说而求于春秋，吾未见其能尽于春秋者也；专守毛苌、郑康成之说而求于诗，吾未见其能尽于诗者也；专守孔安国之说而求于书，吾未见其能尽于书者也。彼数子之说既不能尽于圣人之经，而可藏于太学行于天下哉？又后之作疏者，无所发明，但委曲踵于旧之注说而已。[2]

---

〔1〕 韩愈：《与孟简尚书书》，《韩愈文集汇校笺注》卷八，中华书局 2010 年版，第 887—888 页。

〔2〕 孙复：《寄范天章书二》，《孙明复小集》，文渊阁《四库全书》本，第 1090 册，第 171 页。

宋代所沿用的汉唐注疏学体系，是由汉魏经学，经南北朝之义疏，到唐初之《五经正义》，迄宋初而逐渐发展起来的。“正义”与“注疏”不异，其体例是在笺注的基础上更加“纵横微细地疏通证明”[1]，包括考据笺注出处、以经证经、解说笺注之义等，但它坚持“疏不破注”的原则，解说义理不能出其范围。当时宋代明经诸科以“墨义”取士，稍有异议，便不中程。真宗景德二年(1005年)，宰相王旦黜贾边而取李迪，就是一个著名的例子。[2] 孙复不满其学，基本上延续了韩愈的论调，以为汉、魏之儒不能尽圣人之道。既然如此，则不应“藏于太学行于天下”。

孙复明确地要求废黜注疏学作为官学的地位。这一改革诉求，在范仲淹、欧阳修，以及后来王安石那里都引起了强烈的共鸣。但当时总体的风气依然是趋于保守的，庆历二年(1042年)，“范仲淹、富弼皆言复有经术，宜在朝廷，除秘书省校书郎国子监直讲，”而有杨安国者，“言其讲说多异先儒，罢之。”[3]这一主张与计划要到王安石《三经义》的颁布方才实现。王安石也讲道：

> 然孔氏以羁臣而兴未丧之文，孟子以游士而承既没之圣，异端虽作，精义尚存。逮更煨烬之灾，遂失源流之正，章句之文胜质，传注之博溺心，此淫辞诐行之所由昌，而妙道至言之所为隐。[4]

此与韩愈、孙复之论调几乎相同，“煨烬之灾”，秦皇之焚书也，“章句

[1] “正义”之体例源于南北朝之“义疏”学，“义疏”学的起源与当时经学家受到佛教对经论的阐释的启发有关，如本田成之讲“到了南北朝，佛教盛行，对于一切经论的细微的研究流行，撰成注疏。儒教不知不觉仿效之，于注上更加义疏，把两汉单简的训诂，更纵横微细地疏通证明，这是训诂学上一大变迁”。见其著：《中国经学史》，上海书店出版社2001年版，第190页。

[2] 《长编》载：“迪与贾边皆有声场屋，及礼部奏名，而两人皆不与，考官取其文观之，迪赋落韵，边‘当仁不让于师’，以师为众，与注疏异，特奏令就御试。参知政事王旦议落韵者，失于不详审耳，舍注疏而立异论，辄不可许，恐士子从今放荡无所准的。遂取迪而黜边。当时朝论大率如此。”见李焘：《续资治通鉴长编》卷五十九，中华书局2004年版，第1322页。

[3] 脱脱等：《儒林二·孙复》，《宋史》卷四百三十二，中华书局1985年版，第12833页。

[4] 王安石：《除左仆射谢表》，《临川先生文集》卷五十七，《王安石全集》，第6册，复旦大学2017年版，第1080页。

之文胜质，传注之博溺心”，汉儒之传注也。新经学相信秦朝的“焚书坑儒”事件对后来经学发展具有决定性的影响，并建立起一种经学发展的历史叙述方式。就历史事实而论，这一说法是存在着争议的，[1]但正是在这种历史意识的基础上，使得他们找到了重新审视汉唐以来的经学传统的合理性。这是我们需要了解的。

二、经学以明义理

与汉唐注疏学相区别，很多学者将宋代经学称之为经学义理学，或经学哲学。但是这里要对此作出一些说明，因为我们不能说汉唐经学是不讲“义理”的，“训诂”固然要落脚于“义理”，这是经学的一般特点。[2] 实际上，标举“义理”或“理义”之学，恰是宋儒的自我认同。如朱熹尝谓：

> 理义大本复明于世，固自周程，然先此诸儒亦多有助。旧来儒者不越注疏而已，至永叔原父孙明复诸公，始自出议论，如李泰伯文字亦自好。此是运数将开，理义渐欲复明于世故也。[3]

“理义”即“义理”。朱熹推崇周程，但“理义大本复明于世”离不开先前诸儒的贡献。“旧来儒者不越注疏”，“义理”限于注疏，不敢越雷池。至欧阳修、刘敞、孙复等人，于经学重新发明“义理”，“自出议论”，才逐渐开启了后来理学的兴盛，朱熹称为“运数将开”。事实上，相对于“义理”

---

〔1〕 近代以来，围绕着“焚书坑儒”对儒家典籍的破坏问题一直存在着争论，如刘师培认为后来的“项羽之火”对儒家典籍的破坏更大，也有学者认为“焚书坑儒”是汉儒所建立起来的一种虚构的历史，对于这一问题的争论，可参看如下的论文：李开元：《焚书坑儒的真伪虚实——半桩伪造的历史》，《史学集刊》2010 年第 6 期；冯锴、刘璐：《被污名化的秦始皇与汉文化的形成》，《秦汉研究》2019 年第 0 期；王子今：《“焚书坑儒”再议》，《光明日报》2013 年 8 月 14 日。

〔2〕 学界多用经学义理学，或经学哲学，来指称宋代经学的义理化的倾向。可参见蔡方鹿：《中国经学与宋明理学研究》，人民出版社 2011 年版；向世陵先生撰写和主编的《宋代经学哲学研究》（三卷），上海图书馆出版社、上海科学技术文献出版社 2014 年版；邓国光：《经学义理》，上海古籍出版社 2011 年版。也有学者提出批判，主张对古代经学进行分期时，标准不应是“训诂”与“义理”，而是文本依据的不同，见黄开国，黄子鉴：《论汉武帝以来的经学分期分派》，《哲学研究》2018 年第 4 期。

〔3〕 黎靖德编：《朱子语类》卷八十，中华书局 1986 年版，第 2089 页。

一词，宋初诸儒往往以明“道”自许，欧阳修言：“君子之于学也务为道，为道必求知古，知古明道。”〔1〕然自《宋史》立《道学传》，“道学”一词几成程朱理学之代名词。实际上，“道”是一个共名。新儒学以之名先王之道，或二帝三王之道，或孔子之道。〔2〕这里“道”即是“义理”，“道学”亦是“义理学”，故朱熹有“道，义理也”之训。〔3〕

宋儒之所以标举经学义理，正是针对当时学者的一种风气，即章句之学。程颐论“章句之末耳，今学者之大患也”。〔4〕王安石亦在《言事书》中曰：

> 朝廷礼乐刑政之事，未尝在于学。学者亦漠然自以礼乐刑政为有司之事，而非己所当知也。学者之所教，讲说章句而已。讲说章句，固非古者教人之道也。〔5〕

又曰：

> 今衣冠而名进士者，用万千计，蹈道者有焉，蹈利者有焉。蹈利者则否，蹈道者则未免离章绝句，解名释数，遽然自以圣人之术单此者有焉。夫圣人之术，修其身，治天下国家，在于安危治乱，不在章句名数焉而已。而曰圣人之术单此，妄也。虽然离章绝句，解名释数，

---

〔1〕欧阳修：《与张秀才第二书》，《外集卷十六》，《欧阳修诗文集校笺》（下册），第1759页。

〔2〕“道”与“理”都是古代重要的哲学范畴，“道”的本义是道路（《说文解字》：“道，所以行道也”）。“道”有总名，也有分名。就总名而言，其为“道体”“道一”“道之全”；就分名而言，其为一事一物之道。理与道相应，有时两者在同一层面使用。先秦《韩非子》将“道”作为体，而以“理”为一事一物之道。到二程体贴天理，理的本体意义彰显出来，朱熹继承之。陈淳《北溪字义》以“理”解“道”，其言：“理无形状，以其自然而言，故谓之天。若就天之形体论，也只是个积气，……理不成死定在这里？一元之气流出来，生人生物，便有个路脉，恁地便是人物所通行之道。”见陈淳：《北溪字义》，中华书局2011年版，第38页。以理为生化之本体，而道成为了事物具体之理了，见张立文先生主编：《中国哲学范畴精粹丛书——道》，中国人民大学出版社1989年，第1页。

〔3〕朱熹：《孟子集注》卷七，《四书章句集注》，中华书局2012年版，第280页。

〔4〕程颢、程颐：《河南程氏遗书》卷四，《二程集》，中华书局1981年版，第71页。

〔5〕王安石：《上仁宗皇帝言事书》，《临川先生文集》卷三十九，《王安石全集》，第6册，第756页。

遽然自以圣人之术单此者，皆守经而不苟于世者也。[1]

解经都需要明章句，“夫经之有篇，犹有章句也；有章句，犹有文字也。文字有意以立句，句有数以连章，章有体以成篇，篇则章句之大者也。”[2]“分章断句”是经学的第一步，王安石称为“离章绝句”。“章句”与“章句之学”又有所不同。[3] 在经学史中，后者特指西汉中期所兴起的一种论经方式。钱穆先生以为章句之学的兴盛是在汉昭、宣帝以下，就是在这一意义上使用的。[4] 昭宣以下，五经皆有章句，有学者据《艺文志》《儒林传》之记载，备列如下：

昭帝时期《书》有《欧阳章句》三十一卷，《大夏侯章句》二十九卷，《小夏侯章句》二十九卷；宣帝时期《易》有《施氏章句》二篇，《孟氏章句》二篇，《梁丘氏章句》二篇；宣帝以后，《诗》《春秋》《礼》等经典的章句日益增多。《鲁诗》有《韦氏章句》《许氏章句》，《齐诗》有《伏氏章句》，《韩诗》有《薛氏章句》，《春秋》有《公羊章句》《谷梁章句》，《左传》有《刘氏章句》。[5]

但章句之学在西汉末走向了繁琐之路。应劭《风俗通义序》曰：

汉兴，儒者竞复比谊会意，为之章句，家有五六，皆析文便辞，弥以驰远；缀文之士，杂袭龙鳞，训注说难，转相陵高，积如丘山，可谓繁

---

〔1〕 王安石：《答姚辟书》，《临川先生文集》卷七十五，《王安石全集》，第7册，第1347页。

〔2〕 王充：《论衡·正说篇》，《诸子集成》(七)，中华书局1954年版，第270页。

〔3〕 杨权以为“章句与章句之学不同：前者是一种注疏形式，而后者是一门学术”。见其《论章句与章句之学》，《中山大学学报》(社会科学版)2002年第4期。对此问题的讨论，可参考王宝利：《再论章句与章句之学》，《社会科学论坛》2007年第8期。

〔4〕 钱穆：《两汉博士家法考》，收入《两汉经学今古文平议》，商务印书馆2005年版，第223页。

〔5〕 吴承学，何诗海：《从章句之学到文章之学》，《文学评论》2008年第5期。

富矣。[1]

此处所批评的情况，与当时谓秦近君说《尧典》篇目两字至十余万言正相应。这种风气在西汉末年即遭致批评，东汉以后，注重经典会通，不好“章句”的传注之学逐渐兴起，马融、贾逵、卢植、郑玄等经学家崛起。然传注之学反对的是繁琐化了的章句，对于章句之学中的重要观点还是继承了下来的。如《后汉书·张奂传》言：“初，牟氏章句浮词繁多，有四十五万言，奂减为九万言。”而东汉时，一些经注也是以“章句”为题名的。如今天尚存之王逸《楚辞章句》、赵岐《孟子章句》，就产生自东汉中期。其解经方式与郑玄等所谓注、传、笺者已经没有了区别。由此，吕思勉先生谓：“考诸古书，则古人所谓章句，似即后世之传注。”[2]

然当北宋新经学批评“章句之末”时，却有了另外的含义。一方面它是指一种过于强调形式的治学方式，即“章句之文胜质”。它不关心国家现实，对安危治乱，朝廷礼乐刑政之事，不能有所裨益。虽然亦有“守经而不苟于世者”，但终是不通圣人之大义。另一方面它背后所指向的正是在当时教育体系被作为教科书的注疏之学，即“传注之博溺心”。程颐更谓：“汉之经术安用？只是以章句训诂为事。且如解《尧典》二字，至三万余言，是不知要也。”[3]显然，这两个方面是相互关联的。庆历年间，范仲淹等人有意于科举改制，其颁布的诏书曰：

> 儒者通天地人之理，明古今治乱之源，可谓博矣。然学者不得骋其说，而有司务先声病章句以拘牵之，则夫英俊奇伟之士，何以奋焉？士有纯明朴茂之美，而无教学养成之法，其饬身励节者，使与不肖之人杂而并进，则夫懿德敏行之贤，何以见焉？[4]

---

〔1〕 应劭：《风俗通义序》，《风俗通义校注》，中华书局2010年版，第4页。
〔2〕 吕思勉：《章句论》，《中国经学史论文选集》（上册），台湾文史哲出版社1992年版，第277页。
〔3〕 程颢、程颐：《河南程氏遗书》卷十八，《二程集》，中华书局1981年版，第232页。
〔4〕 李焘：《续资治通鉴长编》卷一百四十七，中华书局2004年版，第3564页。

在北宋政治改革运动中，科举改制一直是其中的重要话题。庆历改制，特别标出“声病章句”的弊端。“声病”或“声病偶切”，指诗赋考试中对声律对偶的要求。“章句”则专以记诵传注为主，当时称为“贴经墨义”。这次改制反映了新儒学在文学上所推动的“古文运动”，与经学的新经学运动暗相呼应。两者都要求改变纯粹形式化的文风以及学风，从而在内容上回归到“大义”上来。这从孙复的“道本文末”论中可以看出来，其言：

> 夫文者，道之用也。道者，教之本也。故文之作也，必得之于心而成之于言。得之于心者，明诸内者也。成之于言者，见诸外者也。明诸内者，故可以适其用。见诸外者，故可以张其教。是故诗书礼乐大易春秋之文也，总而谓之经者，以其终于孔子之手，尊而异之尔。斯圣人之文也。[1]

新文学的精神是思想首位的，这必然要求形式的改变，[2]新经学也是如此。然特别地将章句，或章句之学作为一种学术的风气，并明确地加以批评的，在稍后的王安石、程颐等人那里表现最为突出。由此，经学之“义理”被宋儒重新加以创造性地运用，作为超越汉唐学术的致学途径，逐渐发展壮大起来。熙宁四年（1071 年），王安石改革科举，经学义理终于成为国家之法典。八年（1075 年），《三经义》颁布学宫，经学义理学取代注疏的国家统治地位。对于义理学，学者开始趋之若鹜，至于“视汉儒若土埂矣”。[3] 虽然围绕着新法与王安石的学术论争不断，但推尊义理学，却是当时学者的共识。且经过宋元明几百年的发展，学者论辩义理，终使此一段学术成为古代文化之“造极期”（陈寅恪语）。然这一切都开始于宋儒对“义理”的推崇，以及对汉唐注疏学的超越意识。

---

〔1〕 孙复：《答张洞书》，《孙明复小集》，第 1090 册，第 173 页。

〔2〕 美国学者包弼德（Peter K.Bol）称这种倾向为“思想家，其次是作家”，尤为恰当，见其《斯文：唐宋思想的转型》，刘宁译，江苏人民出版社 2017 年版，第 223—268 页。

〔3〕 王应麟：《困学纪闻》，上海古籍出版社 1987 年版，第 323 页。

三、通经以致用

通经以致用是新经学兴起的另一重要语境。某种意义上讲，通经致用可以说是经学一贯的精神追求，但分析而言，"致用"应该是有狭义与广义之分。狭义上的"致用"，如皮锡瑞对汉代经学的论述：

> 武、宣之间，经学大昌，家数未分，纯正不杂，故其学极精而有用。以《禹贡》治河，以《洪范》察变，以《春秋》决狱，以三百五篇当谏书，治一经当一经之益也。……乃知汉学所以有用者在精不在博，将欲通经致用，先求大义微言，以视章句训诂之学，如刘歆所讥"分文析义，烦言碎词，学者罢老且不能究一艺"者，其难易得失何如也？[1]

皮氏以为武、宣之间的经学最能体现通经致用的宗旨，当时大臣如平当以《禹贡》为骑都尉，领河堤；夏侯胜以"天久阴不雨"，预见霍光之废昌邑王；董仲舒以《春秋》决狱；王式以《诗》三百五篇谏正诸侯王等。这些都是治一经而有一经之用的典范，体现了经学是一种术，故亦有"六艺"之称。但随着章句之学的兴盛，经学逐渐走向繁琐，陷入某种形式主义的窠臼中，远离了"致用"的本旨。这种意义上的"致用"，体现了经学在古代国家体制当中所发挥的一个重要作用，就是培养一定的政治人才，即"造士"。程颐讲：

> 穷经，将以致用也。如"诵诗三百，授之以政不达，使于四方，不能专对，虽多亦奚以为？"今世之号为穷经者，果能达于政事专对之间乎？则其所谓穷经者，章句之末耳，此学者之大患也。[2]

繁琐化的经学，使学者沉溺于形式化的章句训诂，对于人们增长知识以及实践是没有好处的。"穷经"要能够指向"致用"的目的，如学《诗》者

〔1〕 皮锡瑞：《经学历史》，中华书局 2004 年版，第 56—57 页。
〔2〕 程颢、程颐：《河南程氏遗书》卷四，《二程集》，中华书局 1981 年版，第 71 页。

“诵诗三百”，得以使于四方，要能专对，不辱使命。

对此，王安石有着更系统的考虑，《取材》篇曰：

> 策经学者，宜曰礼乐之损益何宜，天地之变化何如，礼器之制度何尚，各传经义以对，不独以记问传写为能。……故学者不习无用之言，则业专而修矣；一心治道，则习贯而入矣。若此之类，施之朝廷，用之牧民，何向而不利哉？其他限年之议，亦无取矣。[1]

诸生研习经学，不能以章句为事。需要通达礼乐之损益、天地之变化、礼器之制度等。如此切于“实用”，专业而修习；一心治道，故能上下本末而贯通，达到“造士”的目的。然经学不仅有“术”的层面，亦有“学”的层面。经学以造士，以缘饰治道，其功用切实可见，这是经学以“致用”的第一层含义。新经学以为注疏学不能很好地培养相应的政治人才，故要求变革。

广义上的“致用”，实际上是在“学”的层面论述的，如皮锡瑞所言：“以教万世，其微言大义实可为万世之准则”者，正是新经学所强调的“明义理”的意义。“学”以提供理念的发现与创造，而“术”是对理念的践行，即参与社会政治的改革以施行之。当然，古代学者并没有对这两者进行太多的分别，他们以为两者应该是一体的。讲明义理，不就是能够缘饰治道吗？不能缘饰治道，说明义理没有讲明。现代学科是以“学”为主的，研究政治学的人未必要参与政治，主要是提供某种理念。但是这里也有分别，那就是如果研究不能有明确的问题意识，不能关切于现实的社会政治生活，那么就只能是空理论。清儒批评宋学往往陷于“空疏”，即空谈义理，正是立足在这一层面上而言的，这说明“学”总是与某种“用”相关联。由此来观察北宋新经学对“致用”的强调，恰恰也有这个意思，即经学义理要有现实关怀。

---

〔1〕 王安石：《取材》，《临川先生文集》卷六十九，《王安石全集》，第6册，第1247页。

正是因为对周秦以来乱世根源的追问，对人伦信仰与价值危机的担忧，对现实制度问题的反思，才有孙复、石介的《春秋》学和欧阳修的《新五代史》汲汲于严君臣之辨，才有胡瑗的《周易》学探究“变易之道”，才有李觏的礼学以“康国济民”为意，才有范仲淹、王安石等人的政治变革，才有新儒学的辟佛运动，才有理学家对秩序之形而上根据问题的论辩，等等。正是对现实政教危机的关怀，新经学才得以展现出其“致用”的深层意义。最后，不妨以欧阳修的一段论述，来表达新儒学对政教秩序的向往：

> 昔尧舜三代之为政，设为井田之法，籍天下之人，计其口而皆授之田，凡人之力能胜耕者，莫不有田而耕之，敛以十一，差其征赋，以督其不勤。使天下之人，力皆尽于南亩，而不暇乎其他。然又惧其劳且怠而入于邪僻也，于是为制牲牢酒醴以养其体，弦匏俎豆以悦其耳目。于其不耕休力之时，而教之以礼。故因其田猎而为搜狩之礼，因其嫁娶而为婚姻之礼，因其死葬而为丧祭之礼，因其饮食群聚而为乡射之礼。非徒以防其乱，又因而教之，使知尊卑长幼，凡人之大伦也。故凡养生送死之道，皆因其欲而为之制。饰之物采而文焉，所以悦之，使其易趣也。顺其情性而节焉，所以防之，使其不过也。然犹惧其未也，又为立学以讲明之。故上自天子之郊，下至乡党，莫不有学，择民之聪明者而习焉，使相告语而诱劝其愚堕。呜呼！何其备也。[1]

新经学之“大用”，正在于明圣人之微言大义，以教万世；兴先王之政教制度，以致太平之世。从胡瑗、孙复之流，至于王安石、程颐、苏轼等人，虽然他们所取于经学者有所不同，然之于通经以致用，却没有不同。正因此，北宋新经学每一阶段的开展，都与社会政治的变革运动紧密相关，都与儒家政教秩序的兴复有关。新儒学经过前期的发展，通过不断地革新精神，吸引着有追求、有学识的年轻人努力于儒学理论问题的创造，在仁

〔1〕 欧阳修：《本论上》，《居士集》卷十七，《欧阳修诗文集校笺》（上册），第512页。

宗统治的后期，王安石、司马光、苏轼、程颐等人逐渐走上思想的前台，新儒学开始迈入了第二阶段的发展，诸多理论问题的争论开始成为焦点，这也开创了一个思想活跃、学派纷呈的时代。

第三节　新经学的初步开展

正是在这样的问题意识与语境建构中，“庆历之际”的孙复、胡瑗、李觏、欧阳修等人开始了自己具有代表性的经学研究工作。他们所打的旗号虽然是“回复三代”或“复古”，但实际上是对流行学术范式的不满，要求创新。其中的一些观念与原则为后来新经学的进一步发展奠定了基础，也为庆历年间的政治改革运动提供了理论支撑。

一、胡瑗、孙复之学

胡瑗、孙复与石介一起被后来的理学家称为“宋初三先生”。他们都曾在泰山隐居刻苦专研学问，成为新经学之先驱。[1] 胡瑗的经学涉猎很广，他的学生曾根据其讲义编为《五经口义》，今天所能看到的有《周易口义》十二卷，以及《洪范口义》二卷，《宋元学案》还收录了他对《春秋》《论语》的解释片段。胡瑗尤精于《易》学，以之为“大治之本”，他的《周易口义》不取王弼、韩康伯之说，只根据其中的变易之道，推天道以明治乱吉凶之事。如论《乾》卦之九四为太子之象，故近乎天位，出人臣之上，批评《正义》之说：

> 今辅嗣之注曰：近乎尊位，欲近其道，迫乎在下，非跃所及。孔颖达从而疏之曰：以其迟疑进退，不敢果敢以取尊位。且圣人六经垂万世之教，为天下之法，所以教人臣之忠，人子之孝也。今其言曰：不敢果敢以取尊位，……又言曰：西伯内执王心，外率诸侯以伐纣，

---

〔1〕 学界对“宋初三先生”的研究很多，可参见张义生的专著：《宋初三先生研究》，山东人民出版社 2012 年版。相关的论文，亦可参见王金凤：《“逻辑的有效”与“意义的有效”——从孙复〈春秋〉诠释何以有效看经典诠释的有效性》，《思想与文化》2017 年第 2 期；周海春：《安定学派和泰山学派兴起的价值》，《价值论与伦理学研究》2015 年第 0 期；阎云：《论北宋庆历经学探寻“治体”的困境与意义》，《福建师范大学学报》（哲学社会科学版）2018 年第 3 期，等等。

此尤违圣人之旨。如其言,则篡逆之道也。[1]

王弼注中有"不谬于果",孔颖达训"果"为"果敢",故有此说。但在胡瑗看来极为不合义理,为人臣而止于臣,这里讲有取尊位之心,正是篡逆之道。引起胡瑗不满的,还有"周西伯内执王心,外率诸侯以伐纣"的说法,以为诸侯而为诸侯,不应"执王心"。这都体现了其严君臣之辨的思路。

胡瑗在当时影响最大的,是他所开创的"苏湖教学法",后来成为太学的基本教学制度,其影响一直到王安石改革太学制度。他的学生刘彝曾以"明体达用之学"总结之:

> 臣闻圣人之道,有体、有用、有文。君臣父子,仁义礼乐,历世不可变者,其体也。诗、书史传子集,垂法后世者,其文也。举而措之天下,能润泽斯民,归于皇极者,其用也。

"体"是伦理,学习者读其文,是要明其理,更要能够致于实际的效用。具体而论,他所建立的学习方法是:"其教人之法,科条纤悉具备。立'经义''治事'二斋:经义则选择其心性疏通、有器局、可任大事者,使之讲明六经。治事则一人各治一事,又兼摄一事,如治民以安其生,讲武以御其寇,堰水以利田,算历以明数是也。"[2]

"经义"着重于明义理,"治事"则以致用为方向,他的弟子刘彝就以擅长治水为朝廷所用。这一方法颇重因材施教,因为不同的人有不同的兴趣,有"好谈兵战者,好文艺者,好尚节义者",胡瑗任由他们发挥自己的兴趣,有时召见他们,使论所学,以儒家的义理启发之;有时自出题目,使人人对试,为可否评之;有时以朝廷时政考试,使知有所用。后来的程颐

---

〔1〕 胡瑗:《周易口义》卷一,文渊阁《四库全书》本,第8册,第177页。

〔2〕 黄宗羲原著,全祖望补修:《安定学案》,《宋元学案》卷一,中华书局1986年版,第24页。

游学太学时，就曾参与到这种教学中。当时胡瑗以“颜子所好何学论”考试诸生，程颐的论文为胡瑗大为赞赏，此为他与后来的理学家们建立了直接的渊源关系。据记载，这种教学方法颇为当时认同，起到了很好的效果，其门人号称千数，很多成为朝廷有用的人才。

孙复，字明复，晋州平阳人。晚年居泰山讲学，石介往见，甘愿执弟子礼，拜起必扶持，当时的学者尊为“孙泰山”。在北宋那样的一个时代，如何弘扬儒家之道？孙复的论述颇能代表新儒学的基本精神，其曰：

> 后人力薄，不克以嗣，但当左右名教，夹辅圣人而已。或则列圣人之微旨，或则挞诸子之异端，或则发千古之未寤，或则正一时之所失，或则陈仁政之大经，或则斥功利之末术，或则扬圣人之声烈，或则写下民之愤叹，或则陈大人之去就，或则述国家之安危。必皆临事摭实，有感而作，为论为议，为书疏歌诗赞颂箴辞铭说之类，虽其目甚多，同归于道，皆谓之文也。若肆意钩虚，无状而作，非文也，乃无用之瞽言爾，徒污简册，何所贵哉？[1]

以“左右名教，夹辅圣人”为宗旨，为学阐述微言大义，批判异端，发前人所未发以开寤后人；为政则以仁政为本，斥责与民争利者，宣扬圣人之名声，抒发民众之愤叹，陈言大臣之去就，述国家安危之大计。凡事都归于实际、实情，有感而作。为文，不论文体为何，都是要有实情实感，同归于道，反对肆意构造，虚文虚情。无实之文不过是无用之瞽言，徒污简册，哪里值得宣扬呢？后者正是对当时浮华文风的批判。

孙复长于《春秋》，不信“三传”，作《尊王发微》，阐述王道政治。以为政治必先“端本”“正始”，《春秋》“元年书‘王’”，正是“端本”，即明确“王”为天下之尊。必须先确立了“君君臣臣”这一基本的政治秩序，一切的政治事务才可以正常开展。这与胡瑗、石介等人的《春秋》学相应，以严

〔1〕 孙复：《答张洞书》，《孙明复小集》，第1090册，第173页。

君臣之辨倡尊王之论，对后来的庆历政治产生了极大影响。

二、欧阳修的疑经

欧阳修，字永叔，江西庐陵人。他对古文运动的推进有着很大的贡献，但在学术上，对于形而上的问题并没有太大的兴趣，当时有学者将自己讨论人性善恶问题的论文交给他，他回信表示："为君子者，修身治人而已，性之善恶不必究也。"[1]关键是修身治人，成为一个君子。无论一个人是持有"性善""性恶"，还是"善恶混"，并不在根本上影响他成为一个君子。另外，对于当时的学术风气，他的疑经思潮影响最大。

皮锡瑞尝曰："宋人不信注疏，驯至疑经；疑经不已，遂至改经、删经、移易经文以就己说，此不可为训者也。"[2]孙复、胡瑗"不信注疏"，而"驯至疑经"之语，尤其适于评价欧阳修。欧阳修评孙复之《春秋》曰：

> 先生治《春秋》，不惑传注，不为曲说以乱经。其言简明，明于诸侯、大夫功罪，以考时之盛衰，而推见王道之治乱，得于经之本义为多。[3]

欧阳修有《春秋论》三篇，亦是如此，其中有言："孔子之于经，三子（公羊高、谷梁赤、左氏）之于传，有所不同，则学者宁舍经而从传，不信孔子而信三子，甚哉其惑也！"他举了一些具体的例子，比如隐公元年"公及邾仪父盟于蔑"。又隐公十一年"冬十一月壬辰，公薨"，可见经文始终称鲁隐公为"公"，但三传皆曰："非公也，是摄也。"又如赵盾弑君之说，经文书曰"赵盾弑其君夷皋"，而三传曰："非赵盾也，是赵穿也。"欧阳修认为

---

〔1〕 欧阳修：《答李诩第二书》，《居士集》卷四十七，《欧阳修诗文集校笺》（中册），第1171页。

〔2〕 皮锡瑞：《经学历史》，中华书局2004年版，第189页。宋儒之疑经改经，周予同先生以之为宋儒治经的首要精神，见朱维铮编：《周予同经学史论著选集》（增订版），上海人民出版社1996年版，第896页。相关的研究可参见杨新勋：《宋代疑经研究》，中华书局2007年版；叶国良：《宋人疑经改经考》，国立台湾大学出版中心1980年版。

〔3〕 欧阳修：《孙明复先生墓志铭》，《居士集》卷二十七，《欧阳修诗文集校笺》（中册），第747页。

三传的这个说法都是曲为之解，足以惑乱经典。[1] 据此，《春秋》学直求“经之本义”可矣，不必惑于三传，《春秋或问》更谓：“经不待传而通者十七八，因传而惑者十五六。”[2]

与《春秋》学“不信三传”相比，欧阳修疑经最有名者是其“非《周礼》，毁《系辞》”。他认为《周礼》之治虽然号称完备，但实际上“烦且劳”，如设官“于经者五万余人”；且后世政制沿袭秦政，效法《周礼》者都以失败告终，这间接说明它的治理是不够完善的。后来苏轼、苏辙兄弟亦延续了欧阳修的看法。[3] 欧阳修对《周易》的看法，倾向于以儒家义理为本，反对其“专为筮占用”的做法。他认为《易传》诸篇比较庞杂，并非都是圣人之作。因为《系辞》《文言》《说卦》这些论文的风格不似出于一人，其中有些观点不惟相互冲突，且与《易经》中的说法不同。如《系辞》谓“河出图，洛出书”，所谓“图”即“八卦之文”，这说明“八卦”是上天授之；但是后文又讲包牺氏仰观天文，俯察地理，“近取诸身，远取诸物，于是始作八卦”，据此则“八卦”为人所作，两者自相矛盾。正是基于这样的理由，欧阳修推断《系辞》等多是后儒所作。“汉初谓之《易大传》也，至后汉已为《系辞》矣。”[4] 又曰：“是讲师之语，谓之《大传》，其源盖出于孔子，而相传于《易》师也。”[5] 这些看法对宋代疑经风气产生了很大的影响。

欧阳修为自己的疑经提供了论说，他讲：“孟子曰‘尽信书，不如无书。’孟子岂好非六经者，黜其杂乱之说，所以尊经。”又“大儒君子之于学也，理达而已矣。”[6] 事实上正是如此，他的怀疑多是根据自己所谓的“义理”推断，并没有太多的文献依据。他因为自己不喜欢谈论性命的问

---

〔1〕 欧阳修：《春秋论上》，《居士集》卷十八，《欧阳修诗文集校笺》（上册），第546页。

〔2〕 欧阳修：《春秋或问》，《居士集》卷十八，《欧阳修诗文集校笺》（上册），第557页。

〔3〕 欧阳修：《问进士策三首之一》，《居士集》卷四十八，《欧阳修诗文集校笺》（中册），第1191页。

〔4〕 欧阳修：《易童子问》，转引自黄宗羲：《庐陵学案》，《宋元学案》卷四，中华书局1986年版，第194—198页。

〔5〕 欧阳修：《易或问三首》，《外集》卷十，《欧阳修诗文集校笺》（下册），第1594页。

〔6〕 欧阳修：《易或问》，《居士集》卷十八，《欧阳修诗文集校笺》（上册），第537页。

题，对《中庸》中的一些话语也持批判态度，如谓“不勉而中，不思而得”“生而知之”等话语，不过是“虚言高论”，实际上没有什么意义。[1] 他的这一态度对宋儒的影响极大，如王安石虽然批评他“非《周礼》，毁《系辞》”，但他本人也不能不陷入“废《春秋》《仪礼》”之讥；其后程、朱改《大学》，王柏删《诗》《书》，俞庭椿改《周礼》等，都可以从欧阳修的“理达”之论中得到辩护。

三、李觏的礼论

李觏，字泰伯，江西南城人。他虽然做过一段时间的小官，但大部分的时间都居于乡间，专心于著述讲学，研究“康国济民之术”。他的礼学最有代表性。“礼”是儒学的一个核心观念，孔子以来对它的阐释就没有停止过，郑玄以后更有“三礼”之名，礼学家更以专门之学问为历代所重视。但经过长时间的历史，李觏认为人们对于“礼之本”的认识不是更清晰了，很多观念缠绕在一起，反而让人更难以辨识。他批评注疏学不过是“随章句而解之”，不能真正地阐明什么是“礼之本”。[2] 李觏基于发展儒家政治学说的需要，对礼学作出了自己的论说。[3]

首先他将“礼”定位为“法制之总名”。“法制”一词在他的使用中，是一个涵盖很广的概念，凡伦理、社会、经济、政治等领域的规则与规范，都可称之为“法制”，也即“礼”。虽然都称为“礼”，但还是有区别的。儒家讲“礼乐刑政”，李觏认为“礼”是独立出来的。可以进一步将其分为“礼之本”与“礼之支”，“乐、刑、政”都是“礼之支”。那什么是“礼之本”呢？他讲：“饮食、衣服、宫室、器皿、夫妇、父子、长幼、君臣、上下、师友、宾客、

---

〔1〕 欧阳修：《问进士策二首之二》，《居士集》卷四十八，《欧阳修诗文集校笺》（中册），第1193页。

〔2〕 李觏：《礼论第五》，《礼论七篇》，《李觏集》卷二，中华书局2011年版，第15页。

〔3〕 很多学者认为李觏是王安石变法思想的先驱，他的礼论与王安石“立法度”的变革宗旨颇为相近，事实上，他的弟子邓润甫后来以其学参与到变法之中。但李觏拒斥形而上问题的讨论，对孟子的批判态度也与王安石不同。尽管如此，对李觏礼学的论述，也可以使我们看到北宋中期新儒学思想的多元发展的倾向。相关的研究，可参见姜国柱：《李觏思想研究》，中国社会科学出版社1984年版；谢善元：《李觏之生平及思想》，中华书局1988年版；夏长朴：《李觏与王安石研究》，台湾大安出版社1989年版；鲁学军：《通经明道，康国济民——李觏思想研究》，复旦大学出版社2013年版。

死丧、祭祀，礼之本也。”它们是社会政治生活的基本方面，就像一个人的身体，“头腹”是本，这些内容也构成了“法制”之本。而音乐、刑罚、政令相当于人之“四肢”，头腹固然重要，但没有四肢也是不行的，“手足不具，头腹岂可动哉？手足具而人身举，三支立而礼本行。”〔1〕

为什么会有“法制”？礼的起源是什么？对这一问题的见解，李觏延续了儒家一贯的观点，以“礼”为节制“人之性欲”而产生，“夫礼之初，顺人之性欲而为之节文者也”。在自然的状态当中，人生的首要欲望，即“饥渴寒暑”是没有办法完全满足的，所以要植百谷、治畜酒，为饮食之类；又要种麻、缫丝，为衣服之属；又要起宫室、为器皿，都是为了生人之欲。至于男女之欲、父子之情、长幼之节、君臣之接、上下相交、师友往来，甚至死丧、祭祀之事，都有一定的规则、节度，这也是礼能够“和合天下”的根本原因。当然，所谓“法制”并不是一切的制度或规则，而是合乎人情，符合儒家义理的规则。“所谓节者，先王之节也”，那些不效法先王之法制的行为，“是皆妄为也，妄节也，君子不以为礼。”〔2〕

其次，论“礼”与“仁义智信”为外内关系。李觏认为“仁义智信”是“礼”的内在性质，是圣人建立与运行“法制”的内在本性。这一观点颇具有特殊性，因为自“五德”的观念产生以来，人们都会倾向于将它们并列起来进行理解，比如汉儒就曾用“五行”来比配之。但李觏不以为然。他既然将“礼”作为“法制之总称”，就已经是说“礼”是外在化制度与法律了。如果“礼”进一步成为一种德性，比如节制，那么就又混淆了他所要强调的制度与法律形式。如果将其独立出来，作为外在的形式，那么剩下的“四德”正可以成为其实质。李觏的这一观点，正是为了在理论上为他探讨的“康国济民之术”奠基。所以当有人问：“礼岂非能节者乎？”他明确地回答：

节之者，义之性也。义断决而从宜，岂非能节者哉！法制之作，

〔1〕 李觏：《礼论第一》，《礼论七篇》，《李觏集》卷二，第6—7页。
〔2〕 李觏：《礼论第五》，《礼论七篇》，《李觏集》卷二，第14页。

> 其本在太古之时民无所识，饥寒乱患罔有救止，天生圣人，而授之以仁、义、智、信之性。仁则忧之，智则谋之，谋之既得，不可以不节也，于是乎义以节之。节之既成，不可以有变也，于是乎信以守之。四者大备，而法制立矣。法制既立，而命其总名曰礼，安有礼之性哉？[1]

以其内在性质而论，“仁”是人的温厚而博爱，“义”是决断合乎时宜，“智”是疏达而有谋略，“信”是有坚守而不变节。李觏认为“节制”其实是“义”的体现，并不一定属于礼。这样“礼”就被彻底地外在化了，而其余四德成为了礼的内在德性。在此，他又一次追溯了礼的起源，人性的欲望不能满足，则饥寒乱患产生。圣人秉持忧患爱人之心，以智慧谋求长远制度的安排，又以义节制之，使合乎中道，最后以信守之，使其运行长久。能够做到这四者，法制就能够建立并维持下去，这是礼产生的根源，哪里还需要一个“礼之性”呢？

李觏坚持认为要以礼为本，才能在行四德之时，做到合乎法度。“所谓本者，礼也。知乎仁、义、智、信之美而不知求之于礼，率私意，附邪说，荡然而不反，此失其本者也。”[2]所以说人的行为存在着“非礼之仁”“非礼之义”“非礼之智”“非礼之信”。如夺民时、重赋税而导致民众贫困，政府不反思政策的失误，反而不定期赏赐米帛以纾其困，看似恩惠，其实为不仁。又如政府不能将法令明确地告知民众，等待民众陷入罪恶时，又以严刑峻法待之，看似奉法，其实不义。又如平时不能以智慧制民用、起政事、齐师旅，着急时却专为奸诈巧辩，希望得一时之利，看似有智巧，其实不智。又如不能一号令、守职业，使天下人仰之而不疑，却专为因循顾望，最终法制废弛，看似有守，其实不信。

在对礼作出这一番解释之后，李觏对于前代论礼往往将其与“天地阴阳”相比附的说法进行了批评：

---

〔1〕 李觏：《礼论第五》，《礼论七篇》，《李觏集》卷二，第15页。
〔2〕 李觏：《礼论第四》，《礼论七篇》，《李觏集》卷二，第12页。

> 天地阴阳者，礼乐之象也；人事者，礼乐之实也。言其象，止于尊大其教；言其实，足以轨范于人。前世之言教道者众矣，例多阔大，其意汪洋，其文以旧说为陈熟，以虚辞为微妙，出入混沌，上下鬼神，使学者观之耳目惊眩，不知其所取，是亦教人者之罪也。[1]

这一段话颇有反形而上学的倾向。如《乐记》中论“礼为天地之别”“乐为天地之和”，又多将礼与五行、阴阳、天人等相联系，这些话头虽然阔大，显出了礼的重要性，但李觏认为它们都是夸大之词，是为“虚辞”，徒使学者“耳目惊眩”罢了。考察其“实际”，作为存在于人生、社会、政治中的法制，它本身即有其合理性与规范性。这也是李觏的礼论没有诉诸天道或阴阳五行的原因。

最后，李觏依托自己对礼的理解，重建了儒家的道统观念。礼的兴起是从什么时候开始的呢？“礼本之兴，在三皇之时”，依据是《系辞》中“制器取象”，伏羲、神农、黄帝之时，初步建立了社会以及政治生活基本制度，如《咸池》之乐、制作弓箭以威天下之类；其后“尧、舜继禅，禹成其功，成汤、文、武翦其祸难，周公坐而修之，孔子著之于册，七十子之徒奉之以为教，而后礼、乐、刑、政之物，仁、义、智、信之用，囊括而无遗矣”，这是以孔子为法制之集大成者。对于汉唐时期的制度，李觏基本上持有批评的态度，“汉、唐其卑”，后世兴起太平，当效法三代以上，这也是当时新儒学“回复三代”之理想的体现。既然先王之制已成为历史，要理解它们只能通过经学。“所谓经者，二帝三王之事而孔子述之者也，六籍是也。”[2]通过经学的研究，李觏所要建立的是完善的法制体系，以及完整的政治治理设施，这也是他的著作，如《易论》《周礼致太平论》以及《平土书》等所重点探讨的。

他以“六经”为标准判断哪些制度是合理的，哪些制度是不合理的。比如汉以后皇帝们所尊崇的封禅制度，就不是合理的。因为在儒家的经

---

〔1〕 李觏：《礼论第六》，《礼论七篇》，《李觏集》卷二，第18页。
〔2〕 李觏：《礼论第七》，《礼论七篇》，《李觏集》卷二，第23页。

典中,并没有关于封禅的记载。它的最早记述出自于司马迁,李觏认为这是汉代学者的误解。《尚书·舜典》所讲的“岁二月,东巡狩,至于岱宗,柴”,只是一般的巡狩制度,并不是封禅泰山。考虑到李觏生活的时代刚刚经历过宋真宗的大规模封禅之事,浪费了大量的财政之外,还破坏了朝廷的政治生态,他的这一论述就更有针对性了。

不过他的“道统”观念中却去除了孟子,他讲:“孔子死,不得其传矣。彼孟子者,名学孔子而实背之者也,焉得传?”原因就是他认为孟子的观念存在着“人皆可以为君”的倾向,故他讲“五霸,三王之罪人”,而“孟子,五霸之罪人也”。〔1〕“五霸”虽然假天子以令天下,但毕竟还是要诸侯尊天子的,尽管是形式上的。孟子则不同,直接劝诸侯去当天子,为仁义即可统一天下,最终僭为天子。站在李觏的观点去看待这一问题,后世假仁义之名,而行篡夺之实的权臣、诸侯,如王莽、曹丕之辈、五代之枭雄,岂不正可以从孟子那里得到辩护?与孙复的“尊王”观念相应,李觏对孟子的苛责实际上反映那个时代维护君主政体所具有的共同意识。

〔1〕 李觏:《常语(佚文)》,《李觏集·附录一》,第539页。

第二章　庆历学术与政治改革的基本理念*

庆历年间，范仲淹等人领导的改革运动，是北宋学术与政治运动的第一阶段。新经学的初步发展为其提供了基本的政治理念，围绕着社会政治秩序的重建，它们主要从三个方面展开了努力。首先通过提倡一种新道德，为其政治纲领建立基础。其次以儒学价值与制度资源重塑无为政治的理念，为国家治理模式奠定理论基础。最后在具体路径上，改革者立足于吏治问题，开展了对贤能政治的实践。庆历政治使得这些理念丰富起来，展现出了儒家政治哲学的丰富与创造性，深刻地影响着其后儒学的政治运动。

第一节　新道德与新士风的兴起

新经学的崛起，代表着一种新道德精神的兴起。随着庆历政治运动的开展，新士风逐渐走上历史的前台。"知廉耻"是新士风的道德内核，在表现上具有一些新的气象，如敢于担当、不避危难、崇尚名节等。它是儒

* 本章内容曾以《周秦之后何以乱世纷纷——庆历学术与新政对秩序的思考与探索》为题发表于《国学学刊》2019 年第 1 期。

学道德自觉的表现，反映了其担负时代使命，重构社会政治秩序的努力与意图。之所以这样讲，是因为古代国家与士大夫共治天下，故士大夫的道德风尚是整个社会风气的表征，也与国家能否建立良序政治紧密相关。程颐的一段论述，或许可以帮助我们理解这一问题：

> 秦以暴虐，焚诗、书而亡。汉兴，鉴其弊，必尚宽德崇经术之士，故儒者多。儒者多，虽未知圣人之学，然宗经师古，识义理者众，故王莽之乱，多守节之士。世祖继起，不得不褒尚名节，故东汉之士多名节。知名节而不知节之以礼，遂至于苦节，故当时名节之士，有视死如归者。苦节既极，故魏、晋之士变而为旷荡，尚浮虚而亡礼法。礼法既亡，与夷狄无异，故五胡乱华。夷狄之乱已甚，必有英雄出而平之，故隋、唐混一天下。隋不可谓有天下，第能驱除尔。唐有天下，如贞观、开元间，虽号治平，然亦有夷狄之风，三纲不正，无父子君臣夫妇，其原始于太宗也。故其后世子弟，皆不可使。玄宗才使肃宗，便篡。肃宗才使永王璘，便反。君不君，臣不臣，故藩镇不宾，权臣跋扈，陵夷有五代之乱。[1]

这里总论了士大夫之风气与国家之命运的关系。其中特别提到汉代重名节，西汉宗经师古，多有识义理之士，故王莽之乱，多守节之士。至于东汉，士风既成，多重名节。故当时抵抗宦官专权，多有死节。但程颐谓其不能节之以礼，即不能达到中道，故多“苦节”。苦节不可以持久，故魏晋时转为旷荡，尚浮虚而去礼法。既无礼法，名节亦无矣，隋唐虽能以英雄而混一天下，但亦不能重振礼法，君臣父子夫妇之间不正，故多无名节之士，叛乱相仍，至于五代可谓其极。

制度固然重要，但没有好的道德风俗，制度亦不会维持长久。当然，好的制度也会塑造好的风俗，这就说明了为何当孔子被问到“奚不为政

〔1〕 程颢、程颐：《河南程氏遗书》卷十八，中华书局2004年版，第236页。

时”，他的回答却是：“《书》曰：‘孝乎惟孝，友于兄弟，施于有政。’是亦为政，奚其为为政？”并不是只有参政议政，才是为政。能立足于人伦，孝敬父母，友爱兄弟，以正一家一国之风俗，也是为政。因此，正风俗一直为儒学所重。风俗所反映的是一个时代之生活的风貌，也常常随时代、地理、人物而变迁，所谓“小人之德草”，一般人物不可避免受社会风俗的影响，而“君子之德风”，儒学又特别重视君子所具有的创造性，即以义理或礼义来矫正风俗之弊。故后汉应劭的《风俗通义》有“为政之要，辩风正俗，最其上也”，〔1〕正是谓此。

需要在这一意义上，去理解北宋新儒学重塑人伦精神，提倡新道德的旨趣所在。换句话讲，通过新道德，辨正风俗，推动改革，重建良序发展的社会政治结构。正是在对历史中国家败亡之教训的总结中，北宋中期的新儒学标举出两个基本话题：一是君臣之辨，二是君子小人之辨。两者紧密相关，前者专注于儒家的人伦理想，是君子小人得以分判的标准，后者主张君主“亲君子，远小人”，保持政治体制的良序运行。两者共同塑造了北宋中期的新士风，对后世的社会政治产生深远影响。

一、严君臣之辨与新政纲

对于周秦以来的“乱世纷纷”，新儒学首先揭橥“君不君，臣不臣”为其根源。欧阳修论五代为乱世之极，皆在于“君君、臣臣、父父、子子之道乖”。其《新五代史》以“君臣之际，可胜道哉”为意，仿《春秋》笔法，善善恶恶以明是非。最为突出的一个例子，便是他以五代著名的宰相冯道为“无廉耻”的评价：

> 礼义，治人之大法；廉耻，立人之大节。盖不廉则无所不取；不耻则无所不为。人而如此，则祸乱败亡亦无所不至。况为大臣而无所不取，无所不为，则天下其有不乱，国家其有不亡者乎！予读冯道《长乐老叙》，见其自述以为荣，其可谓无廉耻者矣，则天下国家可从而

〔1〕 应劭著，王利器校注：《风俗通义校注》，中华书局2010年版，第8页。

知也。[1]

五代之乱世，冯道历仕四朝。宋初官修的《旧五代史》谓其“有古人之风”，“得大臣之礼”，是给予很高的评价的。至于他历仕四朝的问题，当时人亦不以“忠”许之，故“饰终之典，不得谥为文贞、文忠”。而欧阳修却以“无廉耻”论之，因为他为大臣而不能正君臣之道，反自述以为荣，此是责“臣不臣”。后来司马光等人继承了这一评价。[2]

严君臣之辨的另一个例子，就是孙复的《春秋》学，其以“尊王发微”为题，正本此意。其解隐公二年之“郑伯伐卫”条曰：

> 孔子曰：天下有道，则礼乐征伐自天子出，天下无道，则礼乐征伐自诸侯出。自诸侯出，盖十世希不失矣，自大夫出，五世希不失矣。夫礼乐征伐者，天下国家之大经也，天子尸之，非诸侯可得专也。诸侯专之，犹曰不可，况大夫乎？吾观隐桓之际，诸侯无小大，皆专而行之，宣成而下，大夫无内外，皆专而行之，其无王也甚矣。故孔子从而录之，正以王法，凡侵、伐、围、入、取、灭，皆诛罪也。[3]

此可见孙复作《春秋》之意。孔子之时，天下无道，政令沦入诸侯、大夫之手，天子不尊久矣。孟子推孔子作《春秋》，谓乱臣贼子惧。孙复更谓《春秋》二百四十二年中，隐、桓之际，皆是诸侯专政；延于宣、成，又成大夫专政，“无王也甚矣”。故孙复专诛诸侯、大夫专政之罪，“凡侵、伐、围、入、取、灭，皆诛罪也”，以正君臣之道。

又其解隐公二年“公会戎于潜”曰：

---

〔1〕 欧阳修：《杂传第四十二》，《新五代史》卷五十四，中华书局2016年版，第691页。

〔2〕 司马光对冯道事迹论述很多，见《资治通鉴》卷二六八至二八九等内容。关于《旧五代史》《新五代史》以及《资治通鉴》等对冯道事迹记叙与评价之异同的比较，可参看张明华：《论冯道“不知廉耻”历史形象的塑造与传播》，《史学月刊》2012年第5期；路育松：《从对冯道的评价看宋代气节观念的嬗变》，载《中国史研究》2004年第1期。

〔3〕 孙复：《春秋尊王发微》卷一，文渊阁《四库全书》本，第147册，第5页。

> 公会戎于潜，圣王不作，明堂失位，要荒之人与诸侯伉。故公会戎于潜，诸侯非有天子之事不得出会诸侯，况会戎哉？凡书会者，皆恶之也。[1]

汉儒之《春秋》学皆本于三传，各有家法。考《左传》曰“二年春，公会戎于潜，修惠公之好也”，[2]“会”只是诸侯间的正常交往活动，并无“恶之”之意。《公羊传》虽亦曰“恶之”，却是指隐公“虚内务，恃外好”而言，非如孙复以“不得出会诸侯”为论；而孙复特突出“不得出会诸侯”者，贬诸侯以尊王也。[3]

又《左传》论“吴公子季札观周乐，曰美哉，犹有憾者”言：“憾，恨也，文王恨不及己致太平之意。”孙复作《文王论》辨之：

> 若果如是季子之言也，则是文王怀二心以事上，匿怨以伺其间，包藏祸心，乃乱臣贼子矣。何者？文王受封商室，列为诸侯，纣虽无道，君也，安得为人之臣而有无君之心哉！[4]

若从《左传》之言，则文王实有二心，是为权诈之术，如何而能为文王？故孙复汲汲为之辩。以上可见孙复论君臣之际为严刻，晁公武《读书志》载宋儒常秩之言曰：“明复为《春秋》，犹商鞅之法，弃灰于道者有刑，步过六尺者有诛。”[5]谓其失于刻也。四库馆臣论孙复之《春秋》亦同此论，“上祖陆淳，而下开胡安国谓：春秋有贬无褒。大抵以深刻为主。”其严君臣之辨如此。然朱熹赞同其意，曰：

---

〔1〕 孙复：《春秋尊王发微》卷一，文渊阁《四库全书》本，第147册，第4页。

〔2〕 《春秋左传集解第一·隐公》，上海人民出版社1977年版，第15页。

〔3〕 更多资料可参见曾亦、郭晓冬：《春秋公羊学史》，华东师范大学出版社2017年版，第645—651页。

〔4〕 孙复：《文王论》，《孙明复小集》，文渊阁《四库全书》本，第1090册，第161页。

〔5〕 晁公武：《郡斋读书志》卷三，《郡斋读书志校证》，上海古籍出版社1990年版，第112页。

> 近时言《春秋》者，皆是计较利害，大义却不曾见。如唐之陆淳，本朝孙明复之徒，他虽未能深于圣经，然观其推言治道，凛凛然可畏，终是得圣人个意思。[1]

"凛凛然可畏"，是朱熹对孙复之《春秋》学最直观的感受。实际上，理学以"存天理灭人欲"为宗旨，而天理人欲之际不亦是"凛凛然可畏"吗？这也正是孙复之于君臣之际者。虽然一个是发明道德之精神，一个是专就治道而言，然其基本精神却一脉相承，疾恶如仇，不容丝毫苟且。

新经学何以要推言治道，至于"凛凛然可畏"？笔者以为这正与儒家正名主义的传统相关。《论语》载：

> 齐景公问政于孔子，孔子对曰："君君，臣臣，父父，子子。"公曰：善哉！信如君不君，臣不臣，父不父，子不子，虽有粟，吾得而食诸？

对于孔子之对，朱熹注曰："此人道之大经，政事之根本也。"不仅君臣父子，儒家以五伦为五常之道。它是人道的基本原则，但何以是政事之根本？朱熹于其下曰："是时景公失政，而大夫陈氏厚施于国。景公又多内嬖，而不立太子。其君臣父子之间，皆失其道，故夫子告之以此。"[2]可见这是与古代家天下政治体制相应的。君臣关系包含的范围很广，所谓"率土之滨，莫非王臣"。自君主的亲族、宦官、外戚、官僚等，无不属于王臣之范畴，但古代国家与士大夫共治天下，因此作为担当君民之治理中介的士大夫集团便在"王臣"中占有突出的地位。景公失政，不能治民，大夫陈氏趁机收买民心，有篡夺之意，故失君臣之道。自周朝确立下来嫡长子继承制，君主权力继承的合法性问题便围绕着父子关系而展开，不立太子，导致数子争夺君位，故失父子之道。显然，这些关系构成了古代政治生活中的一个根本性问题，君主不能"正名"，则政权不稳，故齐终有陈氏弑君篡

[1] 黎靖德编：《朱子语类》卷八十三，中华书局 1986 年版，第 2174 页。
[2] 朱熹：《论语集注》卷六，《四书章句集注》，中华书局 2012 年版，第 137 页。

国之祸。

由此而论，人伦之生活对于君主有着特殊的政治意义。君主的人伦生活并不能简单地被理解为“道德模范”，固然有这方面的含义，所谓“君子之德风”是也。但更根本的是，古代政治体制是否良序运行与君主能否智慧地处理人伦关系紧密相关，从这里可以看到人伦问题与古代政治体制的同构性。正因此，孔子提出“正名”的理念，其实质便是使政治体制维持于伦理之常道，是以“教”正“政”也。《论语》载：

> 子路曰：“卫君待子而为政，子将奚先？”子曰：“必也正名乎！”子路曰：“有是哉，子之迂也！奚其正？”子曰：“野哉由也！君子于其所不知，盖阙如也。名不正，则言不顺；言不顺，则事不成；事不成，则礼乐不兴；礼乐不兴，则刑罚不中；刑罚不中，则民无所措手足。故君子名之必可言也，言之必可行也。君子于其言，无所苟而已矣。”〔1〕

这正是孔子正名主义的表现。对此，孙复作《世子蒯聩论》曰：

> 君君，臣臣，父父，子子，邦国之大经也。彼则弃其父而立其子，教其子以拒其父。君不君，臣不臣，父不父，子不子，禽兽之道也，人理灭矣。

先有人伦之正，而有政治体制之正，而有礼乐刑罚之正。所谓“治国之端在正名”（董仲舒语）。孔子在卫国时，正是名不正之时。卫灵公之嫡子蒯聩杀母不成而奔宋，灵公崩后，蒯聩之子辄（卫出公）得立，以此抗拒其父。由此，蒯聩有杀母之罪，辄有拒父之罪，其后卫国终因此而遭祸乱。而这一切“皆灵公为之也”，“灵公不能治其室，死不能正

〔1〕 朱熹：《论语集注》卷七，《四书章句集注》，中华书局2012年版，第143页。

其嗣也。”[1]“正名”不仅诛乱臣贼子，亦以惩君也。

可是，当周秦以来乱世纷纷，甚至五代极乱之后，北宋新经学家们重新发掘“正名”之义时，又突出了其中所具有的对历史之势的批判意义。孙复之《春秋》，以隐、桓之际，诸侯皆行专政，故孔子以之为《春秋》之始；宣、成而下，又成大夫专政，每况愈下，故《春秋》诛贬之。孙复对《春秋》二百四十二年历史的评论，实际上包含着对周秦以下之历史的观察。周秦以下，正是篡夺之祸愈演愈烈之时，直至五代乱世之极。在评价西汉霍光废黜昌邑王的案例中，新经学的另一位代表人物李觏曰：

> 霍光之罪，灭族晚矣。知之不明，行之不慎，视君如玩物，去取在诸掌。董卓效之东京，桓温用之江左。宋齐以下，覆车方轨，职光之罪也。[2]

李觏并没有讲霍光是否应该废黜昏乱的昌邑王，他所谴责的是“视君如玩物，去取在诸掌”的态度，是使得君主之选如同儿戏，大臣不再有慎重畏惧之心。其后董卓、桓温之辈皆以权臣而挟制朝廷，宋齐以下，演之愈烈，皆由霍光肇之也。故李觏对于当时流行的“伊尹废太甲”之说，给予驳斥：

> 或问：“伊尹废太甲，有诸？”
>
> 曰：“是何言欤？君何可废也？古者君薨，百官总已以听于冢宰三年。成汤既没，二十五月之中，伊尹之知政，太甲之居忧，固其常

[1] 孙复：《世子蒯聩论》，《孙明复小集》，文渊阁《四库全书》本，第1090册，第178页。对于世子蒯聩，经学家有不同说法。一者认为《春秋》并没有褒贬蒯聩之意，故依然称其为世子，谓其当为继君。如此，孔子之正名，便成了“正世子之名”，意出公辄当避位以让其父。持此说者如全祖望以及刘宝楠等。一者如孙复以及后来的理学家倾向于认为，蒯聩出奔得罪于父，不应为继君。灵公应废世子，而命公子郢继位。

[2] 李觏：《常语上》，《李觏集》卷三十二，王国轩点校，中华书局1981年版，第384页。

> 也。不官于亳而官于桐，近先王墓，使其思念，名之曰放，儆之之至也。”[1]

《孟子》言伊尹放太甲，因其颠覆汤之典刑故也。孟子亦未言“废”，但其对“放”的解释中，有从“权”之义。而在李觏看来，这不过是一场正常的制度交接，“君何可废也?”无论是什么人，皆不可以废君。显然，李觏持有更为严苛的态度。故他对孟子颇有不满，批评他不知尊周室，是为“忍人”。[2]

由此，不难看到北宋中期新经学的严君臣之辨的态度，这与他们所切身体验到的历史危机感紧密相关，由此兴起一种伦理的新精神，即以礼义廉耻约束士大夫集团，期望一种良序政治的建立与维系。他们恢复儒学的正名主义的传统，以正君臣之名为口号，维持政治体制的传承与稳定。这里涉及的是制度的顶层设计，即基于家天下的君主体制。在“天下为公”的禅让制越来越远离历史中心的时代，这是他们基于现实的政治状况所提出的最为可能的政治纲领。显然，他们的这种态度是道义至上的，并对历史的势，即现实的状态以及实际的发展状况，持着一种强烈的批判态度。

更为重要的是，新经学在政治上严人伦之辨，暗示着这样一种思路：政治只有合乎常道，才是可以永久的。这在“政”与“教”之间，树立了以“教”正“政”的原则。在新儒学家们看来，高高在上的君主要像常人一

---

〔1〕 李觏：《常语上》，《李觏集》卷三十二，第383页。

〔2〕 李觏对孟子的批评，主要集中在其不尊周室。但其论述已经佚失，一部分保存于余允文所著的《尊孟辨》中，对此，朱熹也作了相关的评注。余允文以为周室只是虚位，孟子要以仁义救天下；而李觏坚持周室之合法性，没有合法性如何能称之为仁义？而朱熹从“时措之宜”的角度给孟子辩护。实际上，经权确实是这里的一个关键性的问题，如果君主昏乱，如何能够做到不废君而保持天下的稳定？李觏以为必须至忠至明之人，方可以兴权。但后世大臣往往陷入于势，即“譬诸骑虎，下则死矣”。失去富贵暂且不论，己身以及家族之性命亦不能保，曹操有“不得慕虚名而处实祸”，由此后世往往多篡夺之祸。由于认识到至明至忠之大臣的不常有，李觏期望于尊名号、慎权与的观念，来保证体制的稳定。这一思路与孙复以及后来的朱熹等人有所不同，但在严君臣之辨的问题上，依然是有共同之处的。参见李觏：《常语》，《李觏集》卷三十二，中华书局2011年版，第383—396页；《常语（佚文）》，《李觏集·附录一》，第539—546页。对于余允文以及朱熹的评注，参见黄宗羲原著，全祖望补修：《高平学案》，《宋元学案》卷三，中华书局1986年版，第162—171页。

样,以智慧的方式处理人伦生活。除了他所掌握的权力以及“势位”不同之外,他的生活与常人一样,都以人伦之道为追求的目标。这是一种普遍的人道原则在政治上的体现,更是基于一种普遍的人性平等的观念而建立起来的。只有基于这种人性的原则,及其所表现出来的对权势的教化作用,中道政治才能建立起来,这样的政教秩序才能“为万世之准则”。

二、君子小人之辨与新士风

君子小人之辨成为新儒学的一个基本问题,在于它与社会政治风俗的塑造紧密相关。它直接关涉的问题是“什么样的人当政”。正由此,范仲淹在给皇帝的上书中直谓:“自古帝王与佞臣治天下,天下必乱,与忠臣治天下,天下必安。”[1]天下之治乱,在于任用忠臣,还是佞臣。而它关乎风俗,可以从《论语》中孔子所讲的“举直错诸枉”来进行分析。在《论语》中,主要有两处出现“举直错诸枉”的问题,一见于《为政篇》之“哀公问”:

> 哀公问曰:“何为则民服?”孔子对曰:“举直错诸枉,则民服;举枉错诸直,则民不服。”

一见于《颜渊篇》之“樊迟问知”:

> 樊迟问仁。子曰:“爱人。”问知。子曰:“知人。”樊迟未达。子曰:“举直错诸枉,能使枉者直。”樊迟退,见子夏。曰:“乡也吾见于夫子而问知,子曰:举直错诸枉,能使枉者直,何谓也?”子夏曰:“富哉言乎!舜有天下,选于众,举皋陶,不仁者远矣。汤有天下,选于众,举伊尹,不仁者远矣。”

对于鲁哀公与樊迟不同的问题,孔子给予了同样的回答,即“举直错诸枉”。可惜哀公并没有进一步的追问,而后一段则有子夏的进一步解

---

〔1〕范仲淹:《奏上时务疏》,《范文正集》卷七,文渊阁《四库全书》本,第1089册,第628页。

读，他以舜与汤举贤能远小人的例子论之。这成了后来解经者的基本观点，如《论语注疏》解曰："举正直之人用之，废置邪枉之人，则皆化为直。"[1]清朝刘宝楠的《论语正义》的解释亦延续了这一思路：

> 案春秋时，世卿持禄，多不称职，贤者隐处，虽有仕者，亦在下位。故此告哀公以举措之道。直者居于上，而枉者置之下位，使贤者得尽其才，而不肖者有所受治，亦且畀之以位，未甚决绝，俾知所感奋而犹可以大用。故下篇告樊迟以举直错诸枉，能使枉者直，即此以也。[2]

这里虽无风俗两字，其实所论者就是变风俗的问题。无论是子夏，还是《注疏》或《正义》，其解释隐含着儒家政治理念的一个重要传统，即君子小人之辨。"正直之人"，如皋陶、伊尹，应该占有政治的高位，使其尽职尽才，则不肖者、不仁者自然远离。《注疏》以为"皆化为直"，何以能够如此？《正义》进一步解释说"不肖者有所受治"，在贤者所营造的良好政治风气之下，可以有所感奋，从而发挥其才能。显然，所谓"不肖者"或"小人"并不是十足的恶人，而是不能有坚定的道德操守，往往随着风俗而改变的人。假如政治风气崇尚清廉，他们自然也就会清廉；崇尚积极作为，他们也就积极作为。现代制度学以人性具有趋利避害为基本假设，儒家也是认同这一人性的基本面的。

但儒家又强调"事为之制，曲为之防"不足以使政治达到良序状态，孔子对于"民免而无耻"的状况的担忧正与此相关。根本的还是要靠君子之德，即以自身对原则的坚守来引领政治风气的变革或归正。如《中庸》谓："夫政也者，蒲卢也。为政在人，取人以身"，荀子《君道》篇言："有治人，无治法"，又言"法者，治之端也。君子者，法之原也。""君子"一方面是对法之弊的改革，一方面是以身作则，践行法度运行之价值与精神。所以

---

〔1〕 何晏注，邢昺疏：《论语注疏》卷十二，朱汉民整理，北京大学出版社1999年版，第168页。

〔2〕 刘宝楠：《论语正义》卷二，《诸子集成（一）》，国学整理社整理，中华书局2006年版，第35页。

《中庸》将其比喻为“蒲卢”，朱熹曰“其成速也”，[1]荀子更称为“法之原”。君子之所以构成“法之原”，就在于对政治风俗的引领与创造。

因此，正是在这一意义上，君子小人之辨成为儒家政治学的一个基本问题。北宋新儒学的复兴，尤其着意于此。胡瑗以《周易》思考“大治之本”，推天道以明人事曰：

> 以人事言之，则得失变易而成吉凶，情伪变易而成利害，君子小人之变易而成治乱。故天之变易则归乎生成，而自为常道。若人事变易，则固在上位者裁制之如何耳，何则？在位之人苟知君子小人相易而为治乱，则当常进用君子而摈斥小人，则天下常治而无乱矣。[2]

“君子小人之变易而成治乱”，若天道则有常，其自然生成，不假人力。而人事不然，关键在于上位者如何裁制之，若知道君子小人相易之道，则当常进用君子，以摈斥小人，天下便可以常治而无乱矣。如果君子在上位，如《乾》卦“九五：飞龙在天”，胡瑗曰：“圣人在位，天下有圣人之德者皆来仕于朝，皆以类应也。”[3]君臣相应，则天下自然为治。如果小人当道，如《坤》之“六四”，《文言》曰“天地闭，贤人隐”，胡瑗曰：“君不交于臣，臣不交于君，君臣道塞则贤者退隐也。”[4]则“贤者退隐”，风俗颓坏，法度日弊。

随着新儒学的精神在士大夫中影响渐大，为针对范仲淹等人，沉寂已久的朋党之说逐渐兴起。此时欧阳修等人又以君子小人之辨为自己辩护，其《朋党论》曰：

---

[1] 上述引文，见朱熹：《中庸章句》，《四书章句集注》，中华书局 2012 年版，第 28 页；王先谦：《荀子集解》卷八，《君道篇第十二》，沈啸寰、王星贤点校，中华书局 2013 年版，第 272 页。

[2] 胡瑗：《周易口义・发题》，文渊阁《四库全书》本，第 8 册，第 171 页。

[3] 胡瑗：《周易口义》卷一，文渊阁《四库全书》本，第 8 册，第 178 页。

[4] 胡瑗：《周易口义》卷一，文渊阁《四库全书》本，第 8 册，第 200 页。

> 臣闻朋党之说，自古有之，惟幸人君辨其君子小人而已。……故小人无朋，其暂为朋者，伪也。君子则不然，所守者道义，所行者忠信，所惜者名节。以之修身，则同道而相益；以之事国，则同心而共济，终始如一。此君子之朋也。故为人君者，但当退小人之伪朋，用君子之真朋，则天下治矣。

小人因一时之私利而相合，是暂时的。只有君子才有“真朋”，因为君子则本于道义，行以忠信，惜名节而不枉为，其之于国家，才能够同心共济。因此君主正要大胆地用君子之真朋，“退小人之伪朋”，则天下治矣。欧阳修以尧、舜为例，“尧之时，小人共工、讙兜等四人为一朋，君子八元、八凯十六人为一朋。舜佐尧退四凶小人之朋，而进元、凯君子之朋，尧之天下大治。及舜自为天子，而皋、夔、稷、契等二十二人并列于朝，更相称美，更相推让，凡二十二人为一朋，而舜皆用之，天下亦大治。”〔1〕尧舜时期正是举君子之朋以远小人，从而实现天下大治的典范。

另一位古文运动的健将王禹偁，在其《朋党论》中，表达了同样的对于尧舜之治的看法，“夫朋党之来远矣，自尧舜时有之，八元八凯，君子之党也；四凶族，小人之党也。”可见朋党并不可怕，对于君主而言，关键是“举直错诸枉”。庆历四年（1044 年），当新政推行之时，朋党之论亦甚嚣尘上，仁宗问辅臣曰：“自昔小人多为朋党，亦有君子之党乎？”范仲淹答道：“臣在边时，见好战者自为党，而怯战者亦自为党，其在朝廷，邪正之党亦然，唯圣心所察耳。苟朋而为善，于国家何害也？”〔2〕邪正自然各为其党，国家惟用正党，需要君主能够辨其君子小人。

对于庆历时期的“朋党论”该怎么认识呢？从后来宋代政治的发展来看，它不过是其后长期陷入朋党之争的前奏罢了。从“君子”的内涵来看，它也变得复杂起来，如余英时先生所分析的，景祐年间范仲淹与吕夷简的

---

〔1〕 欧阳修：《朋党论》，《居士集》卷十七，洪本健校笺：《欧阳修诗文集校笺》（上册），上海古籍出版社 2009 年版，第 521 页。

〔2〕 李焘：《续资治通鉴长编》卷一四八，中华书局 2004 年版，第 3580 页。

争论，便不能简单地将吕夷简视为小人。熙宁后党争转变为士大夫内部之争，并以“国是”之法度化来分判君子小人，如元祐、绍圣之党争，便是以赞成“新法”与否来判别，而南宋以后的党争则以主张“和议”与否为君子小人之准绳。[1] 但是这里有一个涉及庆历新政的更重要的问题：如果说“君子在位”是政治的基本目标，那么回到现实中，政治家需要知道“谁是君子”。欧阳修等人的“君子党”的概念为这一判定提供了基本的路线，即以名誉高低，或名节为标准。这实际上是士大夫群体自发地形成的相互评价体系。欧阳修以为君主应该尊重这样的一个传统，任用那些“名士大夫”，推行“尊名以厉贤”的路线。

然回到庆历时期的党争，当改革进一步推进之时，旧官僚开始以“朋党”攻击范仲淹等人，其意图显然是要动摇仁宗的决心。而无论是欧阳修，还是范仲淹，对此都更加突出了君子小人之辨的问题，并将此最终归为“圣心所察”，其意图亦是要坚固仁宗之意志。可是新政还是失败了，仅推行一年有余（庆历三年九月至五年元月，仅一年零四月），便遭废黜。其原因有多重因素，未可一端而论。仁宗并未完全信任“君子党”，却是一个重要的方面。[2]

后面笔者会进一步对“君子党”问题进一步论述，这里需要强调的是，虽然庆历新政失败了，但就其作为一种新的道德风尚而言，它是新儒学家们一直努力推崇的，并在范仲淹等人的影响之下，蓬勃地发展了起来。它塑造的新士风对后世有着深远的影响，朱熹在讲到范仲淹的历史功劳时曾曰：

问：“先生前日曾论本朝惟范文正公振作士大夫之功为多，不知使

---

〔1〕 见余英时所著的《朱熹的历史世界》（上篇）之“第七章：党争与士大夫的分化”，生活·读书·新知三联出版社 2011 年版，第 316—386 页。关于党争的相关著述，可参考以下几种著述：王桐龄：《中国历代党争史》，上海书店出版社 2012 年版；沈松勤：《北宋文人与党争》，人民出版社 1998 年；罗家祥：《北宋党争研究》，台北文津出版社 1993 年版。

〔2〕 范仲淹所推举之人，如苏舜钦、梅尧臣诸人因饮酒戏谑，而被仁宗作为浮薄之士罢黜。此事直接导致新政遭废，详见李焘：《续资治通鉴长编》卷一百五十三之庆历四年十一月甲子条，中华书局 2004 年版，第 3715—3716 页。

> 范公处韩公受顾命之时，处事亦能如韩公否？”曰：“看范公才气，亦须做得。”又曰：“祖宗以来，名相如李文靖、王文正诸公，只恁地善，亦不得。至范文正时便大厉名节，振作士气，故振作士大夫之功为多。”〔1〕

“大厉名节，振作士气”，正是范仲淹对新士风的塑造。范仲淹不仅本人的人格魅力与政治风骨为士人所称赞，而且在新政中，多援引有名望之人士，所谓“尊名以厉贤”，这都使得当时士气兴盛。从蔡襄的《四贤一不肖诗》以及石介的《庆历圣德颂》在士大夫中间的流传，就可以看出新士风的影响之大。由之，《宋史·忠义传》论曰：

> 真、仁之世，田锡、王禹偁、范仲淹、欧阳修、唐介诸贤，以直言谠论倡于朝，于是中外荐绅知以名节为高，廉耻相尚，尽去五季之陋。故靖康之变，志士投袂，起而勤王，临难不屈，所在有之。及宋之亡，忠节相望。〔2〕

风俗之变，尽去五代之陋，士大夫是廉耻名节相尚。故靖康以及宋之亡，多有忠义之士响应国难，这可见庆历学术与政治运动的影响之深远。当然，当王安石变法之时，这一新士风已经成为一种政治传统，如何面对这一传统，正是王安石强调“变风俗”，以及君子小人之辨所要回答的问题，也是其变法带给后世争论最大的地方。对此，后文会有详论，但在此，我们先要明白它正是北宋中期新道德运动的表现。

第二节　治理之道：简繁之辨与无为政治

宋代积贫积弱的危机是与宋初国家治理模式紧密相关的。宋太祖、

---

〔1〕 黎靖德编：《朱子语类》卷一百二十九，中华书局1986年版，第3086页。

〔2〕 转引自顾炎武的《日知录》卷十三之“宋世风俗”条，《顾炎武全集》，上海古籍出版社2012年版，第528页。

太宗鉴于五代军阀割据，通过分权、约财以及收兵，不断加强中央集权。[1] 如设立参政以分宰相之权，设转运使、判官等以分地方之财权，以枢密使为皇帝直接指导，不仅军政大事，至于排兵布阵皆由此出。恰如一些学者所指出的，这样的制度设置有着很强的防范意识，虽然起到了集权的作用，但也极无效率。[2] 天下繁事集于皇帝一身，在其精明强干之时，或可以勉强维持，譬如太宗晚年对这种治理模式相当自信，《长编》载：

> 上顾侍臣曰："自晋、汉以来，朝廷削弱，主暗臣强，纪纲大坏，仅成邦国。朕承丧乱之后，君临大宝，即位之始，览前王令典，睹五代弊政，以其习俗既久，乃革故鼎新，别作朝廷法度。于是远近腾口，咸以为非；至于二三大臣，皆旧德耆年，亦不能无异。朕执心坚固，靡与动摇，昼夜孜孜，勤行不怠，于今二十载矣。卿等以朕今日为治如何也？虽未能上比三皇，至于寰海宴清，法令明着，四表遵朝化，百司绝奸幸，固亦无惭于前代矣。"[3]

虽然不能与三皇相比，但也算是达到海内没有叛乱，法令名著，四夷部落听从教化，官僚也都能够遵从法度，不敢行奸诈之事，"固亦无惭于前代矣"。然而历史似乎并没有给予太宗的自信以太多的认可，且不说在其统治期间川陕地区发生了王小波、李顺起义，即使是对北方女真的战争也没有取得什么便宜；而且这种制度所带来的严重后果将在真、仁两朝充分表现出来。仁宗宝元至庆历年间，正是各种矛盾频繁爆发之时，边疆战争

---

〔1〕 赵匡胤黄袍加身，曾经询问赵普："天下自唐季以来，数十年间，帝王凡易八姓，战斗不息，生民涂地，其故何也？吾欲息天下之兵，为国家长久计，其道何如？"赵普的回答很直截，他讲："陛下之言及此，天地人神之福也。此非他故，方镇太重，君弱臣强而已。今所以治之，亦无他奇巧，惟稍夺其权，制其钱谷，收其精兵，则天下自安矣。"见李焘：《续资治通鉴长编》卷二，中华书局2004年版，第49页。相关论述可参见漆侠：《王安石变法》，上海人民出版社1959年版，第14—26页。

〔2〕 如邓小南分析到："作为'祖宗之法'的精髓，它强调保持对于意外事变的戒惕心态，强调防范纤悉，同时以制度的平缓调适保证政治的稳定。这一核心原则，在有效杜绝了内部重大变局的同时，对于两宋官僚政治的发展，也产生着深刻的负面影响。"见其《祖宗之法：北宋前期政治述略》，生活·读书·新知三联书店2006年版，第280页。

〔3〕 李焘：《续资治通鉴长编》卷三十八，中华书局2004年版，第824页。

不断，国内盗贼横行。在庆历二年（1042年）给仁宗的上书中，欧阳修责问：“并九州岛之力，讨一西戎小者，尚无一人敢前，今又北戎大者违盟而动，其将何以御之？”〔1〕

显然，当务之急是改革这种治理模式，在庆历的改革者们看来，无论是军政、民政的废弛，纲纪的败坏，官吏的慵懒无为，都与当时政治不能处理好集权与分权的问题相关。〔2〕无论大小事务，都集于君主一身，不能任用贤能，不能建立好的法度，更枉论兴起礼乐教化以致天下于太平了。因此，欧阳修在给仁宗的上书中论致治之要，曰：“故为人君者，以细务而责人，专大事而独断，此致治之要术也。”〔3〕根本在于君主权力的合理分配。对此，改革者们发掘古代治道资源，对一些重要的问题展开论述，推动庆历新政建立自己的改革方案。

首先是简繁之辨。“简”就是减少不必要的，只留下最根本的、最重要的；“繁”是指法度的完备。以欧阳修为例，其《本论》曰：“天下有定数，邦国有定制，民有定业，官有定职。使下之共上勤而不困，上之治下简而不劳。”可见这里的“简而不劳”是对君主而言的，君主要在国家治理中完成对自我权力与职责的认知，根本的便是建立合理的法度，所谓有“定数”“定制”“定职”。因此，上与下、简与繁之间应该有一种恰当的关系，庆历二年欧阳修的一首策论，让当时的考生集中论述简繁的关系问题：

> 今自京师至于海隅徼障，一尉之卒必命于朝，政之大小皆自朝出，州县之吏奉行而已。是举天下皆所自治，其于大体，则为繁矣。其州县大小，邑闾田井，训农练卒，一夫以上略无制度，其于众务，何其忽而简也！夫礼以治民，而乐以和之，德义仁恩，长养涵泽，此三代之所以深于民者也。政以一民，刑以防之，此其浅者尔。今自宰相至

〔1〕欧阳修：《准诏言事上书》，《居士集》卷四十六，《欧阳修诗文集校笺》（中册），上海古籍出版社2009年版，第1148页。

〔2〕卢国龙重点从集权与用权的角度探讨北宋新儒学对治道的论述与探索，见其《宋儒微言》，华夏出版社2001年版。

〔3〕欧阳修：《准诏言事上书》，《居士集》卷四十六，《欧阳修诗文集校笺》（中册），第1148页。

于州县有司，莫不行文书、治吏事，其急在于督赋敛、断狱讼而已，此特浅者尔。礼乐仁义，吏不知所以为，而欲望民之被其教，其可得乎？夫治大以简则力有余，治小以繁则事不遗，制民以浅则防其僻，渐民以深则化可成，此三代之所以治也。今一切悖古，简其当繁而繁其当简，务其浅而忽其深。故为国百年，而仁政未成、生民未厚者，以此也。[1]

这里讨论了简繁之辨，治理之道简者当简，繁者当繁。当简者能否简，决定于当繁者能否繁。宋初政治不合治道，自京师至于海隅，“一尉之卒必命于朝，政之大小皆自朝出，州县之吏奉行而已”。这是以己身亲治天下之繁重，不能把握大体，这是当简者不能简。至于州县大小，邑闾田井，训农练卒，皆无制度；礼乐教化，德义涵泽，和治民众，亦无法度。官吏不过督赋敛、断狱讼而已，这不过是孔子所谓“道之以政”者，至于德政则是没有的，这又是当繁而不能繁。此所以不能兴致天下于太平，正因简繁不当。

其次是无为政治。不难看出，欧阳修所谓的“繁”实际上是对法度的完备，包括政与教两个层面。而所谓的“简而不劳”，类于黄老的无为政治。两者都以法度完备为无为而治的必要条件；但不同的是，两者对法度之内涵的理解不一样。可见无为与尚简是相通的，作为古代政治的共同思想资源而存在。不过对于北宋新儒学而言，一个重要的任务是要赋予无为政治以儒学的内涵。孙复在这方面做出了论述，《无为指》论曰：

无为者，其虞氏之大德欤，非旷然而不为也。……然则孔子上顾伏羲，下讫文武，笔于大经，为万世法，何不曰无为而治者？伏羲也，黄帝也，尧也，禹也，汤也，文武也，止曰其舜也欤哉？若以无为为旷

〔1〕 欧阳修：《问进士策三首之二》，《居士集》卷四十八，《欧阳修诗文集校笺》（中册），第1192页。

然而不为，则《书》何曰齐七政，类上帝，禋六宗。又曰观四岳，班瑞于群后。又曰东巡守至于岱宗，协时月正日，同律度量衡，修五礼五玉。又曰南巡守至于南岳，西巡守至于西岳，北巡守至于北岳。又曰肇十有二州，封十有二山。又曰流宥五刑。又曰流共工，放驩兜，窜三苗，殛鲧。又曰黎民阻饥，后稷播植百谷。又曰百姓不亲，五品不逊。又曰蛮夷滑夏，寇贼奸宄，以至五十载陟方乃死之类。此舜有为其繁也。[1]

“无为”并不是“旷然而不为”，它是建立在法度与德政之完备的基础之上的。显然，孔子称述先王之道，只曰舜“无为而治”，不是说它无所作为。孙复以《舜典》为之辨说，至于政刑、祭祀、巡守、选贤、惩奸，以至于亲民等事无不完备，正是“有为其繁也”，怎么能说“旷然而不为”呢？不难看出，这与欧阳修的简繁之论正为相应。孙复进一步批评后世帝王的所谓“无为”：

惑佛老之说，忘祖宗之勤，罔畏天命之大，靡顾神器之重，委威福于臣下，肆宴安于人，上冥焉莫知其所行，荡焉莫知其所守，曰我无为矣，至纲颓纪坏，上僭下偪，昏然而不寤者，得不痛哉。[2]

这种“无为”不过是帝王追求享乐的借口罢了，没有敬畏之心，一切无所作为，终至纲颓纪坏，国家灭亡。“无为”亦是道家政治哲学的核心观念，考虑到孙复反佛老的态度，他并没有专门对儒道在“无为”观念上的区别作出论述。事实上，道家所论的“无为而无不为”的政治观念，根本上是一种做减法的政治智慧。它提倡“虚”“静”之德，建议帝王将自己的精神专注于大的方面，而将细务分配给下级官吏。这一点新儒学也是赞同的。

〔1〕 孙复：《无为指上》，《孙明复小集》，文渊阁《四库全书》本，第1090册，第167—168页。

〔2〕 孙复：《无为指下》，《孙明复小集》，文渊阁《四库全书》本，第1090册，第168页。

如果说秦汉之际的黄老道家是吸收了法家的制度资源，发展无为政治的理念的话，那么北宋新儒学则要吸收儒家的制度以及价值资源来重新发展这一古老的政治理念。要知道，这一政治资源不仅道家具有，在儒学那里也是可以找到源头的，孔子所谓舜"无为而治"是也。欧阳修与孙复都注意到了儒家的礼乐制度资源，这是他们所谓无为政治的前提。另一方面，帝王要有敬畏之心，要有亲民之情，要有涵养德性，并不能仅仅以虚静为德。因此，正是通过将儒家的制度资源和价值与其相结合，新儒学建立了一种新的无为政治理念。

新儒学之所以关注无为政治的理念，与当时朝廷上下流行的一种政治颓势有关。上自仁宗，下至一般官吏，都以无为相尚。至于当时有识之士所论述的，如武备不修、民难不恤、赏罚不明、恩宠太滥等，都与这种风气有关，故孙复对"旷然而不为"的批评正是针对时弊而发。由此而言，新儒学所谓的无为而治，其实突出的恰恰是有为，孙复所谓"舜有为其繁也"，正是要激励国家上下一体，奋发有为。

第三节　共治模式：委职不委权

"共治"，即与贤士大夫共治天下，一直是儒家的政治传统，这一点为学界所共知。[1] 它与对贤能政治的期望紧密相关。开始于孔子的"有教无类"以及"学而优则仕"的理念，打破了贵族对仕途的垄断，使得官僚体系开放起来，重视吸纳来自各个阶层的人才。在儒家对大同社会的想象中，贤能政治是天下为公的体现。《礼运》所谓"大道之行也，天下为公，选贤与能"，儒家通过对尧、舜、禹之禅让的追溯，可以说建立了自己的最高政治纲领。德与位是相应的，政权的合法性并不是靠着家族的继承获得，而是通过善治赢得民心，以及选举而获得的。当然，这里的选举是贵

---

〔1〕 对贤能政治的论述，可参见干春松：《贤能政治：儒家政治哲学的一个面向——以〈荀子〉的论述为例》，《哲学研究》2013 年第 5 期；杨国荣：《贤能政治：意义与限度》，《天津社会科学》2013 年第 2 期，等等。

族的推举，是现代民众选举不同。[1]

然后世往往以家天下为政治建构。虽在儒家看来，这是一个“大道既隐”的过程，但它已经构成儒家政治的现实。所谓“天下为家，各亲其亲，各子其子”，从天子至于诸侯，以兄弟或父子相承为基本的政治纲领。夏、商、周三代所开创的政治典范成为儒家后来的一个现实选择。至北宋，这样的政治传统已历千年之实践，新儒学如何选择自己的政治纲领？显然，北宋思想家注意到了时势的不可逆转，不惟禅让制被别有用心者所利用，如曹丕篡汉，三代政治传统中的“伊尹放太甲”“周公辅成王”都可以被乱臣贼子所效用，导致乱世频仍。因此，孙复、李觏等人高呼尊王，严君臣之辨，正是立足于历史时势之发展，重新确立儒学的政治纲领。对此，我们前面已经有所论述。

在家天下的制度背景之下，贤能政治的定位亦随之发生变化。因为天子、诸侯不再是选举产生的，选贤任能便被定位在士大夫阶层。他们是官僚集团的重要来源，儒家期望通过建立自上而下的教育与选举制度，“顺先王之诗书礼乐造士”。“造士”与孔子的“学而优则仕”的理念正相应，其实质都是以儒家的价值来培养和塑造国家的统治阶层。另一方面，对天子以及整个贵族集团的教育是最为重要的，在《礼记》中涉及对世子以及国子的教育就是基于这方面的考虑。

无论如何在后世家天下的背景之下，选贤任能与国家的教育体制相结合，反而变得更加重要了，这也是为何北宋新儒学总是将学校以及科举制度的改革视为核心议题之一，从庆历新政到熙宁变法，在这一点上，他们是一脉相承的。与这一问题相应的，便是对贤能政治在国家治理这一问题的核心地位的强调。频繁出现于新儒学话语当中的是：任用贤能对于国家实现善治而言，具有根本性的意义。石介的《贵谋》言之凿凿：

---

〔1〕 对于贤能政治与民主政治的关系问题的讨论，可参见贝淡宁：《贤能政治》，中信出版社 2015 年版；黄玉顺：《“贤能政治”将走向何方》，《文史哲》2017 年第 5 期；孙磊：《民主时代的贤能政治》，《天府新论》2018 年第 4 期。

大哉！圣贤之谋至矣。用之则生，不用则死，用之则存，不用则亡。死生存亡大矣，彼不能用，愚闇甚矣，嗟乎！[1]

国家有大忧大灾并不可怕，君主能否任用圣贤之谋，才是最为关键的。用之则生则存，不用则死则亡。范仲淹作《选任贤能论》，开头便曰："王者得贤杰而天下治，失贤杰而天下乱。张良陈平之徒，秦失之亡，汉得之兴。"[2]亦以贤能为国家兴亡所本。欧阳修以"用人之难"劝诫君主，曰："语曰为君难者，孰难哉？莫难于用人。夫用人之术，任之必专，信之必笃，然后能尽其材，而可共成事。"[3]换句话讲，君主是无法一个人治理天下的，范仲淹提出了"委职"的理念：

天生兆民得王乃定，万几百度不可独当，内立公卿大夫士，外设公侯伯子男，先择才以处之，推公以委之。然则委人臣之职，不委人君之权。……若乃区别邪正，进退左右，操荣辱之柄，制英雄之命，此人主之权也，不可尽委于下矣。[4]

"委职"，即委人臣之职，而保留人君之权。明确地将"定天下"与"治天下"区分开来。"定"者，使天下稳定，防奸杜邪，"操荣辱之柄，制英雄之命"，这是君主之权，不可以随意委人。"治"者，使天下得善，百官分职，万几百度各有所当，应该交给公卿大夫去处理，君主总其大体即可。实际上，就是让君主掌握人事的权力，而具体国家事务则由公卿大夫负责。范仲淹进一步论述：

---

〔1〕 石介：《贵谋》，《徂徕集》卷八，文渊阁《四库全书》本，第 1090 册，第 230 页。

〔2〕 范仲淹：《选任贤能论》，《范文正集》卷五，文渊阁《四库全书》本，第 1089 册，第 602 页。据史载，范仲淹的这几篇文章，包括《推委臣下论》《帝王好尚论》等，是景祐三年因反对吕夷简专权而作，虽然有针对性，但也包含了某种普遍性的思考。见李焘：《续资治通鉴长编》卷一百十八，中华书局 2004 年版，第 2783—2787 页。

〔3〕 欧阳修：《为君难论上》，《居士集》卷十七，《欧阳修诗文集校笺》（上册），上海古籍出版社 2009 年版，第 527 页。

〔4〕 范仲淹：《推委臣下论》，《范文正集》卷五，文渊阁《四库全书》本，第 1089 册，第 604 页。

> 然则朝廷清要之位，觊觎者众，必审贤以与之，贤杰之材，谗嫉者众，必先时以辨之，是故先王孜孜求贤以备选用，且千官百辟，岂能独选，必委之于辅弼矣。惟清要之职，雄剧之任不可轻授于人，佥谐之外，更加亲选，圣帝明王常精意于求贤，不劳虑于临事。精意求贤则日聪明而自广，劳心临事则日丛脞而自困。……于是乎得以操荣辱之柄，制英雄之命，庶务委于下而柄归于上，始可以言无为矣。〔1〕

"圣帝明王常精意于求贤，不劳虑于临事"，"求贤"并不是千官百辟皆亲为之，只有一些关键的职位——"清要之职，雄剧之任"需要"亲选"；其他的职位委之辅弼之臣即可。"庶务委于下而柄归于上"，然后君主可以言无为而治矣。这里对君臣之间的分权作了一个大体的描述，它可以说是"共治"理念的进一步发展，所谓"委职"正是"放权"之意。"劳心临事则日丛脞而自困"，虽然有针对北宋政治治理的弊病而言，但这一政治理念却有普遍的意义，可以将其看成是君主制时代的"共治"纲领。〔2〕

要清晰地了解这一"共治"纲领的意义，还需要从君权与相权的关系来分析。宋以后存在着削弱相权，加强君权的趋势，很多历史的研究都向我们揭示了这一点。范仲淹所谓的"辅弼"，其实就是宰相。他的"委职"说，实际上就是要在君权与相权之间做一个明确的分工。而针对宋代政治，即"日丛脞而自困"的弊端，范仲淹等的方案便是重新赋予相权在国家治理当中的核心地位。当然，这未必意味着要回到唐代君权与相权的政治架构中。范仲淹论唐明皇时期，一开始任用姚崇、宋璟为相，天下大治，推心委任宰相，遂成故事。及李林甫为宰相，明皇仍然信用之，但李林甫奸邪，天下遂至于大乱。根本在于君权放弃了制约相权的可能性，君权是要制约相权，避免奸佞当道，同时也要委职于相权。这两个方面需要一种

---

〔1〕 范仲淹：《推委臣下论》，《范文正集》卷五，文渊阁《四库全书》本，第1089册，第605页。

〔2〕 对于北宋士阶层的主体意识的觉醒，可参见余英时的论述，见其《朱熹的历史世界》，生活·读书·新知三联书店2011年版，第199—231页。

微妙的平衡，而最为关键的就是选任贤能，这也是君权的最大使命与权力，所不可委于他人者。

在此，选任贤能的意义便被彰显了出来，新经学家热情地赞颂前代帝王任用贤能而致治的历史，石介曰："古者天子能赫然建功烈，垂基统，揭于亿万世，下称为圣明者，未有不得贤杰以为相者也。黄帝之六相，尧舜之八元八凯，汤之伊尹，高宗之傅说，周之十乱，汉之三杰，唐太宗之房魏杜如晦，明皇之姚宋，宪宗之裴度是也。"[1]从黄帝、尧舜，至于唐中期，凡帝王能够成一代之治者，无不以贤杰为相。这与范仲淹"王者得贤杰而天下治，失贤杰而天下乱"正相应。

庆历三年九月（1043 年），宋仁宗开天章阁，召政事之臣范仲淹、富弼、杜衍、韩琦等人，问何以改革弊政，范仲淹等人条"十事"疏而上，开始了新政的施行。得知这一消息的石介，激动地写下了《庆历盛德颂》，其序曰：

> 如仲淹、弼（富弼），是为不世出之贤，求之于古，尧则夔龙，舜则稷契，周则闳散，汉则萧曹，唐则房魏，陛下有之，诸臣亦幸。[2]

这正应了新儒学对贤能政治的期许，故不惟石介，当时作为谏官之一的欧阳修，亦对此事念念不忘，[3]可见它在当时士人心中的影响之大。而从新政本身来看，它以"法制有立，纲纪再振"为号召，而具体的措置却集中在吏治改革上。范仲淹的"十事疏"中，明黜陟、抑侥幸、精贡举、择官长、均公田都是针对当时官僚体制的弊端，建立法度考核任用官吏，而尤以裁汰不合适的官吏为最当务之急。这其中所隐含着的思路，正是贤能政治的理念。范仲淹与富弼的一封联合上书，尤其可见这一实

---

〔1〕 石介：《上范思远书》，《徂徕集》卷十三，文渊阁《四库全书》本，第 1090 册，第 272 页。

〔2〕 石介：《庆历圣德颂》，《徂徕集》卷一，文渊阁《四库全书》本，第 1090 册，第 187 页。

〔3〕 欧阳修在其文章中对此事多有称述，如《吉州学记》《外制集序》等中，见《居士集》卷三十九、卷四十三，《欧阳修诗文集校笺》（中册），上海古籍出版社 2009 年版。

践路径：

> 古者内置公卿、士大夫，助天子司察天下之政；外置岳牧、刺史、方伯、观察使、采访使，统领诸侯、守宰，以分理之。内外皆得人，未有天下不大治者也。今转运、按察使，古之岳牧、方伯、刺史、观察使、采访使之职也；知州、知县，古者诸侯、守宰之任也。内外官虽多，然与陛下共理天下者，惟守宰最要尔。比年以来，不加选择，非才、贪浊、老懦者，一切以例除之。以一县观一州，一州观一路，一路观一天下，则率皆如此。其间纵有良吏，百无一二，是使天下赋税不得均，狱讼不得平，水旱不得救，盗贼不得除。民既无所告诉，必生愁怨，而不思叛者，未之有也。……若然，官修政举，则天下自无事矣，朝廷唯总其大纲而振举之可也。[1]

天下的弊病如此之多，改革何以要聚焦于吏治？这里所讲至为明白，“官修政举，则天下自无事矣”。首先是“官修”，而“官修”需要立法度，振纲纪。“内外皆得人，未有天下不大治者也”。按照其“共治”纲领的设想，天子委职辅弼，而辅弼选任贤能以佐天子，故内置公卿、士大夫，外任郡守、观察使等官吏。因守宰亲近民众，故最为重要。“官修”与“政举”之间，有着一定的因果关系。良吏能够均赋税、平狱讼、救民灾、除盗贼，这便是“政举”。天下无愁怨之民，自然无事矣，而朝廷只需要总其大纲而振举之即可。

由此，我们看到一幅贤能政治的致治图景，是怎样在当时改革者的规划与想象中不断展现出来的。对于这一设想，我们并不能简单用现代人治与法治的对立来解读，事实上，在改革者那里，最为困难的问题，就是如何建立一套严格的选官制度，以保证贤者被选，而不肖者被黜。他们标举的依然是“法制有立”，当时所谋求的法制建立都围绕着吏治，

---

〔1〕 李焘：《续资治通鉴长编》卷一百四十四，中华书局 2004 年版，第 3481 页。

如从地方到中央依次建立学校，改革贡举，设按察使以严选郡守，建磨勘考核法，以及均公田等制度，都是基于这一问题的思考。可惜的是，新政持续的时间不长，吏治改革未见明显之效果，但它关于“共治”的构想被后来的儒学继承了下来，无论是王安石还是元祐诸儒，都对之倾注了实践的热情。

第三章　王安石对经学义理学的发展

本章系统考察王安石对经学义理学的发展。北宋新经学标举义理学，以与汉唐注疏学相颉颃。熙宁四年的科举改制，义理学取代注疏学而成为官方教材。为适应科举之需，《三经义》的颁布确立了一种义理学的论说方式。在其影响之下，新学的范式得以建立，并在北宋后半期的经学研究中占据统治地位。从中可以看出王安石是如何转化儒家经学的论说方式，以为自己的政治与改革主张建立学术的基础的。

第一节　经学著述考

王安石一生著作颇丰，其经学著作也有多部，但大多都已遗失。清以后许多学者进行了辑佚的工作，今天所能见者多是重辑本。对于王安石的经学著述的时间、版本、流传等情况，很多学者进行了相关的考辨工作。[1] 王水照先生主编之《王安石全集》已经出版，其中收录王安石多

〔1〕 如高克勤：《王安石著述考》，《复旦学报》（社会科学版），1988 年第 1 期；刘成国：《荆公新学研究》之第二章第二节“王安石的著述及流传、整理”，上海古籍出版社 2006 年版，第 83—91 页。

种经学著述,方便了后学之研究。这里为了使大家一窥其经著的整体面貌,笔者根据一些新资料以及前人考辨的成果,按照其基本的写作时间,大要叙述如下。

1.《淮南杂说》(已佚)

《郡斋读书志·后志》卷二著录为"《王氏杂说》十卷"。《宋史·艺文志》著录为"二十卷"。《淮南杂说》是王安石较早的学术著作,具体写作时间,高克勤先生以为大概始于庆历年间,最迟至嘉祐年间完成。据陆佃《傅府君墓志》所言:

> 予亦年少耳,淮之南,学士大夫宗安定先生(胡瑗)之学,予独疑焉。及得荆公《淮南杂说》与其《洪范传》,心独谓然。于是愿扫临川先生之门。[1]

陆佃于治平年间从学安石,而此时《淮南杂说》已流传于世,其成书当在此前,即嘉祐年间。据《晁志·后志》所引蔡卞(原文误为蔡京)言:

> 自先王泽竭,国异家殊。由汉迄唐,源流浸深。宋兴,文物盛矣,然不知道德性命之理。安石奋乎百世之下,追尧舜三代,通乎昼夜阴阳所不能测而入于神。初着杂说数万言,世谓其言与孟轲相上下。于是天下之士,始原道德之意,窥性命之端。[2]

蔡卞以王安石为承继儒家道统,此暂且不论。从其言中可知,初著《杂说》,世人皆以孟子比之,又讲"天下之士,始原道德之意,窥性命之端",似乎此书重在道德性命之理。侯外庐先生据此以为《临川先生文集》卷六十二至七十诸卷议论,即为此书之部分。然据一些资料考证,此

〔1〕 陆佃:《傅府君墓志》,《陶山集》卷十五,文渊阁《四库全书》本,第1117册,第4页。

〔2〕 晁公武:《郡斋读书志校证》,上海古籍出版社1990年版。

书全佚的可能性更大。

首先就《文集》收录之特点而言，如《洪范传》是独立之著作，《文集》全部收录之。另据冯椅《厚斋易学》所言《易解》"有上下经，至杂卦，外有《易象论统》《解易象》"[1]，这里的《易象论统》《解易象》极有可能是《文集》中之《易象论解》《卦名解》。假若如此，《文集》对于《易解》后之附录也是全部收录。因此假如《文集》有选录《杂说》，全部选取的可能性更大一些。[2] 但现存《文集》之诸卷议论明显不是《杂说》之全部。

其次，据有关文献中所保留的《杂说》若干佚文来看，《杂说》应是杂论诸经之意，多有可能类似《论语》《孟子》一类的记述方式。如见于熙宁四年(1071)十一月御史中丞杨绘《上神宗论王安石之文有异志》的三条佚文：

王安石《杂说》曰："鲁之郊也可乎？"曰："有伊尹之志，则放其君可也；有汤之仁，则绌其君可也；有周公之功，则用郊不亦可乎？"

王安石《杂说》曰："周公作(当为用)[3]天子礼乐可乎？"曰："周公之功，人臣所不能为；天子礼乐，人臣所不得用。有人臣所不能为之功，而报之以人臣所不得用之礼乐，此之谓称。"

王安石《杂说》曰："有伊尹之志而放其君可也；有周公之功而代兄可也；有周之后妃之贤而求贤审官可也。夫以后妃之贤而佐王以有天下，其功其小补哉？与夫妇人女子从夫、子可同日而语乎？"[4]

又有一段见《河南程氏外书》卷十二：

"莫大之恶，成于斯须不忍。"

---

〔1〕 冯椅：《厚斋易学·附录一》，文渊阁《四库全书》本，第16册，第20页。

〔2〕 据书录所载之情况来看，《淮南杂说》的遗失当在元以后，而《临川先生文集》的编集出版是在南宋绍兴十年(1140年)，当时《淮南杂说》尚存。

〔3〕 "作"当为"用"字，因安石后面的答语都是讲周公用天子礼乐的问题，而周公"制作礼乐"是儒家一直以来的说法，应该不会有异议。

〔4〕 见《宋诸臣奏议》卷八三，此处转引自方笑一：《北宋新学与文学》，上海古籍出版社2008年版，第18—19页。

“道义重，不轻王公；志意足，不骄富贵。”[1]

这里所谈到的，多是经学中的一些热门话题，如“鲁之郊”出自于《礼记·礼运》；“伊尹放太甲”出自《尚书·太甲》；“周之后妃求贤审官”出自《毛诗·卷耳》。其是否为长篇大论，如《文集》中的议论诸篇，则不可得知。但见于《外书》中的两条，更像是《孟子》一类的记述方式。这与议论诸篇的行文方式是不类的。由此来看，《文集》中之议论为另外之著述的可能性更大。

2. 《洪范传》(今存，见《文集》)

《洪范传》也是王安石早期的著作，据前揭陆佃《傅府君墓志》可知，其写作时期不会晚于治平年。其有《书〈洪范传〉后》言：

> 予悲夫《洪范》者，武王之所以虚心而问，与箕子之所以悉意而言，为传注者汩之，以至于今冥冥也，于是为作传以通其意。呜呼！学者不知古之所以教，而蔽于传注之学也久矣。[2]

其作《洪范传》，主要是对传注之学不满，所以“作传以通其意”。然熙宁变法期间，王安石再一次删润进呈给神宗，其有《进洪范表》曰：

> 伏惟皇帝陛下德义之高，术智之明，足以黜天下之嵬琐，而兴其豪杰，以图尧、禹太平之治。而朝廷未化，海内未服，纲纪宪令，尚或纷如。意者殆当考箕子之所述，以深发独智、趣时应物故也。臣尝以芜废腐余之学，得备论思劝讲之官，擢与大政，又弥寒暑，勋绩不效，俯仰其惭。谨取旧所著《洪范传》，删润缮写，辄以草芥之微，求裨天地。[3]

---

〔1〕程颢、程颐：《河南程氏外书》卷十二，《二程集》，中华书局1981年版，第434页。
〔2〕《书〈洪范传〉后》，《临川先生文集》卷七十一，《王安石全集》，第6册，第1284页。
〔3〕《进〈洪范〉表》，《临川先生文集》卷五十六，《王安石全集》，第6册，第1065页。

因变法未见如期之成效，所以王安石“谨取旧所著《洪范传》，删润缮写”。其中有“擢与大政，又弥寒暑”之语，考王安石熙宁二年二月拜参知政事，“弥寒暑”意为满一年，当是熙宁三年二月后删润进呈。又《长编》熙宁三年十月载：“安石尝进所著《洪范传》，上手诏答之，及奏事罢，因留身谢。”〔1〕《洪范传》的删润大概是在熙宁三年十月前。蔡上翔以及程元敏先生以为在熙宁八年，〔2〕误。

据其内容来看，今安石文集中所存之《洪范传》〔3〕应为熙宁删润后之版本。《长编》引吕惠卿言“安石必言垂示万世，恐误学者，《洪范义》凡有数本，《易义》亦然，后有与臣商量改者三二十篇，今市肆所买新改本者是也”。〔4〕此条附在熙宁八年九十月间，据此言，似乎安石又一次修订《洪范传》（即《洪范义》），《洪范传》当时流行有多种版本，其中详细情况具体已不可考知。

但熙宁变法后，王安石新政即陷入朋党争斗，当时文彦博、富弼、韩琦、吕公著等人皆在高位而反对新法，而现存《洪范传》解释“无虐茕独而畏高明”，“高明见畏而莫惩其作伪，则为恶者不消”，又讲“然则虐茕独而宽朋党之多，畏高明为忽卑晦之贱，最人君之大戒也。”〔5〕“高明”本义是指“宠贵者”，安石这里讲“惩其作伪”，又担心“朋党之多”，未尝不是有为而发。又解释“曰休征，曰肃时雨若”，有言“然世之言灾异者，非乎”，似乎也是对当时以灾异反对新法推行者的回应。由此，笔者推定此所存之《洪范传》为熙宁后删润之本，应该是没有问题的。

3.《易解》（已佚，有辑本）

王安石著有《易解》，程颐亦推崇之，曾讲：“《易》有百余家，难为遍

---

〔1〕 李焘：《续资治通鉴长编》卷二百一十六，中华书局 2004 年版，第 5257 页。

〔2〕 蔡上翔误以为其作于元丰年间，“其（《洪范传》）进御览，必在于元丰之世。又无年月可考，故禄于熙之末丰之首。”见《王荆公年谱考略》卷二十，上海人民出版社 1973 年版，第 270 页。蔡氏未见《长编》资料，故云“无年月可考”，今正之。程元敏先生据蔡氏之论，也未深考，见其著：《三经新义辑考汇评（一）——尚书》，华东师范大学 2011 年版，第 142 页。

〔3〕 现有安石文集两种存《洪范传》，两者文字相同，系同一版本。

〔4〕 李焘：《续资治通鉴长编》卷二百六十八，第 6567 页。

〔5〕 王安石：《洪范传》，《临川先生文集》卷六十五，《王安石全集》，第 6 册，第 1181 页。

观。如素未读，不晓文义，且须看王弼、胡先生、荆公三家。理会的文义，且要熟读，然后却有用心处。”[1]又讲：“若欲治《易》，先寻绎令熟，只看王弼、胡先生、王介甫三家文字，令通贯。余人易说，无取枉费功。年亦长矣，宜汲汲也。”[2]除便于初学者理解文义外，程颐推崇安石《易解》，主要是因为两者都是义理派之代表。《晁志》卷一载：

介甫《三经义》皆颁学官，独《易解》自谓少作未善，不专以取士。故绍圣后复有龚原、耿南仲注《易》，三书偕行场屋。[3]

可知绍圣后，才用于场屋。“自谓少作未善”，其《答韩求仁书》曰：

某尝学《易》矣，读而思之，自以为如此，则书之以待知《易》者质其义。当是时，未可以学《易》也，唯无师友之故，不得其序，以过于进取，乃今而后，知昔之为可悔。而其书往往已为不知者所传，追思之，未尝不愧也。[4]

此书中有“哀荒久不为报”之语，可知写于治平年间安石居丧之时。此时安石《易解》已经流传于世。高克勤先生据彭乘《墨客挥犀》中所言，断定《易解》所作时间在嘉祐年间（1056—1063），从安石所言，应该不会晚于此。[5]另据前揭《长编》中吕惠卿所言，熙宁中，王安石又修改为《易义》，[6]其后两书同时流传。考书志所载，晁公武《郡斋读书志》记为《王介甫易义》二十卷，王应麟《玉海》卷三六《艺文志》与之

〔1〕程颢、程颐：《河南程氏遗书》卷十九，《二程集》，第248页。

〔2〕程颢、程颐：《与金堂谢君书》，《河南程氏文集》卷九，《二程集》，第613页。

〔3〕晁公武：《郡斋读书志》卷一，《郡斋读书志校证》，第41页。

〔4〕王安石：《答韩求仁书》，《临川先生文集》卷七十二，《王安石全集》，第6册，第1297页。

〔5〕见高克勤：《王安石著述考》，《复旦学报》1988年第1期；金生杨作了补充，见《王荆公〈易解〉考略》，《古籍整理研究学刊》2001年第3期；杨倩描在《王安石〈易〉学研究》中也有论述，河北人民大学出版社2006年版，第13—15页。

〔6〕据吕惠卿言：“《洪范传》凡有数本，《易义》亦然。后又与臣商量改者三二十篇，今市肆所卖新改本者是也。”见李焘：《续资治通鉴长编》卷二百六十八，第6567页。

同；而陈振孙《直斋书录解题》卷一著录为《易解》十四卷，《宋史·艺文志》又同于陈氏。[1] 意者安石初作《易解》十四卷，熙宁修改后作《易义》二十卷，然两书元明后皆已遗失，[2]具体已不可考知。

4.《礼记发明》（已佚）

赵希弁《读书附志》记载，王安石有《礼记要义》二卷；而卫湜《礼记集说》作"临川王氏：《礼记发明》一卷"，两者应为一书，题名分卷不同而已。据杨仲良《长编本末》载：

> 十月壬寅，诏讲筵权罢讲《礼记》，自今令讲《尚书》。先是，王安石讲《礼记》，数难《记》者之是非。上以为然，曰："《礼记》既不皆法言，择其有补者讲之，如何？"安石对曰："陛下必欲闻法言，宜改它经。"[3]

王安石讲《礼记》，数难《礼记》之是非。可见安石对于《礼记》并不完全信赖，所以才有经筵改讲《尚书》之行动。其有《礼记发明》，可惜已经佚失，在卫湜《礼记集说》中有"临川王氏曰"者，系为其佚文。据笔者的统计，共有佚文约 55 条，其中《曲礼》（上、下）12 条、《檀弓》（上、下）13 条、《王制》8 条、《曾子问》1 条、《礼运》6 条、《哀公问》1 条、《坊记》1 条、《中庸》11 条、《表记》2 条。

据其《发明》佚文内容来看，其中不仅有非难《礼记》之处，而且很多专以批驳《正义》。另据《文献通考》载陈振孙语：

> （方悫《礼记解》二十卷）政和三年表进，自为之序，以王氏父子

[1] 另尤袤《遂初堂书目》著录为《王文公易传》，而《厚斋易学》附录一《先儒著述上》称《易义》还有一"建本二十七卷"，杨倩描以为此"建本"即是《王文公易传》，又引林希逸所述尹焞语："介甫亦有《易解》，其辞甚简，疑处即阙文。后来有印行者，名曰《易传》，非介甫之书。"见其《王安石〈易〉学研究》，河北大学出版社 2006 年版，第 22 页。

[2] 金生杨以为亡于元代后期，见其《王荆公〈易解〉考略》，《古籍整理研究学刊》2001 年第 3 期；杨倩描却以为在清初尚存，见其著：《王安石〈易〉学研究》，第 22—26 页。

[3] 杨仲良：《神宗经筵附》，《皇宋通鉴长编纪事本末》卷第五十三，第 2 册，黑龙江人民出版社 2006 年版，第 937—938 页。

独无解义，乃取其所撰《三经义》及《字说》申而明之，著为此解，由是得上舍出身名，其所解文义亦明白。[1]

此处所讲“王氏父子”对于《礼记》未有解义，应该是指熙宁之后没有解义以颁布学宫。由此来看，《发明》应该为其早期著作。

5.《论语解》（已佚）

王安石极其推崇孔子，有“夫子贤于尧舜”之论。熙宁二年（1069年）改革科举，《论语》为“兼经”之一，为必考科目。他亲自为孔子作解。《晁志》卷四著录为十卷，与其子王雱《论语口义》、陈祥道《论语全解》一起著录，言“绍圣后皆行于场屋”。《宋史》卷二百二《艺文志一》题作“王安石《通类》一卷”。

此书已佚，其作年不详。《朱子语类》有讲到《论语解》的内容，一是解《论语·泰伯》之“民可使由之，不可使知之”，有“王介甫以为，‘不可使知’盖圣人愚民之意”。[2] 二是解《论语·卫灵公》之“颜渊问为邦”，朱熹“因举《上蔡论语》举王介甫云：‘事衰世之大夫，友薄俗之士，听淫乐，视慝礼，皦然不惑于先王之道，难矣哉！’此言甚好。”[3]三是解《论语·卫灵公》之“小不忍则乱大谋”，“王介甫解作强忍之忍，前辈解作慈忍之忍。某谓忍是含忍不发之意。”[4]

王安石解“忍”为强忍之忍，联系到前揭《淮南杂说》佚文“莫大之恶，成于斯须不忍”，此“忍”即“强忍之忍”，其意与《论语》“小不忍”相近。

6.《孟子解》（已佚）

《晁志》卷十著录为十卷，有云：“介甫素喜《孟子》，自为之解。其子雱与其门人许允成皆有注释，崇、观间场屋举子宗之。”与安石同时人吕南公《灌园集》卷十四《与王梦锡书》中有言“当今善解《孟子》者，莫如王介

[1] 马端临：《经籍八》，《文献通考》卷一百八十一，中华书局1986年版，第1559页。
[2] 黎靖德编：《朱子语类》卷三十五，中华书局1986年版，第937页。
[3] 黎靖德编：《朱子语类》卷四十五，中华书局1986年版，第1154页。
[4] 黎靖德编：《朱子语类》卷四十五，中华书局1986年版，第1164页。

甫,学者多称之"[1],可见其《孟子解》有名一时。然此书亦佚,其作年不详。

7.《左氏解》(已佚)

《宋史·艺文志》著录为一卷。尤袤《遂初堂书目》录为王文公《左氏辨》,不录卷数。清人李绂《书周麟之〈孙氏春秋传后序〉》云:"荆公尝自为《春秋左氏解》十卷,言言精核。辨左氏为战国时人,其明验十有一事。自来治经者未之能及。"[2]惟《陈录》卷三谓此书"专辨左氏为六国时人,其明验十有一事。题王安石撰,其实非也"。

《陈录》以为非安石撰,或是因流行之论以其诋《春秋》为断烂朝报,不应有《左氏解》。此为《陈录》之误,王安石没有否认《春秋》的经典地位,下文详辨。他不信"三传",倒是实有其文,但也并不能由此推出他不解《左传》。他非议《礼记》,尚有《礼记发明》,此处作《左氏解》,又何足怪?且《陈录》尚言此书在于辨左氏为六国时人,其不信《左传》由此也可见。

此书已佚,作年不详。其《答韩求仁书》言"至于《春秋》三传,既不足信,故于诸经尤为难知",其论如此明确,可见其早年对《春秋》三传应该有过研究。

8.《孝经解》(已佚)

《晁志》著录为一卷,并记其对《谏诤章》之"当不义,则子不可以不诤于父",解曰"当不义则诤之,非责善也"。晁氏以为此曲为孟子"父子不责善"之义辩护,并对之大为不满,以为"佞者有以也"。安石尊崇《孟子》,此以两者调和,从义理上也可以说得通。

赵希弁《读书附志》著录为《孝经义》一卷,又言"凡十七章,《孝亲章》阙之"。可惜此书已佚,作年不详。

9.《三经义》(已佚,有辑本)

《三经义》的修撰,后文详细论述。此处拟对《三经义》的亡佚时间作

---

[1] 吕南公:《灌园集》卷十四,文渊阁《四库全书》本,第8页。
[2] 李绂:《书周麟之〈孙氏春秋传后序〉》,转引自蔡上翔:《王荆公年谱考略》卷十一,上海人民出版社1973年版,第175页。

一说明。南宋后《三经义》影响渐微，明以后逐渐亡佚，清初学者已不能见其全帙矣。考诸书志，宋时晁公武《读书志》著录为：

《新经尚书义》十三卷，右皇朝王雱撰。

《新经毛诗义》二十卷，右皇朝熙宁中置经义局，撰《三经义》，皆本王安石说。

《新经周礼义》二十二卷，右皇朝王安石撰。

陈振孙《直斋书录解题》载：

《书义》十三卷，侍讲临川王雱元泽撰。

《新经诗义》三十卷，王安石撰。亦《三经义》之一也。

《周礼新义》二十二卷，王安石撰。又讲："其解止于《秋官》，不及《考工记》。"〔1〕

两志所载于书名略有差异，皆系著录者所亲见。元代修《宋史·艺文志》，所著录之书名、卷数与晁氏同，《三经义》元代尚存。至明朝永乐年间，杨士奇据当时馆阁所藏编《文渊阁书目》，四库馆臣言："今以《永乐大典》对勘，其所收之书，世无传本者，往往见于此目，亦可知其储庋之富。"《永乐大典》的编纂即据明馆阁所藏，因此"以《永乐大典》对勘"，可见其藏书之丰富，但考之《书目》，已经不见《诗义》《书义》的收录，只有《周礼义》尚存，著录在"地字号第四橱"，"周礼王荆公解义，一部，三册（阙）"。杨氏所见如此，其所记为"阙"，但又没有列出卷数，不知所阙为何。其后文渊阁藏书又在明末战乱中散失，仅存之《周礼义》也不见流传了。但幸运的是《永乐大典》的编修即据文渊阁藏书，《周礼义》因被收录其中而得以部分保存。

〔1〕 陈振孙：《直斋书录解题》卷二，上海古籍出版社 1987 年版，第 28、35、41、42 页。

在官方藏书如此，而民间学者中实际上也已不见传本。对于《诗义》《书义》两书，程元敏先生有详细考证，其裒辑《三经义》佚文，检索从宋至清经解、文集、笔记等文字，从元、明之称引情况来看："诗、书二新义，盖佚于明洪武、建文之间。《经义考》已断为佚书。"[1]此处取程先生之观点。对于《周礼义》，至清初学者已不见全帙，朱彝尊《经义考》注云"未见"，当时昆山徐乾学刻《通志堂经解》，以千金购之，不能得。实际上，《周礼义》保留最多者为《永乐大典》，清初全祖望即从中辑佚《周礼义》，其后四库馆臣又从中辑佚。但《大典》实"阙地、夏二官"，馆臣又据王与之《周礼订义》辑出"地、夏二官"若干条，以此成《四库全书》本《周礼义》，今天所见文渊阁《四库全书》中所收录者是也。此见下文辨析。

10.《字说》(已佚，有辑本)

《宋史·王安石传》曰："晚居金陵，又作《字说》。"《晁志》载："蔡卞谓介甫晚年闲居金陵，以天地万物之理，著于此书。"詹大和《王荆文公年谱》云："元丰五年壬戌，是年《字说》成进表。"皆言《字说》著于晚年，具体在元丰五年。

王安石进《字说》后，有司用于科举取士，但没有颁布学官。[2]《字说》虽然撰成于晚年，但早在英宗时期，安石便开始撰写。《进字说札子》云："臣在先帝时，得许慎《说文古(解)字》，妄尝覃思究释其意，冀因自竭，得见崖略，若蒙视天，终以罔然，念非所能，因画而止。"[3]"先帝"指英宗时期，王安石尝撰写《字说》，但没有完成。熙宁中，或许又进一步撰写，其《熙宁字说序》云："余读许慎《字说》，而于书之意时有所悟，因序录其说为二十卷，以与门人所推经义附之。"以"经义附之"，不知何指。考安石经学，《三经义》中多用《字说》，或许此时安石也在修撰《字说》，故以

[1] 程元敏：《三经新义版本与流传》，《三经新义辑考汇评(三)》，第826页。

[2] 朱熹尝记魏了翁之语曰："安石之进《字说》，盖欲布之海内。神考虽好其书，玩味不忘，而不以布于海内者，以教化之本不在是也。"可知其书未颁于学官。见朱熹：《读两陈谏议遗墨》，《晦庵先生朱文公文集》卷七十，朱杰人等主编：《朱子全书》，上海古籍出版社、安徽教育出版社2002年版，第3383页。

[3] 王安石：《进〈字说〉札子》，《临川先生文集》卷四十三，《王安石全集》，第6册，第818页。

之解经。[1]

《晁志》著录为二十卷,《字说序》也言"为二十卷"。但《进字说札子》则云"二十四卷",《宋史·艺文志》《文献通考》皆作二十四卷。其书熙宁年间初成时为二十卷,修定后成二十四卷,其后两个版本皆有流传,由此各家著录不同。然绍圣元年十月丁亥,国子司业龚原奏:"赠太傅王安石在先朝时,尝进所撰《字说》二十二卷。"[2]不知何据。

诸家评论《字说》,或谓"杂引佛老百家之语",或谓"穿凿附会"。王安石晚年信从佛教,这也是事实,如他解"空"字,谓"无相无作,则空名不立";谓其穿凿,如废许慎之"六书"而多用会意,客观地评价是有一定的问题,但王安石主要在以字解理,后文有辨。当时攻击王安石最力者杨时所作《字说辨》,仅辨其三十余字,这相较于《字说》之总量是很少的。

可惜的是王安石《字说》已经佚失,要全面考察已经不可能。现有民国时张宗祥作《王安石〈字说〉辑》,经曹锦炎点校,于 2005 年由福建人民出版社出版。但其中也有粗略之处,如"波者,水之皮"之类,出于私人笔记,也辑入其中是不恰当的。

第二节　对经学文本的检择*

众所周知,疑经改经为宋学之一大风尚,先有孙复之《春秋》"不信三传",欧阳修非《周礼》,毁《系辞》,李觏非议《孟子》。而欧阳修所谓"黜其杂乱之说,所以尊经也",正是有"破"才有"立"之义,此后宋儒开始探求自己的经典文本系统。但应该指出的是,欧阳修在疑经上有了大胆的

---

* 此一节曾题为《试论王安石变法对经学文本的检择》发表于《孔子学刊》2019 年第 0 期。

〔1〕 张宗祥据此认为《字说》撰成于熙宁年间,又以《进字说札子》中有"顷御燕间,亲承训敕"之语,推断安石去职未久,"恐非元丰五年事。安石在熙宁七年四月罢知江宁,八年二月复召还同中书门下平章事,此表当是罢知江宁时所上。"可备为一说。见张宗祥:《王安石〈字说〉辑·附录》,曹锦炎点校,福建人民出版社 2005 年版,第 162 页。

〔2〕 杨仲良:《尊王安石》,《皇宋通鉴长编纪事本末》卷一百三十,黑龙江人民出版社 2006 年版。

突破，但在“立”的方面依然有所不足，他也没有建立自己的经典体系，这一工作有待于后来的经学家进一步的努力。显然，在这一方面王安石做出了突出的贡献，他的文本选择立足于他的变法理念之上，与后来理学家的经典检择体系不完全相同。另一方面，对于王安石诋《春秋》，非《仪礼》的问题，历史上一直都有争论，对此也需要认真的辨析。

一、“七经”的检择

熙宁四年（1071 年）二月的科举改制，在经学史中具有重要意义，它废黜了从唐至宋初所确立的“十三经”体系，[1]其所定贡举新制曰：

> 进士罢诗赋、贴经、墨义，各占治《诗》《书》《易》《周礼》《礼记》一经，兼以《论语》《孟子》。每试四场，初本经，次兼经并大义十道，务通义理，不须尽用注疏。[2]

新制采用了七部经典，其中分“本经”与“兼经”。与唐初之“五经”相比，两者具有明显的继承关系，其中四经是相同的，唯有新制以《周礼》取代了《春秋》。因为“本经”只要考生任选其一，而“兼经”却属于必考，这样更加突出了《论语》《孟子》的地位。新制虽然有着对唐初之“五经”的明显继承关系，但也典型的具有王安石经学的理念，特别是为其变法奠定了文本基础。之所以这样讲，是因为王安石的变法是标举“先王之法度”的，在他看来，变法的理想状态是皇帝与学士大夫“讨论先王之法以措之天下”。但“先王之法度”是共名，是新儒学共同的口号，问题是哪些经典能够代表“先王之法度”，通过研读这些经典，才能发明“先王之法度”是什么，如此就将一个变法的实践问题转化为经学的问题了。

王安石《文集》中有一封书信是他二十六岁写的，其中言：

---

〔1〕 一般认为“十三经”的注疏学体系在宋初完成。如泷熊之助谓：“十三经宋初即以成立，而其名确出现于神宗之后，具体已经不可考。其开始合刻，在宋末，此曰‘十行本’。此‘十行本’，经元至明，明正德中，其版尚在。至清阮元参照从来诸刻本加以校正，增入《经典释文》，及自着《十三经注疏校勘记》刊行之，是为诸本中最可信之善本。”见其《中国经学史概说》，陈清泉译，商务印书馆 1942 年版，第 264 页。

〔2〕 李焘：《续资治通鉴长编》卷二百二十，第 5334 页。

> 治教政令，圣人之所谓文也。书之策，引而被之天下之民，一也。圣人之于道也，盖心得之，作而为治教政令也，则有本末先后，权势制义，而一之于极。其书之策也，则道其然而已矣。……二帝三王引而被之天下之民而善者也，孔子、孟子书之策而善者也，皆圣人也，易地则皆然。[1]

“治教政令”正是儒家的政教秩序，其中体现着圣人之“道”。或“引而被之天下之民而善者”，如二帝三王之事迹与言论；或“书之策而善者”，如孔孟之书。孔孟之书，很明确是《论语》《孟子》，但“二帝三王之事迹”见于何处呢？这从王安石对《诗》《书》《周礼》与《周易》的论述，以及对孔孟的推崇中可以看出来。

王安石论《诗》存圣人之笔法，《国风解》曰：

> 昔者圣人之于诗，既取其合于礼义之言以为经，又以序天子诸侯之善恶，而垂万世之法。其视天子诸侯，位虽有殊，语其善恶则同而已矣。故余言之甚详。而十有五国之序，不无微意也。呜呼，惟其序善恶以示万世，不以尊卑小大之为后先，而取礼之言以为经。此所以乱臣贼子知惧，而天下劝焉。[2]

王安石专以“美刺”解《诗》，“美”者，美王者之风化；“刺”者，刺王者之政恶。通过《诗》可以看出各个国家的政教风化，其中有经有序，都以礼义为本，这说明王安石是认同《诗》之大、小《序》为圣人之笔的。他还进一步认为《序》中存在着孔子之笔法，即论天子诸侯之善恶是非，不论位分、尊卑之大小，而只以政教之是非善恶为标准，所以“乱臣贼子惧”。可见《诗经》体现了圣人之法度，为王安石所推崇。

---

〔1〕 其中有“某生十二年而学，学十四年矣”，可知此是安石二十六左右，刚结束淮南签判的职务。见《与祖择之书》，《临川先生文集》卷七十七，《王安石全集》第7册，第1371页。

〔2〕 王安石：《国风解》，《王文公文集》卷三十，上海人民出版社1974年版，第351页。

其次，王安石论《书》为先王之法言的记载。熙宁元年（1068年），讲筵罢《礼记》，改讲《尚书》。因王安石数难《礼记》之是非，从其言“必欲闻法言，宜改它经”[1]，《尚书》所载“惟虞、夏、商、周之遗文”，正是二帝三王之法言法行。

王安石特别推崇《周礼》，这与其变法有关。自新法推行以来，反对者与赞成者围绕着《周礼》的问题展开了多方面的辩论，王安石对《周礼》的阐释正是要在理论上为新法进行辩护与说明，对其理论的建构我们会在下文具体论述。他对《周礼》的推崇，可以《周礼义序》为例：

> 其人足以任官，其官足以行法，莫盛乎成周之时。其法可施于后世，其文有见于载籍，莫具乎《周官》之书。盖其因习以崇之，庚续以终之，至于后世，无以复加，则岂特文武周公之力哉。[2]

二帝三王之政教发展至成周时期最为典范，《周礼》正为这一时期政教的详尽记载。虽然成于周公之手，但《周礼》实际为先王之法度的集大成，因此王安石言“至于后世，无以复加”，可见他对《周礼》的推崇之至了。

王安石以为《周易》为先王“喻世”之作，《答徐绛书》曰：

> 自生民以来，为书以示后世者，莫深于《易》。……文王以伏羲为未足以喻世也，故从而为之辞。至于孔子之有述也，盖又以文王为未足。此皆聪明睿智、天下至神，然尚于此不能以一言尽之，而患其喻之难也。[3]

---

〔1〕 黄以周等辑注，《续资治通鉴长编拾补》卷三下，中华书局2004年版，第134页。
〔2〕 王安石：《周礼义序》，《临川先生文集》卷八十四，《王安石全集》，第7册，第1478页。
〔3〕 王安石：《答徐绛书》，《临川先生文集》卷七十三，《王安石全集》，第6册，第1302页。

这说明《易》与其他经著是不一样的，其他经著都是圣人法言法行的直接记载，但《易》是以“卦象、爻象、卦辞”“以喻世”。因此王安石以为《易》是最为难学的，故他对自己早年的《易解》并不是很满意，说自己学《易》“不得其序”，即不懂学习的次序，故他建议学《易》者，“能尽于《诗》《书》《论语》之言，则此（《易》之蕴）皆不问而知。”〔1〕这是因为《诗》《书》《论语》直接可见圣人之言行。

值得注意的是，王安石对《礼记》是有所批评的，前揭经筵中所论即可见。他的《礼记发明》一卷，极有可能即是经筵讲义的汇编。从其佚文来看，其中有难《礼记》之是非者，如《曲礼上》之“夫为人子者，三赐不及车马”，安石曰：

> 三赐不及车马，若以为有辞逊之心而终必受之，则虽不为人子，不害辞逊；若以为人子，则辞逊而不敢受，则舜亦人子，而未尝辞百官、牛羊、仓廪之奉也，车服爵命，所以序功德，天下之公义，古今之达礼，苟当其功；苟称其德，虽人子弟有辞逊之心，而终必不敢不受，以申其逊弟之志者，不以小廉小逊害天下之大公也。凡礼有辞逊之文者，以难进易退为道也，辞逊自是君子之常，岂系为人子哉！〔2〕

经文之意，郑注以为国家虽给予“三命”的官员专用车马的权力，但人子因怕僭越自己的父亲，不敢享用，这是孝敬的表现。王安石明确反对这一条，以为辞逊太过。他更强调国家法令的权威，法令体现着“天下之大公”，人子可以辞，但只是礼节性地表示一下自己的逊弟之志就可以了，最终还是要顺从“公义”。

这是王安石质疑经典的例子，在他看来，《礼记》并非全部合乎“先王

---

〔1〕　王安石：《答韩求仁书》，《临川先生文集》卷七十二，《王安石全集》，第6册，第1293页。

〔2〕　王安石：《礼记发明》，《王安石全集》，第1册，第155页。

之法言”。但他的变法理论也多有援引《礼记》资料者，如以《中庸》为子思论性之作。[1] 又免役法引《王制》之“庶人在官者”，其“一道德以同风俗”，“以先王之诗书礼乐造士”的观念都出自《王制》。[2] 可能正是由于这些原因，科举新制才得以保留之。

从前面的论述中，可以看到王安石对“五经”之本经的选择是与他对“先王之法度”的理解相应的。这一点也突出地表现在他对孔孟的推崇当中，这对整个宋代的经学发展有重要的影响。他对孔孟的推崇主要表现在以下几个方面：

首先，认为道至孔子而大备。王安石以为所谓“圣人”，就是能够“以身救弊于天下”的人，即能够根据时势的变化而创造性地继承先王之法度，使之趋于完备者。由此，他作《夫子贤于尧舜》曰：

> 尧能成圣人之法，未若孔子之备也。夫以圣人之盛，用一人之知，足以备天下之法，而必待至于孔子者何哉？盖圣人之心，不求有为于天下，待天下之变至焉，然后吾因其变而制之法耳。至孔子之时，天下之变备矣，故圣人之法亦自是而后备也。易曰：通其变使民不倦。此之谓也。故其所以能备者，岂特孔子一人之力哉，盖所谓圣人者，莫不预有力也。孟子曰：孔子集大成者。盖言集诸圣人之事而大成万世之法耳，此其所以贤于尧舜也。[3]

尧、舜、禹、汤、文、武、周公都是能够建立法度，以救天下之弊的圣人。但是为什么天下之法至孔子时而大备呢？那是因为圣人都是因时势之变而制法的。至孔子之时，天下之变已备，各种弊端都已展现出来，故圣人

---

〔1〕 王安石：《性论》，《附录一：临川先生文集佚文》，《王安石全集》，第7册，第1828页。

〔2〕 “司徒修六礼以节民性，明七教以兴民德，齐八政以防淫，一道德以同俗，养耆老以致孝，恤孤独以逮不足，上贤以崇德，简不肖以绌恶。”见郑玄注，孔颖达疏：《王制第五》，《礼记正义》卷第十九，上海古籍出版社2008年版，第545页。

〔3〕 王安石：《夫子贤于尧舜》，《临川先生文集》卷六十七，《王安石全集》，第6册，第1212页。

之法亦备矣。当然,王安石没有具体讲为何孔子之时,天下之变已备,他所强调的是孔子对前代法度的继承以及创造,即“集诸圣人之事而大成万世之法”,故曰“夫子贤于尧舜”,这一论述与李觏以孔子为法度之集大成者的观点相似。

其次,以《论》《孟》为兼经。汉代之时,经学家以“五经”为经,而记载孔子言行的《论语》只是“传”,孟子尚厕列诸子之中。尽管其后《论》《孟》在国家科举中逐渐升级为“经”,但其地位没有特别突显,与之相伴的是学者当中大量“疑孟”声音的存在。而王安石的新制以之并列为“兼经”,且在科考中占有更重要的比重,其表彰之意显而易见。

从国家的祭祀典礼来看,王安石是首先以“孔孟”而取代“孔颜”并称的。[1] 在其学术影响之下,元丰年间开启了孟子的“升格”运动,孟子被封为邹国公,并于元丰七年(1084 年)配享孔庙。事实上,在王安石当政之前,他的尊孟就已经受到时人的关注。其早年所作《淮南杂说》,见者以为孟子;他以“孟韩之心为心”来表达自己学术的追求,又有诗曰“故有斯人(孟子)慰寂寥”。在当时的“疑孟”之声中,他明确地讲“孟轲,圣人也”,而以颜回为贤人。王安石作有《论语解》《孟子解》,可惜都已遗失。正因为王安石对孟子的极力推崇,反对新法的司马光才作《疑孟》,其弟子晁说之更作《诋孟》,其意正在攻击王安石的学术与变法。

王安石虽然在宋代发尊孟之先声,但在学术渊源上而言,与后来的理学家尊孟没有太直接的关系。程颐、张载等人是在自己的道学统系中绍述孟子,与王安石建立在自己创法改制的理念上去解读孟子有所不同。当然,两者都认同孟子的性善论传统,但王安石依然侧重从法度的人性基础这一角度去论述,而与程朱理学从中发展出一套成人之学不同。[2] 由

〔1〕 此处取朱维铮先生的观点,见其《中国经学史十讲》,复旦大学出版社 2002 年版,第 23 页。

〔2〕 唐宋之间的孟子“升格”运动为学界关注之热点,王安石在这一过程中的地位比较特殊,与后来理学家的尊孟属于不同之系统。对于这一问题的探讨,可参见如下论文,束景南、王晓华:《四书升格运动与宋代四书学的兴起——汉学向宋学转型的经典诠释历程》,《历史研究》2007 年第 5 期;郭畑:《唐宋孟子诠释之演进与孟子升格运动》,《孔子研究》2016 年第 5 期;武勇:《宋型文化背景下的宋代孟子升格运动》,《现代哲学》2016 年第 2 期,等。

此可以看到，王安石正是在“先王之法度”的角度去绍述儒家的经典，并确立自己的经学文本系统的，换句话讲，“先王之法度”正是其经典文本检择的内在理路。

二、王安石废《春秋》考辨

熙宁四年（1071年）的科举新制，除了“七经”的选择之外，让后世争论最为激烈的，便是王安石废黜了《春秋》与《仪礼》。首先来看第一个问题，即关于王安石“诋《春秋》为断烂朝报”的说法。[1] 对此，《宋史·王安石传》言之凿凿，明陈邦瞻《纪事本末》记之详细：

> 熙宁四年二月丁巳，更定科举法，……王安石又谓：“孔子作《春秋》，实垂世立教之大典，当时游、夏不能赞一词。自经秦火，煨烬无存。汉求遗书，而一时儒者附会以邀厚赏。自今观之，一如断烂朝报，决非仲尼之笔也。《仪礼》亦然。请自今经筵毋以进讲，学校毋以设官，贡举毋以取士。”[2]

从此处来看，王安石认同《春秋》为孔子所作，为“垂世立教之大典”。但他认为经秦焚书之后，孔子所作的《春秋》已经毁坏。现存的《春秋》或许经过汉儒的附会，“一如断烂朝报，决非仲尼之笔”，于是改制不以《春秋》取士，亦不立学官。事实上，在王安石当政期间，《春秋》一直都没有被立于学官。由此，这引起了当时反对新法者的攻击，司马光谓其黜《春秋》而尊《孟子》，正是“废六艺而尊百家”，苏辙进一步谓王安石诋毁《春秋》，其《春秋集解引》：

> 近岁王介甫以宰相解经，行之于世。至《春秋》漫不能通，则诋以为断烂朝报。使天下士不得复学。呜呼！孔子之遗言而凌灭至此，

[1] 对于这一问题的考辨，可参看王书华：《王安石诋〈春秋〉为“断烂朝报”之考辩》，《社会科学论坛》2005年第10期。

[2] 陈邦瞻：《学校科举之制》，《宋史纪事本末》卷三十八，第371页。

非独介甫之妄，亦诸儒讲解不明之过也。[1]

苏辙以为王安石不能通《春秋》，遂诋之为断烂朝报。苏氏自言《集解》作于熙宁年间，积十余年方才完成。由此安石“诋《春秋》”的说法，熙宁时可能就已经在流行了。其后胡安国作《春秋传》也以为安石诋《春秋》。至南宋其流传又有了另外的版本，周麟之为孙觉《春秋经解》所作之《后跋》中：

初，王荆公欲释《春秋》以行于天下，而莘老之传已出，一见而有惎心，自知不复能出其右，遂诋圣经而废之曰“此断烂朝报也”。[2]

周麟之详细生平不可考，其大概生活于南宋高宗时。《跋》中“先君为之言”之语，似此说早已流行，然已不可考。此说之妄，清李绂辨之详，见其作《书周麟之〈孙氏春秋传〉后序》[3]。孙觉《经解》作于元丰年后，谓安石见其书而废《春秋》，殊无道理，不过逞其诋毁之情罢了。

可见“断烂朝报”之说，官书、私书皆有言之，似乎证据凿凿。但按诸史料，宋时就有为王安石辩护者。南宋学者林竹溪《鬳斋学记》有云：

和靖曰：“介甫未尝废《春秋》，废《春秋》以为断烂朝报，皆后来无忌惮者讬介甫之言也。韩玉汝之子宗文，字求仁，尝上介甫书请六经之旨，介甫皆答之，独于《春秋》曰：此经比他经尤难，盖三传皆不足信也……”和靖去荆公未远，其言如此，甚公。今人皆以“断烂朝报”为荆公罪，冤矣！然亦荆公有以招之。[4]

---

〔1〕 苏辙：《苏氏春秋集解·引》，文渊阁《四库全书》本，第1页。

〔2〕 《苏氏春秋经解·后跋》，文渊阁《四库全书》本，第1页。

〔3〕 转引自蔡上翔：《王荆公年谱考略》卷十一，上海人民出版社1973年版，第175页。

〔4〕 转引自黄宗羲原著，全祖望补修：《荆公新学略》，《宋元学案》卷九十八，中华书局1986年版，第3251页。

林氏所引之和靖即是尹焞，为二程弟子，他以为“断烂朝报”之说为后人讬安石之口，非真为安石之语。他所引韩求仁问六经事，俱见于安石《文集》，其言有：“至于《春秋》三传，既不足信，故于诸经尤为难知。辱问不果答，亦冀有以亮之。”[1]与上和靖语者相同，可见其语不妄。同为程门高弟的杨时一生极力批判安石学术，然至于安石废《春秋》，则曰：

> 熙宁之初，崇儒尊经，训迪多士，以为三传异同，无所考正，于六经尤为难知。故《春秋》不列学官，非废而不用也。而士方急于科举之习，遂阙而不讲，可胜惜哉！[2]

杨时所言与尹氏相同，皆以为安石变法因为三传不足信，经之意又难解，所以不列学官。这里当然不能说杨时为王安石辩护，但从其语气中，他似乎是认同这种做法的。其后所言“非废而不用也”，是讲学者更应该努力讲求其中之大义。

尹焞、杨时的说法颇为可取。至清初，又有李绂、蔡上翔相继为安石辩解，亦援引二氏为证。[3] 然对于“断烂朝报”之说，李绂又有新的考证：

> 断烂朝报之说，尝闻之先达，谓见于《临汝间书》。盖病解经者，非诋经也。荆公尝自为《春秋左氏解》十卷，言言精核。辨左氏为战国时人，其明验十有一事。自来治经者未之能及。其高第弟子陆农师佃、龚深甫原，并治《春秋》。陆著《春秋后传》，龚著《春秋解》，遇疑难者辄目为阙文。荆公笑谓阙文若如此之多，则《春秋》乃断烂朝报矣。[4]

---

〔1〕王安石：《答韩求仁书》，《临川先生文集》卷七十二，《王安石全集》，第6册，第1297页。

〔2〕杨时：《孙先生春秋传序》，《杨时集》卷二十五，中华书局2018年版，第677页。

〔3〕蔡氏有《荆公不信〈春秋〉辨》，见《王荆文公年谱考略》卷十一，第170—174页。

〔4〕李绂：《书周麟之〈孙氏春秋传后序〉》，转引自蔡谱，第175页。

据此言，则安石“断烂朝报”之论是针对陆、龚解《春秋》动辄阙文的情况而发，非有诋经之意。据李绂言，此段出于《临汝间书》，为南宋李壁所作，李壁即是作《王荆文公诗笺注》之人，其注最为翔实，颇为熟识安石典故，因此其言极为可信。可惜此书已佚，李绂之说也不可考。

“断烂朝报”可能确实出于安石之口，李绂所言与《纪事本末》所载皆有可能。对于《春秋》三传，蔡上翔言其“不信传而亦不尽废传”，得之。[1] 前揭李绂言“荆公尝自为《春秋左氏解》十卷”，也可见到他对《春秋》确实有过研究，否则也不会断然对韩求仁讲“于诸经尤为难知”。

安石不信三传，应该讲是得之于当时学界的风气。宋初孙复、胡瑗、欧阳修等人讲《春秋》，皆不信三传。所以安石对韩求仁直接讲“至于《春秋》三传，既不足信”，已经将其设置为一个前提了。也因此，杨时才能够认同安石不立《春秋》的做法，两者在这一点上是共同的。

如此，在安石看来，《春秋》也是合乎“先王之法”的，但因“三传异同，无所考正”，[2] 所以不立于学官，杨时之言得之。事实上，从王安石对变法的整体设计来看，他殷殷期望于科举改制，能够培养出具有变法精神的士大夫，与他一起致力改革，使整个国家、社会朝向正确的，即合乎“义理”的方向发展。这样对经典的选择不仅要以“先王之法”为标准，也要能够达到培养的目的方可。陆佃《答崔子方秀才书》云：

> 若夫荆公不为《春秋》，盖尝闻之矣。公曰：三经所以造士，《春秋》非造士之书也。学者求经当自近者始。学得《诗》，然后学《书》；学得《书》，然后学礼。三者备，《春秋》其通矣。故“诗书执礼，子所雅言”，《春秋》罕言以此。[3]

---

〔1〕 蔡上翔于此考辨甚详，见《荆公不信〈春秋〉辨》，第171页。

〔2〕 李绂提出另外一种说法，以为安石废《春秋》，其实是“废三传”，因为即使唐代以后所颁布的也只是“三传”，并不存在一个《春秋》。那安石以为“三传不足信”，废除之也就是应该的了见其《书周麟之〈孙氏春秋传后序〉》，转引自《蔡谱》，第175页。

〔3〕 陆佃：《答崔子方秀才书》，《陶山集》卷十二，文渊阁《四库全书》本，第12页。四库馆臣于此句下曰“案安石不以《春秋》取士，至谓为破烂朝报，独此论甚正，疑未必出自安石，或佃欲为师回濩其短耳。”

这是陆佃转述安石之语，只是讲《春秋》“非造士之书”。大概是说，士学习经典应该有一个次序，由近及远，《诗》《书》《礼》依次而学。《答韩求仁书》中有“能尽于《诗》《书》《论语》之言”，则《易》之蕴自然得知，也是《诗》《书》在前。学得《诗》《书》《礼》，《春秋》之义自然也就明白了，这也是一种辩护。但最主要的可能还是《春秋》难懂，所以不能达到“造士”的目的。

由此可知，王安石确实怀疑《春秋》一经的地位，也说过“断烂朝报”一类的话，他所谓“孔子作《春秋》”的说法，或许是跟他尊孟的态度有关，因为这个说法恰出于《孟子》。他没有办法否定孟子之言，但又不信现存之《春秋》版本，故断为汉儒附会。这正说明他疑经的事实，他以后世流传之《春秋》为附会，正是其义理难明，“三传”亦不足信，不能以之“造士”，故不立学官，其实是一种较谨慎的态度。但司马光、苏辙等人谓其诋毁圣经，则未免太过。

三、王安石罢《仪礼》考辨

王安石新制不用《仪礼》，亦不设学官，虽不如其废《春秋》影响之大，然亦遭致后来学者的批评。其中尤以朱熹为代表，朱熹在《乞修三礼札子》中讲：

> 熙宁以来，王安石变乱旧制，废罢《仪礼》，而独存《礼记》之科，弃经任传，遗本宗末，其失已甚。[1]

其《语类》中亦曰：

> 前此三礼同为一经，故有三礼学究。王介甫废了《仪礼》，取《礼记》，某以此知其无识！[2]

---

〔1〕 朱熹：《乞修三礼劄子》，朱杰人等主编：《朱子全书》，第2册，第25页。
〔2〕 黎靖德编：《朱子语类》卷第八十三，中华书局1986年版，第2176页。

对此，首先要明白朱熹本人的礼学观念。在对“三礼”的认识中，朱熹以《仪礼》为本经，《礼记》为传，“《仪礼》，礼之根本，而《礼记》乃其枝叶。《礼记》乃秦汉上下诸儒解释《仪礼》之书，又有他说附益于其间。”[1]《仪礼》是根本，《礼记》是后世解释《仪礼》之书。对于《周礼》，朱熹也以之为周公制度之书，甚为看重。因此他组织编撰《仪礼经传通解》，虽然有选取《周礼》中的内容编入经部，但整体采取了《仪礼》十七篇的结构，将《大戴》《小戴》作为“传”附于经后。朱熹以《仪礼》为本的观念，决定了他对王安石罢《仪礼》的评价。

《仪礼》十七篇在汉代一直都是经，《礼记》是传，其后《周礼》兴起。东汉末郑玄为其作注，而有“三礼”之名。然魏晋以降，《礼记》的地位逐渐上升，北朝之时“诸生尽通《小戴礼》，于《周》《仪礼》兼通者，十二三焉。”[2]由此唐初选择《五经正义》时，取《礼记》而黜《仪礼》并非没有缘故。宋初官方延续唐制，三礼之学并存，但随着新经学的兴起，《仪礼》学未受重视，至于《宋史·艺文志》少有著录此时期之《仪礼》著述，可见其式微了。故至王安石改制将其与《春秋》同罢，但其引起的争论，却与他废《春秋》不能相比，这是因为当时孙复、石介等人特重《春秋》的缘故。因此，朱熹所责者，也不是安石一人之过。

王安石的礼学特重《周礼》，对于《礼记》颇有非议，而对于《仪礼》，从目前所保留的资料来看，亦有所肯定。在《周礼义》中，他多处援引《仪礼》以解经。如《春官·大祝》之“辨九祭：……五曰振祭，六曰擩祭，七曰绝祭”，其解曰：“振祭，《仪礼》所谓‘取肝擩于醢，振祭’；擩祭，《仪礼》所谓‘取菹擩于醢，祭于豆间’；绝祭，《仪礼》所谓‘右取肺。左却手，执本坐，弗缭，右绝末，以祭’。”[3]《周礼》《仪礼》都是制度礼仪之书，《周礼》所载制度更详，这是其变法所急需者，故他更重《周礼》。但他以《仪礼》解《周礼》，表明他也是认可《仪礼》之价值的。朱熹关于王安石典礼改革

〔1〕 黎靖德编：《朱子语类》卷八十四，中华书局1986年版，第2186页。
〔2〕 皮锡瑞：《经学历史》，中华书局2004年版，第133页。
〔3〕 王安石：《周礼新义》卷十一，《王安石全集》，第3册，第372页。

的一段记载，或可以帮助我们理解这一问题，其言：

> 眼前事，才拈一件起来勘当着所在，便不成模样。神宗尝欲正此礼数，王安石答以先理会得学问了，这般事自有人出理会，遂止。如荆公门人陆农师自是煞能考礼，渠后来却自不曾用他。[1]

此是朱熹谈到宋代朝廷的礼仪多不合礼数，讲到神宗欲改革之事，王安石的回答颇代表其改革的一贯思路，即与学士大夫讨论先王之法以措之天下，因此讲学是第一位的。“理会得学问了”，能够培养出懂礼之士大夫，自然便会有人出来理会。陆农师即陆佃，为安石门人，尤其精于礼学，并著有《仪礼义》十七卷，尚有《礼记解》《礼象图》等著作。新学的另一位代表人物，陈祥道亦精于礼学，有《注解仪礼》三十二卷，又《礼例详解》十卷，《礼书》一百五十卷。这可以看出当时新学之于礼学的研究成果，可惜大多已经遗失，惟陈祥道《礼书》尚存。朱熹说“后来却自不曾用他”，是指陆佃一人而言。事实上，典礼改制也是熙丰变法的重头戏，新学之礼学在其中发挥重要的作用。今保存在安石《文集》中的《庙议》，就与熙宁五年(1072 年)的宗庙改制有关，而《议服》篇则与八年的国家服制相关。[2]但从中也可以看出王安石礼学的一个重要的特点，这一点在朱熹的叙述中也可以看出来，其言：

> 古礼难行。后世苟有作者，必须酌古今之宜。……本朝陆农师之徒，大抵说礼都要先求其义。……若是如今古礼散失，百无一二存者，如何悬空于上面说义！是说得甚么义？须是且将散失诸礼错综参考，令节文度数一一着实，方可推明其义。若错综得实，其义亦不待说而自明矣。[3]

---

〔1〕 黎靖德编：《朱子语类》卷八十七，中华书局 1986 年版，第 2267 页。

〔2〕 改制之时间的考证，参见李德身《王安石诗文系年》，陕西人民教育出版社 1987 年版，第 238 页。

〔3〕 黎靖德编：《朱子语类》卷八十四，中华书局 1986 年版，第 2178 页。

朱熹所谓“古礼难行。后世苟有作者,必须酌古今之宜”,正是整个宋代礼学所面临的问题。王安石重“义理”学,故其弟子陆佃作《仪礼义》,重在阐释义理,然后以此义理斟酌古今之宜推行之。这种方法,朱熹称为“先求其义”,并颇有不满。这种方式虽出自朱熹之口,但也可以代表王安石礼学的态度,从其《庙议》中即可以看出:

> 准中书门下奏,准治平四年闰三月八日敕,迁僖祖庙主藏之夹室。臣等闻万物本乎天,人本乎祖,故先王庙祀之制,有疏而无绝,有远而无遗。商、周之王,断自稷、契以下者,非绝喾以上遗之,以其自有本统承之故也。若夫尊卑之位,先后之序,则子孙虽齐圣有功,不得以加其祖考,天下万世之通道也。窃以本朝自僖祖以上,世次不可得而知,则僖祖有庙,与稷、契疑无以异。今毁其庙而藏其主夹室,替祖考之尊,而下附于子孙,殆非所以顺祖宗孝心事亡如事存之义。求之前载,虽或有然,考合于经,乃无成宪,因情制礼,实在圣时。伏惟皇帝陛下仁孝聪明,绍天稽古,动容周旋,惟道之从。宗祀重事,所宜博考。乞以臣等所奏,付之两制详议而择取其当。[1]

可见王安石并非屑屑于礼数的考证,而是以“先求其义”,然后推之以行事。“万物本乎天,人本乎祖,故先王庙祀之制,有疏而无绝,有远而无遗”,一句将“庙祀之制”所含之义理讲出,“有疏而无绝,有远而无遗”,更是对立庙原则的精妙概括。然后援引商、周之制为证,又推而之于宋代以变革。而《仪礼》所载多是具体仪则,王安石并非否定它的价值,只是变法本于义理,又因其难懂,不能用来造士,故暂时搁置罢了。

综上所述,“先王之法度”是王安石变法关注的核心,也是他检择经典文本的内在理路。他以孔子为“先王之法度”的集大成者,孟子为传承者。经学有造士的目的,对此,他推崇《诗》《书》以及《论语》,而怀疑《春秋》

〔1〕 王安石:《庙议劄子》,《临川先生文集》卷四十二,《王安石全集》,第6册,第809页。

曾被汉儒篡改，不能体现圣人删削之意，故废而不用。王安石的礼学观念颇为复杂，但基本上是与其变法精神相应的。《周礼》一经固是王安石改制的依据，为其重视。他对《礼记》《仪礼》都有质疑，但不废前者，正与他以礼学“先求其义”的变革精神相关。但无论如何，王安石还是因为自己对《春秋》《仪礼》的怀疑而废黜了其圣经的地位，对后来经学的发展产生了很大的影响。

第三节　王安石《易》学重义理的特点

王安石曾以其《易》学为“少作未善”，故不立于学官，尽管如此，他的《易》学依然是北宋时期义理派的重要代表，并极大地影响了后来《易》学重议论的学风。他的《易》学除了《易解》这部重要的著作之外，还有保存在《文集》中《卦名解》《易泛论》《卦象论解》等独立篇论，对于这些论文，有学者以为是王安石的“拟圣之作”，意欲取代《易传》中的《序卦》《杂卦》等篇。这是没有根据的，也不符合王安石作为一个新儒学的文化态度，需要认真的辨析。事实上，这些篇论和他的《易解》是相承的，通过“观象”“玩辞”以探讨儒家义理，只有从义理学的发展与推进才能理解王安石的努力。下面分别对其《易解》与《卦名解》诸篇的重义理的特点进行分析。

一、《易解》的义理学特点

王安石的《易解》是北宋易学义理学的重要代表，从其解经方式上来看，基本上延续了王弼的方法。这种方法“注重义理，以《易传》的观点解释经文，排斥今文经学派和《易纬》解易的学风，不讲互体，卦气、卦变、纳甲等”[1]。《易解》也是如此，注重义理，尊《易传》，不用互体、卦变。南宋陈振孙记载张栻与弟子的一段对话：

---

〔1〕 朱伯崑：《易学哲学史》，华夏出版社1994年版，第246页。

新安王炎晦叔尝问南轩曰："伊川令学者先看王辅嗣、胡翼之、王介甫三家，何也？"南轩答曰："三家不论互体，故云尔。"〔1〕

程颐尝对学者推崇安石《易解》，后学有不明其由者，张栻以为是"不论互体"，此一点，三家相同。王安石的《易解》全本已佚，今根据学者的辑佚本举例如下〔2〕，以见其解经特点。如《坤》之"六五：黄裳，元吉。象曰：黄裳元吉，文在中也"，其解曰：

六五，阳位而阴居之。阳在内，阴在外。是藏其文章，隐晦其明以守臣道。而又居中体正，不敢不兢兢自处，上不见疑，遂获元吉。〔3〕

"六五，阳位而阴居之"，"六"是阴数，"五"是阳位，"阳在内，阴在外"，是用象数的方式来解卦爻，故是"隐晦其明"。"藏其文章"，也是对《易传》之象辞"文在中也"的解释，"居中体正，不敢不兢兢自处"，依然是以卦象来阐发《易传》中的"义理"。这正是宋代义理派《易》学的一般特点，因为排斥汉代以来《易》学中繁琐的学风，只用卦象、爻象，尊信《易传》来发明义理，故趋向于简洁，为更多的学者所接受。王安石的《易解》无疑是这一学风的先驱，故再举几例以说明这一点。

如《革》（离下兑上），《彖辞》曰："革，水火相息，二女同居，其志不相得，曰革。"王安石《易解》曰：

泽在上则欲下，火在下则欲上。泽、火非如离、坎有阴阳相逮之道也，其相遇，则相息而已矣；其相息也，唯胜者能革其不胜者耳。〔4〕

〔1〕 陈振孙：《直斋书录解题》卷一，上海古籍出版1987年版，第9—10页。

〔2〕 此处采用《王安石全集》所收录之张钰翰辑录本。王安石《易解》散见各处，唯李衡《周易义海撮要》援引最多，其他学者也有辑佚，如陈成国的《王安石〈易解〉辑佚》与杨倩描的《荆公易解钩沉》，亦可做参考。

〔3〕 王安石：《易解》卷一，《王安石全集》，第1册，第18页。

〔4〕 王安石：《易解》卷二，《王安石全集》，第1册，第98页。

"离"为火，"兑"为水，为泽。"泽在上则欲下，火在下则欲上"，正是对卦象的分析，没有相逮之道，则相遇只有相止息罢了。变革之道正在除旧布新，唯有新道胜过旧道，才能达到变革的目的，这正是王安石倡立的变法之道。

又如《师》卦之六三"师或舆尸，凶"，《象》曰："'师或舆尸'，大无功也。"王安石《易解》曰：

> 舆，众也；尸，主也。师之命，正夫一也，不一则师惑矣。九二，一也；六三，不一也。六三之不一何也？阳爻奇，阴爻耦，不一也。[1]

"舆尸"，往往被理解为战败之象，如《周易注疏》即持此解。王安石独辟蹊径，以"舆尸"为"众主"，这就变成了军队在战争的过程中统帅不一的问题。"不一"则军队疑惑，错失战机，这样是凶险的。所以"师之命，正夫一"。考虑到宋朝军队往往由朝廷遥控，且统帅不一，命令不能统一的情况，王安石此解显然有意而发。他不仅为自己找到训诂上的依据，而且也以对"爻象"的分析增强了说服力。"九二，一也；六三，不一也"，为什么呢？因为阳爻是奇数，阴爻是偶数，所以六三不一。王安石的这一解释也为后来的程颐继承，程颐《易传》曰："舆尸，众主也。……师旅之事，任不专一，覆败必矣。"[2]所解与安石相同，却没有引用他对爻象的分析。

显然，在王安石看来，《周易》的义理系统一定是要表现在卦爻象上的，因此他特别地关注这一象征体系所具有的方法论意义。如《大壮》之九三"羝羊触藩"，"藩"本来就有"藩篱"之义，王弼、程颐等都是直接使用它的这一意义，王安石却曰"九四，藩也"。[3] 将其建立卦象的象征意义之上，可见他对这一方法的重视。又如《归妹》初九爻辞："归妹以娣，跛

〔1〕 王安石：《易解》卷一，《王安石全集》，第1册，第29页。
〔2〕 程颐：《周易程氏传》卷一，中华书局2016年版，第34页。
〔3〕 王安石：《易解》卷二，《王安石全集》，第1册，第73页。

能履。"《象》曰："跛能履，吉相承也。"王安石《易解》曰："初承二，娣承嫡之象；二承五，嫡承夫之象；故曰'跛能履，(吉)相承也。'"[1]《归妹》是嫁娶之卦，九二与六五相应，正为夫妇之象，即"二承五，嫡承夫之象"；而初九与九二相并而行，正为"娣承嫡之象"，所以爻辞讲"归妹以娣"，依次相承，故是吉利的。因此，可见王安石《易解》对于义理学的推进，一方面固然是要阐释义理，但另一方面又特别强调"观象"与"玩辞"的方法，这与后来的程颐不甚理会内外卦，只重发挥自己的义理不同，[2]也与后来《易》学动辄大段地发挥议论者不同。

二、《卦名解》诸篇性质再论

保留在王安石《文集》中的《卦名解》诸篇对于他的学术与变法运动具有重要意义，这一点我们下面会具体讨论。这里重点讨论一个涉及王安石经学的重要问题，即关于《卦名解》诸篇的性质问题。之所以讨论这个问题，是因为有学者本着宋儒好疑经改经的特点，认为王安石对于《易传》也必有怀疑，故以《卦名解》为"新《杂卦传》"，《易象论解》为"新《序卦传》"，它们都是安石经学的"拟圣之作"。[3] 对此，笔者不敢苟同。

首先，支持这种观点的第一个理由是：王安石曾经批评过欧阳修"非《周礼》，毁《系辞》"。事实上欧阳修所毁者，不仅是《系辞》，还包括《序卦传》《杂卦传》等，王安石所以不提后者，而只批评他"毁《系辞》"，就是因为他亦不信任这些篇章。进一步观察王安石《文集》中的《卦名解》《易象论解》，不难发现它们正是《易传》之《杂卦传》《序卦传》的替代品，换句话说，是王安石的"拟圣之作"。其实这只是一种推测，宋儒是开了疑经改经的风气，但并不是"拟圣"。这种推测并没有从古代经学家尊经的语境与诉求中去理解这一问题。宋儒的疑经改经，其实质是对经典体系的重新检择，依然是在经学的范式之内的，并不代表他们不尊经。欧阳修所谓

---

〔1〕 王安石：《易解》卷二，《王安石全集》，第1册，第107页。

〔2〕 这是朱熹对程颐《易传》的评价，《语类》有："《易》要分内外卦看，伊川却不甚理会。如'巽而止'则成蛊，'止而巽'便不同。盖先止后巽，却是有根株了方巽将去，故为渐。""林择之云：'伊川《易》说得理也太多。'先生曰：'伊川求之便是太深'。"见黎靖德编：《朱子语类》卷六十七，中华书局1986年版，第1652页。

〔3〕 杨倩描：《王安石〈易〉学研究》，河北大学出版社2006年版，第122—151页。

“黜其杂乱所以尊经也”，正是这一思路的代表，王安石对经典的检择也是基于这一旨趣。

其次，其第二个理由是：对于王安石的《易解》，其中《系辞》《说卦传》，皆有佚文辑出，《彖》《象》《文言》附于经中也有发现，唯有《序卦传》《杂卦传》，各家未有佚文列出，由此可以推测出王安石对这两篇是不满的。这个理由并不能成立，王安石对这两篇是有诠释的，只不过没有佚文辑出。证据有二：一据冯椅《厚斋易学》，其言《易解》“有上下经，至杂卦，外有《易象论统》《解易象》”。〔1〕 既言“至《杂卦》”，按照通行本《易传》诸篇的排列顺序，《杂卦》正是最后一篇，由此推论王安石《易解》应该包括《序卦传》《杂卦传》。二据南宋黄震的《黄氏日抄》，其中言：“王氏曰：《序卦》先后有伦，《杂卦》则揉杂众卦，以畅无穷之用。”按其体例，这里的“王氏曰”应指王安石。这一说法极有可能出自《易解》中对《序卦》《杂卦》的论说。纵然不是其中之佚文，也可以从中看出王安石对于《序卦》《杂卦》并没有怀疑之意。既言其“先后有伦”“畅无穷之用”，那也是出自圣人之手，那王安石何必要作“新《序卦传》”“新《杂卦传》”以逞“拟圣”之能呢？

最后，其第三个理由是：《卦名解》中一些释义与《序卦传》不同，正是王安石不信用《序卦》的证据。如《卦名解》：“《临》者，大临小之名，故曰‘临者，大也’。”而《序卦传》作：“有事而后可大，故受之以《临》。临者，大也。”王安石本于《临》的卦象，解为“以大临小”，这与王弼、程颐等解为阳气的逐渐强“大”不同。可以说王安石对《序卦传》的一些说法有了新的解释，但并没有反对《序卦传》。他又说：“阳大阴小，来者信（伸），往者屈。大者信，则临小者之屈矣。”〔2〕这里讲得很明白，“大临小”，即是“阳大”以临“阴小”之义，与王弼等人的解释没有不同，也不会成为他反对《序卦传》的证据。事实上，《卦名解》中的很多说法都是直接来自《序卦

---

〔1〕 冯椅：《厚斋易学·附录一》，文渊阁《四库全书》本，第20页。杨倩描所引此句为“有上、下经，杂卦外，有《卦象论统》《解易象》。”考其所引也是“《四库全书》本”，但中间误阙一“至”字，这可能是导致其理解出现问题的重要诱因。

〔2〕 王安石：《易解》卷一，《王安石全集》，第1册，第51页。

传》的，如“为天下之蛊者事也，故为《蛊》”，“《履》者，礼也”，等等。可见由一两个不同的论述，便推断王安石反对《序卦传》是没有充足理由的。

究竟该怎样理解《易象论解》《卦名解》的性质呢？首先来看《易象论解》，引文如下：

> 君子之道，始于自强不息，故于乾也，“君子以自强不息”。自强不息然后厚德载物，故于坤也，“君子以厚德载物”。自强积德以有载也，乃能经纶，故于屯也，“君子以经纶”。经纶者，君子有事之时，故于蒙也，“君子以果行育德”。……故于既济也，“君子以思患而豫防之”。物不穷也，故于未济也，“君子以慎辨物居方”，辨物居方者，物之终始也。[1]

从乾、坤、屯、蒙，至于既济、未济，正是《周易》之卦序，也与《序卦传》相同。然其文字不同，专以《象传》中“君子之道”，如“君子以自强不息”，“君子以厚德载物”，“君子以经纶”等，推求其次序，以明始终之义。君子以“自强不息”为始，至于“辨物居方”，正为终始之道，也是一个循环无穷的过程，“君子之道”由此而渐次展开。王安石此论可谓别出新解，却不是什么“拟圣之作”，其意正在于仿照《序卦传》推求次序的方式，探究“君子之道”，论述儒家的义理。

再来看《卦名解》，也是王安石推求义理的别出心裁。依据对各卦之义进行阐述，如“《履》者，礼也”之类。对卦义的理解有引《象传》者，如“云雷屯”之类。有引《彖传》者，如“刚柔始交而难生，动乎险中”之类。有引《系辞》者，如“乾道成男，坤道成女”之类。也有转引《序卦》者，如前所引“临者大也”，不一而足。

《卦名解》篇后有言：“此其文皆在《系辞》，或《彖》《系》所不言，以其所言反求其所不言，则知其所以然也。”然观其所引，尚有《象》《序卦》，

〔1〕 王安石：《易象论解》，《临川先生文集》卷六十五，《王安石全集》，第 6 册，第 1193—1196 页。

“以其所言反求其所不言”，各卦之阴阳刚柔消长之理有《彖》《象》所言者，其所不言者则以义理推之可也。如“刚柔始交而难生，动乎险中，故曰‘云雷屯’”，这是《屯》之《彖》《象》所明言者；其后有“《屯》已大亨，则雷雨之动满盈，而为《解》”，《屯》卦已有亨象，雷雨之动满盈便是险象“解”之时，这是因阴阳变化之理推之，“反求其所不言”者也。

《卦名解》推求义理皆如此类，以阴阳刚柔变化之理推求各卦之间的内在义理联系。也有以卦象推求其义理联系者，如：“一阳陷于二阴，故为《坎》。《坎》者，陷也；内明，水象也。一阴丽于二阳，故为《离》。《离》，丽也；外明，火象也。水之为物，陷者也；火之为物，丽者也。推此则《震》《巽》《艮》《兑》可以类知之也。”不止此六卦，对于他卦也皆“可以类知之也”。如“《巽》而丽乎内，故为《家人》；止而丽乎外，故为《旅》”，皆是此类。

由此可见《卦名解》的分类法，或举卦法，是将有内在义理之关联的诸卦并举，以使其义理更加彰显。根据其篇章结构的叙述，其对各卦的列举及编排次序如下：

《屯》《解》。

《蒙》《蹇》《需》。

《小畜》《大畜》。《大过》《小过》。《大有》《同人》。《家人》《旅》。

《蛊》《咸》《恒》。《姤》《夬》。《履》《豫》。《泰》《否》。

《比》《谦》《随》。

《观》《大壮》《临》。

《贲》《剥》《复》。《无妄》《遁》。《明夷》《晋》。《益》《损》。《井》《鼎》。

《丰》。

《噬嗑》。

《节》。

《中孚》。

《坎》《离》。

《睽》《未济》《既济》《革》。《师》《讼》。

《颐》《萃》《涣》《困》。

《升》《渐》。

《归妹》。

《震》《艮》。《巽》《兑》。

《屯》《解》以“险动”之象相关;《蒙》《蹇》《需》以“险在前否”相联;《小畜》《大畜》以“畜养”之理相并;《大过》《小过》以“过越”之理相通,等等,皆如此类。其中有单卦无并者,如《丰》《噬嗑》《节》《中孚》《归妹》,则直言其理。有三卦、四卦相联者,也是以义理相推求。如《既济》《未济》皆是“男女之卦”,所以是“有济之道”,而《睽》卦则是“二女之卦”,两者不相合,故与《既济》《未济》相并列。

王安石或许是受《杂卦传》的启发,“揉杂众卦,以畅无穷之用”,其论述也有用“《杂卦》之法”者,如《杂卦传》两两对举,且基本遵循《经》之以综卦对举的原则。[1]《卦名解》也以两两对举者为多,其中也有成综卦者,如《泰》《否》等。又如《杂卦》论两卦之义理,多取反对之义;[2]《卦名解》也有以相反对之义关联者,如“巽而丽乎内,故为《家人》;止而丽乎外,故为《旅》”等。但也有很多不同者,就举卦而言,《卦名解》尚有以单卦,或三卦、四卦并举者;即使以两两对举者,也并不都以综卦的形式出现,其中有成错卦者,如《观》《大壮》;也有以反卦而成者,如《屯》《解》等。由此可见,以为《卦名解》之作受《杂卦传》的启发应该是

〔1〕 综卦与错卦相应。“综卦”是指一卦之六爻颠倒过来所形成的新卦,如《屯》之综卦为《蒙》,六十四卦中,综卦共有二十八对,以及八个自综卦;错卦是指一卦之阴阳全变所形成的新卦,如《干》之于《坤》。另外,还有反卦,即一卦之上下卦(也称内外卦)相互对换所形成的新卦,如《屯》之“坎上震下”,其反卦便是《解》之“震上坎下”。除了八个自综卦之外,在《杂卦传》的末尾却又不同,“《大过》,颠也。《姤》,遇也,柔遇刚也。《渐》,女归待男行也。《颐》,养正也。《既济》,定也。《归妹》,女之终也。《未济》,男之穷也。《夬》,决也,刚决柔也。君子道长,小人道忧也。”此八卦并非按综卦排列,由此引起很多经学家的争论。

〔2〕 这只是就一般情况而言,如“《乾》刚《坤》柔。《比》乐《师》忧”之类,其中刚与柔、乐与忧成反对之义。

存在的。[1]

《卦名解》《易泛论》《卦象论解》《九卦论》《致一论》《大人论》诸单篇是王安石《易》学的重要组成部分，从中可以看出他的《易》学之“尊信《易传》，观象求理”的特点与方法。《卦名解》是在《彖传》《系辞》等的基础之上，以义理相推求，其形式或者受到《序卦传》的启发，但并非什么“新《序卦传》”。《易泛论》是以《彖传》《象传》等为基础对卦辞、爻辞中字词的解释。《卦象论解》仿《序卦》之例对《大象传》进行演绎，以求所谓“君子之道”，其用《序卦》之例，当然也就不是什么“拟圣之作”。《九卦论》《致一论》《大人论》都是对《系辞传》的义理发挥。可见它们都是王安石在《易传》的基础之上所进行的《易》学研究成果，这些资料都是王安石经学义理学的重要组成部分。

第四节 《三经义》与新学发展

熙宁变法期间，王安石主持编撰了《三经义》，又称《三经新义》，标志着新经学正式取代汉唐注疏学而成为国家意识形态。它的修撰是有着明确的政治目的的，最直接的就是为了统一经义，为当时的考生提供国家的教科书。因挟科举之功利，它的颁布对于当时学术风气影响极大。在它的影响之下，逐渐形成了一种新经学的范式，当时称之为“新学”。它以王安石的经学为主体，同时包括一些具有共同范式的经学成果。在北宋后期，它们具有重要的地位与影响力。

一、《三经义》与经义统一

熙宁年间，王安石编撰《三经义》（《周礼义》《书义》《诗义》）与当时科举改制亟需统一经义的任务相关。熙宁四年（1071年）二月的科举改

---

〔1〕 南宋黄震有言“《卦名解》始于刚柔始交之屯，辗转次第用《序卦》之法而论其次”，以为《卦名解》用“序卦之法”，这更是没有根据的说法。《卦名解》始于《屯》，似乎与《序卦》相同，但其后并非用“《序卦》之法”，其中六十二卦之排列整体而言似乎并没有一个次序。其终以“《巽》《兑》”，也非如《序卦》有“终始之义”，见黄震：《撰读文集六·王荆公》，《黄氏日抄》卷六十四，文渊阁《四库全书》本。

制，目的在于“使学者得以专意于经义”。因此废黜诗赋、贴经、墨义，以“七经”试学者，以经义为主，并规定经义要“务通义理，不须尽用注疏”。就新经学的发展而言，这次改革具有重要的意义。“贴经”是将经典中的某行或某几字用纸贴上，考生需默写原文；“墨义”是以考察诸生默写注疏的能力为主，因此是以“记诵”为主。这种考试方式是对注疏学权威的确认，学习者只要背诵就可以了，不需要发挥义理。改革首先打破了注疏学的权威地位，“不须尽用注疏”。与庆历新政的科举改制相比，这次改革废黜了“诗赋”一科，专以经义取士，使得经义的地位进一步上升。

通过这次改革，王安石希望能够改变学术风气，使学者专意于经学，识义理以致于用，这也正是其变法的精神所在。但这在客观上必然带来这样的一个问题，怎样判断“经义”之是非？“不须尽用注疏”，那如果出现经义的分歧，将以何为判断的标准？因为学者固然围绕着经义的解释进行争论，但在科举考试中，需要有一个标准，否则只能依据判卷者的主观意志，这显然是不能具有说服力的。经义如何统一的问题，科举改制之后变得越来越迫切了。《长编》记载：

> （熙宁五年正月）戊戌，王安石以试中学官第等进呈，且言黎侁、张谔文字佳，第不合经义。上曰：“经术，今人人乖异，何以一道德？卿有所著可以颁行，令学者定于一。”安石曰：“《诗》，已令陆佃、沈季长作义。”上曰：“恐不能发明。”安石曰：“臣每与商量。”〔1〕

尽管经学义理得到推崇，但当时并没有统一的经义教科书，又不须尽用注疏，当时士子或多据己意进行解释，这必然会带来解经水平的良莠不齐。另外一种情况，就是当时有很多士子直接剿取安石父子文字，而当时的考试官却予以抑制，这更造成了经义纷呈，莫衷一是的状况。《长编》熙宁五年五月载：“冯京曰：‘闻举人多盗王安石父子文字，试官恶其如此，故

〔1〕 李焘：《续资治通鉴长编》卷二百二十九，第5570页。

抑之。'上曰：'要一道德，若当如此说，则安可臆说？《诗》《书》法言相同者，乃不可改！'"[1]这些情况都是改革所必然遇到的，因为废黜注疏之学，推崇经义，只是一种制度的框架，却没有对"什么是义理"作统一解释。因此，当时神宗已有以安石经学为准，颁布学官，以统一经义的计划，故曰"卿有所著可以颁行，令学者定于一"。

但王安石早年的经著多是未完成之作，故面对神宗一再的催促："朕欲卿录文字，且早录进。"王安石应曰："臣所著述多未成就，止有训诂（又作诰）文字，容臣缀辑进御。"[2]他所著比较完整的《洪范传》，已于熙宁三年（1070年）进御。其自言《易解》为少作未善，始终未立于学官。其《论语解》《孟子解》，至于《礼记发明》，也都是未能完成之作。治平年间已着手的《字说》，尚在写作之中。《诗》《书》《周礼》为安石所重，只有少许文字流传。因此，在神宗首倡统一经义，并不信任陆佃、沈季长等能发明经义时，希望王安石能够亲自支持经义的修撰工作。

由此，至熙宁六年（1073年）三月，终于有置经义局之事：

> 命知制诰吕惠卿兼修国子监经义，太子中允、崇政殿说书王雱兼同修撰。先是，上谕执政曰："今岁南省所取，多知名举人；士皆趋义理之学，极为美事。"王安石曰："民未知义，则未可用，况士大夫乎！"上曰："举人对策，多欲朝廷早修经义，使义理归一。"乃命惠卿及

---

[1] 李焘：《续资治通鉴长编》卷二百三十三，第5660页。

[2] 李焘：《续资治通鉴长编》卷二百二十九，第5574—5575页；《皇宋长编纪事本末》卷五十九之《王安石事迹上》。关于训诂与训诰，存有争论。《长编》本作"诰"，中华书局点校本据《皇宋长编纪事本末》改为"诂"。程元敏先生同意用"诰"字，他以为所谓的"训"是指"尚书训（如伊训等篇）"；"诰"是指"诰（如洛诰等篇）解"。见其《三经新义修撰通考》，《三经新义辑考汇评（一）》，第298页。这种看法是不恰当的，首先没有理由以为安石此处所讲"训诰"就是指《尚书》之"训诰"。其次"训"字在后来被经常使用，对经学的辞、义的解释皆可以称为"训"，如安石《诗义序》言"上既使臣雱训其辞，又命臣某等训其义"，即是如此。最后，就"诰"字而言，宋代有"知制诰"之官，具体负责官方文书、制、表等起草工作，可见"诰"可以普遍地指称文书。王安石于嘉祐年间也曾做过此官，现保留在文集当中有大量的文字系此类之作品，何以不以"诰"字指称此类作品，而去指称《书》之《洛诰》等篇？由此，笔者以为应以《长编纪事本末》中之"诂"字为准，训、诂本是经学之体例，在此使用皆指安石原来所有之经学著作。

雱，……已而又命安石提举，安石又辞，亦弗许。[1]

据此可知，改制已经取得初步成效，故南省所取，多知名举人，也产生了“士皆趋义理之学”的预期效果，朝野中再次出现国家统一经义的呼吁。由此才有置经义局之事。此事自神宗发之，参与者多为当时的变法派。经义局以安石为提举，吕惠卿为修撰，王雱等人为同修撰，又有检讨官若干人，各司其职。《三经义》的编修，从六年至八年六月正式镂板，历时两年有余，虽然其成于多人之手，但最终统一于安石之经学。

近人程元敏先生曾作《三经新义修撰通考》及《三经新义修撰人考》两文，对于《三经义》的修撰人员分工及其过程作了详细的考证。据此以及相关资料，可知《三经义》的撰述情况如下：

1.《周礼义》由王安石亲自撰写，《周礼义序》与蔡絛《铁围山丛谈》中所言皆可为证。《序》言“而臣某实董《周官》”，与《诗义序》《书义序》所用“臣某等”“臣父子”不同，可知当时分工，王安石负责《周礼义》的撰写。蔡絛言其检校秘阁，亲见王安石手稿《周礼义》“犹斜风细雨”，更可为直接的证据。[2]

2.《书义》为王雱所撰，但其中亦有王安石训义。根据王安石的《书义》以及相关史料的记载，可知《书义》是以熙宁二年（1069年）王安石父子经筵讲义为底本进行撰写的，而实际的撰写人是王雱。熙宁元年（1068年），王安石于经筵讲《礼记》，“数难《记》者之是非”，[3]故改讲《尚书》。熙宁二年（1069年）二月王安石任参知政事，经筵讲《尚书》实际上是由其子王雱负责的，故安石《书义序》言：“熙宁二年，臣某以《尚书》入侍，遂与政，而子雱实嗣讲事，有旨为之说以献，八年，下其说太学班焉。”这里所讲的都是实事。《书义》为王雱所撰，多见于宋人之论述。如晁公武《读书

[1] 李焘：《续资治通鉴长编》卷二百四十三，第5917页。
[2] 蔡絛：《铁围山丛谈》卷三，中华书局1983年版，第58页。
[3] 王安石经筵非议《礼记》，见于《皇宋通鉴长编纪事本末》卷五十三之“经筵神宗附”。

志》、陈振孙《书录解题》都记载《书义》为王雱所撰。北宋陈瓘作《尊尧录》攻击王安石父子，亦言："雱所撰《书义》，以谓圣人君子不可疑而远之也。"是以《书义》为王雱所撰。《长编》熙宁八年六月载吕升卿奏："《周礼(义)》《诗义》已奏，《尚书》有王雱所进义，乞不更删改。"[1]亦可证《书义》为王雱所撰。

3.《诗义》的撰写，据王安石《诗义序》等所言，可知首先由王雱训辞，王安石、吕惠卿等为训义，《诗序》用吕惠卿之弟吕升卿所撰。但实际的情况更为复杂，熙宁八年(1075年)九月，因王安石不满意吕惠卿所修改的《诗义》，要求重新改定已经颁布学官的《诗义》，神宗听从其意，导致吕惠卿与王安石的交恶，是为新法派的内部分裂，甚至影响到王安石的第二次罢相。这段公案，后世的评论往往用来作为吕惠卿奸邪，而王安石为小人所误的证据。对于这一点暂且不论，据吕惠卿当时所言，讲到《诗义》撰写，"一句一字如有未安，必加点窜，再令修改如安石意，然后缮写，安石亲书臣名上进，则雱所进《义》，虽一一经安石之手，不知何以加此?"[2]吕惠卿虽然以此为自己没有修改《诗义》作辩护，表达对王安石的不满，但从中恰可以看出《诗义》的撰写情况，王安石对《诗义》极为重视，前后屡次修改，没有想到这样的态度伤害到了吕氏，致其不满。从其所言，可知《诗义》为王雱、吕惠卿等撰写，又"一一经安石之手"。

由此而论，《三经义》皆可以看作是安石经学的代表，因其为提举官，既审定全篇，其中训辞、训义必为王安石所认可。故其《论改诗义札子》云："臣子雱奉圣旨撰进经义，臣以当备圣览，故一一经臣手乃敢奏御。"此所言不止于《诗义》，《三经义》皆是如此。又元丰三年(1080年)所上《乞改三经新义札子》，所改者涉及《三经义》中多条，亦本于安石经学。

二、《三经义》与经义范式

《三经义》本为统一经义而作，体现着安石经学对义理学的发展，这首

[1] 李焘：《续资治通鉴长编》卷二百六十五，第6487页。此处中华书局以"《诗义》已奏《尚书》"为断句，有误，引文改之。

[2] 李焘：《续资治通鉴长编》卷二百六十八，第6565页。

先表现在“训义”方法的探索上。程元敏先生以为《三经义》的“训义”是为当时科举考“经义”提供形式上的参考的。新政策规定共考四场，初“本经”，次“兼经”并大义十道，要求“务通义理”，此论一首，最后是时务策三道。即考“大义”与论，《三经义》的解释就要以训义为主。“训义”要通经义，必先“训辞”。[1] 尽管《三经义》已经大部遗失，但保留在文渊阁《四库全书》中的《周礼新义》，以及后来学者辑佚的《三经义》版本中，依然可以看到王安石等人对训义方法的探索。

为了更好地分析其训义的特点，不妨以《周礼义》中保存文字较多的部分为例。《周礼·小宰》“以听官府之六计，弊群吏之治：一曰廉善，二曰廉能，三曰廉敬，四曰廉正，五曰廉法，六曰廉辨”，《周礼义》曰：

> 治污谓之污，治荒谓之荒，治乱谓之乱，治扰谓之扰，则治弊谓之弊矣。所谓‘弊群吏之治者’，治弊之谓也。善其行谓之善，善其事谓之能，能直内谓之敬，能正直谓之正，能守法谓之法（灋），能辨事谓之辨。廉者，察也；听官府，弊吏治，察此而已。欲善其事，必先善其行；善行宜以德，不宜以伪，直内则所以为德也；直而不正，非所以成德。正然后能守法，守法则将以行之；行之则宜辨事，辨事则吏治所成终始也。故一曰廉善，二曰廉能，三曰廉敬，四曰廉正，五曰廉法（灋），六曰廉辨。此人之行能。谓之六计者，察其吏治，而知其所以治者行能如此。此听官府、弊吏治之数也，故谓之六计焉。[2]

由此段来看，其诠释之层次，首先将整段分为几个“意义层”，如“弊群吏之治”为一层，“一曰廉善”至“六曰廉辨”为一层。其次分释不同之意义层，先解“弊群吏之治”，再解“廉善”至“廉能”；然后推寻整段文义，即何以“廉善”“廉能”，便能最终“成终始”。最后总括其旨，即以为“此听官府、弊吏治之数也”。

---

〔1〕 程元敏：《诗经新义体制探源》，收入《三经新义辑考汇评（二）》，第 333 页。
〔2〕 王安石：《周礼新义》卷二，《王安石全集》，第 3 册，第 87 页。

分释其义、推寻文义，乃至总括其旨，都应当是“训义”。但“训辞”也包括在其中：训字之义是“训辞”；联字成词是“训辞”；词联为句是“训辞”；意义层之分断，辞意之连属皆是“训辞”。可以讲它们都在“训义”之中。

《周礼义》之训义，不仅在每段之后，在每篇末章之后，也有“总括大义”者。如《大宰》一职完毕，有总论“大宰”之职者：

> 大宰以六典佐王治邦国，其职之大者也；以八法治官府，以八则治都鄙，其职之小者也；先自治其职，然后诏王以其职。上则诏王以其职，下则任民以其职；任民以其职，然后民富；民富，然后财贿可得而敛；敛则得民财矣；得而不能理，则非所以为（义）；均节财用，则所以为义也；治其国有义，然后邦国服而其财可致也；能致邦国之财，然后为王者之富；富然后邦国之民可聚，聚而无以系之则散，系而无以治之则乱。使万民观治，冢宰施典、施则、施法、大祭祀、大朝觐、会同、大丧、大事，至于待宾客之小治，则皆其所以治也；受其会，听其致事，夫计群吏之治，而诏王废置诛赏，则其治之所成终始也。[1]

这是总论大宰如何以六典辅佐君主以治理国家的道理，与前之训辞、推寻文义正相呼应，将冢宰各职官所以为治的义理逐次展现了出来。当然这种训义之方法，也具之于《书义》《诗义》。《书》如《皋陶谟》“允迪厥德，谟明弼谐”，《书义》曰：

> 迪，道也。“允迪厥德”，谓所行之德允当于道。能允迪厥德，则心彻于内，而思虑不蔽。以之成谋，则明智彻于外，而视听不悖。以之受弼，则谐。[2]

〔1〕 王安石：《周礼新义》卷一，《王安石全集》，第3册，第76页。
〔2〕 王安石：《尚书新义》卷二，《王安石全集》，第2册，第57页。

“迪，道也”，是为训字；“所行之德允当于道”，是为训句之义；“能允迪厥德”至终，则为推寻文句，发挥义理。

《诗义》之训义亦是如此，有训字、训句、推寻文义者。训字者，如“讼者，言之于公”（《召南·行露》）；“谓者，以言趣之也”（《召南·摽有梅》）；“人为之谓伪”（《唐风·采苓》）等。训句者，如《唐风·羔裘》“羔裘豹祛……羔裘豹褎”，《诗义》曰：

> 羔裘，在位之服也。祛，在手操执以从事，指麾以使人也。羔裘而豹祛，则其在位操事，使人以猛而已；非恤其民者也。褎，祛之末而已。羔裘而豹褎，则其猛又甚矣。〔1〕

“羔裘”是统治者所穿的衣服，“祛”是用于指挥的，“豹”有猛之象。“羔裘而豹祛”比喻统治者劳役人民，发号施令，不知道恤民之意；“羔裘而豹褎”，其意更甚。这是发挥政治当体恤人民的道理。

推寻文义者，如《唐风·鸨羽》一篇，《诗义》云：

> 此诗始曰鸨羽，中曰鸨翼，卒曰鸨行；始曰稷黍，中曰黍稷，卒曰稻粱；始曰何怙，中曰何食，卒曰何尝；始曰有所，中曰有极，卒曰有常；中甚于始，终甚于中。

此为佚文，《诗义》对此当有更多的发挥。其推寻文义，以为有终始之别，语气有逐渐加重之势。《诗义》《书义》与《周礼义》一样，在篇末常有总括一篇之义的文字，如前所引《唐风·鸨羽》有：

> 木欲静而风不停，子欲养而亲不待，此皆孝子之心。其爱亲也勤，思亲也笃，故汲汲爱日以事亲，惟恐失之。故愿为人兄，不愿为人

〔1〕 王安石：《诗经新义》卷六，《王安石全集》，第2册，第455页。

弟，其爱日也如此。今以征役之故，不特废其温清定省之礼，又且无以为卒岁奉养之备，其情岂不伤哉！此诗如《北山》《蓼莪》《陟岵》，皆孝子不得奉养父母，故其诗哀以思也。当征伐之时，其心犹不忘，苟在父母之侧，其事亲为何如？[1]

此诗描写了男子因在外服劳役，思念自己的父母，想到他们在家得不到奉养，心中焦虑万分，表达的感情也是很哀伤的。其与《北山》等诗一样，都是哀怨而又发人深思。《诗义》以为这是“孝子之心”，征役之时尚且如此，若平日在父母之侧，其事亲应当更加勤苦笃敬吧。这是总括一篇之义。

由对《三经义》训义方法的形式上的论述，不难看出，它是具有着一种解经的体例和模式的。将训辞与训义相结合，由训字、训经句，到推寻文义，论述整段义理，篇后总括大义，《三经义》建构了自己的经义范式。在当时科举改制废黜注疏之学，提倡经学义理的背景之下，《三经义》在当时学者中树立了一个典范，推进了经学义理学的发展。

三、新学范式及其地位

《三经义》是安石经学的重要代表，也是当时新法派的集体著述，其中凝聚了他们的政教以及变革理念。《三经义》颁布学官，对当时北宋的学术风气影响极大，至于学者风靡向往之，汉唐注疏学所建立起来的经学体系轰然倒塌，王应麟谓“《三经义》行，视汉儒之学若土埂”，正是为此。当时对《三经义》有“临川学”“王氏之学”，以及“新学”之称。宋刘荀《明本释》曰：

（王荆公），名安石，字介甫，抚州临川人，后居金陵。著新经、字说，诏以其书立之于学。熙、丰以来，其学盛行，世谓之“临川学”，又曰“新学”。吕惠卿、蔡京、蔡卞、林希、蹇序辰、杨畏、蔡肇，皆门人之

---

〔1〕 王安石：《诗经新义》卷六，《王安石全集》，第2册，第455页。

达者也。[1]

“熙、丰以来”，正是《三经义》颁布学官之后，世谓之“临川学”，也有称为“新学”的。[2] 元祐以后，党争愈演愈烈，学者竞为党与，或持“王氏之学”，或持元祐之学，相互攻击。靖康时冯澥上《论学校去取不当黜王氏学疏》：

> 士不自重，务为轻浮，博士先生狃于党与，各自为说，五复至当，煽以成风。附王氏之学，则丑诋元祐之文；附元祐之学，则讥诮王氏之说，风流至此，颓敝莫回，兹今日之大患也。[3]

当时风气如此，冯氏平心而论，已是难能可贵。由此可见，王氏之学与临川学、新学，同出而异名，指熙、丰以来在安石经学的影响之下所形成的经学之总称。为便于论述，我们沿用新学这一名称。不难看出，新学是一个官学体系，与科举考试的要求直接结合在一起。新制度规定考“七经”，王安石只组织编写了“三经”，这为当时基本认同安石经学，并进一步从事完善国家经义体系的学者提出了任务。这些学者当中以王安石的门生为主，也包括其他的学者，因其在某些方面上认同《三经义》的范式而被颁布学官。

关于新学的代表著作及人物，全祖望《陈用之〈论语解〉序》曰：

> 荆公六艺之学，各有传者。考之诸家著录中，耿南仲、龚深父之《易》，陆佃之《尚书》《尔雅》，蔡卞之《诗》，王昭禹、郑宗颜之《周

---

〔1〕 刘荀：《明本释》卷上，第 20 页，此处转引自程元敏：《三经新义评论辑类补遗》，华东师范大学 2011 年版，第 698 页。

〔2〕 关于“新学”一词的使用与流传时间，参见熊凯：《王安石“新学”名称由来考辨》，《史学月刊》2009 年第 4 期。

〔3〕《靖康要录》卷六，《宋蜀文辑存》卷三一，转引自《附录 · 奏议》，《王安石全集》，第 10 册，第 98 页。

> 礼》，马希孟、方悫、陆佃之《礼记》，许允成之《孟子》，其渊源具在，而陈祥道之《论语》，鲜有知者，但见于昭德晁氏《读书志》而已。[1]

全氏所列基本上本于两点。一是与安石经学有着某种渊源关系，如陆佃、龚原、蔡卞、许允成等皆可以确切地被认定为王安石的门生，陈祥道、马希孟、王昭禹诸人也是新学的认同者，并受到其范式的影响。二是这些经著都在熙、丰以后的科场中流行一时，当时还有王安石、王雱的其他著作，如王安石的《易解》《论语解》《孟子解》以及王雱的《论语解》等。不难看出这里与我们前面所讲的“新学”这一概念或范畴也是基本相应的，它是一个历史的概念，是流行一时的学术范畴，但它们之间有什么样的“家族相似性”或“群体性”，则是要特别加以研究的。

在论述这个问题之前，我们还要回应一个质疑。自从现代意识形态的批判观念流行以来，人们习惯上将所谓的官学与私学区分开来，或者将官学作为私学的某种“异化”状态。由此而论，似乎我们也要把王安石当政之前的学术，与编写《三经义》后的学术区分开来，而以后者为安石学术的异化状态。[2] 这种观念的产生有它的“现代意识”在其中，但也有简单化的倾向，实际上，任何学术都不能避免意识形态的功能，如果我们以“求真”为学术的内在旨趣，这其中就包含着客观普遍性的诉求，也就有统一思想的倾向，这在古代的思想语境中更是如此。现代讲求学术的多元化，似乎思想是可以争论的，不用统一的，但这可能是一个伪问题，因为只要在现实的思想境况或政治语境中存在统一的可能性，人们总会去这样做。前面我们对王安石科举改制之后所面临的经义统一的问题，已经揭示了这一必然的趋势。在看待这一问题的时候，我们还要特别注意，古代

〔1〕 全祖望：《陈用之论语解序》，《鲒埼亭外编》卷二十三，《全祖望集汇校集注》（中册），第1182页。现代学者对“荆公新学”的代表人物与著述的考证，较为详细的，可参见刘成国：《荆公新学门人与著述考》，《荆公新学研究》，上海古籍出版社2006年版，第83—102页。

〔2〕 这些倾向表现在一些学者的论述之中，最典型者如杨天保将荆公新学定位为“官学体”，以其为王安石学术性质的一种减退，见其《金陵王学研究——王安石早期学术思想的历史考察》，上海人民出版社2008年版，第42页。

经学往往以一家统一思想,但这并不意味着否定了学术界关于思想论争的可能性。苏轼批评王安石“好使人同己”,说明当时对这个问题已经有所认知,但即使是苏轼也不能够跳出这种思想境况,后来的程朱理学面临统一经义的问题时,他们的选择是与王安石相同的,也是与汉唐经学相同的。就王安石的学术本身而论,无论是前期,还是后期,都构成了其变法的理论根据。如果说中间有一些观念的转变,也是可以在学术范畴之内理解的,一定认为其当政之后存在着某种异化,则是没有根据的推断。就像《五经正义》与《四书章句集注》都曾颁布学官,却不能因此而否定其学术价值一样。因此,在我们使用“安石经学”这一范畴时,就包括前期与后期所有的经著以及相关论文,而在讲到“新学”时,就是指在其经学范式的影响之下所形成的学术群体。

那么回到我们要研究的问题上来,新学作为一种学术群体,具有哪些共同的特征。可惜的是,上述新学派的著述大多已经遗失,因后来学者的辑佚之功,留存于今者如王安石的一些经著,前面已经具体罗列过。其他的重要著述,如陈祥道的《礼书》《论语详解》,蔡卞的《毛诗名物解》,王昭禹《周礼详解》,保存比较完整,而南宋末卫湜的《礼记集说》多存陆佃、马希孟、方悫之礼论。虽然不能得其全貌,但我们以这些资料为据分析新学之共性,应该说是可以窥豹之一斑了。

一是不依注疏,多出新解。这一点为北宋新经学的一般精神,尤其突出地表现在《三经义》的编写上面,此毋庸多论。然就经学必先训诂而论,注疏学流行几百年,宋儒岂能尽弃其训而非之?当时只是说“不尽用注疏”,去除其独尊之地位罢了。皮锡瑞谓:“宋刘敞、王安石诸儒,其先皆尝潜心注疏,故能辨其得失。”[1]皮氏亦不喜宋儒之变古,但这一评价最为平允。考《三经义》之训解多有援引注疏之学者,近人程元敏尝论曰:

(《周礼义》)暗用郑玄说甚多,即明举郑氏者亦几随处可见,如

〔1〕 皮锡瑞:《经学历史》,中华书局2004年版,第205页。

佚文一一（程辑本佚文标号）、一七八"郑氏以"，佚文九八"郑氏为"，佚文一二作"郑氏曰"；此皆训义也。是安石《周礼义》未尝不守旧，而当时天下号曰"新义"，果非是也。[1]

这里"未尝不守旧"，与皮氏所谓"潜心注疏，故能辨其得失"相同，[2]然新经学不独尊注疏，却也是一个事实。故《三经义》出，当时人目为"新义"，正是一时之风气使然。即不以其为独尊，故《三经义》援引注疏者，不过以其为一家之说而已，与注疏学之"疏不破注"，或汉儒守家法而不移者截然不同矣。且《三经义》中亦不乏直接反驳注疏者，如对于《周官》宫正掌跸之事，王安石直接反驳郑玄以其职事止于祭祀的观点。[3] 其他训字、训义之不同者，往往有之。

如训《周礼》"以立民极"，王安石解"极"为"如屋之极，使民于是取中而庇焉"，虽也有"取中"之义，但突出了"庇民"之说，与郑训"极，中也"，"令天下之人各得其中"略有不同。[4] 又如训《舜典》"象以典刑"之"象"为"垂以示人之谓"，取《周官》"垂治象、刑象之法于象魏"之说，与孔传以"象"为法不同。[5] 对于天子宗庙之制，王安石反对郑玄"以文武为二祧"的说法，其言：

以文、武为二祧，则误矣。《礼记》以"远庙为祧"，当此时，文、武最为近庙，岂宜称祧，又不设寝乎？然则二祧，其高祖之父与其祖与！[6]

---

〔1〕 程元敏：《周礼新义体制探原》，收入《三经新义辑考汇评（三）》，华东师范大学2011年版，第718页。

〔2〕 陆游尝载："先左丞言，荆公有《诗正义》一部，朝夕不离手，字大半不可辨。世谓荆公忽先儒之说，盖不然也。"亦可为证。见陆游：《老学庵笔记》卷一，中华书局1979年版，第6页。

〔3〕 王安石：《周礼新义》卷三，《王安石全集》，第3册，第104页。

〔4〕 王安石：《周礼新义》卷一，《王安石全集》，第3册，第32页。

〔5〕 王安石：《尚书新义》卷一，《王安石全集》，第2册，第38页。

〔6〕 王安石：《周礼新义》卷十三，《王安石全集》，第3册，第438页。

“以文、武为二祧”，是指郑玄在解《礼记・王制》“天子七庙，三昭三穆，与大祖之庙为七”的制度时，将其认为是周制，故“七者，大祖及文王、武王之祧，与亲庙四”。王安石以为周公制礼之时，文、武当为亲庙，不应为祧。实际上王安石更倾向于以《王制》中“天子七庙”为普世之制，不止于周制，故他在熙宁五年(1072年)推动的宋代庙制改革，升僖祖为始祖，正是以此为准。

又以陈祥道《礼书》为例，其中对于制度的理解亦多有与郑玄不同的，甚者如四库馆臣谓其“掊击郑学，别生新解”。可见这种精神在新学派中是一贯的，如论庙制，同于王安石，反对郑玄以“七庙”为周制之说。[1]如论郊祀制度，亦同于王安石，以上帝包昊天与五帝，反对郑玄以上帝为五帝而不及天之说。[2] 至于论井田，反对郑玄“乡遂无井田”之说；论赋敛，驳郑玄“口率出泉”之论等，都是“掊击郑学”者。然其中有与王安石相同者，也有不同者，此不可一概而论。值得注意的是，陈祥道关于赋税制度的理解，以“什一”为准制，并特别批评“今乃弃中平之法，而田财并赋，言其赋民甚矣”。[3] 考虑到当时围绕着新法是否加重民众负担，在新旧两派中争论激烈，陈氏此论似有批评新法之意。并且陈氏所持之理财观念以节约为本，反而与司马光等人相类。

这提醒我们所谓新学派在义理阐释上的复杂性，又如王昭禹的《周礼详解》虽宗王氏之学，但对于泉府“以国服为之息”不同意安石之解，四库馆臣谓其“已目睹青苗之弊，而阴破其说矣”，也是有可能的。但我们依然可以从中看到一些共同的范式，不依凭注疏，独立解经，注重经学以致用的精神。

二是训字多用会意。这成为新学派的一个重要标志，尤其表现在王安石对其《字说》的推崇上面。值得注意的是，这种分文析字，以会意训字的情况在王安石早期的经学著述中少有见到，只是在《三经义》中才大量

〔1〕 陈祥道：《礼书》卷六十七，文渊阁《四库全书》本，第130册，第431页。
〔2〕 陈祥道：《礼书》卷八十六，文渊阁《四库全书》本，第130册，第542页。
〔3〕 陈祥道：《礼书》卷二十六，文渊阁《四库全书》本，第130册，第158、155、152页。

出现。这或许与王安石在熙宁年间撰写完成《字说》之初稿有关。[1] 因《三经义》的推行，受其影响的新学派，亦多援引《字说》解经。如陆佃、马希孟、方悫的礼著，南宋王与之作《周礼订义》尚见其全书，曰："方氏、马氏及山阴陆氏三家，书坊锓板于世，方氏最为详悉，有补于幼学，然杂以《字说》。……陆氏说多可取，间有穿凿，字学误之也。"[2] 又如王昭禹的《周礼详解》、蔡卞的《毛诗名物解》多引用《字说》。

南宋以后，学者多谓安石《字说》为穿凿附会，平允而论，安石重义理而轻视了文字本身的规律，与文字学所重者不同，使得一些解释过于牵强，但一概谓之穿凿则过矣。并且《字说》并非全部信用会意，就杨时所作《王氏字说辨》中所保留的资料来看，同音相训也是一个同等重要的方面。如"芥者，界也"，"琮者，宗也"等。历史地来看，它也是文字学在宋代发展的一种普遍倾向，如宋初徐铉奉诏重订之《说文解字》，往往增加会意之训，王安石只是特别予以发挥罢了。[3]

总的来说，这是与安石经学重义理的风气相关的，以《周礼义》为例，其中一些重要的官职都以会意解之，如宰、卿、士、大夫、府、史、胥、徒等。如解"卿"："卿之字从𠂎，𠂎、奏也；从卩，卩、止也；左从𠂎，右从卩，知进止之意。从皀，黍稷之气也。黍稷地产，有养人之道。"[4] 王安石相信在字形中包含着圣人制作之意，其言："其形之衡从曲直，邪正上下，内外左右，皆有义，皆本于自然"。[5] "卿"介于君主与民众之间，是为国家治理

---

〔1〕 关于《三经义》与《字说》的关系问题，有学者以为是《三经义》作成之后，才有《字说》的编集。见黄复山：《王安石〈字说〉之研究》，花木兰文化出版社 2008 年版，第 49 页。但王安石在治平年间已经开始撰写了，熙宁年间已有初稿的完成。见于《临川集》之《熙宁字说序》是也。安石罢相后，退居金陵，元丰年间又一次修订之，所成定本，于元丰年间进呈神宗，有《上字说札子》为据。晁公武《读书志》《宋史·王安石传》皆言晚年作《字说》，詹大和《王荆公年谱》于"元丰五年"言："是年《字说》成，进表系衔观文殿大学士、集禧观使、特进、上柱国、荆国公"。收入《王安石年谱三种》，中华书局 1994 年版，第 8 页。据此可知《字说》创作大致经过。相关争论可参见徐时仪：《王安石〈字说〉的成书时间和版本流传考》，《喀什师范学院学报》1995 年第 1 期。

〔2〕 卫湜：《礼记集说·名氏》，文渊阁《四库全书》本，第 117 册，第 14 页。

〔3〕 近人徐时仪从文字学的角度对王安石《字说》作了详细的研究，可参考其论文《王安石〈字说〉考论》（上、下），《辞书研究》1992 年第 4、5 期。

〔4〕 王安石：《周礼新义》卷一，《王安石全集》，第 3 册，第 35 页。

〔5〕 王安石：《熙宁字说序》，《临川先生文集》卷八十四，《王安石全集》，第 7 册，第 1481 页。

的关键，对上要知进止，对民众要有养人之道，正是通过分文析字，使得“卿”的政治伦理意义展现了出来。如此解义，联想到汉代董仲舒解“王”字曰：“古之造文者，三画而连其中，谓之王。三画者，天地与人也，而连其中者，通其道也。”[1]岂不正与安石解义相类？由此可知，对于新学派解经用《字说》的情况，应当分别而论之，不可径以“穿凿”诋之。

三是经义融合佛道义理。王安石曾作《老子注》《庄子注》，晚年尤喜佛教，新学派的其他代表人物也是如此，王雱、吕惠卿等人都对佛老有特别的兴趣。这一点与理学家不同，也与前期排斥佛老的孙复等人不同。这种态度也反映到新学派的解经过程中，即援引佛老义理以阐释经义。如《周礼义》解《膳夫》“王斋日三举”曰：“所谓心斋，则圣人以神明其德者是也。故其哀乐欲恶，将简之弗得，尚何物之能累哉？虽然，知致一于祭祀之斋，则其于心斋也，亦庶几焉！”[2]祭祀之斋不如“心斋”，但由祭祀可以达至心斋。此出自《庄子・人世间》，其中记载颜回与孔子关于斋戒的对话，颜回问“不饮酒不茹荤数月”，是否可以称得上是“斋”，孔子答以“此为祭祀之斋，非心斋也”，“心斋”是圣人对物欲的彻底超脱。王安石推崇“心斋”，可能是因为出自孔子与其弟子的对话，故明言是“圣人以神明其德”，没有强调其为庄子之说，实际上是他在修养论上融合佛老的体现。

又如《诗义》解《采芑》“方叔莅止，其车三千”，曰：“《老子》曰：‘国家昏乱有忠臣，六亲不和有孝慈。’明名生于不足。诗人所以盛矜宣王强美者，斯为宣王承乱劣弱，美而言之也。”[3]《毛诗》以为《采芑》描述的是宣王南征之时军容的强盛，诗人生于其时，见过国家的衰败，而现在可以目睹宣王中兴，难以抑制心中赞美之情，故盛赞之。《诗义》援引老子之语，并无其他意义，只是为了彰显诗人的心情及其用意。

援引佛老解经的态度，在新学派的其他著述中，也能够见到，以陈祥

---

〔1〕 董仲舒：《王道通三第四十四》，《春秋繁露》，中华书局 2011 年版，第 151 页。
〔2〕 王安石：《周礼新义》卷三，《王安石全集》，第 3 册，第 113 页。
〔3〕 王安石：《诗经新义》卷十，《王安石全集》，第 2 册，第 529 页。

道《论语全解》为例。其中以《老子》“无为而无不为”解“为政以德”，以《庄子》“蹈大方”解“从心所欲不逾矩”，以《老子》“我若愚人”“盛德容貌若愚”解孔子谓颜回“不违如愚”等。[1] 当然陈祥道的解经并不能完全代表王安石的态度，但这可以看成是新学派援引佛老解经的滥觞。怎样来理解新学的这一态度，王安石在《答曾子固书》中的一段话，或许可以为其作注解，其言：

> 然世之不见全经久矣，读经而已，不足以知经。故某自百家诸子之书，至于《难经》《素问》《本草》诸小说，无所不读。农夫女工，无所不问。然后于经为能知其大体而无疑。盖后世学者，与先王之时异矣，不如是，不足以尽圣人故也。[2]

“不如是，不足以尽圣人”，这也可以解释为何出入佛老，会成为北宋新儒学建构自身理论的重要任务。何止于佛老？百家诸子、医术小说，无所不读；农夫女工，无所不问，然后才能知其大体而解经。当然，这并不是说王安石没有意识到要将儒学与佛老的理论作一区分，在《礼乐论》中，他批评“礼乐之意不传久矣，天下之言养生修性者，归于浮屠老子而已”。可见他的关注点依然在儒学的政教秩序，他对佛老的一些价值的赞同与融合倾向，源于他认为可以更好地改善风俗，兴复礼乐秩序。就此而论，并不能说他的学术为“杂”，[3] 他依然是以儒学为旨归的，至于他以佛老为娱，亦未尝不具此意。

当然，这里仅仅是就经学的形式上对新学的特征进行概括。从中我们还是可以断定新学中确实存在一种比较普遍的经学范式。理解了新学

---

〔1〕 陈祥道：《论语全解》卷一，文渊阁《四库全书》本，第196册，第71、72、73页。

〔2〕 王安石：《答曾子固书》，《临川先生文集》卷七十三，《王安石全集》，第6册，第1314页。

〔3〕 很多学者以《答曾子固书》中的这段话，来证明王安石学术之杂，这是不合适的，因为下面他自己明确地讲“以其有所去取，故异学不能乱”。异学不能乱，如何称之为“杂”？见李祥俊：《王安石学术思想研究》，北京师范大学出版社2000年版，第357页；刘成国：《荆公新学研究》，上海古籍出版社2006年，第107页。

的特征，还需要对它在北宋学术中的地位给予认识。需要强调的是，如果将新学与北宋兴起的其他学派相比较，不依凭注疏，以经义为本，强调经学以致用的精神，只能是一种时代精神的特质，属于一种共同的学术风气。它不只属于新学，也属于宋初一批具有变革精神的经学家，如欧阳修、刘敞，也属于张载、二程等理学家。只不过王安石以执政之力，独得变风气之先罢了。而其不同者，如解经用《字说》，似乎成了新学的一大标志。至于解经援引佛老之说，也成为后来二程批评王安石的主要理据。

因此，可以说正是经过新学的发展，新经学真正超越汉唐注疏学的范式，而进入到一个新阶段，即转向了关于儒学义理之内容的论争。具体而言，就是新学出现之后，新儒学派别林立，各派之间对儒学理论的不同建构及其争论成为学术的焦点。如果用学术的发展阶段而论，新学促进了新儒学从早期向中期的重要过渡，并作为其中的一个重要代表延续了后一阶段的论争。如此定位新学，或许有助于我们对之有一个更为清晰的认识。

附论：清初《周礼义》版本问题再考*

王安石《周礼新义》至清初，学者已不见其全帙。现存文渊阁《四库全书》中之《周礼新义》（下简称“四库本”）系四库馆臣从《永乐大典》中辑佚而成。“四库本”来源于“大典本”〔1〕，“大典本”也构成了现存各个《周礼新义》版本的基础，其重要性不言而喻。对于“大典本”，台湾程元敏先生谓其“地夏二官”尚存：

> 第考文渊本地夏二官卷，别存安石《新义》佚文九十四条，《四库全书考证》未言据它书补入，则必系大典本之所原有者。九十四条

* 此附论曾以全文发表于《中国哲学史》2015年第1期。

〔1〕 为论述的方便，文中所使用“大典本”三字，系指四库修书时《永乐大典》中所存《周礼新义》之版本。

> 者，绝多(九十二条)见于《周礼订义》载，亦有只见于《钦定周官义疏》(两条，见辑本佚文三一七、三三七)[1]者，皆非馆臣补辑，而系大典本原有，则全氏(全祖望)谓“其地、夏两官已佚”……纪氏谓“今《永乐大典》阙地官、夏官二卷”，皆未遑深考，率尔出话言也。[2]

这与清人所见截然相反，如《四库提要》谓：“今《永乐大典》阙地官、夏官二卷，其说遂不可考，然所佚适属其瑕类，则所存者益不必苛诋矣。”[3]程先生独立异议，他的疑惑首先来自于“四库本”(文渊本)中所存在的九十四条佚文，他认为这九十四条佚文，一是《四库全书考证》未言据它书补入；二是对比四库本《新义》之“地夏二官”九十四条佚文，不全出于一书，由此他推断九十四条佚文必系“大典本”原有。

如果程先生此论成立，清代学者所论“未遑深考”，那么将全面改变我们对于现存《周礼新义》版本的看法[4]。因此对这一关键问题，我们不能不有所探讨。清初“大典本”之“地夏二官”是否存在？四库本之“地夏二官”来自何处？考之现存有关资料，我们发现程先生所言实有误，清代学者所谓缺“地夏二官”是正确的，谨论述如下。

首先，四库修书时《永乐大典》之“地夏二官”适在缺。要探讨大典本中“地夏二官”的存佚情况，首先就要考察《永乐大典》的相关资料。程元敏先生在探讨这一问题时，仅据“四库本”进行推断，而忽略了现存《大典》的相关情况。现存《永乐大典》有《目录》六十卷[5]，今据此制“《永乐

〔1〕 此处的编号系程辑《三经新义辑考汇评(三)》中佚文编号，然考“佚文三一七、三三七”，适在《春官》，不在“地夏二官”，不知此处因何而误。今考“地夏二官”中见于《钦定周礼义疏》载者，应为程辑本之“佚文二二七、二四七”，见王安石：《周礼新义》，《王安石全集》，第3册。

〔2〕 程元敏：《三经新义版本与流传》，收入《三经新义辑考汇评(三)》，华东师范大学2011年版，第811页。

〔3〕《周礼新义·提要》，文渊阁《四库全书》本。

〔4〕 这就涉及是否存在一个《周礼新义》的完善版本问题。清代学者是相信“大典本”是相对完善的版本的，唯一的问题是缺“地夏二官”；但程先生倾向于认为“大典本”也是不完善的，尽管“六官”形式上俱存，实际内容却少了很多。由于篇幅，此处不能详论，文章仅就“大典本”“地夏二官”是否存在的问题进行论述。

〔5〕《四库全书存目丛书·补编》第58册，上海辞书出版社2003年版。

大典》内《周礼》注解分布表”如下：

表 3.1　《永乐大典》内《周礼》注解分布表

《周礼》分篇情况	《永乐大典》卷次
周礼（包括序文、诸儒传授源流、一经大旨等）	10460—10463（上声四济、礼字）
周礼天官	4499—4520（平声十二先、天字）
周礼地官	14283—14305（去声四霁、地字）
周礼春官	3314—3347（平声九真、春字）
周礼夏官	17730—17744（去声十六祃、夏字）
周礼秋官	9148—9159（平声二十尤、秋字）
周礼冬官	25—42（平声一东、冬字）

根据《永乐大典》的编排体例，“以洪武正韵为纲，用韵以统字，用字以悉事”，《周礼》被分为七个部分收录，《周礼新义》必在《周礼》部之中，其范围必不出上所列卷数。

如上所言，《大典》收录《周礼》的分部情况已经明了。如果能够得知四库修书时《永乐大典》的存缺情况的话，岂不就可以判定当时《大典》之《周礼》部分的存佚情况了吗？在此我们是幸运的，据郭伯恭先生的考证：

> 四库开馆时，翰林院所贮之《永乐大典》，据《四库全书总目提要》云，……民国二十年（1931 年）冬，国立北平图书馆收得《〈大典〉目》一本，上有翰林院印，目中于存佚各卷，详为注明，通计佚去者得二千二百七十卷。此目入声自八陌以下残去，凡缺四韵，佚去若干卷不可知。总数与二千四百二十二卷甚近，盖此目即乾隆时馆臣检查之底册，兹据之制为左表，藉知四库修书时《大典》存缺之实况。[1]

[1] 郭伯恭：《〈永乐大典〉考证》，收入《〈永乐大典〉研究资料集刊》，北京图书馆出版社 2005 年版，第 133—134 页。

郭伯恭根据《〈大典〉目》上有“翰林院印”，以及其所记佚去之卷目与《提要》所记相当推断此《〈大典〉目》即“乾隆时馆臣检查之底册”。由此判定此目为四库馆臣检较《永乐大典》所制应该是确切的。今根据郭伯恭所制“四库修书时大典存缺一览表”[1]，结合上所列“《永乐大典》内《周礼》注解分布表”，制“四库修书时《大典》内《周礼》注解存缺情况表”：

表 3.2　四库修书时《大典》内《周礼》注解存缺情况表

《周礼》分篇情况	《永乐大典》卷次	四库修书时《大典》佚失卷次
周礼（包括序文、诸儒传授源流、一经大旨等）	10460—10463	存
周礼天官	4499—4520	存
周礼地官	14283—14305	14263—14365 卷亡
周礼春官	3314—3347	存
周礼夏官	17730—17744	17722—17838 卷亡
周礼秋官	9148—9159	存
周礼冬官	25—42	存

由此表一目了然，《地官》分布在 14283—14305 卷，四库修书时亡 14263—14365 卷，所亡者《地官》恰在其中；《夏官》分布在 17730—17744 卷，四库修书时亡 17722—17838 卷，所亡者《夏官》恰在其中。由此可证，全氏所谓“地、夏两官已佚”，四库馆臣所言“阙地官、夏官二卷”，并非“率尔出言”，而是实有所据。我们也可知“阙地官、夏官”是指《永乐大典》中收录之《周礼》注解而言，不单是指《周礼新义》，因为《新义》在其中，亦随之亡佚。

四库修书时《大典》内之“地夏二官”适在缺目，也可以从《四库全书》收录的《周礼》之部的其他《大典》辑本中得到证明，《提要》：

（《周官总义》）惟《永乐大典》尚载其天官、春官、秋官、考工记，

〔1〕 郭伯恭：《〈永乐大典〉考证》，第 134—146 页。

> 而地官、夏官亦佚。谨裒合四官之文，编次成帙，以存其旧。其地官、夏官则采王与之《周礼订义》所引以补其亡。〔1〕
>
> (《周官集传》)今散见于《永乐大典》者，地官、夏官适当阙帙。其馀四官，首尾颇为完具。〔2〕

宋易祓《周官总义》三十卷、元毛应龙《周官集传》十六卷，均系四库馆臣辑佚自《永乐大典》，其言“地官、夏官亦佚”“地官、夏官适当阙帙”，都表明四库馆臣辑佚《大典》时，不见“地官、夏官”二部。

由此可见，四库修书时《大典》内之“地夏二官”实缺，应该是确切无疑的〔3〕。而四库本之《周礼新义》所保留“地夏二官”之九十四条佚文必系馆臣从他处辑佚。

其次，《四库全书考证》未言不足为凭。程元敏先生据以推定“地夏二官”未亡者，有“《四库全书考证》未言据他书补入”一条理由。程先生据《四库全书考证》言：

> 案：《四库全书考证》所举才八条：其中四条出《临川集》、二条出《龟山集》，并但记校语，未将佚文补入四库本；余①⑥两条，乃据王与之《周礼订义》引“王氏曰”补入，见于今文渊本(钞本亦有)，则所补才两条。〔4〕

首先，程先生此言有不确之处，实际上《考证》校签中共有四条言及据《周礼订义》补，其中《地官》两条，《夏官》两条〔5〕。

---

〔1〕《周官总义・提要》，文渊阁《四库全书》本。

〔2〕《周官集传・提要》，文渊阁《四库全书》本。

〔3〕近来，又有张涛博士于国家图书馆发现“三礼馆辑录稿”共三十七册的内容；据其考证系乾隆初年三礼馆臣从《永乐大典》中辑出者，这一辑录稿先于四库辑本。据统计，这一辑录稿中有《周礼》之部二十五册，而其中天官十册、春官五册、秋官四册、冬官六册，地官、夏官无。(张涛：《三礼馆辑录〈永乐大典〉经说考》，《故宫博物院院刊》2011年第6期)。

〔4〕程元敏：《〈三经新义〉版本与流传》，收入《三经新义三经新义辑考汇评(三)》，华东师范大学2011年版，第811页。

〔5〕《四库全书考证》卷八，文渊阁《四库全书》本，第41、43、46页。

实际上，《四库全书考证》本身也有它的局限性，如张升研究了《考证》的成书过程：

> 四库馆开馆期间《四库》书的考订，经历了从校签到黄签再到《考证》的过程：先经纂校官签改，再经总纂、总校、总裁裁定，选定黄签，粘贴于进呈本之上，再由编次黄签考证官将这些黄签编成《四库全书考证》一书。在每个阶段，校签都有可能被加工、修改过。[1]

最终选入《考证》的是经过重重选择之后的“黄签”，这导致所选入《考证》的校订之语并非全部，而且还有可能带有随意性，这使得它的参考价值大打折扣。

案《考证》之《周官新义》部分，《地官》共保留有七条校订，其中言据“王氏订义”补者两条，言据“安石集”校订者两条，言据《龟山集》校者两条[2]，其余两条皆系对王安石注解的评论[3]。考之“四库本《新义》”，据“王氏订义”所补两条佚文俱在，而“安石集”、《龟山集》所提到者无佚文。但即便是据“王氏订义”补者，《考证》所保留校签的兴趣似乎不在于仅仅说明佚文之出处，而是要考证佚文中之“阙文”或“异文”的情况，才提及据“王氏订义”补。

尽管我们无法详细得知在辑佚《新义》时，馆臣作了哪些校签，后来《考证》收入校签时又做了什么样的“选择”，但从我们上面的分析可以得知，仅仅从《考证》未言其他佚文[4]据何处补入，即断定其系《大典》原有，便是不充分的。

最后，佚文实未出《周礼订义》所引《新义》范围。那么四库本《新义》之九十四条佚文来自何处呢？《提要》未有明言，《四库全书考证》只言及

---

〔1〕 张升：《〈四库全书考证〉的成书及主要内容》，《史学史研究》2011年第1期。
〔2〕 其中“里宰掌比其邑”一条，既言及《龟山集》，又言据“王氏订义”补。
〔3〕 《四库全书考证》卷八，文渊阁《四库全书》本，第41—43页。
〔4〕 四库本“地夏二官”佚文九十四条，文中为叙述方便，有时直接称“佚文”即指此而言。

四条出自王与之《周礼订义》。首先程先生也承认九十四条佚文绝多见于《周礼订义》，只有两条佚文见于清初的《钦定周官义疏》：

> ①“先王本道以达为艺，缘道而制为仪。”[1]《地官·保氏》
>
> ②“司门总统诸门，故掌授管键之事。”[2]《地官·司门》

考这两条佚文见于《钦定周官义疏》之“王氏安石曰”[3]。但我们在王与之《周礼订义》中也发现两条：

> a.“王氏曰：道与之才，先王达之以为艺；道与之貌，先王制之以为仪。”[4]《地官·保氏》
>
> b.“王安石谓：授键则以司门，总统诸门，故掌授之以启门。”[5]《地官·司门》

将①与a、②与b相比较，便会发现两者所论大意相同，前者更像是对后者的概括把握，我们认为这是符合古人引用规则的。因为古人引用前人，往往根据自己的理解转述，未必做到一字一词准确无误。由此而论，九十四条佚文实际上并没有逃出《周礼订义》所转引之范围。四库馆臣有从《周礼订义》辑佚《新义》的情况，《考证》已有所言。事实上在辑佚宋代《周礼》学著作时，他们也注意到了《周礼订义》的价值。

王与之《周礼订义》作于南宋末年，其中对于宋代《周礼》学著作，至于文集、语录皆搜罗详尽，所征引多达五十余家，《提要》谓其：

> 惟是四十五家之书，今佚其十之八九，仅赖是编以传。虽贵近贱

---

〔1〕王安石：《周礼新义》卷六，《王安石全集》，第3册，第216页。
〔2〕王安石：《周礼新义》卷七，《王安石全集》，第3册，第259页。
〔3〕分别见于《钦定周官义疏》卷十三、卷十四，文渊阁《四库全书》本，第21、33页。
〔4〕王与之：《周礼订义》卷二十二，文渊阁《四库全书》本，第17页。
〔5〕王与之：《周礼订义》卷二十四，文渊阁《四库全书》本，第23页。

远，不及李鼎祚《周易集解》能存古义，而搜罗宏富，固亦房审权《周易义海》之亚矣。[1]

《订义》首列五十一家，此处所言“四十五家之书”是指宋代著述了。四库馆臣过于重视汉唐注疏，批评《订义》“贵近贱远”，即重视宋人著述，而轻忽汉唐注疏的做法，认为其不如唐末李鼎祚《周易集解》能够保存“古义”，但也给予了其充分的肯定，认为其“搜罗宏富”，仅次于房审权《周易义海》了。

既然四库馆臣对《订义》持如此之见，在编纂宋代《周礼》著述时从《订义》中进行辑佚，也就是很有可能，前所引《周礼总义》便明确讲到“采王与之《周礼订义》所引以补其亡”，便可为证。在辑佚《周礼新义》时，四库馆臣同样从《周礼订义》中辑补了“地夏二官”之佚文。当然，在这九十四条佚文中，是否全部辑佚自《周礼订义》，由此资料的缺乏，我们不得而知，姑且存疑可矣。但据我们的统计，九十四条佚文实未出《周礼订义》所引之范围，前已所言。

综上所论，四库修书时，《永乐大典》中所存《周礼新义》之“地夏二官”全阙，清代学者所言不虚，而程元敏先生实有未考之处；四库本“地夏二官”佚文系馆臣从他书，如王与之《周礼订义》中辑补，具体虽已不可考，但其范围不出《周礼订义》中所引者。

---

〔1〕《周礼订义·提要》，文渊阁《四库全书》本。

第四章　王安石天道性命论中的政治观

本节集中探讨王安石经学文本中的政治观。王安石将自己对政治基本原则的思考,明确建立在“道德性命之学”的基础之上,故当时学者谓其侈谈“性命之理”。这里的“道”即是“天道”,因此要深入他对天道、性命问题的关注,才可以揭示他的政治观。“天道性命论”不仅提供合理性的证明,更是包含着对秩序诸原则的认识。具体而言,包括任理、公正、中道以及人性向善等,从中可以看到王安石是如何基于时代的变法需求,融合佛老诸家,阐释与转化儒家政教秩序的。

第一节　天道、天变及生生之道

以儒家的经典为依托,在吸收了老子的道论的基础之上,工安石发展了自己的天道论观念。虽然是散见于他的各个经学文本中,其中还是可以看到某种内在的逻辑一致性。主要包括以下几个方面:建立比较完整的宇宙结构论;对天道运行“任理而无情”的体认;重新思考天道生生与儒家仁学、仁政的建立,最后是对天变与人事关系的反思。从中可以看出他的天道论与他的政治改革理论有着内在的一致性。

一、天道任理的原则

在王安石的论述中,“道”“天”与“天道”,包括“太极”是同一层次的范畴,都是指他所体悟到的最高实体,是宇宙万物,以及人事的根源与根据。其言“古之言道德所自出而不属之于天者,未之有也”,[1]以“天”为道德之实体。“天”即是“道”,《老子注》曰:“天与道合而为一。”[2]实际上,通过融合儒老之观念,王安石展开了自己对“道”的论述。[3] 其解“道法自然”曰:

> 道则自本自根,未有天地,自古以固存,无所法也。无法者,自然而已,故曰:道法自然。此章言混成之道,先天地生,其体则卓然独立,其用则周流六虚,不可称道,强以大名。虽二仪之高厚,王者之至尊,咸法于道。夫道者,自本自根,无所因而自然也。[4]

此段强调了“道”的实体性与根源性,所谓“自本自根”,无始时来既已存在。它为万物立法,而无所法,因此是自然而然地成就万物。他周行而不殆,化生万物,不可为名,强以之为“大”。阴阳天地之高厚,人世中最尊贵的王者,都要以此为法度。大有“顺之者昌,逆之者亡”的意思。王安石讲“天地”一词的时候,是具有物质形态的天地,是万物之总称,是人所能见的高高在上,或厚载万物者;而在他讲“天生万物”,或“天命之谓

---

〔1〕 王安石:《九变而赏罚可言》,《临川先生文集》卷六十七,《王安石全集》,第6册,第1210页。

〔2〕 王安石:《老子注》卷上,《王安石全集》,第4册,第185页。

〔3〕 苏轼《王安石赠太傅敕》有“少学孔孟,晚师瞿聃”之语,故有学者据此论定王安石的《老子注》或成书于晚年。但司马光尝曰:“介甫于书无不观,而特好孟子与老子之言”,似乎早在嘉祐年间,王安石便对老子颇有心得,因此不必到晚年再著述成书。且《老子注》中很多内容为其政治思想作基础,不类晚年著述。因此,本文不取,至于其成书虽不必是嘉祐年间,但亦不会晚于熙宁年间。相关的考证,见陈成国:《荆公新学研究》,上海古籍出版社2006年版,第86页;罗家湘:《〈老子注〉整理说明》,收入《王安石全集》第四册,复旦大学出版社2017年版,第141—148页;张建民:《王安石〈老子注〉著作年代考》,《兰台世界》2011年12月下旬。关于王安石援道入儒问题的讨论,可参考如下论文,尹志华:《王安石的〈老子注〉探微》,《江西社会科学》2002年第11期;李欣复、纪燕:《王安石〈老子注〉再评述》,《中国哲学史》2009年第2期;蒋丽梅:《为学与为道之间——王安石〈老子注〉的价值转向》,《中国哲学史》2013年第1期。

〔4〕 王安石:《老子注》卷上,《王安石全集》,第4册,第193页。

性”,以及“法天”的时候,“天”即“道”,是万物的法则,是“天与道合而为一”之“天”。在《洪范传》中,他以天与五行相比配,建构了一个天生万物的模式:

> 天一生水,其于物为精,精者,一之所生也。地二生火,其于物为神,神者,有精而后从之者也。天三生木,其于物为魂,魂从神者也。地四生金,其于物为魄,魄者,有魂而后从之者也。天五生土,其于物为意,精神魂魄具而后有意。自天一至于天五,五行之生数也。……盖五行之为物,其时,其位,其材,其气,其性,其形,其事,其情,其色,其声,其臭,其味,皆各有耦,推而散之,无所不通。一柔一刚,一晦一明,故有正有邪,有美有恶,有丑有好,有凶有吉,性命之理、道德之意皆在是矣。[1]

以天地之数与五行相配,化生万物。其中“生数”(“天一”至“天五”)的观念来自于《系辞》,与“成数”(“地六”至“地十”)相应,王安石认为“生数”是根本。而五行的比配方式,汉儒既已有之,王安石这里直接使用了孔颖达《尚书正义》中解释。[2] 天一生水,于物为精。精即是“一”,其火、木、金、土,各自生物,而神、魂、魄、意依次随之。至于万物之时、位、材、气等,各有其耦,所谓刚柔、晦明、正邪、美恶之类,由之可以穷尽万物之情态,王安石谓“性命之理、道德之意皆在是矣”。虽然讲“天一”“天三”,但合而言之,都是“天”,故他有时又用“太极”表达之,《原性》篇谓:“夫太极者,五行之所由生,而五行非太极也。”[3] 只是王安石对本体的阐发往往随文解义,散于各处,又加上资料的遗失,使人有散乱之感,但学

〔1〕 王安石:《洪范传》,《临川先生文集》卷六十五,《王安石全集》,第6册,第1176页。

〔2〕 如郑玄注《月令》“律中大蔟,其数八”曰:“数者,五行佐天地生物成物之次也。《易》曰:‘天一地二,天三地四,天五地六,天七地八,天九地十。’而五行自水始,火次之,木次之,金次之,土为后。木生数三,成数八,但言八者,举其成数。”郑玄注,孔颖达疏:《礼记正义》卷第二十一,上海古籍出版社2008年版,第602页。

〔3〕 王安石:《原性》,《临川先生文集》卷六十八,《王安石全集》,第6册,第1234页。

者推求其意，则不难洞见其天道论的系统性。张立文先生以哲学逻辑结构论推求之，谓其逻辑结构为“太极、道、天→阴、阳、冲气→五行→人物”的模式，[1]使人明白易了。

“天”“道”虽为同等之范畴，但它们的含义侧重不同。王安石解“天”字为“一大”，“天之为言填也，居高理下，含为太一，分为殊形，故立字一而大。”[2]“填”即充满、包罗万象之义，“天”“居高理下”，收敛凝聚则为“太一”，也是太极；分散则为万物，其中运行有理，是为“道”，正所谓“异名而同实”。至此还不足以揭示王安石对“天”“道”的洞见，因为这些范畴是诸家都在使用的共名。那什么是王安石所体悟的“天”“道”之根本特征呢？即他一再强调的“任理而无情”。其论“天之所为”曰：

> 所谓天之所为者，如河决是也。天地之大德曰生。然河决以坏民产而不恤者，任理而无情故也。故祁寒暑雨，人以为怨，而天不为之变，以为非祁寒暑雨不能成岁功也。孔子曰：惟天为大，惟尧则之。尧使鲧治水，鲧汩陈其五行九载。以陛下忧恤百姓之心，宜其寝食不甘，而尧能待如此之久，此乃为天之所为，任理而无情故也。[3]

这段话出现在王安石与神宗的对话中，当时百姓有因不习惯新法而有怨言者，故他以“天之所为”论述新法之行。天之有春生、夏长，固然为爱人之意，但亦有秋杀、冬藏，即祁寒暑雨，人虽不喜祁寒暑雨，但天不会因之而无，因为无祁寒暑雨便不能成就岁功。他所举的河决也是这个意思，天以理生养万物，不因人物之喜好而改变，故曰“任理而无情”，“无情”非不爱人，只是以理爱人。尧帝是法天的典范，如其治水，以鲧为之，虽不能治，但依然九载放逐之，如果依着后来政治完全依违人情来考虑，如何能坚持如此之久？这都是效法天之“任理而无情”的表现。

---

〔1〕 张立文：《中国哲学思潮发展史》之“第三十四章：道体学的同道”，人民出版社2014年版，第1012页。

〔2〕 王安石：《字说》卷二，《王安石全集》，第1册，第213页。

〔3〕 王安石：《熙宁奏对日录》，《王安石全集》，第4册，第72—73页。

如果先不追问这里所谓“理”的具体内涵，“任理”作为一种普遍的形式，无疑是王安石对天道的最根本的体认。在《老子注》中，他解释“天地不仁，以万物为刍狗”曰：

天地之于万物，圣人之于百姓，有爱也，有所不爱也。爱者，仁也；不爱者，亦非不仁也。惟其爱，则不留于爱，有如刍狗，当祭祀之用也，盛之以箧函。巾之以文绣，尸祝斋戒然后用之；及其既祭之后，行者践其首脊，樵者焚其支体。其天地之于万物，当春生夏长之时，如其有仁爱以及之；至秋冬万物凋落，非天地之不爱也，物理之常也。[1]

这与前一段正好相应，说明天地之于万物的仁爱是一种合于“理”的爱。常人之所谓“爱”是私爱，亦类似于溺爱，与“天地之爱”不同。而按照一般之私情去推理，天地如果是仁爱的话，便只能是春生夏长。那么秋冬之杀，必不会是天地之爱。这正是人情之私的表现。王安石对“刍狗之喻”进行了解释，人们祭祀中对刍狗极尽尊敬之事，但祭祀结束之后，刍狗不过是一刍狗而已，行者践踏其首脊，樵者焚烧其支体，人们并不以为不合适。天地之于万物，正是如此，其爱惟合乎事理之当然。圣人之于百姓亦是如此，其余论曰：

且圣人之于百姓，以仁义及天下，如其仁爱。及乎人事，有始终之序，有死生之变，此物理之常也。此亦物理之常，非圣人之所固为也。此非前爱而后忍，盖理之适然耳。故曰：不仁乃仁之至。庄子曰：至人无亲，大人不仁。与此合矣。[2]

圣人非不爱百姓，但有无可奈何者，如人事，有开始便有结束，有生便

---

〔1〕 王安石：《老子注》卷上，《王安石全集》，第4册，第167—168页。
〔2〕 王安石：《老子注》卷上，《王安石全集》，第4册，第167页。

有死，此是自然变化，物理之常。人情喜见始、生，故谓圣人爱人，但终、死乃是不可避免者，并不是有了后者便是圣人不爱人了，只是“理之适然”耳。只有“任理”才能“乐天”，其言：“所受于天者，不怨而乐之谓之乐天。治民至于乐，治之至也。修身至于乐，修之至也。”[1]顺乎理而作为，才是真正的“乐天”。王者治民能够做到任理而为，是治之极致；修身能够做到乐天，才是修之极致。

正是因为在变法中，王安石以“任理而无情”为号召，才使得其获得了一个“不恤人言”的骂名。确实按照王安石的思路，人言可不可畏，足不足恤，在于是否合于理。他将“任理”的原则推到极致，人情、风俗、秩序、制度都要在这一原则的考量之下，才能获得其合理性。这一原则奠定了王安石的学术与变法所具有的理性主义的特征。在变法中，他奉劝神宗要以讲学为本，讲学正在于明理，然后才是各种法度的建立。面对反对者的批评，他劝说神宗以天道任理而行，所患不在人言，而是所讨是否合理。“任理”更要辅之以“刚健之德”：

> 譬如天以阳气兴起万物，不须物物浇灌，但以一气运之而已。陛下刚健之德长，则天下不命而自随，若陛下不能长刚德，则流俗群党日强，陛下权势日削。[2]

这并不是讲一味地用权威使人服从，王安石的前提是“任理”。在与神宗的一段对话中，他表达自己对待佛教的态度：

> 安石曰：“臣观佛书，乃与经合，盖理如此，则虽相去远，其合犹符节也。”上曰：“佛，西域人也，言语即异，道理何缘异？”安石曰：“臣愚以为苟合于理，虽鬼神异趣，要无以易。”上曰：“诚如此。”[3]

---

[1] 王安石：《礼记发明·哀公问》，《王安石全集》，第1册，第174页。
[2] 王安石：《熙宁奏对日录》，《王安石全集》，第4册，第27页。
[3] 李焘：《续资治通鉴长编》卷二百三十三，中华书局2004年版，第5660页。

不惟佛书,至于他的经学义理学,融贯诸家,"自百家诸子之书,至于难经、素问、本草诸小说,无所不读。农夫女工,无所不问。"都是以理为本。可见"任理"是一直贯穿在他的学术与变法中的一个基本精神,而又建立在其天道论的基础之上。抛开对于"理"之内涵的争论,这种理性主义的精神应该说是北宋新儒学的一种时代氛围,王安石的学术与变法对"任理"的强调,更将这种时代精神推到极致。其后程颐以"天理"为"自家体贴",又以之建立自己的本体论系统,但找寻其源头,又何尝不是因着这个时代精神而产生出来的。当然,这只是他们的形式之同,而在他们对"理"之内涵的体认上,其区别还是要通过具体的分析来认识。

二、天道生生与仁政之法度

对于儒家的仁学,王安石极为重视,其言"能尽仁之道,则为圣人矣"〔1〕。他的仁学是建立在他对"天道生生"的体悟中,这与他讲"任理"的原则有直接关系。他讲"天地之爱"为"大德",正因为它能够"生生不已"。他认为天道之仁的一个重要特点就是"以不爱爱之"。在解释《老子》"爱民治国,能无为乎"时,他讲:

> 爱民者以不爱爱之乃长,治国者以不治治之乃长。惟其不爱而爱,不治而治,故曰无为。夫无为者用天下之有为,有余者用天下之不足。然老子方言其反也。《易》曰:圣人以此洗心,退藏于密,吉凶与民同患,是也。不惟老子之言若是,凡古之圣人皆如此也。〔2〕

这里看似在解"无为",实际上是王安石在表达自己对仁爱的理解。天地之所以能够长久,能够生生不已,正是它"以不爱爱之"。治国者亦是如此,之所以能够长治久安,正是以不治治之。他又以《易》之"吉凶与民同患",以明不惟老子之言如此,"凡古之圣人皆如此也"。实际上,"以不爱爱之"就是"以理爱之",这才是真正的仁爱。"不爱"或"无情"并非是

〔1〕 王安石:《仁智》,《临川先生文集》卷六十七,《王安石全集》,第6册,第1221页。
〔2〕 王安石:《老子注》卷上,《王安石全集》,第4册,第177页。

“残忍心”，而是要因顺自然之理，只有这样才能成就万物。由此，他对流行的仁爱观念进行了批评：

> 后学者专孑孑之仁，而忘古人之大体。故为人则失于兼爱，为己则失于无我，又岂知圣人不失己亦不失人欤？与时推移，与物运转，而天地之间其犹橐龠乎！故动而愈出，则正己而无我者，所以应物，而非以敌物。虚而不屈，则无己而丧我者，所以绝物，而非所以成物。〔1〕

将这一段与其《荀卿》《杨墨》等篇对应来看，表达了他对爱己与爱人之关系的认识。他取“自爱爱人”的中道原则。“爱己者，仁之端也，可推以爱人也。”〔2〕这种“推以爱人”的观念应该是来源于孟子。爱己与爱人是有一个自然次序的，他批评墨子“废人物亲疏之别，而方以天下为己任”。〔3〕当然“以天下为己任”正是儒家的精神追求之一，王安石亦赞同。但他以为墨子是要先“废人物亲疏之别”，然后才能“以天下为己任”，没有遵守人伦的自然秩序，即理。所以他这种爱是“专孑孑之仁”，不能“与时推移，与物运转”，以顺理而动。故爱人失于兼爱，爱己失于无我，不能够达到圣人之中道，即由爱己而爱人，存自然之理。正是基于仁学的理念，使得王安石重新思考了儒家的仁政观念。具体来讲，主要表现在以下几个方面。

第一，仁政以“生养”为本。天地以生生为仁，王者当效法之，以生养万物为本。《易传》：“天地之大德曰生，圣人之大宝曰位。”王安石论曰：

> 然天地生物生人，又生与天地合德之圣人，命之居君师之位，为人物之主，而后能使天地之所生，得以各遂其生也。苟或但有其德而

〔1〕 王安石：《老子注》卷上，《王安石全集》，第4册，第169页。
〔2〕 王安石：《荀卿》，《临川先生文集》卷六十八，《王安石全集》，第6册，第1228页。
〔3〕 王安石：《杨墨》，《临川先生文集》卷六十八，《王安石全集》，第6册，第1229页。

> 无其位，则亦不能相天地而遂人物之生，故位为圣人之大宝。大宝，谓大可贵重。守，谓保有之，必得众人之归向，乃能保有君师之位。[1]

人、物由天地所生，但天地能生养万物，却不能治理，故需要圣人以完备之政教体系继成之。《老子注》有："天能生而不能成，地能成而不能治，圣人者出而治之也。"与此意相同。圣人与天地合德，有君师之位即是王者，其目的在于使天地万物"各遂其生"。如果圣人无君师之位，亦不能辅相天地而遂人物之生，此所以"位为圣人之大宝"。这个论述反过来也是成立的，具有大宝之位的君主要努力效法天地之德，施行仁政，获得民众之支持，才能永久保有天下。

这里体现的是儒家圣王政治的理想，且不论如何实现，其中所包含的对政治之目的的期望正是使万物"各遂其生"，也是仁政的题中之义。《周礼义》解"设官分职，以为民极"，曰：

> 设官分职，内以治国，外以治野，建置其上，如屋之极，使民于是取中而庇焉，故曰"以为民极"。极(極)之字从木从亟，木之亟者，屋极是也。[2]

王安石训"极"为"屋之极"，与郑玄以"中"为训是基本相同的，因为"屋极"亦有"中"的含义。但不同的是，王安石更突出了政府的建置本于"庇民"的意义。他训"卿"字，亦曰："卿从皀，胥从肉，皆以养人为义，则王所建置，凡以养人而已。"[3]以"养人"解"卿"之义，而"六卿"为《周官》之官制的核心建构，故其言"王所建置，凡以养人而已"。全部官职的建立都基于这一理念。又如《尚书新义·周官》解"永康兆民，万邦惟无

〔1〕 王安石：《易解》，《王安石全集》，第1册，第134页。
〔2〕 王安石：《周礼新义》卷一，《王安石全集》，第3册，第32页。
〔3〕 王安石：《周礼新义》卷一，《王安石全集》，第3册，第35页。

斁”，曰：“天之所以立君，君之所以设官分职者，凡以安民而已。民永安，则万邦戴上，无厌斁矣。”[1]君主以及政府的建立都以“安民”为目的，“民永安”是“万邦戴上”的基础，正与《周礼新义》之训相同。

众所周知，熙宁新法的理财措施遭受的批评最多，但在王安石看来，它们却是仁政不可缺少的。《大宰》“以九贡致邦国之用”，《周礼义》曰：

> 九贡退服在材货之后，材货邦用所通，服则王身所独；大宰，以道佐王者也，于此又明王者养天下以道，其用材宜后其身之意。[2]

“九贡”之“服贡”在“材贡”“货贡”之后，为什么呢？王安石以为材、货是邦国所通用，即用之于民，而服贡仅仅是王者一身所用。这正显示了为天下理财，非为王一人理财的理念。故大宰以道佐王，先养天下而后养其身。以“生养”为仁政之本，这都是王安石对民本主义理念的阐释与发展。

第二，仁政与惠政之别。仅仅认识到仁政以“生养”为本，还是不够的，更为重要的是能够“立善法于天下”。仁宗嘉祐年间，王安石在《上皇帝言事书》中提出了这样的一个问题，他援引孟子之语曰：“有仁心仁闻，而泽不加于百姓者，为政不法于先王之道故也。”正是如此，仁政固然要注意培养君主的“爱民之心”，但更为根本的还是要建立合乎义理的制度。在《周公》一篇中，他评述到：

> 子产听郑国之政，以其乘舆济人于溱、洧，孟子曰：“惠而不知为政。”盖君子之为政，立善法于天下，则天下治，立善法于一国，则一国治。如其不能立法，而欲人人悦之，则日亦不足矣。使周公知为政，则宜立学校之法于天下矣；不知立学校，而徒能劳身以待天下之士，

〔1〕 王安石：《尚书新义》卷十一，《王安石全集》，第1册，第278页。
〔2〕 王安石：《周礼新义》卷一，《王安石全集》，第3册，第63页。

则不唯力有所不足，而势亦有所不得也。[1]

子产以乘舆济人过河，非无爱民之心，但不能发动民众修路铺桥，以为一国之利，故孟子谓其“惠而不知为政”。“惠政”是君主私恩，是偏狭的，不具有可持续性；而“仁政”是大公之道，故须立善法于天下。所以周公任用天下人才，必然不是事事亲为，这在现实中也是做不到的。正确的做法应该是建立学校之法于天下，以善法养育、选拔人才。当然王安石并不是反对周公以礼尊贤的态度，只是强调要有善法，他认为如果真有大贤之人，周公应该荐之于天子，天子以礼尊用之，“岂唯执贽见之而已”。

仁政的这一特点是与王安石对天道生生的体认相应的。因为天道化生万物，并不是要赋予哪一种生物以特别的恩惠，也不是要时刻关注万物如何生长，它只是以时运行，以阴阳和合，都是自然而然，有“理”在其中的，并不曾有什么私意。那么圣人以政教治天下，虽有仁民爱物之意，也要以理兴起事务，建立合乎义理的法度，兴利除弊方为仁政。王安石用他的这一理念批评当时官僚中普遍存在的对仁政的误解。《日录》载：

> 近岁监司惟以媚民为事，却不斟酌有无。……但恐其过为宽贷以媚民。今方镇意必不肯以用度不足故急民也，且宽恤百姓，固是美名好事，人臣优为之。然如近岁，上下大小争以此为事，无复屯其膏者，恐国用不继，缓急却不免刻剥百姓尔。[2]

“惠政”已演为一般的风气，士大夫平常不事作为，更无建立法度的意识。有人会辩解曰：以监司之威居于民众之上，能够宽恤百姓，难道不是比那些无视民瘼，甚至酷虐民众的官吏要好吗？当然如此。但王安石强调这依然不是治道之大体，不能行大公之政以惠及全体民众。并且王安

〔1〕　王安石：《周公》，《临川先生文集》卷六十四，《王安石全集》，第6册，第1164页。
〔2〕　王安石：《熙宁奏对日录》，《王安石全集》，第4册，第116页。

石看到，这些官僚并不是出于什么“仁民爱物”之心，而是顺从流俗，为了成就自己的“美名好事”，最后国家用度不继，还是这些人在刻剥百姓。

总之，王安石的仁政理念既有基于对现实的反思，也有其天道论的基础。他突出了仁政之法度的层面，后来杨时批评新法“不恤民”，如青苗取二分之息，且不说民意不愿，亦有盘剥之嫌。但在王安石看来，这才是仁政的体现。不取二分之息，则法度难以持续。虽然会出现一些官吏因缘为奸的情况，但用刑法约束之，还是可以维持下去的。至于民意不愿，是因为一时的不方便，如果长久施行，有利于民，民众自然会愿意。如《易》“毒天下而民从之”，“以其虽毒之，终能使之安利”，故民从之。这说明围绕着仁政的问题，变法者与反对者之间的激烈较量。从学术上来看，君主仁心的培养，对民意的重视与善法的建立是两个不可分割的层面，只是面对当时的弊端，王安石突出了法度的层面，但是后来之党争使得任何理性的态度都变得极为困难，不能让人为之惋惜。

三、天变与人事：对灾异论的反思

众所周知，汉代儒学发展了一种阴阳灾异学，并极为流行。汉初伏生的《洪范五行传》，以及董仲舒的公羊学等，[1]都是这种学说的典范。到西汉末年，刘向、刘歆父子以《周易》为“河图”，《洪范》为“洛书”，又牵引《春秋》为之论说，依托《洪范五行传》，编纂了《五行传论》，发展出一种极为完备的灾异论学说。[2] 这本书的内容部分保存在了班固的《汉书·五行志》中，它极为类似于一个关于灾异的“字典”或工具书，因为其中天变与人事如此准确地一一对应，很方便人们的查找。当然，这些资料都是刘歆父子，从儒家经学以及流行的谶纬著述中搜集罗列出来的。灾异论的基础正是天人感应论，以天变与人事之间存在着一种神妙的感应关系为

---

〔1〕《洪范五行传》在汉初即已流行，学者普遍地相信是汉初伏生所作，因而收入后来的《尚书大传》中，如孔颖达曰：“《五行传》，伏生之书也。”见孔安国传，孔颖达疏：《尚书正义》卷十一，上海古籍出版社 2007 年版，第 455 页。

〔2〕阴阳灾异学在先秦就有表现，但在汉代却极为盛行，对此很多学者都有认识，如本田成之、顾颉刚等，本田以为“前汉的经学，一方是刑名法术，另一方是以阴阳灾异为其精神的”，他还分析灾异学主要是本于齐学，见其著：《中国经学史》，第 138、131 页；顾颉刚先生以为“汉代人的思想的骨干，是阴阳五行”，见其著：《汉代学术史略》，人民出版社 2008 年版，第 1 页。

支柱,《洪范》篇中所讲的“庶征”之事正为这一思想提供了文本依据。如《洪范》之“咎征:曰狂,恒雨若”,《五行传》曰:

> 上失威仪,则下有强臣害君上者,故有下体生于上之痾。木色青,故有青眚青祥。凡貌伤者病木气,木气病则金沴之,冲气相通也。[1]

“庶征”是天气的征候,“曰雨,曰阳,曰燠,曰寒,曰风,曰时”,《洪范》以为它们是与君主的“五事”,即貌、言、视、听、思相感应的,好的结果是“休征”,不好的感应是“咎征”,也即灾异。这里讲的是“咎征”之一,君主在容貌上不够尊严,那么就会有强臣篡夺、“下体生于上之痾”(韦昭注曰:若牛之足反出背上)之应。因为容貌属木,属东方,与之相克之金属西方,木气病则金害之,与强臣害君之象相应,诸如此类。这是符合阴阳五行相生相克的理论的。汉儒所谈灾异的范围包罗甚广,天象、地震、洪水等属之,有时火灾也被列入其中。事实上,它在汉代之所以有那么大的影响,正因为它与当时的政治运行紧密相关。清儒皮锡瑞以“神道设教”论之:

> 当时儒者以为人主至尊,无所畏惮,借天象以示儆,庶使其君有失德者犹知恐惧修省。此《春秋》以元统天、以天统君之义,亦《易》神道设教之旨。汉儒藉此以匡正其主。其时人主方崇经术,重儒臣,故遇日食地震,必下罪己诏,或责免三公。虽未必能如周宣之遇灾而惧,侧身修行,尚有君臣交儆之遗意。此亦汉时实行孔教之一证。[2]

历史地来看,灾异论在汉代政治中确实起到了很大的作用,使君主有所修惧,不敢肆意妄为。但值得注意的是,汉元帝之后,灾异论不仅不能

〔1〕 班固:《五行志》,《汉书》卷二十七中之上,中华书局1962年版,第1353页。
〔2〕 皮锡瑞:《经学历史》,中华书局2004年版,第69页。

匡君，更是转而沦为朝廷权力争斗的工具，甚至责令宰相自杀，酿成极为严重的政治后果。[1] 汉以后，灾异论虽有所衰落，但还是在政治传统中占有极为重要的地位。这一方面是与皮氏所论的“匡君”之旨相关，另一方面也是由于天人感应的信仰得以延续。以经学的发展而论，唐初《尚书正义》所采“孔安国传”训解《洪范传》“庶征”之事，依然采用《五行传》之说。[2] 至宋代新经学兴起，胡瑗、欧阳修解《洪范》虽不取刘歆“洛书”之说，但依然保留了这一解释。如胡瑗《洪范口义》解“咎征：曰狂，恒雨若”，曰：

> 夫貌之不恭，是谓不肃，则反而为狂。狂者，君行妄之甚也。威仪不严，举措无节，于是恒雨顺之，则百谷不免乎水潦之苦。所谓“秋有苦雨”，是也。必知狂而恒雨，顺者以雨属木，今貌既不恭，谓之不肃，金之气沴木，故罚有恒雨之灾。[3]

正是以“若”为“顺”，君主有威仪不严，则天变有恒雨顺之。最后以阴阳五行解之，几乎全用《五行传》之说。不仅在经学上，在现实政治当中，灾异论依然有它的强大传统。熙宁二年(1069 年)王安石变法甫一推行，即有吕诲、富弼等人援引“天变”，以为当以安静为本。对于这些反对的声音，王安石不仅当廷反驳，而且通过删润《洪范传》，为新法辩护。

《洪范传》为王安石早年的作品，其完成时期不会晚于治平四年(1067 年)。但王安石在熙宁三年(1070 年)又一次删润后进呈于神宗，今保存在《文集》中的《洪范传》应为删润后的版本，前已有论。《洪范传》引起当时学者的争论，其中最重要的就是对“庶征”的解释，晁公武《读书

---

〔1〕 相关的论述可参见顾颉刚：《汉代学术史略》，人民出版社 2008 年版，第 18—19 页。

〔2〕 “伪孔传”是古代《尚书》学聚讼最多的问题之一，从宋代吴棫、朱熹开始，一直到清代阎若璩、惠栋等都有辨明，本文取孔传并非孔安国亲自撰写之观点。尽管“伪孔传”的作者是谁，学界尚无定论，但以其产生于魏晋时期，应该是没有问题。

〔3〕 胡瑗：《洪范口义》卷上，文渊阁《四库全书》本，第 54 册，第 24 页。

志》曰：

> 安石以刘向、董仲舒、伏生明灾异为蔽，而思别著此《传》。以“庶征”所谓“若”者，不当训“顺”，当训“如”；人君之五事，如天之雨、旸、寒、燠、风而已。大意言天人不相干，虽有变异，不足畏也。[1]

朱熹对此也有过评述，其言：

> 《洪范》庶征，固不是定如汉儒之说，必以为有是应必有是事，多雨之征必推说道是某时做某事不肃，所以致此。为此必然之说，所以教人难尽信。但古人意精密，只于五事上体察是有此理。如荆公又却要一齐都不消说感应，但把“若”字做“如似”字义说，做譬喻说了，也不得。荆公固是也说道此事不足验，然而人主自当谨戒。如汉儒必然之说固不可，如荆公全不相关之说亦不可。[2]

晁公武谓安石不信灾异论，朱熹亦以之不说感应论。考《洪范传》解“庶征”曰：

> 言人君之有五事，犹天之有五物也。天之有五物，一极备凶，一极无亦凶，其施之小大缓急亦无常，其所以成民者，亦要之适而已。故雨、旸、燠、寒、风者，五事之证（征）也。降而万物悦者，肃也，故若时雨然；升而万物理者，乂也，故若时旸然；哲者，旸也，故若时燠然；谋者，阴也，故若时寒然；睿其思，心无所不通，以济四事之善者，圣也，故若时风然。狂则荡，故常雨若；僭则亢，故常旸若；豫则解缓，故常燠若；急则缩栗，故常寒若；冥其思，心无所不入，以济四事之恶者，

〔1〕 晁公武：《郡斋读书志》卷一，孙猛校证：《郡斋读书志校证》，第55页。
〔2〕 黎靖德编：《朱子语类》卷七十九，中华书局1986年版，第2048页。

蒙，故常风若也。[1]

人君之有“五事”，就如上天之有“五物”一样，它们之间只有象征，不具有相互感应的关系。显然这是对汉儒以来的灾异论解释模式的彻底颠覆，晁、朱所论非无理由。这或许也是王安石在变法期间，得到一个“天变不足畏”的名号的原因。[2] 王安石固然是要为新法辩护，但也有学理上的问题需要考虑。灾异论的本意在于使当政者畏天，从而自当谨戒，却依托了感应论为其基础。那么问题就在于：感应论是否还可以得到人们的信任呢？显然那种一一对应的感应论，已经无法为当时的知识人所信仰，朱熹也讲到了这一点，“为此必然之说，所以教人难尽信”。

但对于感应论的问题，朱熹所论并不非常清晰，如何“但古人意精密，只于五事上体察，是有此理”？若只于此五事有感应之理，如何其他事便没有感应之理？这些都是难以解释的。而在现实政治的实践中，灾异论反而成为群臣权争、反对变法的工具，君主具有恐惧之心，看似是一件大好事，但也有可能演变成为政事委顿、畏缩不前的局面。所以对于王安石而言，如何能在天变与人事之间取得一种调和就成了其反思灾异论的核心问题，在《洪范传》中，他特别地讲到这一问题：

孔子曰：“见贤思齐，见不贤而内自省也。”君子之于人也，固常思齐其贤，而以其不肖为戒，况天者固人君之所当法象也，则质诸彼以验此，固其宜也。然则世之言灾异者，非乎？曰：人君固辅相天地以理万物者也，天地万物不得其常，则恐惧修省，固亦其宜也。今或以

---

〔1〕 王安石：《洪范传》，《临川先生文集》卷六十五，《王安石全集》，第 6 册，第 1189 页。

〔2〕 现代学者中关于“三不足”，即天变不足畏、人言不足恤、祖宗不足法的争论很多，邓广铭先生将“三不足”作为王安石变法的精神支柱，（见其《北宋政治改革家王安石》，河北教育出版社 2001 年版，第 115—136 页）。台湾黄复山专门著文对“三不足”说的形成过程进行考辨，将史料中所见之“三不足”论，皆罗列论述，以为“三不足”说系苏轼、司马光、范镇一派之口，后被李焘采入《长编》，而程颢等人并未有此论，“以此而论，‘三不足’仅为党同伐异之传言，并无实质之罪责也。”见其《王安石“三不足”说考辩》，《汉学研究》第 11 卷 1 期。

为天有是变，必由我有是罪以致之；或以为灾异自天事耳，何豫于我，我知修人事而已。盖由前之说，则蔽而葸；由后之说，则固而怠。不蔽不葸，不固不怠者，亦以天变为己惧，不曰天之有某变，必以我为某事而至也，亦以天下之正理考吾之失而已矣，此亦“念用庶证”之意也。[1]

可见王安石的本意也是要反对这两种极端的观点的，前者认为天变与君主之行为正相对应，后者认为灾异与人事全不相干。由前者则暗蔽而畏恐，由后者则胶固而怠惰。避免这两种情况，则“亦以天变为己惧”。那么既然没有了天与人的“感应”关系，何以要“己惧”呢？这是因为“天道”不仅是政治行为的依据所在，而且“辅相天地”本身也是其职责构成。出现了“灾异”，君主就应该反思自身的作为，只是要建立在“以天下之正理考吾之失而已”。“天道”亦是“天下之正理”，根本是理性地理解天人关系，这样王安石就祛除了感应论的神秘想象。

历史地看，王安石对待天变的态度，与先秦“天道远，人道迩”的思想相近，只是王安石更进一步地认为“天道”中包含着理性的原则。天道“任理而无情”，天地化生万物，是自然的结果。要使万物得到治理，必须要有人事的作为。圣人并不是神秘的人，而是以人道行动的典范（人道之极也）。政治在此产生，圣王合一是值得期待的，将人类统一起来，颁布礼乐，建立法度。圣王治理天下的目的，在于使人人各得其所，亦使万物各得其性。假如君主能够如此治理天下，则自然会有太平之应，但不是汉儒所谓的感应论，而是治理的效果。显然，在王安石的理解中，天道生生之后，就进入了一个退隐的过程。承接这一使命，使天地得到治理的是人事，即政教的任务，“人君固辅相天地以理万物者也”。如果天地不得其常，即有天变，人君固宜恐惧修省以重人事，但在寻找其原因上，要合乎理性的判断，即“以天下之正理考吾之失”。

---

〔1〕 王安石：《洪范传》，《临川先生文集》卷六十五，《王安石全集》，第6册，第1190页。

第二节　性命论中的秩序论说

性命论是王安石的哲学探讨的另一个重要问题。他的人性论在整个新儒学的发展中占有重要的地位,但也是学者争论最大的地方,特别是其关于人性善恶问题的讨论,这需要我们审慎地辨析,以便从中找到他的基本观点。在命运的问题上,王安石特别重视"正命"这一观念,对之重新进行了解释。实际上,他的性命论与其对制度问题的关怀紧密相关,这或许可以成为我们理解其性命论的关键所在。

一、性之善恶问题考辨

王安石以探究"性命之理"蜚声当时,这不仅反映在其门人的称述,更表现在安石本人的论述中,甚至当时一些反对者也以此攻击之。如陈瓘在《四明尊尧录》谓新学以"不习性命之理谓之曲学,不随性命之理谓之流俗"。[1] 尽管王安石的很多著述已经遗失,但今天依然有几篇论文保留在文集中,供后人一窥其人性论的主旨。然而,现代学者面对这些文献时,却又不能不感到困惑,原因是在对人性善恶问题的讨论中,什么是王安石最核心的主张,学界众说纷纭,甚至存在着相互矛盾的看法。

这些论争以不同的文献为依据,主要围绕着三种观点来进行：第一是性有善有恶说,第二是性不可以善恶言,第三是性善论。在这些研究中,贺麟先生是最早发现王安石人性论中的矛盾的,但他太过于急着将王安石的哲学体系纳入陆王心学的源流中,故以《临川集补遗》中的《性论》一篇作为依据,以性善论为其"极至之见"。[2] 台湾夏长朴先生认同这一看法,并依据刘敞《公是先生弟子记》对安石性论的评论,断定"性不可以善恶言"为其早期的观点。[3] 而向世陵先生以"性不可以善恶言"作为其主要观点,并分析这可能导致了其理论中的"性无善恶"与"情有善

〔1〕 陈瓘:《四明尊尧集序》,收入《王安石全集附录》,第10册,第125页。
〔2〕 贺麟:《王安石的哲学思想》,收入《文化与人生》,商务印书馆1996年版,第295—297页。
〔3〕 夏长朴:《李觏与王安石研究》,大安出版社1989年版。

恶”的对立。[1]

近来，学界普遍出现的倾向是，将王安石的人性论观点放置在不同的学术发展阶段来解决这一困惑，比如以性善论为早期，“有善有恶论”为中期，“不可以善恶言”为后期受佛教影响的结果。这看似很合理，也很符合一般学术研究的范式。但问题就在于，由于资料的缺失，实际上并没有充足的证据表明王安石的一些重要论文产生在哪一时期，并且这还给人一种感觉：王安石太喜欢变化自己的观点，让人难以捕捉其根本的洞见。[2]

无论如何，只要我们还想要认真面对王安石的学术资源，就不得不面对这一问题。那么对于人性善恶的问题，王安石有没有他的最基本的看法呢？首先就处理方式而言，笔者以为应该尽量找到其人性论内在逻辑的统一性，不同时期的变化或许是有的，但在没有直接证据的情况之下，应该慎重地进行分期，否则我们将失去理解王安石努力展现其人性论说的多层面含义的可能性。因此，不妨让我们先将王安石性论文本中的矛盾逐一呈现出来，再充分利用现存的资料来理解他论述中的主要观点。

第一，在《原性》一篇中，王安石首先提出了一个问题，即性为“有生之大本也”，前代圣贤如孟子、荀子、扬雄、韩愈等对人性善恶问题的回答却大相径庭，这是为什么呢？对此，王安石认为要澄清这些纷繁的论争，首先要做的就是，当我们谈论“性”这一概念时，要避免将其与后天的习气，或情感表现混淆起来。

> 吾所安者，孔子之言而已。夫太极者，五行之所由生，而五行非太极也。性者，五常之太极也，而五常不可以谓之性。……孟子言人之性善，荀子言人之性恶。夫太极生五行，然后利害生焉，而太极不

---

〔1〕 向世陵：《理气心性之间——宋明理学的分系与四系》，人民出版社 2008 年版，第 18—23 页。

〔2〕 如丁四新、胡金旺等都持有这样的看法，见丁四新：《王安石性命论思想研究》（下），《思想与文化》2014 年集刊，第 192—196 页；胡金旺：《王安石人性论的发展阶段及其意义》，《王安石的哲学思想与〈三经新义〉》，光明日报出版社 2014 年版，第 168—176 页。

> 可以利害言也。性生乎情，有情然后善恶形焉，而性不可以善恶言也。此吾所以异于二子。[1]

性与太极、情之善恶与五行之利害相应，其中隐含着“性本”的思路。[2] 据此，现实中的行为表现都是情，虽来自于性，但都不可以用“善恶”来表达，所谓“性不可以善恶言”。孟、荀关于性之善恶的争论，都是“以习言性”。王安石争论说，如孟子讲“性善”，但能真正地说人没有“怨毒忿恨之心”吗？荀子谓“性恶”，能说人根本没有恻隐之心吗？显然他们都是有所偏颇的。那么扬雄所称的“善恶混”呢？应该是合乎实际的了吧？但王安石依然不认可，因为关键是要脱离“以习言性”的思路。对于王安石的这一观点，同时代的刘敞曾有过评论：

> 王安石曰：性者太极也，情者五行也。五行生于太极，而后有利害。利害非所以言太极也。情生于性而后有善恶，善恶非所以言性也。谓性善恶者妄也。[3]

刘敞的转述在语意上略有变化，基本上还是合乎王安石的意思的。“性者太极也”，本应超越于善恶的评价。持分期说的学者认为这是王安石晚年（元丰年间）受到了佛教“性无善无恶”的影响，才得出的这一论断。但这一说法可能得不到足够的证据支持。因为刘敞于熙宁元年（1068年）既已去世，不会也不应该去评论元丰之后王安石的观点。据此，似乎应该将这一观点判为王安石早期（当政之前）的观点了。并且在其中我们也看不到王安石在讨论与佛教的性空观念相关的论题，基于此，不妨转换思路，在其他的地方去寻找王安石此说的思想根源。其《老子注》在解释“天下皆知美之为美，斯恶矣；皆知善之为善，斯不善矣”一章

---

〔1〕 王安石：《原性》，《临川先生文集》卷六十八，《王安石全集》，第6册，第1234页。

〔2〕 向世陵先生认为这是王安石开始从本体论的角度来谈论人性问题的表现，见其《理气心性之间——宋明理学的分系与四系》，人民出版社2008年版，第18页。

〔3〕 刘敞：《公是先生弟子记》卷四，华东师范大学出版社2010年版，第60页。

时曰：

> 夫美者，恶之对，善者，不善之反。此物理之常。惟圣人乃无对于万物。自非圣人之所为，皆有对矣。

又曰：

> 此言美恶、善不善相逐，而妄者溺于美善不如有恶与不善也。唯圣人超然远览，知美之有恶，善之有不善，未尝有所溺也。[1]

概念都是相对的，有美就有恶，有善即有不善。这是事物一般的存在形式。虚妄者沉溺于美、善，而不知有恶、不善与之相对，所以不能够做到“超然远览”，无有所溺。对于人性善恶问题的理解也是这样，在人性的表现上谈论善或恶，没有洞见人性之根本，必然是有所偏颇的。表现上的“善恶”概念不可以用来称谓人性之根本，或者是“性”本身。这或许是王安石在《原性》篇中表述的“性不可以善恶言”的思想渊源，特别是考虑到他的天道性命论始终具有的融合儒道的倾向。

第二，另一引起争论的文本是《性情》篇。这里王安石表达了自己的“性情一也”，或“性本情用”的观点。论曰：

> 性、情一也。世有论者曰：“性善情恶”，是徒识性情之名而不知性情之实也。喜、怒、哀、乐、好、恶、欲未发于外而存于心，性也；喜、怒、哀、乐、好、恶、欲发于外而见于行，情也。性者情之本，情者性之用，故吾曰性、情一也。[2]

唐代李翱曾有“性善情恶”的观点，王安石并不赞同。未发存于心者

〔1〕　王安石：《老子注》卷上，《王安石全集》，第4册，第158、159页。
〔2〕　王安石：《性情》，《临川先生文集》卷六十七，《王安石全集》，第6册，第1218页。

为性，已发见于行者为情，性本情用，两者是一体的。但结合前面的“性不可以善恶言”来看，这里增加了我们理解其人性论的困惑，因为超越善恶的“性”本身，如何能与有善有恶的情统一起来呢？显然，《性情》篇的用意是反对那种割裂性情，或废情而论性的思路：

> 自其所谓情者，莫非喜、怒、哀、乐、好、恶、欲也。舜之圣也，象喜亦喜，使舜当喜而不喜，则岂足为舜乎？文王之圣也，王赫斯怒，使文王当怒而不怒，则岂足以为文王乎？举此二者而明之，则其余可知矣。如其废情，则性虽善，何以自明哉？诚如今论者之说，无情者善，则是若木石者尚矣。是以知性、情之相须，犹弓、矢之相待而用，若夫善、恶，则犹中与不中也。〔1〕

舜、文王并不是没有情感，而是情感当于理。如果废情而言性，则虽性善又如何能够彰显？见人的行为有恶，便说情恶，伤害人性；但是没有人的情感，人性哪里会有表现呢？没有表现，人岂非“若木石”乎？由此可知，“性情之相须”，就像弓与矢的关系一样；而善恶与否，就像中与不中一样。但人们终究还是会有这样的疑问：恶产生自哪里？“性”本身中有恶吗？

在此，王安石援引孟子的说法：“养其大体为大人，养其小体为小人”，说明“性可以为恶也”。性可以为恶，亦可以为善，“君子养性之善，故情亦善；小人养性之恶，故情亦恶。”关键是人的选择。然而从这里我们是看不出王安石明确地主张“性有恶论”的。一些学者援引其他的论述以期佐证，如《扬孟》篇，然而其中对于扬雄的“性善恶混”的观点并没有反对，论文的本意在于调和孟子与扬雄关于“性”与“命”的定义，其中讲到“扬子得乎性之不正”，故谓“善恶混”。〔2〕而在《再答龚深父论语孟子书》中，王安石讲道：

---

〔1〕王安石：《性情》，《临川先生文集》卷六十七，《王安石全集》，第6册，第1218—1219页。

〔2〕王安石：《扬孟》，《临川先生文集》卷六十四，《王安石全集》，第6册，第1167页。

> 道有君子有小人，德有吉有凶，则命有顺有逆，性有善有恶，固其理，又何足以疑？伊尹曰：“兹乃不义，习与性成。”出善就恶，谓之性亡，不可谓之性成，伊尹之言何谓也？[1]

可以确定的是，这封书信与《答龚深父书》一起作于嘉祐年间，从中可以看出王安石与王回、龚原等人的相关思想讨论。其中将扬雄与孟子并列，表现出王安石调和两者的倾向。据此，他之所以提出“性有善有恶”，是为了反对“出善就恶”这种说法，即认为一个人如果选择了恶，那么就会“性亡”。他援引《书》中伊尹的说法，表明“性亡”的说法太过于绝对，所谓“性成”实际上是与习气相关的，故后面又引孔子的“性相近，习相远”以作说明。正是在对先儒人性论的梳理中，王安石触及到了人性论题的复杂性，那种简单的关于性善、性恶的论说方式是不能满足其思想旨趣的。

因此，在思考王安石的这一论断时，我们能不能说这是他的另一种截然不同的说法，以与其“性善”，或“性不可以善恶言”的说法相对立？对此，可以看另外一段材料。《尚书·汤诰》“若有恒性”，《新义》曰：“善者，常性也；不善者，非常性也。”这则材料出自于陈大猷《书集传或问》的转述，其中曰：

> 或问王氏谓：“善者，常性也；不善者，非常性也。”不几于善恶混乎？曰：程子谓有义理之性，有血气之性。血气之性，有善有不善；义理之性，无不善。常性，义理之性也；非常性，则血气之性也。[2]

如果说《扬孟》或给龚原的书信中，都只是讲到“有善有恶”，这里已经讲得很清楚，“善”才是真正的“常性”。而这里“常性”与“非常性”的划分，实际上与前面他所引孟子的“大体”“小体”是相承的观点，它不仅

〔1〕 王安石：《再答龚深父论论语孟子书》，《临川先生文集》卷七十二，《王安石全集》，第6册，第1295页。

〔2〕 陈大猷：《书集传或问》卷上，此转引自王安石：《尚书新义》卷四，《王安石全集》，第2册，第114页。

与王安石的其他论断不矛盾，恰可以相互发明，共同揭示了人性论题的多层含义。由此，陈氏将其与程子关于“义理之性”“血气之性”的划分相比较，还是有一定道理的。只是在王安石的话语中，并没有像后来的理学家那样从本体论上进行论说。书信的讨论发生在嘉祐年间，《书义》成于熙宁八年（1075 年），这已经表明王安石这一观点的统一性。一些学者将其作为中期观点，并与早期、后期割裂来看的做法是不合适的。

第三，是保存在《临川集遗文》中的《性论》一篇，其中王安石非常明确地对性之善恶问题给出了回答，并以此梳理了儒家的道统：

> 古之善言性者，莫如仲尼，仲尼，圣之粹者也。仲尼而下，莫如子思，子思，学仲尼者也。其次莫如孟轲，孟轲，学子思者也。仲尼之言，载于《论语》。子思、孟轲说，著与《中庸》而明于七篇。……噫，以一圣二贤之心求之，则性归于善而已矣。[1]

“性归于善而已”，孔子、子思、孟子之论一脉相承，已经讲明了这样的一个道理。后世之所以有“性恶”“善恶混”等说法，都是因为没有对“性”与“才”作出区分。性是生之质，仁义礼智信都是禀赋，所有的人都具有。性有全、不全之分，但无大小之别。上智禀赋性全，下愚禀之微。不能说上智有性，下愚无性，性是平等的。只有才能、见识有大小、昏明之别，人不能强迫一个头脑昏沉、才能低下的人去做他们不可能做的事情，但这并不意味他们没有五常之性，“智而至于极上，愚而至于极下，其昏明虽异，然其于恻隐、羞恶、是非、辞逊之端，则同矣”。这里王安石完全回到了孟子性善论的观点上来。

值得注意的是，这里提到了子思，说明此时王安石关注到了《中庸》这一文本。今天所能见的《礼记发明》保存了他对《中庸》的一些解释。对于“天命之谓性，率性之谓道，修道之谓教”，其论曰：

---

〔1〕 王安石：《性论》，《临川先生文集佚文》，《临川先生文集·附录一》，《王安石全集》，第 7 册，第 1827 页。

> 人受天而生，使我有是之谓命，命之在我之谓性。不唯人之受而有是也，至草木禽兽、昆虫、鱼鳖之类，亦禀天而有性也。然性果何物也？曰善而已矣。性虽均善而不能自明，欲明其性，则在人率循而已。率其性不失，则五常之道自明。[1]

“命”是命令，上天命令于人，人所禀赋者是性。不仅人是如此，草木、禽兽等有生之属都是如此，禀天而有其性。如果要问这个禀赋究竟为何？“曰善而已矣”，即就是善。《礼记发明》的这段材料与其《性论》中观点正相呼应，并且更进一步将“性情一也”的观点建立在了“性善”的基础之上。如果联系到郑玄《注》，虽讲“天所命生人者”，又讲“性者，生之质”，终没有以“性善”标举之，就更能凸显出王安石对“性善”观念的觉悟了。至于“恶的原因”问题，其解《中庸》“喜怒哀乐之未发谓之中，发而皆中节谓之和”一句曰：

> 人之生也，皆有喜、怒、哀、乐之事。当其未发之时谓之中者，性也。能发而中喜、怒、哀、乐之节谓之和者，情也。后世多以为性为善而情为恶，夫性情一也，性善则情亦善，谓情之不善者，设之不当而已，非情之罪也。《礼》曰“人生而静，天之性也。感物而动，性之欲也。”则是中者，性之在我者谓之中；和者，天下同其所欲之谓和。[2]

此处与《性情》篇正相呼应，“后世多以为性为善而情为恶”，再次提到“性善情恶”，并加以反驳。对于“性情一也”所带来的问题，其回答也是明确的：“性善则情亦善”，正是从本体上而言，确立了“性善”的立场。值得注意的是，《性情》篇使用“未发”言性，但并未以“中”称谓之，因此更像是一种不确定的状态。然在这里，他不仅明确以“未发之中”言性之本

〔1〕 见于卫湜《礼记集说》卷一百二十三，此处引自《礼记发明》，《王安石全集》，第1册，第175页。

〔2〕 王安石：《礼记发明》，《王安石全集》，第1册，第176页。

然状态，而且对“情恶”的问题进行了说明，“情之不善者，设之不当而已”。所谓“设之不当”，或过度，或不及，甚至人对善恶的选择不同，受到习染的影响，“不当于理”，则有情恶。

熙宁元年（1068 年），王安石经筵中尝给神宗讲《礼记》，《礼记发明》成书稍晚，或系讲义编纂而成。且它与《性情》《性论》等论文的思想关联是显然的，无论它们的写作顺序先后如何，都可以看成是他对性之善恶问题比较成熟的回答。至于《原性》篇所表达的“性不可以善恶言”的观点，如果我们的观察是合理的，它是受到《老子》中关于“善之有不善”这一观念的影响，从而在探讨人性问题时突出了“性”本身的概念，与表面上的习气之性区分开来。但是在稍后对儒家经典的进一步解读上，他还是回到了“性善”这一基本点上来，并逐渐确立了孔子、子思、孟子为儒家性论之正统的观点。

王安石晚年沉溺佛教，尝有《金刚经会解》《维摩诘经注》以及《楞严经解》等，对佛教的“性空”进行解读。如《楞严经解》已有辑本，其中所讨论者，有“性见”“性觉”之论：

> 六根皆受性于觉，故于见言“性见觉明，觉精明见”。耳听鼻嗅，舌觉身触，及意知根，亦与见同，皆受觉性。言觉触，则身根性觉。言觉知，则意与舌根性觉。耳鼻二根，推类可知。所谓“性见觉明，觉精明见”者。觉明，从觉起明。觉精，合神有觉，亦与知同体。[1]

六根皆有“觉”之本性，亦是人之本能之觉，如耳有听觉、鼻有嗅觉、舌有味觉、身有触觉、意有知觉。对于这些本性的觉悟，即是“性见觉明”，“明”是智慧，照见性空的本质。觉悟的本性具于如来藏中。这里的概念术语都是佛教本身的，与儒家所讨论的人性论问题有什么样的关涉？是否从中得到“性无善无恶”的观点，并反过头来颠覆自己对儒家人性论传

〔1〕 王安石：《楞严经解》卷三，《王安石全集》，第 4 册，第 281 页。

统的解读？这些都是在有充足材料的支撑下才能够去具体分析的。但即便是有，我们依然可以凭借着前述文本确定他对儒家人性论是有一个基本的洞见的，即他所讲的“善者，常性”，或“曰善而已矣”。

王安石的人性论是新儒学发展的重要阶段，他在人性善恶问题上最终对子思、孟子这一传统的认同，与后来理学家提倡“四书”，并侈谈心性的传统有着某种程度的暗合。但这并不是说理学家们受到了他的直接启发，或从他那里汲取某些观念。至少在一种共同的时代氛围中，他们都走上了这样的道路。他们之间的“暗合”或许可以从朱熹对其《中庸解》“天命之谓性”章的评价来观察，《语类》载：

> 曰：杨氏所论王氏之失如何？曰：王氏之言固为多病，然此所云“天使我有是者”，犹曰“上帝降衷”云尔，岂真以为有或使之者哉？其曰“在天为命，在人为性”，程子亦云，而杨氏又自言之，盖无悖于理者。今乃指为王氏之失，不唯似同浴而讥裸裎，亦近于意有不平而反为至公之累矣。[1]

门人所问：“杨氏所论王氏之失”者，是指杨时对王安石这一解释的攻击，其言：

> 荆公云“天使我有是之谓命，命之在我之谓性”，是未知性命之理。其曰“使我”正所谓使然也，然使者可以为命乎？以命在我为性，则命自一物。若《中庸》言“天命之谓性”，性即天命也，又岂二物哉？如云在天为命，在人为性，此语似无病，然亦不须如此说。性命初无二理，第所由之者异耳。[2]

---

〔1〕 此一段朱熹语录，转引自卫湜：《礼记集说》卷一百二十三，文渊阁《四库全书》本，第25页。

〔2〕 杨时：《语录三》，《杨时集》卷十二，中华书局2018年版，第339页。

杨时以为“天命”与性是一而不是二，王安石用“使”字有“二物”之嫌。但“命”字训为“令”，不仅郑玄，朱熹亦是如此训解，那是在形容的意义上去说的，并不是讲真的有一个命令下来，使人具有此性。对此，朱熹的态度更为公允，“天使我有是者”，并非真有一个“使之者”，“使”“命”等词都是在形容的意义上讲的。朱熹特别提出程颐也是这样讲的，对于杨时的批评，他反谓之“同浴而讥裸裎”，正暗指他们共处之时代氛围。

二、性善、中人与制度

王安石对人性善恶问题的讨论，实际上是为他的政治理论，即思考“制度之意”提供辩说。也只有深入到这一问题中，才能揭示他回归“性善”论的意义。“善”承载的是儒家的道德价值，对于制度的建设而言，它的意义就是好的制度要有利于人的“向善”或“攸好德”的。对此，王安石发展了“中人”的概念。人性从本源上而言并非不善，但染于习，又有“设之不当”，只能是“一时善，一时恶”的“中人”。王安石屡次讲到制度要以“中人”为本，如熙宁元年与神宗的对话：

> 上问：“唐太宗如何主？”对曰：“陛下当以尧、舜为法，唐太宗所为不尽合法度。末世学大夫不能通知圣人之道，故常以尧、舜为高而不可及，不知圣人经世立法，常以中人为制。”〔1〕

王安石以先王之道，其经世立法常以“中人”为制，所强调的正是制度的普遍性与适用性。他所谓的“中人”出自《论语》：“中人以上可以语上，中人以下不可以语上，惟上智与下愚不移。”他的《性说》篇专门对“中人”进行了解释：

> 习于善而已矣，所谓上智者；习于恶而已矣，所谓下愚者；一习于善，一习于恶，所谓中人者。……有人于此，未始为不善也，谓之上智

〔1〕 王安石：《熙宁奏对日录》，《王安石全集》，第4册，第9页。

> 可也；其卒也去而为不善，然后谓之中人可也。有人于此，未始为善也，谓之下愚可也；其卒也去而为善，然后谓之中人可也。惟其不移，然后谓之上智；惟其不移，然后谓之下愚。皆于其卒也命也，非生而不可移也。[1]

其谓“皆于其卒也命也，非生而不可移也”，即中人、上智、下愚是从结果上，即现实中人的表现上去讲，并不是就潜能意义上的“性”立论的。正是在现实中，我们看到有人对于为善可以持之以恒，那便是“上智”；一生为恶，没有丝毫悔改，那便是“下愚”；一时为善，一时为恶，对于善没有彻底之觉悟的，就是中人。因此他所讲的“中人”，乃是指现实中绝大多数的人。显然，在对人性善恶问题的讨论中，王安石就已经建立起来了“性一元论”的主张，即所有人在获得来自上天的道德性方面都是平等的，所谓“上智”“下愚”只是才能、智力方面的不同。为此他批评韩愈的“性三品说”，因为韩愈没有讲清楚人的“三品”是在潜能上，还是在表现上进行的区分，而在潜能上人是平等的，后天的区分需到其他的方面去寻找。

“中人”的概念对他思考制度的建构问题具有重要意义。换句话讲，政教制度要以“中人”为本，故他批评老庄有“务高之过”，“夫中人之所及者，圣人详说而谨行之，说之不详，行之不谨，则天下弊。中人之所不及者，圣人藏乎心而言之略，不略而详，则天下惑”。[2] 老庄之言教非不高明，只在于不能以“中人”为度，故不及孔门之教详略得当，王安石在《中庸解》中论“修道充性”以“中人”为本正是此义。

> 不先修道，则不可以知命。《易》曰：“穷理尽性以至于命”，《易》何以不先言命，而此何以首之？盖天生而有是性命，不修其道，亦不能明其性命也。是《中庸》与《易》之说合。此皆因中人之性言也，故

〔1〕 王安石：《性说》，《临川先生文集》卷六十八，《王安石全集》，第6册，第1236页。
〔2〕 王安石：《庄周下》，《临川先生文集》卷六十六，《王安石全集》，第6册，第1233页。

曰："自诚明谓之性，自明诚谓之教。"夫教者，在中人修之谓之教，至于圣人，则岂俟乎修而至也？若颜回者，是亦中人之性也，唯能修之不已，故庶几于圣人也。[1]

与他对"天命之谓性"的解释相应，王安石将"率性之谓道"与"修道之谓教"作为两种并列的成德的方式来理解：一是"率性成道"，一是"修道充性"。前者是"生而知之"，是圣人之事，是"自诚明谓之性"；后者是"学而知之"，是中人所为，是"自明诚谓之教"。什么是"率性成道"？即人能够率循其天生之善性而不失，则五常之道自明。但王安石强调后者更具有普遍性，"生而知之"者毕竟很少，大多数人只有通过"修道"才能成善。所谓"修道"，即"修其五常之道"。那么怎样"修五常之道"？即"必以古圣贤之教为法而自养其心"，这是一个不断地通过行为的修为与涵养，来充实、发掘内在的天性，最终以明性为宗旨的修身方式。王安石以为《易》与《中庸》皆是强调后者的，是因"中人"为教。

好的制度也是以"中人"为本。然这里需要思考的是：为什么王安石没有直接从"性善"的理念中引述制度的合理性，而是设立了一个"中人"的概念？

显然，对于王安石而言，仅仅高喊"性善"是不能够为儒家的政治理想奠定基础的。因为只有"中人"才构成了现实中政治的基础，他们生活在制度当中，并且无所逃于制度之中，好的制度激发、鼓励人向善的"常性"，不好的制度使人泯灭常性，走上恶的道路。而制度都具有两面性，一方面制度是带有强制性的，对人具有约束力，需要权威来维持；另一方面所有的制度都要以顺乎人性为本，违逆人性者将难以持续。因此，那种基于矫正人性而强调权威惩罚的政治统治方式，是不能被认同的，因为它从根本上否定了人性的积极价值。在这一意义上，承认"性善"是有意义的，它始终提醒着人们看到人性的基本诉求，避免权威主义的滋长。正是在这一

〔1〕 王安石：《礼记发明》，《王安石全集》，第1册，第175页。

意义上，他不满荀子的“化性起伪”的论断，将其排斥出儒学正统，《礼论》曰：

> 今荀卿以谓圣人之化性为起伪，则是不知天之过也。然彼亦有见而云尔。凡为礼者，必诎其放傲之心，逆其嗜欲之性。莫不欲逸，而为尊者劳；莫不欲得，而为长者让，擎跽曲拳以见其恭。夫民之于此，岂皆有乐之之心哉？患上之恶己，而随之以刑也。故荀卿以为特劫之法度之威，而为之于外尔，此亦不思之过也。[1]

王安石以为按照荀子的理解，必然会导致人皆不乐为礼，那么秩序的维持就必须要更多依靠权威，“随之以刑”，“劫之法度之威”，这将不会持久。换言之，“化性起伪”将使得制度失去人性的基础，善是悖逆人性而为的，人亦不会有“乐之之心”。显然圣人之制礼作乐不应该是这个样子的。王安石强调“其制虽有以强人，而乃以顺其性之欲也”。这里的“顺”字是关键，即礼乐制度虽然有强制人、驯化人的地方，但根本上还是合乎人性的要求的，是因顺人的“天资之性”的。他最后得出结论曰：

> 夫狙猿之形非不若人也，欲绳之以尊卑而节之以揖让，则彼有趋于深山大麓而走耳，虽畏之以威而驯之以化，其可服邪？以谓天性无是而可以化之使伪耶，则狙猿亦可使为礼矣。故曰：礼始于天而成于人，天则无是而人欲为之者，举天下之物，吾盖未之见也。[2]

狙猿虽然有权威驯化它，但也不可以使之为礼，因为其天性无之。故“礼始于天而成于人”，所谓“始于天”，即因顺天性为之；所谓“成于人”，即圣人体天下之性而裁度之，以使其合乎于中道。[3] 若天性无之，虽有

---

〔1〕 王安石：《礼论》，《临川先生文集》卷六十六，《王安石全集》，第6册，第1198页。
〔2〕 王安石：《礼论》，《临川先生文集》卷六十六，《王安石全集》，第6册，第1199页。
〔3〕 王安石：《礼乐论》，《临川先生文集》卷六十六，《王安石全集》，第6册，第1200页。

权威也不可以成功。“天性”也就是王安石所讲的“天命之谓性”，或“人受天而生者”，或“善者，常性也”。正是在这一意义上，他批评荀子虽然盛称“法度节奏之美”，但言“化性起伪”，是“不知天”，即不知人的天性之善。

总之，通过这两个概念：一个是“性善”，一个是“中人”，王安石向我们展示了其政治的基本理念。“中人”是现实层面的大多数人，这一概念的设置相当于一个中间缓冲地带，它使得本源意义上的人性作为一种潜能而存在，制度的建立并不以其为起点，而是以其为根本的指向或标准。这样的考虑一方面使他避免了那种认为只要顺着本善之性就可以建立制度的、近乎天真的想法，同时也批驳了那种基于矫正人性而强调权威、惩罚的威权政治。另一方面与那些主张人性有善有恶，从而强调制度建构的观点相比，王安石又在本源性上保留了善的价值与指向，并成为制度的最终归宿。

三、知命与正命

“性”与“命”是紧密相连的一对概念。当“性命”两字合用时，一般用来标示人的“天赋”或“禀赋”，如王安石《性命论》开头便言：“天授诸人曰命，人受诸天曰性。”〔1〕这时“性”与“命”的内涵是基本相同，都是指人的天赋能力。这些能力可以归为两类，一类是生物性的，一类是价值认知的，如孟子所讲的“口目耳鼻四肢”，就是生物性的禀赋；至于“仁义礼智圣”，则是价值认知方面的禀赋。其实它们都来源于天，都是人性的重要组成部分，但为了突出人对自身价值的自觉，所以孟子谓后者“有性焉，君子不谓命也”。但分别而言，“性”是标识价值的范畴，指人的自觉与作为。与之相对，“命”是指必然性，非人力可为者，孟子称之为“莫之致而至者”。王安石在《扬孟》曰：“扬子之所谓命者，正命也，孟子之所谓命者，兼命之不正者言之也。”又讲：

〔1〕 王安石：《性命论》，《临川先生文集佚文》，《临川先生文集 · 附录一》，《王安石全集》，第7册，第1829页。

> 有人于此，才可以贱而贱，罪可以死而死，是人之自为也。此得乎命之不正者，而孟子之兼所谓命者也。有人于此，才可以贵而贱，德可以生而死，是非人之所为也。此得乎命之正者，而扬子之所谓命也。[1]

这里统合了“命”的两层不同含义，扬雄所讲的“人为不为命”，是与“性”对待而论。而孟子所讲的“莫非命也”，则兼“性命”之“命”而言。王安石以前者为“命之正”，而后者兼“命之不正”者。据此，我们其实可以将“命”的含义分为广义与狭义。狭义上“命”是指人力不可以作为者；广义上的“命”则涵括人的全部禀赋。

王安石对性命问题的思考，主要集中在以下几个方面：

首先是个人的命运选择，他主张以“知命”为本。什么是“知命”呢？儒家认为只有在人充分地展现自己的道德价值时，面对不可抗拒的命运之到来，才会选择一种坦然的态度，所以修身或践行道德价值是先在的条件。《易传》言“穷理尽性以至于命”，王安石强调：“不先修道，则不可以知命”，《易传》之所以不先言“命”，乃是因为人之性命禀之于天，不先修道，不能发展其自然之禀赋，哪里谈得上“知命”呢？[2]《对难》亦曰：“是以圣人不言命，教人以尽乎人事而已。”[3]“知命”是“尽人事”之后的事情。《命解》论曰，孔、孟以正道而行，虽不得志于时，然君子亦谓之“知命”。现实当中有人坚信“有命”的观念，胡作非为终死于岩墙之下而不自知；亦有“畏命”之人，任由事情败坏下去而无所作为，王安石称前者为“刚而不以道御之”，称后者为“柔而不以礼节之”，都不是积极正确的人生态度。[4]

其次以“各正性命”为政治的最终诉求。所谓“各正性命”，就是每一个人都能够充分地发展自己的自然禀赋，包括生物性与价值认知两个层

---

〔1〕 王安石：《扬孟》，《临川先生文集》卷六十四，《王安石全集》，第6册，第1168页。
〔2〕 王安石：《礼记发明》，《王安石全集》，第1册，第175页。
〔3〕 王安石：《对难》，《临川先生文集》卷六十八，《王安石全集》，第6册，第1238页。
〔4〕 王安石：《命解》，《临川先生文集》卷六十四，《王安石全集》，第6册，第1172页。

面。其《洪范传》论“五福”曰：

> 人之始生也，莫不有寿之道焉，得其常性则寿矣。故一曰寿。少长而有为也，莫不有富之道焉，得其常产则富矣，故二曰富。得其常性，又得其常产，而继之以毋扰，则康宁矣，故三曰康宁也。夫人君使人得其常性，又得其常产；而继之以毋扰，则人好德矣，故曰攸好德。好德，则能以令终，故五曰考。[1]

人之始生，禀赋于上天。如果不戕贼其性命，应有长寿的可能性。成人之后，有所作为，都能获得常产，富裕生活。如果政治不去打扰、破坏，就有康宁之道。在富裕康宁的生活之下，人们自然期望好的名声，少犯法而多行善事，故曰“攸好德”。能好德，就能得到好的名声，故能以令终。“五福”表达了儒家对一个富裕、美好社会的期望。在这一社会中，保护人民的生命、财产是首要的，人人各遂其生，政府不以苛政烦扰，则自然就能康宁。物质上达到人人康宁的社会，人人都有好德之心也将成为一种社会风气，最后“以令终”，这都是自然的结局。

在《老子注》中，王安石也表达了这一理想。其解“是以圣人常善救人，故无弃人”一句曰：

> 万物有成理，固有拂其理而逆之者。万物有常性，固有戾其性而梏之者。万物有正命，固有违其命而绝之者。圣人恻然于是，惟其所宝之慈以济之。因其悖于理也，发其塞而通之。因其戾于性也，除其害而若之。因其违于命也，继其绝而复之。[2]

虽说万物皆有其成理，总有违背之而行动的；万物皆有常性，总有乖

---

〔1〕 王安石：《洪范传》，《临川先生文集》卷六十五，《王安石全集》，第6册，第1191页。

〔2〕 王安石：《老子注》卷上，《王安石全集》，第4册，第195页。

张而桎梏之者;万物皆有正命,总有违逆而自绝之者。政治应当于此有所作为。圣人恻隐于此,以仁爱济之,兴利除害,使万物得其性命之理。《王霸》篇曰:“王者之大,若天地然,天地无所劳于万物,而万物各得其性,万物虽得其性,而莫知其为天地之功也。”[1]王者使天下得到治理,人民各得其是所,然人民又莫知此为王者之德。此为儒家之仁政,亦是道家无为之意,王安石以儒道会通,阐述了自己对“各正性命”的政治诉求。此及于宇宙间一切人物,王安石在很多的地方论述了这一宗旨,如《洪范传》解“各以其叙,庶草繁庑”曰:

何也?阴阳和,则万物尽其性,极其材,言庶草者,以为物之尤微而莫养,又不知自养也,而犹繁庑,则万物得其性皆可知也。[2]

“庶草”为宇宙中最低微者,而能够繁庑,可知阴阳调和,万物皆得其性。推而言之,则君主以此行政,则人民各得其所,即使是极其卑微、生活无所依靠者,如鳏寡孤独,亦得其所养。

与之相反的政治,不是用“五福”,而是“六极”,即“一曰凶短折,二曰疾,三曰忧,四曰贫,五曰恶,六曰弱”。人有夭折早死,寿命不得其终,有疾忧、贫穷、作恶、奸佞。“夫君人者,使人失其常性,又失其常产,而继之以扰,则人不好德矣,故五曰恶,六曰弱。”[3]不好的政治,人失其常性,不得常产,饥寒忍耐,又继之虐政,何以期望人们好德,故有作恶、奸佞之事。都是暴政使百姓失其性命之情。《诗经·溱洧》有男女相弃者,《诗义》曰:

羞恶之心,莫不有之,而其为至于如此者,岂其人性之固然哉?

[1] 王安石:《王霸》,《临川先生文集》卷六十七,《王安石全集》,第6册,第1217页。
[2] 王安石:《洪范传》,《临川先生文集》卷六十五,《王安石全集》,第6册,第1189页。
[3] 王安石:《洪范传》,《临川先生文集》卷六十五,《王安石全集》,第6册,第1192页。

兵革不息，男女相弃而无所从归也，是以至于如此。然则民之失性也，为可哀；君之失道也，为可刺。[1]

“兵革不息”使人无有羞恶之心，故相弃至此。非人不相爱也，政令强迫，风气颓坏，使人不得相爱也。故“民之失性”，为可哀；“君之失道”，为可刺。《诗经·鸨羽》有孝子不得奉养父母者，《诗义》曰：

木欲静而风不停，子欲养而亲不待，此皆孝子之心。其爱亲也勤，思亲也笃，故汲汲于爱日以事亲，惟恐失之。故愿为人兄，不愿为人弟，其爱日也如此。今以征役之故，不特废其温凊定省之礼，又且无以为卒岁奉养之备，其情岂不伤哉！此诗如北山、蓼莪、陟岵，皆孝子不得奉养父母，故其诗哀以思也。当征伐之时，其心犹不忘，苟在父母之侧，其事亲为何如？[2]

“征役”不休，使人无法孝养父母。孝子之心，无时无刻不思念父母，希望能够回到父母身边，以尽孝养义务。故使君主无时无刻不存心于此，以不扰民为务，以庇覆百姓，使人人各得其所为政治的宗旨。借助于诗人之意，《诗义》表达了自己“各正性命”的政治理想。

最后以“正命”为政治所当为者。这是因为对于命运问题的思考，还与社会正义问题联系在一起。人们往往期望一个正义的社会是应该使得有德者有福报，作恶者得恶报的。这一点，在《对难》《推命对》等文中，王安石称之为“贤者当富贵，不肖者当贫贱”。当然，这一状况只能被理解为是一般的情况，在人力所能及的范围之内而言的。《洪范传》曰：“孔子以为‘人之生也直，罔之生也幸而免’。君子之于吉凶祸福，道其常而已，幸而免与不幸而及焉，盖不道也。”[3]“幸而免”“不幸

[1] 王安石：《诗经新义》，《王安石全集》，第2册，第440页。
[2] 王安石：《诗经新义》，《王安石全集》，第2册，第456页。
[3] 王安石：《洪范传》，《临川先生文集》卷六十五，《王安石全集》，第6册，第1193页。

而及”是人事所不可及的，是属于命运的，这种情况无论在什么样的社会中，都不可以避免。对于思考一个正义的社会有意义的是“道其常”者，即一般的状况，是与人事有关联的。正是在这一意义上，王安石进一步提出“正命”的观念，希望人们认识到政治对于建立一个正义社会的重要性。其《性命论》曰：

天授诸人则曰命，人受诸天则曰性。性命之理，其违且异也。故曰：‘保合太和，各正性命。’是圣人必用其道以正天下之命也。然命有贵贱乎？曰：有。有寿短乎？曰：有。故贤者贵，不贤者贱，其贵贱之命正也。抑贵无功而贱硕德，命其正乎？无憾而寿，以辜而短，其寿短之命正也。抑寿偷容而短非死，命其正乎？故命行则正矣，不行则不正。是以尧、舜四门无凶人，而比屋可封。此其行贵贱寿短之命于天下也。[1]

“正命”并不仅仅是结果，更是一种积极地行动。致力于政治的改革，使贤者治不肖者，则贵贱之正命矣。使修德者长寿（应理解为有长寿的可能性），有罪者得到惩罚，则寿短之命正。故曰“命行则正，不行则不正”。王安石认为人们能够具有正确的命运观，关键在于政治上是否能够“正命”。如尧舜三代之时，因能行“正命”之政，故人人各遂其生；至于后世，有罪者不得惩处，无罪者反得刑罚，性命有所不正矣，所以便有“命授分定”的观念。汉唐之世，谶纬术数流行，这时所谓的“命”，已经不是圣人所谓“性命”，而是“命授分定”。甚至“朝耕汉陇，暮逾三国之魏；晨藉唐版，夕归五代之梁”，却不曰“不臣不民”，而以“命受分定”搪塞之，实在是很愚蠢的。出现这种状况的根本原因是什么呢？“其皆赏罚不当而德眚无归”，即政治的失责。王安石要求政治上承担这样的责任，选贤任能，赏罚公正，使贤者得位，不肖者得黜。他相信尧舜之治，正是因为实现了社

〔1〕 王安石：《性命论》，《临川先生文集佚文》，《临川先生文集·附录一》，《王安石全集》，第7册，第1829页。

会的正义，人们的道德才会达到很高的水平，至于“比屋可封”。[1]

第三节　法治、中道与精理论

在一些重要的政治问题上，如如何处理公权与私利的关系，制度怎样合乎中道的原则，修身与政治之间的关系等，王安石都表明了自己的态度。可惜的是，它们散见于王安石的经著与文集中，需要我们认真地对这些资料进行分析与论述。这些观点与他对天道性命问题的理解是紧密相关的，对于这些观点的揭示，可以帮助我们进一步把握他的政治观点以及变法理论。

一、公私之辨：王权与私家

公私之辨是古代秩序理论的一个重要问题，各家各派对它的讨论形成了丰富的思想资源。现代学者对这一问题的论争，尤其集中在儒家对这一问题的态度上。[2] 据一些学者的研究，至少可以确定的是，在儒家的思想传统中，始终存在着一种“贵公”的倾向。从孔子的“泛爱众”，到《孝经》中“博爱广敬”的观念[3]，足以说明儒家对孝亲伦理的提倡不会阻碍它对“博爱”理想的追求。[4] 在先秦分封制的背景之下，私家与公

---

〔1〕 王安石：《性命论》，《临川先生文集佚文》，《临川先生文集·附录一》，《王安石全集》，第7册，第1830页。

〔2〕 很多学者借批评儒家的思想来表达某些现代价值的诉求，如有谓古代思想“以公灭私”者（刘泽华），也有批评儒家是“家庭私德至上”，所以是“以私灭公”，各持己见，其实缺乏对古代思想的深入具体的分析。对这一问题的反思，可参见陈乔见：《公私辨：历史衍化与现代诠释》，生活·读书·新知三联书店2013年版。另外还有一些思想史的论述，如张立文：《中国哲学范畴发展史》（人道篇）之“第六章：公私论”，中国人民大学出版社1995年版；沟口雄三：《中国的公与私·公私》，郑静译，生活·读书、新知三联出版社2011年版，等等。

〔3〕 《孝经·三才章》曰：“先王见教之可以化民也，是故先之以博爱而民莫遗其亲，陈之以德义而民兴行。”明确使用“博爱”一词，《注疏》以为是君主身行孝亲，使天下之人皆爱其亲，所以是博爱。这突出了天子之孝的示范效应，但如果天子不将爱亲之心及于天下，显然是不能够做到使天下“莫遗其亲”的。见李隆基注，邢昺疏：《孝经注疏》，上海古籍出版社2009年版，第30页。

〔4〕 向世陵先生对“儒家博爱论”的阐发，值得我们注意。可以参见他的一系列文章，如《仁爱与博爱》，《哲学动态》2013年第9期；《兼爱、博爱、一气与一理》，《中国哲学史》2012年第2期。

室之争成为当时政治的焦点问题,孔子斥责私家权力膨胀,侵犯公室为“天下无道”,所以他矢志西周礼制,本于黜私而归于公,由此《尸子·广泽篇》称“孔子贵公”。

儒家的“贵公”倾向尤其表现在它对“天道无私”的体悟中,从《礼记》的“三无私”,即“天无私载,地无私覆,日月无私照”,到汉儒的“天不变,道亦不变”,基本上包含着这样的一种政治理念,即越是在高位的统治者,越是需要公正无私而较少考虑自身的利益。孟子对齐宣王所讲的“推恩足以保四海,不推恩无以保妻子”,就是这一理念的直接表达。因此天子要效法天之所为,以“公正无私”的态度成就天下之人物。儒家的这一诉求也可以从政制的变迁寻找到依据。无论是先秦的分封制,还是之后的郡县制,都是以“家天下”为基本的政治建构,“王室”之于诸侯、大夫之家固然是“公室”,但毕竟又是“一家”,故又是“私”。儒家在“天下为公”不能实现的情况之下,不得不寻求在“家天下”的框架内实现公义政治的可能性。毕竟天下都是王之私产,人民都是王之子民,固然有着王室以天下奉己身、己家的危险,但也有实现公义的可能性。[1] 因为既然整个天下都是王室之私,那么王者更会像爱护自己一样爱护民众,还有谁不关心自己的财产呢?当然历史的实践是很复杂的,奉天下以自养,导致亡国的帝王不乏其人,但儒家总是努力在这个方向上重建秩序,亦自有其历史与逻辑的根据。

以现存资料来看,王安石对公义、王权以及私家的关系问题颇有关注,虽然散见于各处,但依然可以看到他的基本观点。首先,他突出了公义之于王者的重要性,在解释《洪范》“无偏无陂,遵王之义”时曰:“言君

〔1〕 柳宗元《封建论》评秦制曰:“秦之所以革之者,其为制,公之大者也,其情私也,私其一己之威也,私其尽臣畜于我也。然而公天下之端自秦始。”这里虽然是针对郡县制的问题发论的,但他认为“情私”也可能会有利于“公天下”的实现,这种思路也暗示着“家天下”可能不是公义政治的障碍。也由此,李觏、司马光等人才会对“禅让制”进行批评,司马光甚至明确地讲“禹之传于子,非私之也”,他“父传子”看成了天经地义。当然,宋代其他的学者不一定都如司马光这样思考问题,但也倾向认为“家天下”不一定是公义政治的障碍。见柳宗元:《封建论》,尹占华、韩文奇校注:《柳宗元集校注》卷三,中华书局 2013 年版,第 188 页;司马光:《夏禹》,李之亮笺注:《司马温公集编年笺注》卷七四,巴蜀书社 2009 年版,第 436 页。

所以虚其心，平其意，唯义所在。”〔1〕“唯义所在”“率义以治心”，“义”具有普遍性，因其为所有人所共遵，故为“公义”；王者尤当如此，故治心以公义为本。《诗义·大叔于田》曰：

人君明义以正众，使众知义，而孰敢为不义？为不义，则众之所弃也，安能得众哉？〔2〕

《诗小序》认为此诗所表现的是“叔（郑庄公）多才而好勇，不义而得众也”。王安石不以为然，以为人君要以“明义”为本，以公义而行，民众自然追随；如果人君为不义，不行公义，则民众弃之而去，“安能得众哉？”这里突出了公义对于人君的制约。“公义”是高于王权的，《礼记·檀弓》记载战争中“商阳止杀二人而反命”的故事，王安石对此解释曰：

春秋末世，诸侯无义战。士庶人不幸而在军旅之间，君命既不可废，为之强战则又为愈于不仁，如商阳者可也。〔3〕

春秋末世无义战，士庶人不幸而在战争中，君命不可废，如商阳者，本可以多杀，而止杀两人以“反君命”，亦是以权制义之道。在公义与君命之间，公义是经，君命从权，孰轻孰重，由此可见。而从儒家对待战争的态度而言，公义依然是考量的第一标准。

其次，君主以公义为心，施行于政教，所体现的德性便是“公正”。故王安石强调王法之行应以公正为德，实际上就是王法面前人人平等的法治理念，其解释《老子》“容乃公，公乃王，王乃天”曰：

---

〔1〕 王安石：《洪范传》，《临川先生文集》卷六十五，《王安石全集》，第 6 册，第 1183 页。
〔2〕 王安石：《诗经新义》卷四，《王安石全集》，第 2 册，第 429 页。
〔3〕 王安石：《礼记发明》，《王安石全集》，第 1 册，第 163 页。

背私为公，尽制则为王。公者，德也。王者，业也。以德则隐而内，以业则显而外。公与王合内外之道也。

又曰：

王者，人道之极也。人道极，则至于天道矣。[1]

“公”即公正、公平，“背私为公”，王者需要克去己私，这才是公正之德，所谓“公者，德也”。王者要成就天下之大业，必须以公正之德而行，所谓“合内外之道”。正是对于王者私有天下的政治情势的认识，儒家的政治伦理才不断地强调公正的重要性。汉代董仲舒解“王”字，谓其“三画而连其中”，参天、地、人而贯通之。无公正之德，如何能够做到效法天地，博爱万物？《白虎通》训“公”为“通”，“公正无私之意也”，不仅指“公”作为一个爵位应当如此，政治的属性就是以“公正无私”为本的。王安石以为只有这样，才能成就天下之大业，做到极致便是人道之极，行人道之极便是合于天道，此正是汉儒“屈君以伸天”之义。王安石对于《孟子》中“瞽叟杀人”章的解释，也体现了这一理念：

上又言：“或以为西事恐大臣不为用。”安石曰：“法行，则人人为用。以天下人了天下事，何至以无可用之人为患？”因引《孟子》瞽叟杀人事曰：“先王制法，虽天子之父犯法，人不得贷也。此孟子所言，尧、舜所行，非申、韩之言也。”[2]

“法行，则人人为用”，强调法治是聚合民众，成就事业的基本途径。“以天下人了天下事”，因为公义为天下人公行之道，因之而制定王法，本于公正的原则推行，才会得到天下人的支持。其后王安石转引《孟子》

〔1〕 王安石：《老子注》卷上，《王安石全集》，第4册，第184—185页。
〔2〕 王安石：《熙宁奏对日录》，《王安石全集》，第4册，第28页。

“瞽叟杀人”的故事，旨在说明这一理念是儒家思想传统中所具有的，不能一提法治，便是“申韩之言”。就这一故事而言，王安石还是强调法治的理念，即王法为公，天子之父犯法与庶人同罪。王安石的这一解释并不是他个人的看法，也是合乎儒家一贯传统的。为了方便论述，我们先将《孟子·尽心上》对这一故事的记述转录如下：

> 桃应问曰：“舜为天子，皋陶为士，瞽叟杀人，则如之何？”孟子曰：“执之而已矣。”“然则舜不禁欤？”曰：“夫舜恶得而禁之？夫有所受之也。”“然则舜如之何？”“舜视弃天下，犹弃敝屣也。窃负而逃，遵海滨而处，终身忻然，乐而忘天下。”

这并不是一个实际发生的事情，而是一个思想实验，反而更能凸显儒家孝亲伦理与王法之间的张力。首先应该肯定的，也是王安石所强调的，那就是王法为公，虽是天子之父亦不得贷，这从孟子所讲的“执之而已矣”就可以看出来。汉代赵岐注曰：“当为天理民，王法不曲。”焦循《正义》曰：“杀人者死，天之道也。”[1]所谓“王法不曲”与王安石所论同义。朱熹亦不异于此，其言：“皋陶之法，有所传受，非所敢私，虽天子之命亦不得而废之也。”[2]由此可见，这正是儒家的共识。

但引起现代学者争论的是“窃负而逃”的问题，由于史料记载的缺失，我们从王安石的回答中找不到他对这一问题的回应。不仅是王安石，《孟子正义》似乎没有太多关注这一问题，北宋孙奭的《注疏》只是突出了“舜弃天下如敝屣”的高贵德行，他们所关注与强调的都是“王法不曲”的问题。之所以没有太多关注，与他们潜意识中不以为孝亲与官僚的“腐败”问题有什么关系。[3] 朱熹以“天理之极”与“人伦之至”解释之，突出了

---

〔1〕 赵岐注，焦循正义：《孟子正义》，诸子集成本，中华书局2006年版，第548页。

〔2〕 朱熹：《孟子章句》卷十三，《四书章句集注》，中华书局2012年版，第367页。

〔3〕 与孔子的“亲亲相隐”的问题一起，学界曾有激烈的争论，学者可参考郭齐勇：《儒家伦理争鸣集——以“亲亲相隐”为中心》，湖北教育出版社2004年版；陈壁生：《经学、制度与生活——〈论语〉“父子相隐”章疏证》，华东师范大学出版社2010年版；唐文明：《儒家伦理与腐败问题》，载《伦理学研究》2011年第5期。

两者之间的张力。“天理之极”是指“法不可枉”,“人伦之至”是指只是要尽人子之孝,在两者之间,一个要“极”,一个要“至”,舜被抛入了一个对峙的两极。对此该怎样解决?朱熹转而期望于当下之人心。他并不以“窃负而逃”为必然的选择,那只是孟子所设想的一种特殊情况。“然到极不得已处,亦须变而通之”,即合于当时之人心,即根据民意及舆论的变化,由舜与皋陶作出一个决断。当然,这个决断不能是普遍的规则,只能是当下具体的。这实际上意味着朱熹放弃了逻辑的追问,而交给具体情形的运用与判断,但无论如何,“王法不曲”依然是其所持的基本原则。

最后,在个人(家)与公室(国与天下)之间,譬如一个官员效力于公室,但他也有自己的利益诉求,该如何体现公正的原则呢?王安石提出要做到“官私皆利”。这表现在他的改革中,如言:

> 人主理财,当以公私为一体,今惜厚禄不与吏人,而必令取赂,亦出于天下财物。既令资天下财物为用,不如以法与之,则于官私皆利。〔1〕

理财要公私一体地考虑,吏人不取厚禄,则取贿赂,都是天下的财物。因此不如“以法与之”,即法度化、公开化,则于官私皆能便利。王安石在变法期间多次为官吏增禄,就是秉持这一原则。故在私家与公室的利益分配的问题上,他基本上是采取一种平衡的态度。在对“私”字进行解释时,他表达了“自营而不害于利物”的观念:

> 韩非曰:自营为私,背私为公。夫自营者,未有能成其私者也,故其字为自营而不周之形。故老子曰:夫非以无私?故能成其私。私,从禾从厶,厶,自营也。厶不能不自营,然自营而不害于利物,则无怨于私矣。〔2〕

〔1〕　王安石:《熙宁奏对日录》,《王安石全集》,第4册,第12页。
〔2〕　王安石:《字说》卷一,《王安石全集》,第1册,第204页。

就此而言，王安石还是充分地肯定了自营的合理性，通过“私”之字形的分析，“厶”本义就是自营，故“不能不自营”。但是自营是不够的，需要公私皆利，才能成就所有人之私。他援引老子的话，就是为了表达这一理念。“利物”是公，自营是私，故“自营不害于利物”，才能成就所有人之私。但是在自营而伤害公义的时候，也应该对之提出批评。《礼记发明》记载了王安石对“三赐不及车马”的批评：

> 三赐不及车马，若以为有辞逊之心而终必受之，则虽不为人子，不害辞逊；若以为人子，则辞逊而不敢受，则舜亦人子，而未尝辞百官、牛羊、仓廪之奉也。车服爵命，所以序功德，天下之公义，古今之达礼，苟当其功，苟称其德，虽人子弟有辞逊之心，而终必不敢不受。以申其逊弟之志者，不以小廉小逊害天下之大公也。凡礼有辞逊之文者，以难进易退为道也，辞逊自是君子之常，岂系为人子哉！[1]

《曲礼》所言“不及”，郑玄注以为“不敢受”，因将会显得比父亲尊贵。王安石并不反对君子的逊弟之情，关键在于国家治理要依靠车服爵命制度。没有这一制度，则无以序功德，伸张赏善罚恶的公义。作为人子弟虽有辞逊之情，但为了天下之公义，亦不敢不受。

虽然只有零散的论述，但结合他的变法，我们还是可以看到他对公私问题的基本看法。他一方面强调公义、公正为政治的基本要求，同时又对人的“自营”给予充分的肯定。制度的建立要考虑两者，尽量取得平衡。需要讨论的是，根据杨时的记载，变法期间王安石曾对神宗说过这样的话，“人主若能以尧舜之政泽天下之民，虽竭天下之力以充奉乘舆，不为过当”。其中后半句遭到了后来学者的批评。[2] 且不论此语已设立前提，即使从整体上来看王安石对公私问题的观点，他也不可能劝神宗“竭天下

---

〔1〕 王安石：《礼记发明》，《王安石全集》，第1册，第155页。

〔2〕 如杨时以其与后来的蔡京专政相联系，见《龟山集》卷六，此处引自王安石：《熙宁奏对日录》，《王安石全集》，第1册，第83页。

之力”以自奉,要在于学者不以偏废全而已。

二、中之德及中道原则

儒家向来以“中道”为道德与政治生活的基本原则,这不仅表现在先秦儒学的创生时期,宋代理学兴起之后,更是以《尚书·大禹谟》之“允执厥中”,与《论语》《孟子》《中庸》一起并为道统之传,由此而确定了其在儒家思想中的核心地位。[1] 王安石也非常重视它,将其作为自己政治观念的一个基本原则。除了他所讲的“制度要以中人为本”这一观念外,以现存资料来看,王安石还在以下两种意义上使用“中”及“中道”的概念。

一是“中”之德。“中”作为君主平衡政治关系的一种技术或方法,其表现在王安石对《洪范》“乂用三德”的解释中:

> 何也?直而不正者有矣,以正正直乃所谓正也;曲而不直者有矣,以直正曲乃所谓直也。正直也者,变通以趣时,而未离刚柔之中者也。刚克也者,刚胜柔者也;柔克也者,柔胜刚者也。

《洪范》“三德”:“正直”“刚克”“柔克”。什么是“正直”?王安石曰:“君君臣臣,适各当其分,所谓正直也。”这是制度的一般规定,使人各当其分。一般情形而论,君臣各守其分,君主应以正直处之。但面对不同的局势变化,君主要能够“变通以趣时”,根据时机而“刚克”或“柔克”。《洪范》谓“平康正直,强弗友刚克,燮友柔克”,王安石训“友”为“右助上之所为者”。“强弗友”即不柔从、不右助上之所为,而“燮友”即谐和、右助上之所为。对于前者,君主需“威之”,使合乎正直之道,归于各当其分,是为“刚克”;对于后者,君主“承之”可也,是为柔克。君主用此“三德”以趣时,不论是刚克,还是柔克,其“未离刚柔之中”,最终的目的是君臣“各当其分”。

---

〔1〕 对儒家“中道”思想的论述,可参见李景林:《先秦儒学“中庸”说本义》,载《吉林大学社会科学学报》1994 年第 4 期;杨朝明:《孔子的“中道”哲学及其意义》,载《邯郸学院学报》2013 年第 3 期;梁涛:《清华简〈保训〉与儒家道统说》,载《邯郸学院学报》2013 年第 3 期;徐克谦:《论荀子的“中道”哲学》,《中国哲学史》2011 年第 1 期,等等。

《洪范》“三德”的实质是为君主提供一种统治术，它的核心在于维护君权及政治体制的稳定。王安石对这一思想的重视，显然是与熙宁变法的相关情势紧密相关的。由于新法遭到诸多大臣的反对，上下舆论交争，一些官吏甚至以不遵朝廷法令为荣，成为变法的最大阻碍。如何能够使臣僚各守其职，也就成了变法推行的一个最为重要的问题。他删润此书，并呈递给神宗，拳拳之意，跃然纸上。其言：“三德者，君之所独任而臣民不得僭焉者也。”此固然讲“君臣不得僭”，但王安石突出的是“君之所独任”，这与“皇极”为君民所共由者不同。[1]

第二是中道原则。王安石所谓的“中道”是政教的一种理想状态，当然也是渊源于天道的。《尚书新义》解《汤诰》“惟皇上帝，降衷于下民”曰：“衷，中之谓也，民受天地之中以生。”[2]又解《大禹谟》“天聪明自我民聪明，天明畏自我民明畏”曰：“民受天地之中以生，其性命之所受与天为一，其视听好恶之公，未尝与天违也。”[3]民受天地之中以生，其性命与天为一，善性为其常性。正是“善性为常性”的这一原则，才真正表明了王安石对儒家价值的坚持，前已有论。不过在这里，王安石更为强调善性作为“中道”的意义。

“中”之道不仅是善性，更是普遍性，上自天子，下达黎民；不论上智，还是下愚，都是普遍具有的。故王安石解《中庸》“中也者，天下之大本；和也者，天下之达道也”曰：“则是中者，性之在我者谓之中；和者，天下同其所欲之谓和。夫所谓大本也者，性非一人之谓也，自圣人愚夫皆有是性也。达道也者，亦非止乎一人，举天下皆可以通行。”[4]圣人愚夫皆有是性，才可以作为“大本”；非止乎一人，举天下皆可通行才是“达道”，这就是中道原则的普遍性。

显然，只有合乎普遍性才能具有制度性的意义，王安石深刻地看到了

〔1〕 王安石：《洪范传》，《临川先生文集》卷六十五，《王安石全集》，第6册，第1184—1186页。
〔2〕 王安石：《尚书新义》卷四，《王安石全集》，第2册，第114页。
〔3〕 王安石：《尚书新义》卷二，《王安石全集》，第2册，第63页。
〔4〕 王安石：《礼记发明》，《王安石全集》，第1册，第167页。

这一点。圣人体中道以为礼，所谓“礼者，天下之中经”，礼乐制度正是以中道之普遍性为本的。在解释礼制之俭奢的问题时，王安石论述到：

> 圣人之制礼也，非不欲俭，以为俭者非天下之欲也，故制于奢俭之中焉。盖礼之奢为众人之欲，而圣人之意未尝不欲俭也。孔子曰：“麻冕，礼也，今也纯，俭，吾从众。”然天下不以为非礼也。盖知向之所谓礼者，礼之常，而孔子之事为礼之权也。且奢者为众人之所欲而制，今众人能俭，则圣人之所欲而礼之所宜矣，然则可以无从乎？[1]

中道原则是制定礼乐的基本原则，它要在经与权、情与理之间找到一种折中的方式，正是为了走向普遍性，为“中人”所接受。如果一味地顺从人情，在没有任何制度的限制或引领的情况之下，社会中礼仪的一般的发展趋势就是奢侈。从节用的角度立论，如墨家所主张者，则一味节俭，拂于人情，故不能持久。故儒家取中道，顺乎人情而制礼，在于和同天下人之所欲，将其纳入礼乐之中，以教化之。但王安石又强调，虽然圣人以中道为原则，但如果能够节俭的话，还是要以节俭为本，此为“礼之权”。

那么对于政治而言，君主以“中道”建立制度，正是《洪范》所论的“皇建其有极”的意义。“皇，君也；极，中也。言君建其有中，则万物得其所。”对“皇极”的解释，王安石与汉儒相同，都以“君中”为训。合乎中道之制度，为“君与臣民共由者也”，所有人皆应遵守之，保守之，以达至太平。但由于君主在政体中的枢纽位置，他对中道秩序的遵守，就成了庶民为中道的必要条件。在解释《洪范》“凡厥庶民，无有淫朋，人无有比德，惟皇作极”时，王安石曰：“言君中则民人中也。庶民无淫朋，人无比德者，惟君为中而已。盖君有过行偏政，则庶民有淫朋，人有比德矣。”又曰：“庶民以君为中，君保中，则民与之。”[2]这是以“君中”为“民人中”之条件。

---

〔1〕 王安石：《非礼之礼》，《临川先生文集》卷六十七，《王安石全集》，第6册，第1215—1216页。

〔2〕 王安石：《洪范传》，《临川先生文集》卷六十五，《王安石全集》，第6册，第1180、1181、1186页。

如果君主过行偏政，则庶民不得中道而行矣。不难看出，王安石的政治理想固然是与天下人共建共遵此合乎中道之制度，但其用心又特别突出了将君权纳入制度中的可能性，故以“君保中”为“民与之”的必要条件。

那么政治该如何“保中”呢？首先是对君主本人的要求，王安石讲到“惟义所在，以会归其有中者”。此是“公义”高于王权的原则，前已有论。但面对臣民的不同表现，君主该如何作为呢？《洪范》有“凡厥庶民，有猷，有为，有守，汝则念之，不协于极，不罹于咎，皇则受之，而康而色，曰予攸好德，汝则锡之福，时人斯其惟皇之极”。王安石解释曰：

> 言民之有猷、有为、有守，汝则念其所猷、所为、所守之当否。所猷、所为、所守不协于极，亦不罹于咎，君则容受之，而康汝颜色而诱之。不协于极，不罹于咎，虽未可以锡之福，然亦可教者也，故当受之而不当谴怒也。《诗》曰“载色载笑，匪怒伊教”，康而色之谓也。其曰我所好者德，则是协于极，则非但康汝颜色以受之，又当锡之福以劝焉。如此，则人惟君之中矣。不言“攸好德，则锡之福”，而言“曰予攸好德，则锡之福”，何也？谓之皇极，则不为已甚也。攸好德，然后锡之福，则获福者寡矣，是为已甚，而非所以劝也。曰予攸好德，则锡之福，则是苟革面以从吾之攸好者，吾不深探其心，而皆锡之福也。此之谓皇极之道也。[1]

这是针对君主如何去任官讲的。臣民有道德、有作为、有坚守，君主当具体考核其所为、所守，如果不合于中道，君主也要包容他，安己颜色来劝诱他。因其虽未可以得到赏赐，但也是可以引导的，故因受之而不谴怒。如果臣民有道德、所为、所守，合于中道，君主不但要包容他，更要以爵禄赏赐以劝来者。如此，臣民见君主以“中道”为原则，则皆归于“中”矣。至于后面讲到“曰予攸好德”，而不是“攸好德”者，正是表现君主对

〔1〕 王安石：《洪范传》，《临川先生文集》卷六十五，《王安石全集》，第6册，第1181页。

待臣民要“不为已甚”，人只要有“好善”“好德”之心的表现，就应该得到鼓励，深探其心，是过分之举，有过于责人之嫌，非君主所当为。

王安石对“皇极之道”的阐发强调了“含容之道”，从统治术的角度去理解，是具有重要意义的。一方面相对于法家的“术”而言，避免了君臣之间的忌刻之意，法家以君臣为“上下一日百战”，故帝王不能不为“术”以制臣。但皇极之道以“苟曰好德”为准，“不深探其心”，又以含容之道为主，不至于君臣猜忌。当然这里的含容之道并不是要含容恶，故“苟曰不好德”，则虽处高位，“必辠废之而不畏也”。另一方面，“中道”作为一种善的理念，是全部秩序建构的共同价值诉求。它包含着对所有人的要求，但这在君主与臣民之间是有分别的。君主发挥着主导性的作用，对他的要求构成了这一秩序能够实现的前提，而对臣民的要求则可以适用含容之道。当然，这只是基于他们在共同体当中的实际作用来进行考虑的，但不能因此理解为两者在善，或价值面前的不平等。认识到这一点，才能比较全面地把握王安石政治思想的特点，而将其与其他各派，或现代政治思想进行比较的时候，才能公允地评价。

三、精理、穷神与立法者

对于古代思想而言，修身对于所有的人都是适用的，《大学》所谓“自天子达于庶人，壹是皆以修身为本”是也。修身理论具有普遍性，儒家以“人人皆为尧舜”来表达这种理念，就德性的本质而言，它以法天为本，它的成立是一种纯粹内在的追求，所有人都可以从中获得一种安身立命的方式，即它本身就是可欲的，并不与人的势位、财富有太多的关系。但是在社会政治秩序中，势位与财富是不同的，庶人不修身不过败其一家，而帝王不修身，则会导致整个天下的混乱。孟子对梁惠王讲的“推恩足以保四海，不推恩无以保妻子”，其实就突出了帝王的修身所具有的特殊意义，换句话来讲，越是占据社会政治高位的人，就越是需要修身。正是基于这样的认识，所谓“君子之德风”，儒家的政治哲学特别强调修身与帝王之德的关系，当然，这是在承认修身理论之普适性的基础之上来讲的。

王安石继承了儒家的这一修身理论，关注帝王之德与秩序的建构，其

《洪范传》论“帝王之五事”曰：

> 五事以思为主，而貌最其所后也，而其次之如此，何也？此言修身之序也。恭其貌，顺其言，然后可以学而至于哲。既哲矣，然后能听而成其谋。能谋矣，然后可以思而至于圣。思者，事之所成终而所成始也，思所以作圣也。既圣矣，则虽无思也，无为也，寂然不动，感而遂通天下之故可也。[1]

《洪范》言君主之五事，“思”是最为主要的，但经文曰“貌、言、视、听、思”，将貌、言放在前面，其原因正在于论述修身之序。修身之序从貌恭言顺为始，然后通过学习至于视听之聪明，不惑于事则能谋断。能谋则可以思，进而至于圣。“思曰睿”，即对于事物之终始无所不通，无所不通则至于圣。只有圣人才能达到无思无为，感而遂通天下之故的境界。不仅之于《洪范》，王安石的修身论杂糅诸家，强调“德业兼备”，尤为重视“精理”与“穷神”。

首先是“精理”论。在王安石的论述中，“精”主要是指人能够致一，或专注，或达到极致的力量。《洪范传》曰：“天一生水，其于物为精，精者，一之所生也。”又曰：“志致一谓之精。”[2]物之生本于天一，故本性中即有致一的能力，因为“精者，一之所生也”。其早期的《礼乐论》曰：

> 故古之人言道者，莫先于天地；言天地者，莫先乎身；言身者，莫先乎性；言性者，莫先乎精。精者，天之所以高，地之所以厚，圣人所以配之。故御，人莫不尽能，而造父独得之，非车马不同，造父精之也。射，人莫不尽能，而羿独得之。非弓矢之不同，羿精之也。[3]

---

〔1〕 王安石：《洪范传》，《临川先生文集》卷六十五，《王安石全集》，第6册，第1179页。

〔2〕 王安石：《洪范传》，《临川先生文集》卷六十五，《王安石全集》，第6册，第1176、1177页。

〔3〕 王安石：《礼乐论》，《临川先生文集》卷六十六，《王安石全集》，第6册，第1204页。

天之高为高之极致，地之厚为厚之极致，圣人之配天地为人之极致，就像御之极致为造父，射之极致为后羿一样。这是某一事物之所以为某一事物的极致状态，王安石称之为“精”。亦即“业精于勤”，或“精益求精”之“精”义。顺着他的这个思路，如果说后羿之善射，是因为他把自身之善射的潜能发挥到极致的话，那么圣人又是什么呢？王安石提出了“精其理”的概念，其言：

> 万物莫不有至理焉，能精其理则圣人也。精其理之道，在乎致其一而已。致其一，则天下之物可以不思而得也。《易》曰‘一致而百虑’，言百虑之归乎一也。苟能致一以精天下之理，则可以入神矣。既入于神，则道之至也。夫如是，则无思无为寂然不动之时也。虽然，天下之事固有可思可为者，则岂可以不通其故哉？此圣人之所以又贵乎能致用者也。[1]

天地万物莫不有至理，圣人就是能够将其理精熟于心，并发挥到极致的人。那怎么样做到“精其理”呢？王安石以为是“致其一”。能够致其一，则天下之物皆可以不思而得。根据他在《致一论》中的论述，“致一”包括两层基本的含义。一是通过致用思考或学习认知的活动，对于万物之理都可以尽其精微，至于其彰微刚柔无所不通。这是一个穷理的过程，它要求人的专注，与精益求精。二是坚定对于理的把握，恒以理为言行之根据，不惑于外物，不移于流俗，所谓圣人“视天下之理皆致于一”，皆致于圣人之心也。

如果将王安石的“精理论”与后来理学家所论的“格物致知”或“穷理”的观念作一个比较的话，不难看出，其内在的思路有很多是可以相通的。特别是对于“理”这一范畴的重视，反映了一种普遍的理性主义的时代思潮。在理学家那里，被称为“物之所以然”的理，在王安石这里是用

〔1〕 王安石：《致一论》，《临川先生文集》卷六十六，《王安石全集》，第6册，第1206页。

“精”一字表述出来的,强调“至理”的极致状态。没有穷理而不“致于一”的,但王安石强调“恒心”,强调坚定对事理的信念,对抗流俗以及外物的干扰。这也是王安石变法的基本精神的写照。他的《登飞来峰》诗曰:“不畏浮云遮望眼,自缘身在最高层。”秉持至理,坚持变法,不为流俗动摇。

其次是“穷神”论。王安石论“阴阳不测之谓神”曰:“神也者,妙万物而为言也。神在万物,更为可测。”[1]“神”是指天道化生万物的“神妙”,至于万物之间的变化,则是“可测”的。可见“神”是对天地造化的一种兴叹,带有形而上的特点。《洪范传》曰:

> 道万物而无所由,命万物而无所听,唯天下之至神为能与于此。夫火之于水,妻道也;其于土,母道也。故神从志,无志则从意。志致一之谓精,唯天下之至精,为能合天下之至神。精与神一而不离,则变化之所为在我而已。是故能道万物而无所由,命万物而无所听也。[2]

万物由之以生,而其本身却无所由;万物听命于此,而其本身却无所听命,这正是天道变化最为神妙之处。圣人效法天地,致一精理,做到“精与神一而不离”,则变化天下,便如天道之神妙。所以在王安石的论述中,穷神知化,与致一精理是相应的。前《致一论》中所论“苟能致一以精天下之理,则可以入神矣”,正是对《易传》“精义(义即理也)入神”的解释。“入神”即穷尽天地变化之妙。其《老子注》解“常无,欲以观其妙;常有,欲以观其徼”,曰:

> 无则道之本,而所谓妙者也;有则道之末,所谓徼者也。故道之本,出于冲虚杳渺之际;而其末也,散于刑名度数之间。是二者,其为

[1] 王安石:《楞严经解》卷一,《王安石全集》,第4册,第269页。
[2] 王安石:《临川先生文集》卷六十五,《王安石全集》,第6册,第1177页。

道一也。而世之蔽者，常以为异，何也？……盖有、无者，若东西之相反而不可以相无也。故非有则无以见无，而无无则无以出有。有无之变，更出迭入，而未离乎道。此圣人之所谓神者矣。《易》曰：无思也，无为也，寂然不动，感而遂通天下之故。此之谓也。……观其妙，所以穷神；观其徼，所以知化。穷神知化，则天地之道有复加乎！[1]

"神"并不是"无"之"冲虚杳渺"，也不是"有"之"刑名度数"，而是指"无有之间"，更出迭入，变化无穷的过程。对"无有之间"的强调，王安石吸收了道家的观念，虽然在他看来，这是"圣人之所谓神者"。实际上，他对老子偏于言"无"的倾向是抱有批评的态度的，认为不如孔、孟"详于有而略于无"。所以《诗》《书》《礼》《乐》《春秋》之经，都是应天下之变化而讲刑名制度的，只有《易传》讲到了"无思也，无为也，寂然不动，感而遂通天下之故"。虽然"无思""无为"，但终于"通天下之故"，王安石以此强调"无之为用"，圣人以之成就天下的功业。[2] 就此而论，他是以儒摄道的，以"神"的观念来统摄有无之辨，以穷神知化来表述圣人之于天地之道的体认。

无论是"致一精理"，还是"穷神知化"，最终都是获得"明"的修为。当然，这并不是指一般所谓的聪明，而是要具有洞见万物之理，并在合适的时机推动事物发展，最终却又归于"无为"的智慧。这样的智慧，王安石又称之为"独见之理"或"修神明"。《礼乐论》曰：

是故先王之道可以传诸言、效诸行者，皆其法度刑政，而非神明之用也。《易》曰："神而明之，存乎其人；默而成之，不言而信，存乎德行。"去情却欲而神明生矣，修神明而物自成矣，是故君子之道鲜矣。齐明其心，清明其德，则天地之间所有之物皆自至矣。君子之守至约，而其至也广；其取至近，而其应也远。《易》曰："拟之而后言，

〔1〕 王安石：《老子注》卷上，《王安石全集》，第4册，第155页。
〔2〕 王安石：《老子注》卷上，《王安石全集》，第4册，第157页。

议之而后动，拟议以成其变化。”变化之应，天人之极致也。是以《书》言天人之道，莫大于《洪范》，《洪范》之言天人之道，莫大于貌言视听思。大哉，圣人独见之理，传心之言乎，储精晦息而通神明。[1]

法度刑政虽重要，但尚需“神明之用”。“神明”是圣人治理天下的根本，换句话讲，就是智慧，或德行的创造性，是“存乎其人”的。“修神明而物自成矣”，这也是《洪范》所讲的圣人效法天地，成就万物的极致。那么何以修神明？王安石讲到了“去情却欲”，或“齐明其心”。情、欲遮蔽人心，所谓“欲者，性之害”。凡有欲望，将沉溺于物，丧我而逐物，又怎样能够做到神明其德呢？[2]《礼乐论》中尚论及其他的一些修身方法，如养生、保形、宁心、尽性等，内外兼修，最终去除人性之蔽，以“养人之神”。就此而论，王安石对待欲望的态度，以及援引养生、保形等观念，都是他融摄道家思想的表现。

明白王安石对“神明之德”的论述，对于理解他的政治理论是有着重要意义的。这说明在“法度与道德之间”，他虽然强调政治治理由于其自身的特点，不得不走向公共性，即建立“善法于天下”，但仅仅依靠着法度还是不行的，因为凡法度皆有弊，都会因风俗而变，“事久则弊，不更则斁”。在解释《周礼》大宰之“六典”时，王安石论曰：“有经则宜有纬，有纪则宜有纲，经而纪之者，典也；纲而纬之者，则存乎其人矣”。[3] 有典有法，是为法度之完备，然又须“纲而纬之”，即“神明之德”。

但王安石突出了“道德”所具有的法度创造性的功用。对于拥有势位的帝王而言，其创造性固然表现在“创法立制”上；而对于一般之士人，如孔孟，则立足于以自己的言行改变天下的风俗，其论曰：“圣人之所以能大过人者，盖能以身救弊于天下耳”。[4] 又曰：“圣人也者，因物之变而通

〔1〕 王安石：《礼乐论》，《临川先生文集》卷六十六，《王安石全集》，第6册，第1202页。
〔2〕 王安石：《老子注》卷上，《王安石全集》，第4册，第157页。
〔3〕 王安石：《周礼新义》卷一，《王安石全集》，第3册，第45页。
〔4〕 王安石：《三圣人》，《临川先生文集》卷六十四，《王安石全集》，第6册，第1162页。

之者也。”[1]现实当中的帝王是继承而来，他们未必就是圣人，但一定是学圣人者，只有这样才能成为王安石心目中的变法者。如果以此来观察他的变法，那么可以说仅仅从他所建立的一些法度，如青苗、均输等，并不足以深刻地了解他的努力，更为重要的是他对神宗皇帝的期望与塑造。他期望的是一个大变革者，有强大的意志力，明于天下之至理，穷尽天地之造化，创法立制，以“通天下之务”。

本章小结

从王安石的天道性命论中，可以发现一种系统的政治观，包括他对政治的目的、本质以及方式的认识。正是这些理念指导着其变法的基本设计，并贯穿在实践的全部过程中。整体来看，王安石的变法立足于国家治理体系的完善，他所找到的工具就是“立法度”，将政治事务纳入法度之中，建立一个完整的治理框架。因此，他呼唤一个作为大变革者的君主出现，“创法立制”是首要的。除了上文所论，他的政治理论尚有以下几个方面需要注意。

第一，他对自然秩序的认识，吸收了道家的理念。道家认为社会具有自组织的能力，依靠它本身就可以具有秩序，所谓“我无为，而民自化”。政治所要做的，就是尽可能地减少干预，即自然无为。在后一点上，无为作为一种治理术，或价值存在，王安石是认同的。但对于前一点，即作为社会的自然性，依靠它，社会可以获得好的秩序，显然他是持不同意见的。其言：“天能生而不能成，地能成而不能治，圣人者出而治之也。”在天生养万物之时，不见形器，但万物成形之后，即“涉及形器”，则圣人“以万物为己任者，必制四术（礼乐刑政）焉”。[2] 这样王安石将“自然”限制在有形之先，限制在生养的层面，但“形器”之后的事情，即人类社会秩序的进一

[1] 王安石：《易解》卷三，《王安石全集》，第1册，第135页。
[2] 王安石：《老子注》卷上，《王安石全集》，第4册，第180页。

步形成与完善，则需要圣人的积极作为。

可见圣人与天地的关系，不仅是圣人要效法天地生养万物，更为主要的是，圣人要是天地未竟之事业的继承者，“开物成务”，“参天地之化育”。由于前一个层面，即有形之先的自然存在，社会并不是完全可以建构的，因此又保留了它的“自然性”，比如人保全自身性命的欲望，在《洪范》“五福”中有“寿”，有“富”，有“康宁”，王安石称之为“常性”“常产”。这是一个社会最基本的福祉，即保全人的性命与财产的诉求。另一方面，涉乎形器，人总有害其性，梏其命而不得其所者，“先王知其然，是故体天下之性而为之礼”。[1] 礼乐制度的建立正在于和同天下之性。因此，对于王安石而言，在老子的自然与儒家的政教秩序之间并没有一条不可逾越的鸿沟，形器之先与形器之后也不是截然割裂的，政治上的积极作为来自于自然本身发展的需要，且以之为基础。

第二，他对秩序的最终期望是以儒家的道德价值为归宿的。制度与风俗要有利于营造使人“向善”或“攸好德”的风气。这是可能的，他的人性论为此奠定了基础。人性从本源上而言并非不善，但染于习，又有“设之不当”，只能是“一时善，一时恶”的“中人”。所以仅仅依靠自然，人性善的潜能是不能彰显出来的。故有圣人中和天下之人性，实际上圣人以制度治理天下。制度以中人为度，要以现实的情形作考虑，要以能够彰显人性之善为本。在人性与制度之间始终存在着一种张力，一味地强调制度迎合人性的欲求，忽视它所具有的矫正以及强制的方面，将会导致法度废坏、政治慵懒、国家衰弱；而一味地突出制度的强制性，忽视它所具有的合乎人性的方面，将会导致威权政治，最终也不可持久。好的政治治理一定是在两者之中取得一定的平衡，既避免前者的幼稚主义，又避免后者的权威主义。这是王安石政治理念所坚持的一个核心。

因此，制度虽然有规范、强迫性的层面，但最终还是要与人性的内在要求相适应，只有这样的制度，才合乎中道原则，能够长久持续下去。在

〔1〕 王安石：《礼乐论》，《临川先生文集》卷六十六，《王安石全集》，第6册，第1200页。

《进说》中,王安石描述了这一制度理想:“古者井天下之地而授之氓,士之未命也,则授一廛而为氓,其父母妻子裕如也。自家达国,有塾,有序,有庠,有学,观游止处,师师友友,弦歌尧舜之道自乐也。磨砻镌切,沉浸灌养,行完而才备,则曰:‘上之人其舍我哉?’上之人其亦莫之能舍也”。[1] 这正是儒家的政治社会理想,如果说“各正性命”是对它的理论阐述,那么这里则是一种具体的图景式的描绘。富裕康宁的生活,修道以自乐,为用于国家社会,都贯穿着王安石对人性善的理解。仅仅凭着威权政治的慑服是不可以达到的,在讲到《洪范》何以用“攸好德”,而不用“好德”时,王安石以为是让君主“不深探其心”,只要是能够革面以表示自己好德者,皆用奖励。“不深探其心”,显然是对猜忌深刻的威权政治的反思。

第三,他充分地认识到法度之于政治的首要性。法度,或制度,是社会得到治理的基本途径,用王安石的话来讲,就是“立善法于天下”。不能立善法于天下,只凭借一身之能,不惟力有所不足,其势亦有所不能。故政治有政治之特点,君主虽然爱民,但也必须通过立法度达到治民的目的。法度之行,人人为用,王安石称为“以天下人了天下事”。他论述天道任理的观念,其中就隐含着立法度之意。“理”不是方便哪一个人,而是为了方便所有人,法度之立正是为此。就像人见天道生生,便以为是仁,殊不知秋杀冬藏亦是仁意。试想天地只有生生,会是一个什么样子?故王安石对仁政的认识,强调“仁民”不是“媚民”,仁政要有法度,政治才能是持久的。在后来他的变法中,首以“变风俗,立法度”为口号,应该讲是与他的这一政治哲学观念相关的。

实际上,王安石所建立的正是一个法治的框架,这里“法治”是以法度或制度治理的意思。当然,这里的“法度”是王安石所理解的“先王之法度”了,他依托着天道性命的理念,对制度的基本原理或原则进行了探讨,如公正、中道、合乎人性等。而这一切要走上现实的道路,都需要一个大

---

〔1〕 王安石:《进说》,《临川先生文集》卷六十九,《王安石全集》,第6册,第1244页。

变革者的出现，他敢于作为，“有恒心”，明于义理，联合士大夫以创立法度，使天下之事务得到治理。然义理是高于君权的，法度一旦建立，所有人都在其中，“无独蒙其幸者”，亦包括君主本人。对于人才的期望是法度得以运行的本意，但这要深入到其变法的具体设计中，才能理解他对两者的统一关系的认识，以及他为何要批评庆历政治传统。

第五章　王安石变法理论的全面建构

本章考察王安石变法理论的全面建构。熙宁年间,历史选中王安石作为改革的设计者,并非偶然。他的学术、威望以及政治资历,从地方到中央有着丰富的经验,使得他在士大夫中享有极高的名誉。更为主要的是,他提出了一整套的改革方案,即“施设之方”,对于同样锐意改革的宋神宗具有极大的吸引力。熙宁元年王安石的诏对,史籍详细地记载了当时的情形:

> 上谓安石曰:“昨阅卿所奏书至数遍,可谓精画计治,道无以出此,所由众失,卿必一一经画,试为朕详见施设之方。”对曰:“遽数之不可尽,愿陛下以讲学为事,讲学既明,则施设之方不言自喻。”上曰:“虽然试为朕言之。”于是为上略陈施设之方。上大喜曰:“此皆朕所未尝闻,他人所学,固不及此,能与朕一一为书条奏否?”对曰:“臣已尝论奏陛下,以讲学为事,则诸如此类,皆不言而自喻。若陛下择术未明,实未敢条奏。”[1]

[1] 黄以周等辑注,《续资治通鉴长编拾补》卷三上,中华书局 2004 年版,第 95 页。

虽然王安石一再强调“讲学为事”，但在神宗的一再要求之下，还是“略陈施设之方”。神宗的赞赏更是溢于言表，“此皆朕所未尝闻”，他能够任用王安石来主持变法，就是必然的了。而透过熙宁变法的各项措置，更使我们看到了王安石作为一个政治家的战略眼光。面对北宋社会政治的诸多问题，他以“变风俗，立法度”为总纲领，以财政改革为突破口，而落实于人才的培养，以推动社会政治各领域的制度建构。凡经济、吏治、教育、刑法、军事、外交等，皆本于其政治理念，效法前代之制度典范，又以切于实效为目标，建立新制度，开启了一个大变革的时代。在所有的制度中，虽然经济改革最为近代之学者关注，但真正体现王安石顶层设计的是政治改革与人才路线。正是关于人才路线的争论，使得他遭到元祐以及后来儒学的批判。但在对此进行评价之前，首先要对其变法理论有一个全面的了解。

第一节　合均平与富强：《泉府》之法*

在《周礼》所载的庞大官职系统中，“泉府”只是司市的属官，以下大夫为官长，并无特别显著之地位。汉代王莽改制，刘歆尝援引它来建立针对商人的国家贷款政策，计其赢利收息，不过什一。〔1〕然到宋代，王安石进一步将自己的新政，如青苗、市易等法度与《泉府》联系起来，〔2〕这使它成为了宋明经学争论的一个焦点。围绕一些重要的理财问题，如均平理想的实现、政府垄断的产生以及商税的征收等，后来的儒学对王安石进行了批评与反思。这些争论给我们观察古代儒家经济理论的演变，以及进一步理解宋代新儒学各派的经济立场提供了一个独特的视角。

---

* 此一节以《论宋儒围绕〈周礼·泉府〉展开的理财之争》一文，发表于《西部史学》2020年第1期。

〔1〕郑玄注，贾公彦疏：《周礼注疏》卷十六，彭林整理，上海古籍出版社2010年版，第540—543页。

〔2〕对于王安石援引《泉府》之法为自己辩护之资料的梳理，可参见俞菁慧：《〈周礼·泉府〉与熙宁市易法——〈泉府〉职细读与王安石的经世理路》，《首都师范大学学报》（社会科学版）2014年第4期。

一、新政策的任务

面对宋代的积贫积弱，王安石的经济政策固然要实现国家的富强，但作为儒家的学者，他所关注的还有当时社会经济结构所面临的一些深层次的问题，特别是分配的不平等。早在《风俗》篇中，他就提到了这一问题：国家经过两百年的承平，政治基本稳定，经济人口前所未有的繁荣昌盛，赋敛徭役的状况好过历史上任何时期。本来应该"家给人足，无一夫不获其所矣"，现实的状况却是社会的两极分化——"富者财产满布州域，贫者困穷不免于沟壑"，甚至"士无廉声"，贫民不得救恤，富者奢侈相尚；风俗攀比之下，穷人被世俗裹挟，倾尽家产以附奢风。[1]

不难看出，王安石的问题意识背后所隐含的正是儒家思想中的"均平"理念。《论语》中，孔子以"均无贫"表达这一目标。需要强调的是，这里不能将"均平"理解为现代意义上的"平均主义"，后者是一种主张"份额相等"的财产分配理念。[2] 历来古代经学的注释，也没有将"均无贫"解释为平均主义的。比较有代表性的，如朱熹训"均"为"各得其分"。[3] 这里的"分"有"性分""职分"的含义。"性分"表达的是目标，即人人各得其所，使自己的生命健康基本得到保障。而要达到这一目标，则需社会中不同阶层的分工，即士、农、工、商的各分其职、各尽其责来完成。何晏注曰"政教均平"，其中的分配理想，刘宝楠的《正义》表述得最为清晰：

> 大富则骄，大贫则忧，忧则为盗，骄则为暴，此众人之情也。圣者

---

〔1〕 王安石：《风俗》，《临川先生文集》卷八十九，《王安石全集》，第6册，第1250—1251页。

〔2〕 很多学者将儒家的均平经济理想解读为"粗陋的共产主义"，或者是"乌托邦主义"。如房德邻：《儒家色彩的乌托邦与孔教的启示录》，《孔子研究》1992年第4期；张连顺：《孔子"不患寡而患不均"的形上意义及现实意义》，《贵州大学学报》2006年第5期。显然这是不合古代典籍的本意的，因而是一种现代语境下的误解。很多学者已经认识到这一问题，相关讨论可参见施家珍：《"不患寡而患不均"辨》，《孔子研究》1993年第4期；韩涛：《孔子均平分配思想中的中道理念》，《孔子研究》2016年第4期。

〔3〕 朱熹采取此解，见《论语集注》卷八，《四书章句集注》，中华书局2012年版，第171页。

> 则于众人之情，见乱之所从生。故其制人道而差上下也，使富者足以示贵，而不至于骄；贫者足以养生，而不至于忧，以此为度而调均之，是以财不匮而上下相安，故易治也。[1]

“均平”是避免两极分化，即财富掌握在少数人的手中，富者大富，贫者大贫。因为一般的人情是“大富则骄，大贫则忧”，从而成为社会动荡的根源。那么相对均衡的分配状况是：富者足以展示自身的优越生活，不至于凌虐他人；贫者足以养生，不至于时刻面临死亡的威胁。如果将人口的基数与财富的多少用一个图式来表示，那么儒家理想中的分配模式类似于枣核形，中间的部分越大越好，因为这意味着掌握社会财富的人口数量逐渐增多，而贫困的人口却在不断下降。

秦汉以后，土地兼并愈演愈烈。儒家学者如董仲舒基于“均平”的理想，提出“限民占田”的主张，其后虽有短暂的实行，但都未能持久。王莽改制，亦尝推行“王田”制，可以说是儒家“均平”理念的激进主义表现。北宋中期，一些重要的新儒学思想家，如李觏、苏洵、张载、程颢等兴起了对井田制的研究热潮，最具有代表性的就是张载的“经界法”。[2] 王安石与同时代的儒学思想家一样，面对社会经济的不均衡状况，也进行了自己的探索。首先，他的一个特别之处在于，他以为富强与均平实际上是一体的，其依据就是《泉府》一官：

> 欲钱重，当修天下开阖敛散之法。《泉府》一官，先王所以摧制兼并，均济贫弱，变通天下之财，而使利出于一孔者，以此也。[3]

王安石对《泉府》的援引不止一处，在他看来，《泉府》之法就是先王

---

〔1〕 何晏集解，刘宝楠正义：《论语正义》卷十九，《诸子集成》，中华书局 1954 年版，第 1 册，第 352 页。

〔2〕 对于张载的井田思想的论述，可参见范立舟：《宋代思想环境在张载对井田制的理解与提倡》，载《湖北大学学报》（哲学社会科学版）2018 年第 9 期。

〔3〕 黄以周等辑注：《续资治通鉴长编拾补》卷四，中华书局 2004 年版，第 156 页。

变通天下之财富的政策基础。“使利出于一孔”，关键是以国家资本和权力抑制兼并，调控经济，将均平与富强的目标联系在一起。具体而言，就是熙宁年间相继颁布的均输、青苗、市易等法度，通过国家贷款、政府采购等形式，直接打击大地主、大商人的高利贷与市场垄断行为。按照王安石的设想，这正可以达到《泉府》中所讲的“国之财用取具焉”的目标。他所谓的“兼并之家”，并非泛指一般的富户，主要是指一些豪强势力，他们或以高利贷牟利，如“一岁坐收息至数万贯”者；〔1〕或是垄断商行，以操纵价格取利，如“茶行十余户”是也。〔2〕在王安石看来，他们的奢侈豪华是建立在“侵牟编户齐民”的基础之上的，是造成中下阶层普遍贫困的原因，也破坏了经济的正常发展秩序。〔3〕

将新政策的目的直接解读为以国家垄断代替豪强垄断，是不公正的。通过一整套财政制度的相互配合，王安石的意图展现得更加明显。介入国家力量，直接实现增加财政收入的目标，更为根本的是，在中小阶层与大地主大商人、农业与商业之间寻求一种均衡的分配方式。打击市场垄断，还是要以有利于商业的发展为目标的；更大幅度的转移支付，特别是补助农业的政策，如开垦农田、兴修水利等，也是为了促进农业生产的发展。当然，这些转移支付还为教育、吏治以及国防等领域的改革提供经费支持。在神宗的支持下，王安石等人借助于青苗法的推进，迅速在全国各地建立起了提举官的制度，并使其成为地方权力的新中心，直接与中央财政机构对接，引领全面的经济改革。〔4〕

二、国家权力与均平的实行途径

因为王安石对均平问题的关注，近代以来很多评论者将其称之为国

〔1〕 李焘：《续资治通鉴长编》卷二百四十，中华书局 2004 年版，第 5829 页。

〔2〕 李焘：《续资治通鉴长编》卷二百三十六，第 5738 页。

〔3〕 李焘：《续资治通鉴长编》卷二百三十六，第 5738 页。据一些学者的研究来看，宋代的土地兼并、高利贷资本，以及大商户对商行的垄断发展到了前所未有的严重状况，参见漆侠：《宋代经济史》，中华书局 2009 年版，第 1117—1146 页。

〔4〕 对新法推行的范围、权力结构等的分析，可参见陈晓珊：《历史地理视角下的王安石变法》，北京大学博士毕业论文 2011 年。

家资本主义或社会主义者。[1] 他们都看到，王安石正是依托着均平之名鼓励国家资本与权力的扩张。对此，需要强调的是，虽然这样的类比可以帮助我们理解新政策的一些方面，但也产生了一定的误解。在下面的两个问题上，要具体地、历史地分析。首先是在政府与市场关系的问题上，王安石持有着什么样的态度？与当时反对者的争论是什么？其次是在"抑兼并"，即均平目标的实现方式上，各派之间有着什么样的冲突？

首先来看第一个问题。一般而言，儒家的学者并没有在政府管控与自由放任之间必然地要坚持哪一方，是否有利，以及能否达成儒家民本的主张是最为重要的考虑因素。故而有学者认为儒家是一种中庸的态度，"适当的时间或条件为最好"。[2] 王安石在论述这一问题时，使用了"官私两利"或"均天下之利"——关键是建立合适的制度或法度框架，使得国家、官吏以及中小阶层的利益都能得到维护，正是这种思路使得他特别重视制度经济，即好的制度对于经济发展的促进作用。

这也是王安石所谓"立法度"的精神在经济改革中的体现，无论是青苗、市易、免行等制度，他始终强调君主不受某一些利益集团的左右，以公义、公理为建立制度的标准，再以公心推动法度的运行。如市易务的推行就是在听取了各个商行的诉求之后，以免行钱代替原来的强制劳役制，一方面政府采购可以获得好的物品，另一方面商人虽交一定的免役钱，但可以无劳役之苦，正所谓"官私两利"。[3] 又如宋初下级吏员多无俸禄，朝廷不得不默认他们的取贿生事。这不仅有损政府的效率，也不利于正常商业秩序的建立，增吏禄并行仓法，使得政府管理体制走向正轨，亦利于

〔1〕 近代以来，王安石的经济改革一直备受学界关注。李华瑞的《王安石变法研究史》对其进行了系统的总结，从中可以看出学界对王安石的评价，是如何深受时代之政治经济背景（即社会气候）的影响，如上个世纪六七十年代的计划经济时代，学者对王安石"均济贫弱"的赞扬；而到八十年代，因市场经济的改革，很多学者转而批评王安石的新政。西方国家对王安石的关注，主要与凯恩斯主义，或罗斯福新政的兴起密切相关，故西方很多学者倾向于将其理解为"社会主义"或"国家资本主义"的代表。见李华瑞：《王安石变法研究史》，人民出版社 2004 年版。

〔2〕 陈焕章：《孔门理财学》，韩华译，商务印书馆 2015 年版，第 144 页。

〔3〕 李焘：《续资治通鉴长编》卷二百二十三，第 5433 页。

其服务于民众的利益。[1]

在面对政府管控与自由放任的关系问题时，王安石也是坚持这一基本原则的。首先他也重视市场的效率，在其对市易务的辩说中，去除垄断之害，使广大的商旅获利是一个重要的理由。他对国家征榷的态度，很能说明这一问题。总体而言，他是不赞成国家征榷的，原因就是没有效率，不利于民众财富的增长。保留在其《文集》中的《议茶法》一篇，为其参与仁宗嘉祐年间的通商法改革的议论。在议论中，他从两个方面论证了通商法优越于国家专利制度，一是效率高，产品质量好；二是有利于国家长治久安。其中专门讲到"以今之势，虽未能尽罢榷货，而能缓其一，亦所以示上之人恤民之深而兴治之渐也"。[2] 众所周知，宋代是古代专卖制度最发达的历史时期，[3] 虽然王安石坚持这样的观念，即希望"尽罢榷务"，但显然这是不现实的。而在变法期间，他也是劝导神宗"榷法不宜太多"，并对榷茶持反对态度，以为获利无多。但是在其当政期间，确实扩大了对酒、川茶等的征榷，部分原因与应对边防的需要有关，更与他的改革倾向于"恤农"的观念相关。[4]

无论王安石怎样想在政府与市场之间保持一种有益的平衡，新政的迅速推行显然是鼓励了国家资本的介入，它所遭到的首先就是保守者的攻击。依照这些攻击者的观察与推论，新政必然会导致"国家垄断"的问题。特别是提举官遍布全国，不良官吏缘以为奸，或为了政绩强制民众贷款，或对欠息者追呼侵迫，结果就是"与民争利"或"扰民"。司马光从逻辑上对其进行了论证，"天下所生货财百物"，不在民

---

〔1〕 李焘：《续资治通鉴长编》卷二百十四，第 5223 页。

〔2〕 王安石：《议茶法》，《临川先生文集》卷七十，《王安石全集》，第六册，第 1258 页。

〔3〕 对古代征榷制度的系统论述，参见李剑农：《中国古代经济史稿》（下册），武汉大学出版社，第 950—1021 页；齐涛：《中国古代经济史》，山东大学出版社 1999 年版，第 405—419 页。

〔4〕 对此的论述，参见漆侠：《宋代经济史》，中华书局 2009 年版，第 794 页。熙宁五年四月神宗与王安石一段对话，谈到"盐酒法不须弛"的问题。"上曰：'盐酒之法既未可弛，即须严禁。'王安石曰：'陛下虽致治如唐、虞时，盐酒法亦不须弛。若欲推利于民，政须厚农而已。末作不禁，更能害农，非尧、舜之政也。'"见李焘：《续资治通鉴长编》卷二百三十二，第 5682 页。从中可以看出他的重农的思想。

间，则在政府。[1] 通过国家资本的投入来增加收入，不过是变相地对民众财富的掠夺而已。实际上，这使得他走向了反对任何增加财政收入的政策，而只有通过削减支出来维持财政的平衡。应该讲，在反对政府对市场的过度干预上，古代中国的保守主义政策类似于近代的自由经济观念，但也应该看到它所根植的中国古代的历史与思想资源。他们也坚持儒家民本主义观念，深谙国家与民众之间的关系是古代王朝兴亡的根本，而税收是其中最为重要的一种关系，特别是在古代农业社会财富创造的速度不高，财富的总额在相当长的时期内基本保持稳定的历史条件下，用一种道德主义的观念来约束政府，是有它的合理性的。因此轻徭役、薄赋敛不仅是一条处理财政问题的金律，更是一条根本的政治经验。

保守主义者围绕着王安石对《泉府》的援引，展开了经学上的论争。如他们抓住《泉府》"国服为之息"一句，因为它正是新法贷款政策的文本依据。他们以为《泉府》固然贷款于民，但不应取利。在官僚中富有声望的韩琦论证说，上自两汉，下及有唐，王莽之后，"更不闻有贷款取利之法"，即使是王莽，也不过是取赢息之利罢了。韩琦攻击青苗法，真正的用意是主张回到宋初的常平法政策。至于"国服"之训，汉儒已有争论，郑司农以"国之所产"为训，但郑玄不取，认为既然贷之以钱，取之亦应以钱。宋儒相信王安石正是偏信了郑玄的解释，才颁布了取息以钱的政策。他们极为不满，永嘉学派的陈傅良作出了新的解释，以"服"为"服公事之服"，则民众要以国家徭役的形式偿还利息，[2] 明代王应电的《周礼传》亦从其说。[3] 以"所产"或"徭役"来偿还利息，是否就一定会减少民众的负担？这是需要实际考察的。而就商品经济本身的发展规律来看，以货币偿还利息的方式显然是一种更高的发展阶段。

---

〔1〕 司马光：《八月一日迩英奏对问河北灾变》，李之亮笺注：《司马温公集编年笺注》卷三九，巴蜀书社 2009 年版，第 547 页。

〔2〕 陈傅良的《周礼说》全本已佚，此转引自王与之：《周礼订义》卷二四，文渊阁《四库全书》本，台湾商务印书馆 1986 年（影印）版，第 93 册，第 404 页。

〔3〕 王应电：《周礼传》卷二下，文渊阁《四库全书》本，台湾商务印书馆 1986 年（影印）版，第 96 册，第 109 页。

其次,如何实现均平分配,各派之间的态度是有着明显的冲突的。对此,南宋永嘉学派的观点颇具有代表性,其表示理解《泉府》“抑制兼并”的政策,如陈傅良《周礼说》有:

> 君不理则权在商贾,操市井之权,断民物之命,缓急民之所时有也,虽贱不得不卖,裁其价太半可矣。虽贵不得不买,倍其本十百可矣。民何以能育?是故不售之货,则敛之,不时而买则与之,物楬书之,使知其价而况赊物以备礼贷本以代生,皆所以缓贫窭而抑兼并,管仲平轻重,李悝平籴,寿昌常平,皆古意也。[1]

商贾垄断市场,不利于经济的发展。他虽然称赞管仲、李悝等法度合乎“古意”,但并不意味着他赞同王安石的新政。永嘉学派的另一位代表人物叶适的论述,可以帮助我们理解他们对此问题的一般态度。叶适认同《泉府》之法,却从“古今异势”的角度否定了“抑兼并”的措施。他以为“今天下之民,不齐久矣”,富商大贾已经掌握了市场利权,他们利用自己的财富,庇护一方民众,维护社会稳定,也是国家赋税的重要来源,所以他说“富人”为州县之本,“上下所赖”。在这样的情况之下,怎样能够动用国家权力“遽夺之”,甚至“嫉其自利而欲为国利”呢?[2]

显然,叶适注意到了后世大量存在的佃农制,它使得大量的农民在失去土地后,不得不依靠富人来获得从事生产的资助,以及逃避赋税。面对大地主的“豪暴过甚”,或“兼取无已”,他并非无动于衷,但是他明确地反对任何根本的制度变革,对于王安石的抑兼并政策,以及北宋新儒学要求恢复井田制的观念都不予认同,所谓“儒者复井田之学可罢,而俗吏抑兼并富人之意可损”。他主张通过渐进的制度建设,十年以后,最终达到“无甚富甚贫之民,兼并不抑而自已”的均平理想。[3]

---

〔1〕 转引自王与之:《周礼订义》卷二十四,文渊阁《四库全书》本,第402—403页。

〔2〕 叶适:《财计上》,《水心别集》卷二,《叶适集》,刘公纯等点校,中华书局2010年版,第659页。

〔3〕 叶适:《民事下》,《水心别集》卷二,《叶适集》,第657页。

事实上，王安石也看到了现实中贫民对富人的依赖，由此他也不认同恢复井田制的主张。这从他对程颢等人的批评中可以看出来，《长编》载：

> （范育）又言“须先治田制”，其学与张戬同。安石曰：“臣见程颢云：须限民田，令如古井田。”上曰：“如此即致乱之道。”安石因言王莽名田为王田事，上曰：“但设法以利害驱民，使知所趋避，则可。若夺人已有之田为制限，则不可。”安石曰：“今朝廷治农事未有法，又非古备建农官大防圩埠之类，播种收获，补助不足，待兼并有力之人而后全具者甚众，如何可遽夺其田以赋贫民？此其势固不可行，纵可行，亦未为利。”〔1〕

农民因为不能从国家那里获得相应的补助，不得不转而依靠“兼并有力之人”。要彻底改变这样的现实，即使动用国家权力，变私有为国有，平均分配土地，也不太可能做到。对于这一点，王安石与叶适有着相同的认识。但不同的是，王安石虽不认可改变土地所有制的做法，但通过国家的资本与权力的介入，以改变中小农民对大地主的依赖关系，以兴修水利、补助不足来促进农业发展的政策，却是他极力推崇的。而这必然会带来国家力量的扩张，甚至在一定程度上出现国家垄断的问题，这正是叶适等人所要反对的。

三、征商与恤农

另一个激烈争论的问题就是，王安石在熙宁年间推行的扩大征商的政策。他也援引《周礼》为己辩护，如言“《周官》固已征商，然不云几钱以上乃征之”。《周礼·廛人》载：“掌敛布：絘布、总布、质布、罚布、廛布，而入于泉府。”陈傅良以为王安石正是据此来增加商税的，其论曰：

> 且以廛人一官论之，所谓“絘布”者，郑氏谓“列肆之税”，即今之

〔1〕 神宗与王安石谈论范育“须先治田制”事，见李焘：《续资治通鉴长编》卷二百十三，第5181页。

> 房廊钱。所谓“廛布”者，郑氏谓“诸物邸舍之税”，即今之白地钱。又有“罚布”者，卖买不平之罚；“质布”者，质人巡考犯禁之罚，即今之搭地钱。又有“总布”者，子春谓“无肆立持之税”，若熙宁间不系行钱。……所以王莽用《周礼》，遂有五均六干，列肆里区无不征之。荆公用《周礼》，遂有坊场河渡、白地房廊、搭罚六色、免行市例之类，无所不有，至使《周礼》之书后人不得尝试。夫周家之法果如是耶？抑用之者失其实耶？[1]

《廛人》所载商税，皆归于《泉府》，陈氏以为其内容繁杂，有不合理之处。考陈氏所举诸例，大多汉代以来就已经存在，宋代立国承袭前制，基本保留了前代的征商制度。熙宁改制，王安石进一步扩大了征商，其中免行、市例皆为新增加的税目，由市易务承担。市例钱为市易务推出的一种商业附加税，而免行钱是为变革城镇诸行具有应役性质的“纠行”制度，改应役上供物，而出免行役钱，类似于农业领域的免役钱。其中免行钱是受当时反对者攻击最多的，他们以为存在征税范围过大的问题，一般之小商小贩皆被征收。但据王安石等人的解释，免行钱是应各大商行的要求而征收的，毕竟对于这些商人而言，出一定的钱就可以免除国家的强制劳役，是他们更愿意的。

应该看到在当时党争的背景之下，反对者确实故意夸大了新法负面效果的宣传。对此，我们不会停留在对历史细节的考证上，重要的是理解王安石的商业政策。它有助于整个财政结构的调整与转型，并与其恤农的观念紧密结合在一起。面对熙宁年间的财政危机，王安石与当时主流意见一样，都不主张增加农民的赋税。[2] 无论是基于儒家的民本观念，还是现实的考虑，增加农民的赋税都是不可行的。当时对理财颇有心得的苏辙明确地讲：“臣所谓丰财者，非求财而益之也，去事之所以害财者而

---

〔1〕 转引自王与之：《周礼订义》卷二四，文渊阁《四库全书》本，第397页。

〔2〕 宋初制赋，农民要交的赋税主要有以下几种，一是田赋，二是丁口之税，即人头税，三是城郭之赋，如宅税、地税等，四是杂变之赋，如牛革、蚕盐之类。见脱脱等：《食货上二》，《宋史》卷一百七十四，中华书局1985年版，第4202页。

已。”理财并不是“求财而益之者”，所以对增加财政收入的任何政策都不会抱有好感，更不用说增加农民的赋税了。[1] 但对于王安石而言，问题就在于不增加农民的赋税，又怎样能够获得变法所需要的足够的财政支持呢？增加国家资本的投入，以获得收入之外，增加商税显然是不可缺少的一个途径。

王安石采取扩大征商的办法的理论支持，来自他所谓的“重租税以困辱之”的观念。[2] 在一封书信中，他也讲到“制商贾者恶其盛”，盛则民众去农者众，这会影响农业的发展，但又不能让商业衰败，衰败则货物不能流通。因此，他提倡因时制宜的原则，“稍盛则廛而不征”，即赋廛而不征货；“已衰则法而不廛”，即管理以市官之法而不赋廛。但就熙宁新法来看，其征商的幅度显然要超过这里所设想的状况。[3] 不难看出，这是古代“重农抑商”观念的一个翻版，但并不能简单地将“抑商”等同于对商业的打击，准确地讲应该是要求商业补助农业。新法明确地提出“恤农”的观念，某种程度上可以讲，正是重农主义的表现，它包含着明显的发展农业的政策意图，即通过转移支付扩大对农业生产的国家投资。

显然，增加商税并不意味着减少农业税赋，但是这些政策在客观上具有着这样的倾向，即在古代国家的财政结构中，减少国家对农民赋税的依赖。如此，新政不得不增加商业税赋，这遭到当时主流士大夫的抵制。北宋杨时攻击王安石的征商政策是贱大夫所为，“古无有也”。[4] 同样生活在北宋的陈汲尝作《周礼辨疑》，提出这样的一个理由：

> 熙宁间，京师市井凡贩卖小民，虽拾发、鬻薪、提茶等类，悉出免行钱；不出者毋得贩鬻市道，其意亦曰抑末作游手之民。然不知先王之世，民无不受田者，虽商贾家亦受田，特减于农民，抑其末作，使反

---

〔1〕 黄以周等辑注：《续资治通鉴长编拾补》卷三上，中华书局 2004 年版，第 105 页。
〔2〕 王安石：《风俗》，《临川先生文集》卷六十九，《王安石全集》，第 6 册，第 1251 页。
〔3〕 王安石：《答韩求仁书》，《临川先生文集》卷七十二，《王安石全集》，第 6 册，第 1292 页。
〔4〕 杨时：《神宗日录辨》，《杨时集》卷六，中华书局 2018 年版，第 132 页。

> 其本，则退有可耕之田，不至失业饥寒。自井田既坏，小民亡立锥之地，势不免贩卖以自资。今而曰抑之归农，则退岂有可耕之地哉？故重税适所以启其怨咨之心，饥寒之患，而曰使之务本，恶在其为政也？[1]

且不论陈汲对熙宁征收免行钱的评论是否合乎史实，但他对王安石“抑商”政策的一个担忧，依然值得我们重视。他揭示了这样的一个事实：在后世农民不断失去土地，不得不转为佃户，或者从事商贩以自资的情况下，扩大征商的范围，显然是不利于这部分民众的利益的。所谓“抑之归农”，不仅是无法达到的，反而可能适得其反。应该讲，这是商业发展到一定的状况，必然会出现的一种矛盾。但它还没有发达到这样的状况，吸纳更多的人口，创造更多的价值，使得王安石可以从中取得充足的财政支持，从而实现国家财政结构的根本转变。这是王安石征商政策失败的根本原因，陈汲所言“适所以启其怨咨之心”而已。

南宋叶适惩于古代国家以多取为政，抨击新政徒然增加国家税赋。他论证说，自宋建国至南宋中期，国家财政屡经变革，财政总额呈现出了数倍的增加，而熙丰改制实肇其端。北宋灭亡，财赋不减反增，源于战时体制所采取的临时性政策，如经总制钱、折帛、和买等随后反成常态，所以他感慨说：“是自有天地，而财用之多未有今日之比也。”[2]由此，它以减税为当务之急，主张与民休息，并在此基础之上开展国家治理的全面改革，这也使得他与王安石的财政扩张政策有了根本的冲突。

显然，叶适的评论揭示了一个更为根本的问题：在国家与民众之间，古代的赋税制度一直处于一种“无政府”的状态，它使得任何一种建立合理、有效的财政管理体制的努力总是归于失败。王安石的新政，无论后世如何评价其具体效果，至少在使国家财政摆脱无政府的状态上显然是失

[1] 陈汲：《周礼辨疑》，转引自王与之：《周礼订义》卷二八，文渊阁《四库全书》本，第 474 页。

[2] 叶适：《财总论二》，《水心别集》卷十一，第 772 页。

败的。新政策导致宋代财政不断扩张，增税产生的恶果不断显现。北宋晚期蔡京、王黼等人打着新政的旗号，实际上将大量的国家财赋用于皇帝本人的享受，恰是这种“无政府”状态的极端发展，尽管王安石很不愿意看到这种状况。但如果一味地否定王安石的做法，转而鼓吹减税，显然也无益于国家财政制度最终走向合理化。关键是农民依然承受着国家最为繁重的财政负担，贫富分化的严峻现实导致大量农民破产，最终又不得不威胁到国家财政。在这样的背景下，如叶适等人所期望的通过官吏的教戒从而使得兼并不敢过于豪暴，不过是一种幻想。没有对兼并者的有效限制，又想要国家主动地减税，更是不可持久。

第二节　政治体制与吏治改革

如何建立一个公正、法治的政治领导体制，是王安石政治改革的基本问题。在古代君主制的框架下，他围绕着宋代政治体制运行中所存在的一些突出问题，如皇权丛脞、选任体制不公、吏制不完善等问题进行了改革，并触及到了古代政治体制的一些根本性问题。相比于王安石的经济改革，学界对于其政治改革的关注则显得冷淡了很多。〔1〕事实上，没有政治体制的进一步改革，经济改革必然面临着重重阻碍；更为主要的是，建立一个公正、廉洁、有效率的政府，本身就是变法的题中之义。相比于庆历新政，王安石的方案更为系统，并突出了效率、法治的问题，体现了他对政治体制的全局性思考。

一、委任与道揆：皇权体制的改革

众所周知，宋代惩五代强臣篡夺之祸，采取“强干弱枝”的方针，不断加强皇权。这虽然削弱了地方，但也导致中央事务过于繁杂，官僚机构不断扩大，却上下因循、失职不为的局面。北宋中期，这一体制的弊端就已

〔1〕对王安石变法的研究，聚讼最多者就是其经济改革，而立足于政治改革方面对于进行重点探讨的，也有一些重要的成果值得参考，如刘子健将王安石解读为一个理想主义者，以实现儒家道德社会为目标，以提倡职业道德和能力来建造一个训练有素、高效管理的政府为手段，对于本文颇有启发，见其 *Reform In Sung China*，Harvard University Press，1959。

经充分地展现了出来。仁宗时范仲淹等人曾希望皇权“委职”臣僚的设想，可惜未曾施行。熙宁中针对此弊，王安石频繁向神宗建言，如其曰：

> 臣以谓不当任烦细者，乃大人之事。如陛下朝夕检察市易务事，乃似烦细，非帝王大体，此乃《书》所谓“元首丛脞”也。陛下修身，虽尧舜无以加，然未能运天下者，似于大体未察，或代有司职，未免丛脞。[1]

王安石针对神宗“朝夕检察市易务”，批评他过于烦细，实际上是在表达对宋代皇权体制的不满。对此，他援引《书・益稷》“元首丛脞”称谓之，希望皇帝专注于“帝王之大体”。在《书义》中，对之有进一步的解释：

> 皋陶以为人君不必下侵臣职以求事功，但委任而责成功尔。“率作兴事”者，分职授任，如咨命二十二人是也。“屡省乃成”，则三载考绩、三考黜陟是也。能如是则可谓之明君。君明则臣不敢欺，而思尽其职，庶事自各就绪矣。苟为不然，而欲下侵众职，则元首丛脞而股肱懈矣。天下事岂一人所能办哉？万事之堕，固其宜矣。[2]

什么是皇权的主要职分呢？《书义》提出“委任”与“考绩”的观念。“委任”即“分职授任”，上下有分，有司各司其职。王安石以为“委任”最为主要的原则就是“任责相应”，其有《委任》一文，论曰：“人主以委任为难，人臣以塞责为重，任之重而责之重可也，任之轻而责之重不可也”。他以汉代政治为例，汉高、汉武最能做到知人委任，任之重责亦重，故所任之人能充分发挥自己的才能而有所成，使无能者不得在职。至于汉末之世，三公之任多胁于外戚、宦官，任不专而责重，治理没有效果，水旱灾异时有发生，便以三公调和阴阳而策免，甚至有因此而诛死者，岂不让人痛心？

〔1〕 李焘：《续资治通鉴长编》卷二百四十，中华书局2004年版，第5827页。
〔2〕 王安石：《尚书新义》卷二，《王安石全集》，第2册，第74页。

因此虽有李固、陈蕃之贤，而不免于奄寺之手。[1]

显然，“委任”是考核的前提，只有任责相应，并且“任之专”“任之久”“三载考绩”之类才会有其成效。事实上，在家天下的体制下，皇权不可能为具体事务担负责任，因为这会对皇权的合法性产生不必要的麻烦与威胁。但如果皇权代有司行职，必然会产生任责不相应的局面，进而造成有司失职，无人任责的局面，即“元首丛脞而股肱懈矣”。因此，王安石认为关键在于皇权本身要坚守自身的职分，他援引孟子关于君臣以义合的观点，劝导君主曰：“故人主以狗彘畜人者，人亦狗彘其行，以国士待人者，人亦国士自奋。故曰：常人之性，有能有不能，有忠有不忠，顾人君待之之意何如耳”。[2]

《周礼》一经专述王者以下诸官之分职，这为王安石阐述其“分职”的理论提供了丰富的思想资源，也有助于我们进一步地了解其关于皇权职分的观念。《大宰》：“以八柄诏王驭群臣”，王安石论曰：

> 于六典曰“佐王治邦国”，大治，王与大宰共之也；于八法八则直曰“治官府都鄙”，小治，大宰得专之也；于八柄八统曰“驭王驭群臣万民”，则是独王之事也，大宰以其义诏之而已。[3]

“六典”为六官所分掌之职事，是政体的基本构成，如治、教、礼、政之类；“八法”“八则”分别为大宰治官府与都鄙的基本法则；“八柄”为王者治理百官的八种权柄，如生杀、予、夺之类；“八统”为王者治理民众的八种方式，如亲亲、敬故之类。王安石训“典”为“言其大常也”，王与大宰皆与其职。小治，如八法、八则，大宰专其职，王者委任之可也。唯有八柄、八统，王者之权力，不可假借于人，故曰“独王之事”。对于“八柄”，贾公彦

---

〔1〕 王安石：《委任》，《临川先生文集》卷六十九，《王安石全集》，第6册，第1248—1249页。

〔2〕 王安石：《委任》，《临川先生文集》卷六十九，《王安石全集》，第6册，第1249页。

〔3〕 王安石：《周礼新义》卷一，《王安石全集》，第3册，第54页。

《疏》曰："此乃王所操持，王不独执，群臣佐之而已。"[1]两者都以"八柄"为王者之事，但相对于贾《疏》所讲的"王不独执"，王安石的论述更加明确了王者为权力的掌握者，并且突出了大宰"以义诏之"的职责。

应该看到，王安石关于"分职"的理念，基本上是与范仲淹提出的"委职不委权"的观点相类似的，只不过借助于《周礼》之八柄，王安石更加明确了权力的范围而已。需要强调的是，"八柄"虽然与韩非子所讲的"二柄"有相似的地方，但还是要审慎地看待他们之间的关系。基于对五代政治状况的反思，新儒学一方面要求保证皇权的稳定，维持其合法性的信仰基础，另一方面又通过强调"分职"，为儒家的士大夫参与政治治理，实现"共治"建立理论基础。就此而论，王安石与庆历诸儒有着共同的诉求。

正是在这一"分职"的观念之上，王安石又进一步提出了"道揆"的理念，以概括自己的帝王之道，或帝王之大体，《新义》论曰：

> 大宰大臣，诏王驭群臣者，当以道揆，故言其意。内史有司，诏王治当守法而已，故言其事。[2]

又解《内史》职曰：

> 夫上下之分，有道揆，有法守；大宰有八柄诏王驭群臣者，明道揆于上，而所掌者，非持法守而已。内史掌八枋之法以诏王治者，谨法守，而下而道揆有不与也。[3]

考"道揆"与"法守"出自《孟子》"上无道揆，下无法守"。对此，赵岐注曰："君无道术可揆度天意，小人无法度可以守职奉命"。据此，"揆"有

[1] 郑玄注，贾公彦疏：《周礼注疏》卷二，上海古籍出版社 2010 年版，第 44 页。
[2] 王安石：《周礼新义》卷一，《王安石全集》，第 2 册，第 54—55 页。
[3] 王安石：《周礼新义》卷十一，《王安石全集》，第 2 册，第 388 页。

"度"义，故《说文》训曰："揆者，度也"。[1] "内史"一职"掌八枋之法以诏王治"，"枋"同"柄"。郑《注》曰："大宰既以诏王，内史又居中贰之。"[2]按此解释，"内史"又一宰相也，不过与太宰相应，一内一外而已。显然，王安石不能认同此解，有意区别大宰及其他官职。内史与大宰虽然都掌八柄之法，但一为"道揆"，一为"法守"。"道揆"言大宰有驭群臣之责，"有同于君道故也"；而"法守"仅执守其法，为有司之事，非驭群臣。

据此，王安石明显有扩大宰相职权的倾向，故又曰："冢宰于六卿莫尊焉"。对于道揆与法守的区分，并不仅仅限于大宰与内史之间，而是代表着他对政治分职的一般理解，这从他在变法期间不断地用此开导神宗可以看出来，如曰：

> （熙宁四年五月庚戌）臣愚以谓陛下忧勤众事，可谓至矣。然事兼于德，德兼于道。陛下诚能明道以御众，则不待忧劳而事自治；如其不能，则虽复忧劳未能使事事皆治也。陛下诚能讨论帝王之道，垂拱无为。观群臣之情伪以道揆而应之，则孰敢为欺？人莫敢为欺则天下已治矣！臣敢不且黾勉从事？若但如今日，恐无补圣治也。[3]

又如：

> （熙宁五年四月辛未）陛下能以道揆事，则岂患人不革面？若陛下未能以道揆事，即未革面之人日夕窥伺圣心，乘隙罅为奸私，臣不能保其不乱政也。陛下于刑名、度数、薄书丛脞之事，可谓悉矣，然人主所务在于明道术，以应人情无方之变，刑名、度数、薄书之间，不足

---

〔1〕 焦循：《离娄章句上》，《孟子正义》卷七，诸子集成本，中华书局 2006 年版，第 286 页。

〔2〕 郑玄注，贾公彦疏：《周礼注疏》卷三十一，上海古籍出版社 2010 年版，第 1024 页。

〔3〕 李焘：《续资治通鉴长编》卷二百二十三，第 5436 页。

以了此。[1]

首先，“道揆”即揆度义理，使诸事合乎于道，道即义理，故曰“以道揆事”。此为帝王之道，大宰亦以此辅佐之而已。王安石将道揆的观念提供给神宗，根本上是期望能够解决“元首丛脞”的问题。皇权最为主要的任务就是知义理，即察人情，审是非。身为宰相的王安石亦以辅助神宗“以道揆事”为己任，他不断地强调洞察群臣忠邪情伪，与其推行变法所面临的阻力相关。怎样“察人情”？并不是说君主要时刻去探察人的内心，如法家所言“上下一日百战”；所谓“莫敢为欺”，也不是一味地以政治权威使人慑服。这里的“人情”，主要是人的行为所表现出来的各种情状。

孟子称孔子“不为已甚”，王安石引用之，以说明君主待人之道不应太过，如不竭人之忠之意。《曲礼》“君子不尽人之欢，不竭人之忠，以全交也”，王安石曰：“尽人之欢，竭人之忠诚，则求人已深，能全交者鲜矣。尽欢以交人而不尽人之欢，竭忠以交人而不竭人之忠，此所谓躬自厚而薄责于人也”。[2] 一国之君要广纳人才，和合各方面的利益与诉求，更要以君子之道待人，“不为已甚”“不深探其心”，凡是表现出对政令顺从的，皆应给予赏赐，获福者广，此为皇极之道。赏赐是为如此，惩罚也是基于人之表现，而不是其内心。[3] 故当神宗问：“人情千变万化，苦难知。”王安石对曰：“人情要保其往诚难，要是诞谩已着，不能明示好恶，继以惩责，风俗如何肯变?”[4]关键是依据事实，经审查之后坐实的，要给予明确地赏罚，以告示天下，彰显政令的诚信与公正。

其次道揆是主道，而法制则为吏事。“刑名法制非治之本，是为吏事，非主道也。国有六职，坐而论道谓之三公。所谓主道者，非吏事而已，盖精神之运，心术之化，使人自然迁善远罪者，主道也。”“法制”即“曲为之

---

〔1〕 李焘：《续资治通鉴长编》卷二百三十二，第5634页。
〔2〕 王安石：《礼记发明》，《王安石全集》，第1册，第156页。
〔3〕 王安石：《洪范传》，《临川先生文集》卷六十五，《王安石全集》，第6册，第1181页。
〔4〕 李焘：《续资治通鉴长编》卷二百四十二，第5894页。

制，事为之防"，神宗好用法制，喜刑名，故担心举官多苟且不用心，需要严立法制。但事实上，举官法制已经相当完备，之所以出现官吏因循，不是因为法制缺失，而是主道未明，赏罚不能公正严明，有能者不愿尽力故也。

总之，王安石从委任、分职、道揆等多个方面，为领导变法的神宗提供"帝王之道"，以期解决宋代皇权所面临的体制性问题。他对相权与皇权分职的设想，某种程度上也是在回应汉唐之政治传统。"道揆"观念中显然包含着王安石关于正君的思想，需要与后来理学家强调的"格君心之非"一起来看，才能明白新儒学对这一体制问题探索的意义。虽然王安石也强调惩罚的作用，但并不意味着他是威权政治的代表。南宋理学家魏了翁尝评价王安石的"道揆"观念，曰：

> 荆公常以道揆自居，而元不晓道与法不可离。如舜为法于天下，可传于后世，以其有道也；法不本于道，何足以为法？道而不施于法，亦不见其为道。荆公以法不豫道揆，故其新法皆商君之法，而非帝王之道。……如《周礼》一部三百六十官，甸稍县都乡遂沟洫比闾族党，教忠教孝，道正寓于法中。后世以刑法为法，故流为申、商。〔1〕

鹤山以为王安石以道与法相分离，又专以刑法为法，故流为申、商。从上面的分析来看，王安石以道揆与法守为上下之分，是要明确何者为帝王之大体，并非是说建立的法度或法制中不体现"道"。这是两个层面的问题。因为变法受到多方面的阻碍，特别是造谣生事者不断，所以王安石突出了惩罚的必要性，但这也是要基于公正性的原则推行的。强调"察群臣之情伪"，并非就是严刑峻法，也不是要兴威权政治。就笔者的分析来看，面对宋代的皇权丛脞以及如何正君的问题，王安石与庆历传统，以及后来的理想家没有实质性的区别。

---

〔1〕 魏了翁：《周礼折衷》，《鹤山大全集》卷一〇四，选自王安石：《周礼新义》卷二，《王安石全集》，第3册，第90页。

二、选贤任能的公平体制

一个政治体制能够选贤任能，使有能者尽展其能，实际上代表着人们对政治公平的期待，如孔子所讲的“举直错诸枉，能使枉者直”，最能体现这一诉求。就此而言，一个公平的体制应要求平等的机会、公平的对待以及赏罚公正等。北宋中期以来，新儒学对于贤能政治的信仰，始终贯穿在他们的政治改革实践当中。王安石也是其中的代表，他明确地将选贤任能作为自己政治改革的目标。其论曰：“圣人之于国也，必先遴柬其贤能，练核其名实，然后任使逸而事以济矣。故取人之道，世之急务。”〔1〕又曰：“国以任贤使能而兴，弃贤专己而衰。此二者必然之势，古今之通义，流俗所共知耳。”〔2〕选贤任能关乎国之兴亡，流俗所共知，关键是如何通过政治体制的改革做到这一点。

“贤”与“能”在具体的使用中还是有区别的。据杨伯峻先生的统计，《论语》使用“贤”字共二十五次，其中二十次作名词使用，表示有才德或有才德者；而“能”字则很少作名词使用，在近六十九次的使用中，仅有三次指有才能或有才能者。〔3〕“贤”与“能”的明确区分，在孟子那里表现得已经很明显，如《公孙丑上》有“贤者在位，能者在职”，又有“尊贤使能，俊杰在位”。“贤”指品德，或某种政治智慧，而“能”则指一些专门性的才能，如精通军事、理财、水利等领域的事务。所谓“贤者在位，能者在职”，就包含这样的考虑，即具有长远政治智慧的人处于高位，从而使得有才能的人专于自己的职位。故赵岐注曰：“使贤者居位役其人，能者居职任其事。”〔4〕事实上，很有可能一些专门性人才并不是“贤者”，但他们对于国家事务有着不可替代的作用。“贤者在位，能者在职”正是对这一问题的回应。

当王安石变法之时，他也认识到了这一问题，国家需要一些专门性的

〔1〕　王安石：《取材》，《临川先生文集》卷六十九，《王安石全集》，第6册，第1245页。
〔2〕　王安石：《兴贤》，《临川先生文集》卷六十九，《王安石全集》，第6册，第1247页。
〔3〕　杨伯峻：《论语词典》，《论语译注》后附，中华书局2009年版，第296、266页。
〔4〕　焦循：《公孙丑章句上》，《孟子正义》卷三，诸子集成本，中华书局2006年版，第132页。

人才，来为兴起变法事务服务。这也是他不得不考虑到的问题，如曰：

> （制置条例司）亦有待人而后可举者。然今欲理财，则须使能，天下但见朝廷以使能为先，而不以任贤为急，但见朝廷以理财为务，而于礼义教化之际，有所未及，恐风俗坏，不胜其弊。陛下当先验国体，有先后缓急。〔1〕

理财必须“使能”，但王安石还是对神宗强调须与“任贤”协调起来。在另一段对话中，他对神宗讲，两者的关系就像调羹一样，当各得其宜。如果只重才能，将给政治体制带来机巧趋利的风气，长远来看不利于国家的发展。因此，他是主张以“任贤”为本的，以培养士大夫礼义廉耻为国体所在，这与他的那些批评者并无太大区别。只不过变法必须使能，故他尤须强调这一方面罢了。但如何将两者很好地协调起来？这显然是一个巨大挑战。王安石的着眼点是建立一个公平的官员选任机制，以保证贤者、能者为国所用。

首先是确立以“功实”为官吏考核的主要依据。王安石以为没有考绩，不能确定官吏的贤能与否，但是要考绩有成效，必须做到“任之专”“任之久”。故《书》曰：“三载考绩，三考黜陟幽明”，《书义》解曰：“而所命之官，或终身于一职”。〔2〕根本在于做到任责相应，然后才能考核。通过久任、专任，“贤者则其功可以至于成，不肖者则其罪可以至于著”，然后“待之以考绩之法”，才能有所成效。而宋代现行之官制是无法做到这一点的，如“以文学进者，且使之治财。已使之治财矣，又转而使之典狱。已使之典狱矣，又转而使之治礼”。任之不专，又不能久其任，功过是非不能由其人负责，即使有完备的考绩之法，也不会有所成效。最终的结果就是“贤者在位，能者在职，与不肖而无能者，殆无以异”，国家不能有效地任用

〔1〕 黄以周等辑注：《续资治通鉴长编拾补》卷四，中华书局 2004 年版，第 171 页。
〔2〕 王安石：《尚书新义》卷一，《王安石全集》，第 2 册，第 47 页。

人才。[1]

另一方面,王安石相信天下并非没有人才,因此君主不应以乏才为论,关键的问题是能不能有效激励人才为国效力。其言:“今犹古也,今之天下亦古之天下,今之士民亦古之士民。古虽扰攘之际,犹有贤能若是之众,况今大宁,岂曰无之,在君上用之而已。”[2]这就突出了“考绩之法”。王安石认为应以“功实”为具体的标准,这与他的变法强调建立“事功”的目标相关。变法兴起事务,凡理财、军事、水利、刑法等领域,都需要有大量的专门性人才。因此必须打破原来以资历、道德评价为主的考核体制,吸纳更多方面的人才为国家所用。他对神宗讲:“但陛下力行不已,搜举能士,责以功实,风俗渐变,政令渐行,则人材终当不可胜用矣。”[3]需要强调的是,王安石并不是要否定将“道德”作为考核的标准之一,只是他不认为原来体制中的所谓“道德”是“真道德”。熙宁三年(1070年),他对神宗强调要“奖用功实”时,与曾公亮之间有一段对话:

> 曾公亮曰:“当兼用道德。”上曰:“今一辈人所谓道德者,非道德也。”安石曰:“乡原似道德而非道德也。”上曰:“其间亦有是智不能及者。”安石曰:“事事苟合流俗,以是为非者,亦岂尽是不能也?”[4]

曾公亮的观点在当时的反对者中,是颇具有代表性的。考核人才,要确定人的“道德”与否,是非常艰难的,因为人会作伪,故存在着“似道德而非道德”的“乡原”。而才能是可以考实的,但是在考核中也不能忽视一个人的品行。王安石坚持认为一切都要基于考“实”,这里还包括了“实际”或“事情”的含义。故他又讲“考核事情,使君子甘自竭力,小人革面不敢为欺”,对于官员功绩的认定来自于事实,不仅是才能如何,也包括

---

〔1〕 王安石:《上仁宗皇帝言事书》,《临川先生文集》卷三十九,《王安石全集》,第6册,第755页、第763—764页。

〔2〕 王安石:《兴贤》,《临川先生文集》卷六十九,《王安石全集》,第6册,第1247页。

〔3〕 李焘:《续资治通鉴长编》卷二百二十一,第5386页。

〔4〕 李焘:《续资治通鉴长编》卷二百十四,第5218页。

“道德”与否。“且人之有材能者，其形何以异于人哉？惟其遇事而事治，画策而利害得，治国而国安利，此其所以异于人也。”〔1〕“事实”与“功实”紧密相关，对于“道德”的考核更是要如此，而不是根据名誉，或某一部分人的“公论”来确定。“考核事情”的原则使得王安石所要建立的考核体制与庆历传统有了分歧，也为他招来了很多的批评，对此，下文会有进一步的分析。

在具体的举措中，王安石还对神宗强调“举事以练才”的方法。这是因为“举事则才者出，不才者困，此不才者所以不乐举事也”。〔2〕不经过事务的历练，无法确定一个人的贤能与否。又曰：“举事则材自练，若不举事亦难练兵，但日夜教之坐作挽射，不知遇敌气果如何？但举事使尝之而有功，则材不材自见，材者见赏拔，则不材者亦奋矣。”〔3〕材不材、贤不贤只能通过“举事”才能表现出来。当然，这里的“举事”并不是“生事”，它也不是要去否定常规中的对人才的培养与训练。王安石用它来特别地说明一种变法的体制，故其言：“天下法度未立之先，必先索天下之材而用之；如能用天下之材，则能复先王之法度；能复先王之法度，则天下之小事无不如先王时矣，况教育成就人才之大者乎？”〔4〕毋宁来讲，对于王安石来说，最大的“举事”莫过于他的变法事业。通过创法立制，选拔出合适的人才，教育、训练、边防诸事不过为其中的一种事务而已。

其次是赏罚的公平，使善恶功过各得其所。王安石以为国家治理不能仅仅依靠人的自觉奉献，虽然有所谓的上智之人，但对于大多数人而言，“所愿得者尊爵厚禄，而所荣者善行，所耻者恶名也。今操利势以临天下之士，劝之以其所荣，而予之以其所愿，则孰肯背而不为者？特患不能耳。”〔5〕正是因为人性的这一具有普遍性的欲望，国家才有可能以爵禄联结士人，兴起事务，而这里的关键显然是要有公平的体制。对此，王安石

〔1〕 王安石：《材论》，《临川先生文集》卷六十四，《王安石全集》，第6册，第1169页。
〔2〕 李焘：《续资治通鉴长编》卷二百四十四，第5937页。
〔3〕 李焘：《续资治通鉴长编》卷二百七十六，第6740页。
〔4〕 王安石：《材论》，《临川先生文集》卷六十四，《王安石全集》，第6册，第1171页。
〔5〕 王安石：《拟上殿札子》，《临川先生文集》卷四十一，《王安石全集》，第6册，第791页。

称之“代天叙官”，正是要使有功劳的人被奖赏，无功劳的人被黜责，体现赏罚公正的原则。他称述前秦贤相王猛“宰政公平”，“流放尸素，拔幽滞，显贤能，无罪而不刑，无才而不任”。[1] 奖能罚不能，故曰公平。

所谓赏罚公平，不仅是要赏得其实，罚亦要得其实，“赏罚各得其实，即人悉心赴功”。既然是“赏罚各得其实”，可见“罚”也是很重要的。“人悦德乃在于罚行，罚行则诞谩偷惰暴横之畏戢，公忠趋事之人乃有所赴愬，有所讬命。”[2]赏、罚如两翼，一劝善，一惩恶，对于实现公正都是不可偏废的。王安石之所以强调赏罚公正的问题，固然有激励变法人才建立功业的意思，但更主要还是要考虑到宋代赏罚体制不公的问题。在评述太祖与太宗用兵不同时，他以大将郭进为例。有人言郭进反，太祖乃将告密人送与郭进自行处罚，因其得其实也。而太宗时，情况正相反，“郭进为奸人所摧，至自杀；杨业亦为奸人所陷，不得其死”。如此赏罚不公，将帅如何能够尽其才能为国家效力？在国家的其他领域亦是如此，这是宋代不得富强的体制根源。

为变法之需，王安石开放国家体制，甚至打破资序、种族、阶层等的限制，不次进用人才。史载：“是时上方以政事，试练天下之材，下至布衣疏远或州县吏，有以片言小善，不知其人而超擢不日至侍从者。至宗室、戚里、恩泽之家，则所有秩序平进，均以岁月少有徼冀。”[3]此为神宗急于用人之意，但亦由王安石所开导，如其言“为物所制者，臣道也；制物者，君道也。陛下若问故事有无，是为物所制”。[4] 以皇权取用人才，是合于王安石对于变法体制的设想的。当然，这些人都需要练之以事，考之以实，任之以实，才最终合乎王安石对人才选举的公平体制的设想。

三、士与吏制改革

王安石的变法亦涉及古代吏制的基本问题。首先需要对“吏”的概念进行一个说明。一般而言，“官”与“吏”所指不同，这在汉代以后尤为如

〔1〕 李焘：《续资治通鉴长编》卷二百二十，第5358页。
〔2〕 李焘：《续资治通鉴长编》卷二百四十五，第5958页。
〔3〕 黄以周等辑注：《续资治通鉴长编拾补》卷五，中华书局2004年版，第238页。
〔4〕 李焘：《续资治通鉴长编》卷二百十四，第5218页。

此。“官”是指职官，由朝廷直接委派，具有品级，有升迁的可能；而“吏”非职官，无流品，系长期从事幕僚、文书等工作的职业群体。另外，还有“役”的概念，指普通百姓所服之徭役，其中有一些是直接供官府驱使的，如围绕免役法所争论最多的“衙前”就是一例。“役”与“吏”不同，后者有固定的职务，有一定的报酬，而“役”是一种强制性的劳动。根据一些学者的研究可知，这种“官吏分治”制度是在宋代，才发展出自己的典型形态的。〔1〕 南宋叶适在《吏胥》一文中引时人之语谓“吏”为“公人世界”，又曰：“官无封建而吏有封建。”〔2〕在官僚体系中，“吏”是国家法令政策最直接的实施者，故最为接近民众，他们的廉洁、守法与否直接影响民众对政府的感受。而宋代时这一问题始终是很严峻的，因他们多是子弟相传，故叶适有“封建”之称。

王安石亦认识到这一问题，其言：“文吏高者不过能为诗赋，及其已仕，则所学非所用，政事不免决于胥吏。”〔3〕这里的“文吏”相当于宋代的进士，是为职官。他们很多是不谙吏事的，具体事务往往被专业性的“胥吏”把持。又曰：“中书下等吏人亦多是近上吏人子弟，恐未免受贿。”〔4〕吏人以子弟相传，与叶适所谓“封建”者相同。事实上，胥吏无升迁之可能，并且专职其事，又以之为生，往往形成吏缘以为奸，甚至贪贿成风的情况。北宋时期大部分的胥吏是没有禄钱的，他们获取收入的方式就是贿赂。〔5〕 显然，不解决这个问题，建立一个高效、廉洁的政府是不太可能的。对此，王安石变法采取了一系列的措施，从中可以看出他改革的整体思路。

第一是增禄养廉。变法开始，熙宁君臣便已对此有所认识，故神宗尝

---

〔1〕 古代文献对“吏”字的使用，有时亦指“官”，如“以吏为师”“封疆大吏”等。事实上，秦汉时期“官吏相通”，“吏”或可以跻身公卿，如汉萧何、曹参之徒。宋代以后，官吏分治的局面才发展完善，对此的研究，可参见赵世瑜：《吏与中国传统社会》，浙江人民出版社1994年版；梅原郁：《宋代胥吏制的概观》，《宋代官僚制度研究》，同朋舍1985年版。

〔2〕 叶适：《吏胥》，《水心别集》卷十四，《叶适集》，中华书局2010年版，第808页。

〔3〕 李焘：《续资治通鉴长编》卷二百二十一，第5386页。

〔4〕 李焘：《续资治通鉴长编》卷二百三十三，第5648页。

〔5〕 关于宋代官吏的收入普遍较低的问题，可参见何忠礼的考证，见《宋代官吏的俸禄》，《历史研究》1994年第3期。

曰:“曹司都不与禄,反责其受赇废事,甚无谓”。曹司胥吏既没有国家俸禄,收取贿赂便是默认的规则,这时又责以受贿废事,实际上是没有道理的。而王安石回答道:“本取助役钱有剩者,将以禄此辈。”可见这一点在他与神宗之间已有了共识。故从熙宁三年(1070 年)八月开始,以增三司吏禄为试点,其后又陆续增中书、开封府以及大理寺吏禄,五年五月后推广到全国,到熙宁六年(1073 年)十二月,北宋各级政府机构中的吏员基本都有了俸禄,“时内自政府百司,外及监司,诸州胥吏,皆赋以禄,谓之仓法”。[1]

改革的规模是空前的,并且基于责任伦理,行使惩治贪污受贿的“仓法”。规定胥吏受赃钱“不满一百徒一年,每一百钱加一等”,“一千流二千里,每一千加一等,罪止流三千里”。区分了首犯及参与者。增禄并行仓法主要集中在各级政府的胥吏之中,其意义正在于将处于法治之外的“公人世界”纳入整个官僚体系的管理之中,为建立一个权责相当、有效率的政府管理体系而服务。[2] 应该讲改革确实起到了很好的效果,提高了政府的工作效率,澄清吏治,结束了贪污公行的制度环境。原来无赖之仓人,因仓法行,“更无复敢受赇”;变法前开封府吏多因受赇而积压案件,如今则“诚恐有暇及此”。[3]

对于这样的制度,王安石主要从以下几个方面为其辩护。首先是本于中人之情。有上智之人,固然可以“虽穷而不失其为君子”。但大多人则为“穷则为小人,泰则为君子”的中人,故制度应以中人为本,此一点前已有论。“今之制禄,而欲士之无毁廉耻,盖中人之所不能也。”那么增禄有没有一个标准呢? 王安石并没有给出一个量化的标准,但从他的论述来看,他基本上是主张维持一个社会有尊严生活的水平,即“足以养廉耻而离于贪鄙之行”,又曰“足以代其耕”[4]。这与他对“均平”的理解是相应的,一个人维持内心的自由状态,而不受外在力量的奴役。仅仅凭着官

---

〔1〕 李焘:《续资治通鉴长编》卷二百四十八,第 6052 页。
〔2〕 可参见路育松:《试论王安石对吏禄的改革》,《安徽史学》1999 年第 2 期。
〔3〕 李焘:《续资治通鉴长编》卷二百三十三,第 5666 页。
〔4〕 程元敏辑:《周礼新义》卷一,《王安石全集》,第 3 册,第 38 页。

员的俸禄，要做到这一点，显然并不是很容易。观王安石增吏禄，最下等的隶、簿一般至十五千，或二十千文每月，按当时每人月粮需两百文来算，[1]基本上能够维持一个五口之家的生计，但如果算上婚丧、奉养甚至疾病等，这个收入还是不高的。这只是下级吏员，对于有品级的职官，其俸禄自然要高一些，但是花销也是相应增多的。并且一个人的生活条件，还会受到家族以及其他收入来源的影响，不能完全由俸禄来确定。王安石还提出要反对奢侈攀比之风，主要是指官僚系统内部的逾制行为，即“节之以礼，约之以法”。[2]

其次是政府的效率问题。增吏禄主要还是考虑效率的问题，原来默认官吏受贿的管理方式，某种程度上将一些政治事务置于一种无序、混乱的状态，故王安石称其为“生事取贿”。基于长远的考虑，王安石并不担心会增加财政的负担。熙宁五年（1072 年），他以此劝神宗曰：“此极多不过费百万缗，然吏禄足则政事举，政事举则所收放散之利亦必不少，且今人吏衣食固亦出于齐民，但不令以法赋之而已。”[3]将胥吏纳入官僚的法治化体系中，所谓“以法赋之”，然后责之以职事，则政事举。增吏禄本来就是与其理财措施结合在一起的，理财正当为“公私一体”，如果不与吏人厚禄，他们受贿亦来自民间财物；以禄与之，实现法治化的治理，才能达到“官私皆利”。[4] 当然，增吏禄也没有忽视当时的冗官问题，裁汰冗官一直是变法所要做的，只是它的改革幅度不及增禄。据《长编》载：“皆取足于坊场、河渡、市例、免行、役剩、息钱等，而于县官岁入财用，初无少损，且民不加赋，而吏禄以给焉。”[5]以此可见，王安石通过理财实现了吏治改革的初步目标。

第二是士与吏制的问题。这与宋代官吏分治的体系是紧密相关的。

---

〔1〕 据何忠礼先生考证，宋代粮价一般在 30 至 60 文每斗之间波动，每人每天需米 1.5 升，以 45 文每斗计算，每人每月大概要 200 文左右。见何忠礼：《宋代官吏的俸禄》，《历史研究》1994 年第 3 期。

〔2〕 王安石：《上仁宗皇帝言事书》，《临川先生文集》卷三十九，《王安石全集》，第六册，第 753 页、第 758—759 页。

〔3〕 李焘：《续资治通鉴长编》卷二百三十三，第 5666 页。

〔4〕 李焘：《续资治通鉴长编》卷二百十四，第 5223 页。

〔5〕 李焘：《续资治通鉴长编》卷二百四十八，第 6052 页。

官吏分治所带来的问题之一就是官僚体系内的流品之分。职官一般用士人，他们中包括一部分贵族，或通过恩荫取得职位的官吏，但大多是科举进身者，这意味着他们都要接受儒学的教育。而胥吏则来自底层，通过内部相承的经验性知识，没有系统地接受过儒学的知识体系。尽管可以通过增加吏禄，通过仓法加强法治化的管理，但没有道德的约束，终不合儒家对吏治的期望。在《言事书》中，王安石就表达了自己对这一状况的担忧，其言：

> 盖古者有贤不肖之分，而无流品之别。故孔子之圣，而尝为季氏吏，盖虽为吏，而亦不害其为公卿。及后世有流品之别，则凡在流外者，其所成立，固尝自置于廉耻之外，而无高人之意矣。夫以近世风俗之流靡，自虽士大夫之才，势足以进取，而朝廷尝奖之以礼义者，晚节末路，往往怵而为奸；况又其素所成立，无高人之意，而朝廷固已挤之于廉耻之外，限其进取者乎？其临人亲职，放僻邪侈，固其理也。[1]

"流品"的形成有风俗的原因，主要是朝廷政令的鼓励。一般以为宋代由于科举取士的范围扩大，很多人不论出身如何皆可以通过努力跻身社会上层，所以很难会想到还有"流品"的观念。而按王安石所论，宋代固有"流品"，只是这一风俗与职官升迁的可能性，以及是否为一般的道德评价体系所认可为标准。一个人，比如流外，即犯过罪的人，道德评价体系就不会认为他是一个道德高尚的人，在仕途上自然也就没有了升迁的可能，那么普遍发生的便是这个人的自暴自弃。因此，对于这样的人，国家如何能够任其职而保其不危害政事？其他还有恩荫、边疆以及宿卫之人，当然还包括广大的胥吏，他们都不可能跻身于士大夫之列，对于国家所提倡的礼义廉耻没有多大兴趣。

〔1〕 王安石：《上仁宗皇帝言事书》，《临川先生文集》卷三十九，《王安石全集》，第6册，第762页。

王安石认为“流品”之分是不合理的，但他不是反对其中所具有的儒家道德意识。恰恰相反，这种道德意识也是他要强调的，只是不要变成一部分人的特权，从而彻底地排除了另一部分人。换句话讲，即凡官吏皆士人。在考核上要给予所有人以平等的机会，这是他讲的“无流品”的真正含义。故《周礼新义》解“士”曰：“学以治其道，士也；在所崇养，故以禄位驭之。治以致其事者，吏也；在所察治，故以废置驭之。”〔1〕“士”是道义的认知与实践者，正是以儒家的道德意识为标准的；这里的“吏”包含前所论职官，有其固定的职事，故曰“治以致其事”。所谓以禄位“崇养”，不仅是“饶之以财”，更在于责以廉耻。所谓以废置“察治”，以官吏任职治事与否而论。另外，与“士”相对者，在《周礼》中有“府史胥徒”，《新义》曰：

> 郑氏以为府、史、胥、徒皆其官长所自辟除，盖自下士以上，皆王命也。而穆王命大仆曰“慎简乃僚”，则虽以王命之，而为之长者，得简之也。府、史、胥、徒虽非士，而先王之用人无流品之异，其贱则役于士大夫而不耻，其贵则承于天子而无嫌。〔2〕

一般认为《周礼》中的“府史”相当于前文所称的“吏”，而“胥徒”则为“役”，王安石又称其为“庶民之在官者”。王安石认同郑玄的解释，认为他们都是官长自辟除。虽然他说府、史、胥、徒“非士”，但关键是后面的话，即“无流品之异”。这意味着所有的官僚只不过是职位与职事的高低不同而已，并非在道德水准上存在高低之等。对此，陈傅良曾有评论：

> 王金陵论府史胥徒，谓成周用人，流品不分。非也。古人用人无他途，自公卿大夫之子弟，皆养于学官，以备宿卫，考其德行而升进之；自乡遂侯国，凡占名数而为民者，亦考察于乡里以择其天民之秀异者，节级而升之，故受命为士。倘不由此者，终不得以通籍于仕版。

〔1〕 王安石：《周礼新义》卷一，《王安石全集》，第3册，第49页。
〔2〕 王安石：《周礼新义》卷一，《王安石全集》，第3册，第36页。

> 故以天子之子犹不得仕者,《记》所谓“无生而贵者也”。至于上之不可以为士,下之不止于为农,则任以府史之职,司士所谓“以久奠食者”此也。勾须守藏,犹见于春秋之世,盖不比胥徒之流,更迭为之,而均谓之庶人近官也。[1]

陈氏以为王安石不懂得区分士与吏,故曰“流品不分”,这其实是一种误解。王安石反对“流品之异”,主要指某种道德评价上的先见。王安石意识到官吏分治所带来的问题,希望打破职位上的流品之分,但他并不是要在制度上消除这种区别,或者主张恢复到秦汉时期“吏”亦可以为公卿的局面。这一点,我们从他对前代“屏远士人而专用曹史”的做法提出的批评中可以看出来,他讲:“中书属官,须精择可以备谏官、侍从者。若杀其礼,则自爱重者不肯为,非自爱重者乃可忧其招权害事。宰属用士人,自古尧舜以来如此,前代圣人岂不熟计利害?”[2]“宰属用士人”,而非“曹史”,王安石以为是尧舜以来的传统。如此,一个取得“士人”身份的人,可以为一个胥吏;而一个胥吏能够“学以致其道”,也应该被认可。不仅是制度,而是整个的评价体制应该公平为所有人敞开,这才是王安石所谓“无流品”所要表达的真实意思。只是陈傅良对于现实中的官吏分治给予了完全的接受,[3]自然也就不能认同王安石的说法。

第三节　人才与教育体制改革

人才显然是王安石变法能够成功的最为关键的因素。正因此,在嘉祐年间的《万言书》中,他就大声疾呼:“方今之急,在乎人才而已”,并从

〔1〕 陈傅良:《经进》四篇,转引自王与之:《周礼订义》卷一,文渊阁《四库全书》本,第93册,第24页。

〔2〕 李焘:《续资治通鉴长编》卷二百十五,第5230页。

〔3〕 对此亦可以参看叶适的解决方案,他曾设想以新进士逐渐取代胥吏,并以考核之法责之吏事,“吏曹清而庶务举,且因以习士大夫使之有材,而无至于今世之偷惰。”见叶适:《吏胥》,《水心别集》卷十四,《叶适集》,中华书局2010年版,第809页。

教之、养之、取之、任之四个方面系统地论述了自己的变革主张。[1] 而在熙宁变法期间,学校以及科举制度始终是改革的重点领域。因为根据王安石的设想,国家要有步骤地推行人才制度的改革。“天下法度未立之先”,首先应该开放体制,着眼于合理、公正地使用现有人才,即“索天下之材而用之”,待形成一定的情势之后,“能复先王之法度”,那么教育培养人才便应该依据常态化的机制,说白了就是建立学校制度。[2] 王安石的一些教育改革措施及其效果固然值得探讨,但更为重要的是要揭示出其人才的理念与路线。事实上,正是他的人才路线,使得他与庆历传统的分歧逐渐显现出来。

一、“有用”的人才观

什么是合格的政治人才？王安石在《材论》一篇中援引汉代左雄所论“诸生试家法、文吏课笺奏”曰：

> 所谓文吏者,不徒苟尚文辞而已,必也通古今,习礼法,天文人事,政教更张,然后施之职事,则以详平政体,有大议论,使以古今参之是也。所谓诸生者,不独取训习句读而已,必也习典礼,明制度,臣主威仪,时政沿袭,然后施之职事,则以缘饰治道,有大议论,则以经术断之是也。[3]

虽然是在讲人才的考核问题,但从中可以看出王安石所期待的人才观。“文吏”相当于宋代的“进士”,“诸生”类于“经学”。他们所学习的内容有所不同,进士以诗赋为主,经学以专经为业,但最终都要回到政治上是否有用这一问题上,即能否“施之职事”。“有大议论”,则明古今典故,经术源流,以佐国家之用。“故学者不习无用之言,则业专而修矣,一

---

〔1〕 王安石:《上仁宗皇帝言事书》,《临川先生文集》卷三十九,《王安石全集》,第6册,第751页。

〔2〕 王安石:《材论》,《临川先生文集》卷六十四,《王安石全集》,第6册,第1171页。

〔3〕 王安石:《取材》,《临川先生文集》卷六十九,《王安石全集》,第6册,第1246页。

心治道，则习贯而入矣。”对“有用性”的强调，与他推崇“吏才”的观念相关，比如熙宁年间欧阳修因擅止青苗而罢官，王安石论曰：“华辞诚无用，有吏材则能治人，人受其利”。[1] 朝廷所需要者，正是大量的有“吏才”，即具有政治治理能力的人。这样国家教育的一个主要目的，就是培养政治人才。在他看来，现今之学校以及科举制度，是没有办法满足这一目的的。具体而言，他所论的“有用”，主要落实在以下几个方面。

一是人才的专业化，即“业专而修矣”。这是着眼于变法对专业型、知识型人才，即理财、军事、司法等领域人才的需要，王安石大力提倡这一人才观。他批评当时用人不分专业的旧体制，“以文学进者，且使之治财。已使之治财矣，又转而使之典狱。已使之典狱矣，又转而使之治礼。是则一人之身，而责之以百官之所能备，宜其人才之难为也”。[2] 用之不能以专，导致政绩考核无法尽人之用，最终产生政务废弛的情形。正是在这一体制之下，产生了极其不利于国家培养政治人才的社会风气，其《名实论》曰：“故函人不以治弓矢，陶人不以治轮舆，巧有所偏，智有所尽，不以其所不习自名而欺世取名也。”各以其专长从事，“然世之好名，举欲兼天下之能，尽天下之务，意欲与圣人并游于世而争相先后”。[3] “好名”之风兴盛，士人争名而不务实，纷纷夸耀自身之才能，以为无所不能，实际上一无所能。王安石提倡人才的专业化，正是为了矫正此弊。

二是奉法守职。上下有分，各守其职，是政令畅通的基本保障。但奉行朝廷的法令，并不是机械、死板地执行，《言事书》所谓：“一路数千里之间，能推行朝廷之法令，知其所缓急，而一切能使民以修其职事者甚少。”[4]“知所缓急”最为关键，可见王安石所推崇的是那些能够创造性地开展工作，因地制宜，将朝廷法令与地方实际、百姓需要相结合起来的

[1] 李焘：《续资治通鉴长编》卷二百十一，第5134—5135页。

[2] 王安石：《上仁宗皇帝言事书》，《临川先生文集》卷三十九，《王安石全集》，第6册，第763页。

[3] 王安石：《名实论中》，《临川先生文集佚文》，《临川先生文集·附录一》，《王安石全集》，第7册，第1833页。

[4] 王安石：《上仁宗皇帝言事书》，《临川先生文集》卷三十九，《王安石全集》，第6册，第751页。

官吏干才。熙宁变法期间，他有意地通过赏罚来表达自己的主张。如成都府路刑狱兼常平等事李元瑜“以一身抗范纯仁、谢景初、李杲卿及部内承望监司风旨之人”，终于使常平、免役等法顺利施行，深得百姓之心。[1]而那些不能奉法的官吏，虽然享有极高名望，如富弼等人，亦不应使其在位，所谓“民所能而吏不能，虽废为民不为过”。[2] 显然，对奉法守职的推崇是与当时推行新法的情势相关，但也代表着王安石对人才的一般理解。

“奉法守职”某种程度上也是对一个官吏的道德素养的要求。在评价一位官员因不能奉法而遭到贬职时，他讲到：“若悉力公家，奉行诏令，即私行有缺，尚有可矜。”[3]显然，并不能简单地在“私行”的意义上去理解道德一词，奉法本身就是一种政治伦理，能够做到“悉力公家”，亦是道德之一种，不过这应该属于“公德”的范畴。《周礼新义》释《小宰》“以听官府之六计，弊群吏之治：一曰廉善，二曰廉能，三曰廉敬，四曰廉正，五曰廉法，六曰廉辨”，曰：

> 善其行谓之善，善其事谓之能，能直内谓之敬，能正直谓之正，能守法谓之法，能辨事谓之辨。廉者，察也；听官府、弊吏治，察此而已。欲善其事，必先善其行；善行宜以德，不宜以伪，直内则所以为德也；直而不正，非所以为德。正然后能守法，守法则将以行之；行之则宜辨事，辨事则吏治所成终始也。[4]

这里可以比较系统地看到王安石对于一个官吏的道德素养的要求。郑玄注“廉”为“洁不滥浊”，并以之为官员最重要的品行，而王安石训之为“察”，因为一个人能做到正直，自然便有廉洁之德。从王安石所论“欲善其事，必先善其行”来看，他并非不重视个人的私行，但他强调的是，善

〔1〕 李焘：《续资治通鉴长编》卷二百二十四，第5462页。
〔2〕 李焘：《续资治通鉴长编》卷二百二十四，第5454页。
〔3〕 李焘：《续资治通鉴长编》卷二百三十四，第5672页。
〔4〕 王安石：《周礼新义》卷二，《王安石全集》，第3册，第87页。

行要以真正的德行,而不是虚伪的道德。什么是真正的德行?那就是“直内”,即内外一致。对于一个官员而言,还是要归结到“守法”,即遵守政治伦理的要求。最终做到“辨事”,则是属于能力的范畴。从私行完善,到遵守政治伦理,再到富有辨事的能力,是为“吏治所成终始”。

总体来看,王安石并非不重官员的私行,只是变法要求他开放官员的选拔与任用体制,甚至不拘一格任用人才。一些官员,如果能够尽力于公职,虽“私行有缺”,似乎也是可以接受的。这里重要的是,通过王安石的论述,我们看到在“私行有缺”与“悉力公家”之间一直存在着的张力,一个人作为官员不能够做到“悉力公家”,显然是不会被认为是“私行完满”的;但一个“私行有缺”的人却不一定不会“悉力公家”。在政治上坚持道德理想的官员,特别是存在于庆历传统以来的评价机制,太过于强调两者之间的一致性,即私行完满者的意义。但回到政治治理的现实境况中,要开放体制,吸收多方面的人才为国家所用,便不能不如王安石那样对道德的评价问题进行重新定位。

二、名实之辨:人才路线之争

王安石用“名实之辨”这一古老的范畴来阐述自己的人才路线,这里的“名”并非指一般的名相,而是特指“名誉”;“实”亦并非普遍地指称“实体”“实际”,而是指一个人所具有的才能或德性。在《名实论》中,王安石论曰:“用人则以务实为本,然名实之弊如此,其可以苟取而不慎乎?”〔1〕他批评当时士大夫中流行的“好名而不务实”的风气,认为它对人才的培养造成了极大的破坏。因此他提倡重实的精神,树立新的人才路线,为培养合格的政治人才服务。

首先,王安石探讨了名誉的根源,即名誉产生于“天下之好恶”,并不一定是符合理义之实的,所谓“是名生于好恶,而好恶之情,未尝辨也”。而世俗所普遍认为的“有名誉者”必有才能与德行与之相符,是没有根据的。正由于“名因好恶”,而非理义,所以有“好名之士”,如逐利之士一

〔1〕 王安石:《名实论上》,《临川先生文集佚文》,《临川先生文集·附录一》,《王安石全集》,第7册,第1830—1831页。

样，唯以追逐名誉为第一要务。只是逐利之人，人得而见之；而逐名之人，却虚伪其身以惑世俗之情。从王安石对“名生于天下之好恶”的论述中，可以看出他受到老庄哲学的影响。由此他进一步要求人们从世俗之情中解脱出来，好名者“必求胜，必用强”，只有“无守名之累者”，才能得其实。“如能洁其身则全其内，行其志而不求于外，天下归之不为悦，天下去之不为憾。”〔1〕此与《逍遥游》“圣人无名”之宗旨相同矣。

其次，王安石对现实中以“名乱实”的普遍情形及其弊端进行了批评。“及至诚之道亡，而天下苟于从事，上无以得下之情，下无以应上之实。名愈高，则其诡谲愈多，行愈隆，则其养伪文饰愈甚。进退不以诚相怀，利害不以情相收，求欲之心多，而及物之志寡。故其任重则颠覆，任轻则怨诽。是四方之士，其意莫不以天下自任之患也。”〔2〕既然名誉代表着更大的利益，人们皆以好名为尚，虚伪诡谲必然盛行。四方之士皆以自高相许，而又不考虑自己的实际能力，必然导致任责不相当的弊端。事实上，因为人们一般地倾向于相信有名誉的人一定会信守理义，根本无法详加体察，使得一些人在名誉的光环之下，做尽坏事而不被发现。“至使贪者讬名以肆欲，夸者讬名以擅权，辨者讬名以行说，暴者讬名以残物。”〔3〕满世界的欺世盗名之辈。这必然会给政治治理带来危机，一方面任用了那些所谓的有名望之人，但他们一味地求高，不愿就具体事务尽自己的责任，如此无法兴起天下之事功；另一方面，因为名誉的遮蔽，政绩考核不能以实，“虽有可用之士，莫得而见”。这正是上下因循、苟且生弊之道。

显然，王安石的名实论揭示了一个重要的问题：即伴随着人情、世情的变化，如何面对政治治理的难题。正是在这一点上，王安石提倡的重实主义的路线与庆历以来的传统形成了强烈的对比。因为庆历中以范仲淹、欧阳修为代表的新儒学提倡的“尊名以厉贤”，恰恰迎合了王安石所批

---

〔1〕 王安石：《名实论上》，《临川先生文集佚文》，《临川先生文集·附录一》，《王安石全集》，第7册，第1831页。

〔2〕 王安石：《名实论中》，《临川先生文集佚文》，《临川先生文集·附录一》，《王安石全集》，第7册，第1832页。

〔3〕 王安石：《名实论下》，《临川先生文集佚文》，《临川先生文集·附录一》，《王安石全集》，第7册，第1833页。

评的“好名”的风气。最为典型的是就是欧阳修在《本论》中提出的“任人”原则：

> 不任人者，非无人也。彼或挟材蕴知，特以时方恶人之好名，各藏畜收敛，不敢奋露，惟恐近于名以犯时人之所恶。是以人人变贤为愚，愚者无所责，贤者被讥疾，遂使天下之事将弛废，而莫敢出力以为之。此不尚名之弊者，天下之最大患也。[1]

天下并非乏材，只是因为现存之风俗“恶人之好名”，人不敢自奋，贤愚不分，因此他建议朝廷“尊名以厉贤”。所谓“好名”“尚名”，这里的“名”，主要是指名誉、声望。欧阳修希望朝廷尊崇那些有名望的士大夫，并以此激励天下人的敢于作为。如果不考虑当时以范仲淹、欧阳修等为首的士大夫积极参与政治，砥砺士风的政治诉求，很难理解他所讲的这一条原则。名誉或声望的形成来自士大夫群体自发地形成的一种道德评价机制，当然，新儒学自有其关于道德的认知标准。某种程度上，范仲淹、欧阳修就是要做这样的一个表率，特别是在政治上直言敢谏，以及崇尚名节等。由此而言，“尊名以厉贤”实质上是以儒家的道德风尚激励士大夫。在欧阳修活跃于政坛之际，更有着明确的政治目的。

且不论“名誉”所指向的道德内容为何，“尚名”在历史中都不会是陌生的，东汉末年的“名士”们与宦官的激烈斗争，就与此风尚紧密相关。只不过在北宋仁宗朝，他们所面对的并不是政治上极为险恶的宦官专权，皇帝也不是昏庸无能之辈。从当时的政治状况来看，他们所面对的更多是慵懒无为的官僚习气，欧阳修论中所指“愚者无所责，贤者被讥疾，遂使天下之事将弛废”，是也。准确地讲，这是一种要求变革现实的激切态度，其背后的精神正是儒家的道德理念。有着共同的道德信念，士大夫群体被想象成为一个联合体，而最有声望、名誉的人成为他们的领袖。在庆历新

---

〔1〕 欧阳修：《本论》，《外集》卷九，洪本健校笺：《欧阳修诗文集校笺》，上海古籍出版社2009年版，第1544—1546页。

政开展之时，这无疑也是他们的行动纲领，范仲淹作为士林领袖不仅为当时人所景仰，亦为宋明新儒学家们所尊崇。

那么正是这样的一个典范，如何在王安石开始其变法时，却要对它进行激烈的攻击，并要改革它呢？需要明白的是，王安石本人与这一传统有着不可分割的关系，甚至可以讲他就是这一新士风所推崇的典型代表，他廉洁自律，不恋高官厚禄，坚持以道得君，爱惜名节，无论从哪个方面来看，他都可以作为这一时期的道德模范。这也无怪乎欧阳修、文彦博等人为其延誉，而在其当政之前夕，声望固已为士人所推崇。但是如果认真分析他对当时社会风气的观察与认识，便会很快发现其与庆历传统的分歧。慵懒无为的官僚习气固然是王安石变法所要反对的，但当时所谓的“君子党”已是极为强大的政治势力，他们很多已经成为改革的阻碍者。

这种裂变的可能性其实已经包含在了庆历的“尚名”，以及对“君子党”的推崇当中了。因为“尚名”，所以名誉成为士大夫最大的利益。判断一个人的道德是永久性的难题，人可以模仿道德的样子，获得名誉，而一旦他获得名誉，成为所谓的“君子”之后，就是一个真小人，人们也很难去揭穿他了。显然，庆历对于名誉和声望的推崇，使得这种风气愈演愈烈。王安石对仁宗朝名将狄青的评价，或许可以给我们提供一点参考。熙宁五年(1072 年)在与神宗讲到尹洙其人时，王安石讲到：“青但以洙有时名，能毁誉人，可因以致名誉，取利禄，故推尊洙，非实以洙为可宗师也。青所以获誉于世又多爵禄者，洙亦有力也。”〔1〕王安石只是说尹洙不晓事，并没有评价他的人品。可见王安石主要是就当时客观存在的社会风气而论，并非针对某人，他对欧阳修的评价也是如此。狄青之将才，但需尹洙这样的人为其延誉，才能获得朝廷的青睐与重用，这不正说明问题所在吗？

另一个方面，一部分人因为自己的职业，或无交接所谓名士的机会，而永远不会获得相应的名誉，如此道德廉耻对于他们就是无关的，因为无

〔1〕 李焘：《续资治通鉴长编》卷二百三十四，第 5673 页。

论如何他们也不会获得社会的认可以及国家所赋予的名誉,这一点我们在前面分析王安石对“流品”观念的批评时,已经看到了。但是当时困扰王安石的主要还是“伪道德”,以及因为重名誉而导致的“以名乱实”的状况,故而他批评范仲淹“好广名誉,结游士,以为党助,甚坏风俗”。[1] 都是因其政见所致,并非要刻意诋毁。只是在《名实论》中,王安石对这一风气展开的总批判。

但是就后来新儒学的发展来看,他的这一人才路线并没有得到正统的肯定,反而是庆历传统不断地受到后来者的缅怀与追念,尽管后来再也没有一个“名士大夫”能够像范仲淹那样团结“君子党”于一时,并取得皇帝信任推进变法。这些批评主要认为王安石破坏了庆历时期的“君子”醇厚之风。[2] 但这对王安石而言,实际上是一个假问题:因为他并不认为当时存在着所谓的醇厚之风。站在他对法度的认识上,他不认可“君子党”这一政治力量。实际上他对任何朋党都没有好感,如曰:“小人乃为朋党,君子何须为朋党?”[3]这是他与庆历传统不同的地方。“君子党”作为一个政治团体是有害的,它站在道义的制高点上,必然对法度的统一性造成破坏,另外它也是“伪道德”产生的根源。王安石主张任用有才能、专门化的人才,但并不是不考核他们的德性,只是一定要有可考见的事实作为依据。无论是在下位者,还是有名望、在高位的人,都适用这样的原则,要依据事实进行判断。对于君子小人之辨,也是如此。“忠信有义理,言可复,即是君子。”“复”,即考复、考实之义,但为欺骗,前后不一,无法考复者,即是小人。[4] 又曰:“人人为君子之容,而内或怀小人之情,则君子诚未可知;若小人情状已露,则小人决矣,尚复何疑?”[5]“人人为君子之容”,由此知名誉为不可靠;对于政治而言,没有必要时刻去关注谁是君子谁是小人,政治应当根据既有的事实进行判断,譬如人为小人之事,情状

[1] 李焘:《续资治通鉴长编》卷二百七十五,第6733页。
[2] 顾炎武:《日知录》卷之十三之《宋世风俗》,《顾炎武全集》本,上海古籍出版社2012年版,第528页。
[3] 李焘:《续资治通鉴长编》卷二百三十八,第5792页。
[4] 李焘:《续资治通鉴长编》卷二百三十八,第5792页。
[5] 李焘:《续资治通鉴长编》卷二百四十六,第5996页。

已露，则其为小人就是可以确定的，便一定要有相应的惩罚，否则不足以使政令均平。

由于对“君子党”的不信任，王安石亦不认同所谓的“公议”。“公议”源于士大夫集团中自发地形成的一种舆论，在古代社会中具有着强大的力量，即使是皇权亦不得不有所顾忌。但是在王安石变法之时，“公议”却成了他最大的困扰。有一些明显的谣言、非议亦依托所谓的“公议”而行。针对这一问题，他不断提倡考实的原则，他以“诞谩无义理”为小人之特点，显然是针对这种风气而发的。为对付这一状况，他不得不通过强化君主的意志来推进变法。这导致变法的后期，特别是元丰年间出现了君权专断，而大臣不过奉行法令的局面，仁宗时期大臣动辄谏诤，甚至抗争的情形一去不复返。王安石所主张的“君子”，当然包括那些富有学术、能以道正君的栋梁之才，他本人就是这样的一个代表。但变法中的诸多现实因素，影响着其改革的最终走向，并不能一概地以学术论之。对于本文的研究而言，正在于揭示其学术与变法的理据，并非要曲尽全部事实，这一点是需要我们了解的。

三、学校科举改制及其影响

从熙宁四年（1071 年）开始，在财政上有一定的积累之后，王安石与神宗开始系统地考虑改变延续已久的教育制度。主要是学校和科举两个方面，改革正是为培养合格的政治人才服务的。

首先是对学校制度的改革。主要的措施包括以下三个方面，一是三舍法，此始于熙宁四年十月，在于“增广太学，益置生员”，分外舍、内舍、上舍三个等级，生员主要由考试公开选拔（部分官员及贵族子弟可直接入学），学习以经学为主，各占一经，以考试为升降之标准。[1] 元丰二年（1079 年）进一步将包括入学、学官、考核以及选拔等的制度明确化。[2]二是完善从中央到地方的学校制度。熙宁四年，诏令京东西等五路置学官，以陆佃为诸州学官，元丰元年（1078 年）又置诸路州府学官五十三员。

〔1〕 李焘：《续资治通鉴长编》卷二百二十七，第 5529 页。
〔2〕 马端临：《学校考三》，《文献通考》卷四十二。

三是置武学、律学以及医学等专科之学。其中武学置于熙宁五年(1072年)六月,选教授,以弓马、兵法以及“历代用兵成败、前世忠义之节足以训者讲释之”。[1] 律学、医学都是熙宁改制的特色,律学置教授四员,专习法律断案事;医学亦置教授,以下级医官及太学生为培训对象。

熙宁君臣宣称新教育政策是以三代制度为典范的。“三舍法”以三代学校制度为典范,立足于学校教育,通过多方面的考察,完成对国家需要人才的选拔,这在《礼记・王制》中有着详细的记载。同时代的一些儒学家,如程颢、张载等人也都是这种制度的支持者。“三舍法”的建立只是开启了人才选拔的另一途径,并没有取代科举这一主流途径的想法,因此它实际上是对科举制的补充。绍圣时,曾尝试取代科举,不久即废,完全的“复古”是不合实际的,而熙宁变法也没有采取这种办法。[2] 在全国建立完备的教育制度,符合王安石关于国家推行教育的想法,这一方面可以扩大教育的规模,使得普通子弟皆可以求学;另一方面也是“一道德”的需要,其谓“学固不可一日无于天下,然其教不可不资之于天子。资之天子,道德所以一也”。[3] 马端临《文献通考》虽然批评“三舍法”,却极为赞赏第二点做法,认为当时朝廷严选“学官”,被任命者多孚众望。[4] 第三点关于武学、律学以及医学等专门学科的建立,无疑是一个重要的推进,实践了王安石关于人才专业化的想法。

其次是科举制度的改革。以熙宁四年所颁布的诏令来看,王安石的科举改制主要包括三个方面,一是统一诸科,专以进士取士;二是重新调整进士科的考试内容,以经义为主,辅以策论,同时废罢墨义、帖经;三是设立明法科。众所周知,科举制兴起于隋,而兴盛于唐,至北宋太宗时期一再扩大取士规模,其影响最盛。宋初延续唐制,进士以诗赋为考试内容,而经学以墨义、帖经为主要形式。马氏《文献通考》尝载当时墨义之

---

〔1〕 马端临:《学校考七》,《文献通考》卷三十四。
〔2〕 对此的讨论,可参见俞启定:《宋代太学三舍法评述》,《教育评论》1988 年第 5 期。
〔3〕 张钰翰辑录:《礼记发明》,《王安石全集》,第 4 册,第 168 页。
〔4〕 马端临:《学校考七》,《文献通考》卷三十四。

例，如有题目："作者七人，请以七人对。"考生对曰："七人，某某也，谨对。"基本上类似于今天的填空题，考察的是传诵能力。也正因此，当时士人中最有声誉者是进士科，而非经学。但它们不符合宋代新儒学的改革诉求，庆历之前孙复就曾专门给范仲淹写信，建议改革取士制度。庆历四年（1044年），当时朝廷采取欧阳修等人的建议，保留进士科之诗赋的考试，但以策论为先，并取消墨义、帖经，可惜未施行即罢。反而是嘉祐年间，欧阳修主考进士，惩时文之弊，选拔兴复古文之人，对进士风气影响最大，但始终不能对科举进行彻底的改革。

熙宁初年，有钱明逸者罢官，御史言其"文词不通"，神宗诧异，问其何以中进士科。可见神宗已知其弊，并锐意变革之。熙宁四年的改革不过是将这些想法进一步制度化罢了。事实上，早在熙宁二年，神宗就曾要求展开一次关于科举改制的大讨论，当时参与讨论的各派中，司马光、程颢等是改革的赞同者。司马光主张在现有制度的基础之上，完善科举制度，如进士试经义三道、子史三道、时务策三道，不用考试诗赋及论，并废除墨义、帖经，其中以经义为主，与后来的改革基本一致。程颢的主张是最为激进的，他坚持一种"复古"的态度，提倡回归三代的学校教育，但他没有提出更进一步的具体措施。

当时提出异议的，以苏轼与刘挚为代表。他们反对废除诗赋，理由是它可以让人博通古今、贯通经史，并且以前代的实践来看，人才多出自进士。苏轼更进一步反对学校制度的改革，他认为有没有人才，关键是政治体制能不能很好地用人，而不是教育改革；如果能够很好地用人，即使延续旧制，也是可以的。神宗似乎对苏轼的意见很有好感，但遭到王安石的反对，因为按照这样理解，学校教育甚至可以取消了。更为主要的是，这种意见不符合新儒学整体要求变革的时代思潮，后来的朱熹就曾批评刘挚之说。[1]

---

〔1〕相关的史料，见黄以周等辑注：《续资治通鉴长编拾补》，中华书局2004年版，第183—194页。对北宋科举改革的研究论文，可参考李希运：《三苏与北宋进士科举改革》，《山东大学学报》（哲社版）1999年第2期；杨春俏、吉新宏：《北宋中晚期科举考试中的诗赋、经义之争》，《辽宁大学学报》（哲社版）2007年第1期。

正是因为新儒学的兴起，对经义的强调，才使其成为宋明以后主流的学术与考试方式。但是否应该取消诗赋，成为了后来争论的一个焦点。元祐中尝恢复诗赋，绍圣中又废，并演变为新旧党争之一端。显然，旋复旋废，已失制度审慎之义。但经义作为科考之主流，终在元明以后确定了下来，当然后来是在程朱理学的影响下展开的了。

就新教育政策的实践效果来看，后来确实出现了一些弊端，如经义文章的形式主义；[1]三舍法中的考核出现腐败现象等，但并不能因此而否定其顺应历史趋势的变革价值。总体而言，它是合乎新儒学的理论诉求的。学校改革致力于更大范围地向庶士开放，扩大生员规模，对于教育的公正、普及有着重要的意义。其目的在于使士人惟国家教育而出，也不能不说是一个宏伟的计划。科举考试最终废除了墨义，推翻了汉唐注疏学的权威，树立了经义的新范式，也是合乎当时发展的趋势的。

第四节　熙宁庙制改革及其意义

国家典礼也是熙丰变革的重要项目，变革的宗旨正是王安石所讲的使之“合乎义理”。对于这一时期的变革成果，《宋史·礼志》有详细的记载：

> 详定《朝会仪注》，总六十四卷：曰《閤门仪》，曰《朝会礼文》，曰《仪注》，曰《徽号宝册仪》；《祭祀》总百九十一卷：曰《祀仪》，曰《南郊式》，曰《大礼式》，曰《郊庙奉祀礼文》，曰《明堂祫享令式》，……《丧葬》总百六十三卷：曰《葬式》，曰《宗室外臣葬敕令格式》，曰《孝赠式》。其损益之制，视前多矣。[2]

〔1〕　杨鑫：《熙宁科举改革与八股文的起源》，《宋史研究论丛》2015年第2期。
〔2〕　脱脱等：《礼一》，《宋史》卷九十八，中华书局1985年版，第2422—2423页。

宋初制礼沿袭唐代，太祖时所成《开宝通礼》，“本《开元礼》而损益之”〔1〕，其后虽有改革，但延续唐礼的政策没有改变。直到熙丰年间，对于当时礼制能够全盘给予考量，变“从唐制”为“合古制”，这真可谓是典礼的大变革时代。除上所言朝会、祭祀、丧葬之外，尚有《祈禳》四十卷、《蕃国》七十一卷等，故《宋史》认为“损益之制，视前为多矣”。学界已经注意到熙丰变礼的重要意义，〔2〕这里重点关注的是熙宁年间王安石着力推动的庙制改革及其对后世的影响。

一、宋初庙制的确立及其争论

宗庙制度与国家治理符号的确立紧密相关。《乐记》所谓“王者功成作乐，治定作礼”〔3〕，典礼制度寄托着儒家对文治的期待，是实现国家长治久安必须依靠的道路。《礼记·大传》记述了武王的建国事迹：“牧之野，武王之大事也。既事而退，柴于上帝，祈于社，设奠于牧室。遂率天下诸侯，执豆笾，逡奔走。追王大王亶父、王季历、文王昌，不以卑临尊也。”牧野之战，武王灭商，以武力统一天下之后，首要的事情便是建立国家的祭祀典礼，郑玄曰“柴、祈、奠，告天地及先祖也”，孔颖达谓“率领天下诸侯以祭祖庙”〔4〕。以祖先配天地之祀，是天子的特权，天子通过祭祀建立起了国家享有天命的符号象征体系。

宗庙祭祀的对象是帝室的祖先，却以国家的形式确定下来，它的象征意义主要是两个方面：一是谱系的合法性，无论是兄弟相及，还是嫡长子继承制（父子相传），帝室构成了皇权的唯一合法性来源，在宗庙祭祀中，以昭穆、称谓、配天等形式将这一谱系的合法性确立下来。二是伦亲价值，与一般的家庭一样，帝室的宗庙祭祀也有着同样的价值寄托，即“敬宗收族”。“敬宗”是尊敬宗族统系，“收族”是通过一定的礼乐形式将家族

---

〔1〕 脱脱等：《礼一》，《宋史》卷九十八，第2421页。

〔2〕 关于熙丰礼制论述，可参见陈戍国：《中国礼制史（宋辽金夏卷）》，湖南教育出版社2000年版，第53—67页。近来有学者注意到“熙丰变礼”的重要思想价值，见雷博：《试论“熙丰变礼”及其思想史意义》，《政治思想史》2015年第3期。

〔3〕 郑玄注，孔颖达正义：《乐记》，《礼记正义》卷四十七，上海古籍出版社2011年版，第1479页。

〔4〕 郑玄注，孔颖达正义：《大传》，《礼记正义》卷四十四，第1350—1351页。

成员联合起来,《乐记》所谓“礼义立,则贵贱等矣。乐文同,则上下和矣”,“同则相亲,异则相敬”[1],礼表达一种家族的秩序。

由此,历朝历代皆重视宗庙制度的确立。宋代赵匡胤黄袍加身,骤至皇帝。当时儒臣建议国家建立宗庙,但考及家谱,只及高祖,以上世次皆不可知。自然无法达到礼经中所载的“天子七庙”的规模。因此当时张昭等援引汉唐制度,“伏请追尊高、曾四代,崇建庙室”。四庙分别是:“皇高祖文安府君曰文献皇帝,庙号僖祖;皇曾祖中丞府君曰惠元皇帝,庙号顺祖;皇祖骁卫府君曰简恭皇帝,庙号翼祖;皇考武清府君曰昭武皇帝,庙号宣祖”,[2]即僖祖—顺祖—翼祖—宣祖,从高祖至父,只有亲庙四,不立始祖庙。虽以汉唐为蓝本,但也是从宜之举。宋代庙制的完善,要到英宗之后才基本完成。大致而言,这一过程可分为三个阶段,每一阶段都有激烈的争论。

第一次争论是因为真宗咸平年间的太宗祔庙。主要的问题是祫祭时太祖、太宗同位与否,以及祭祀时真宗应该如何称谓太祖。一派以尚书省张齐贤为代表,引《公羊传》“为人后者为之子”的说法及汉代典故,说明太宗既继太祖之位,理应为太祖之后,虽为兄弟,但祭祀时应昭穆异位,这样真宗皇帝就得在祭祀太祖时称“孝孙”。另一派以当时礼官、翰林学士宋湜为代表,他们以孔颖达《左传正义》中的“父子异昭穆,兄弟昭穆同”为原则,太祖、太宗既为兄弟相及,当同昭同穆,如此祭祀时皇帝称太祖为“孝子”。前论以宗法大于伦亲,更重“谱系的合法性”,张齐贤所谓“尊本祖而重正统也”。后论则偏重伦亲,真宗本于太祖为侄,称孙不合乎伦理,宋湜所谓“皇帝与太祖室称孙,窃有疑焉”。

但对于真宗而言,“从乎伦亲”似乎更能证明其权力来源的合法性,因此也更加符合其利益。因为真宗是太宗之后,相对于太祖一支,谱系已经发生了转换。以前论来看,太祖为宋代权力的唯一合法性,按照嫡长子继承制的原则,太祖的后代继位似乎更有合法性。而后论则将太祖、太宗同

〔1〕 郑玄注,孔颖达正义:《乐记》,《礼记正义》卷四十七,第1470页。
〔2〕 脱脱等:《礼九》,《宋史》卷一百六,第2565页。

位，这无异于宣布宋朝是由太祖、太宗共同开创的，那么真宗继承这一位置也就更具有了合法性。因此当时朝廷选择了后者，规定祫祭太祖、太宗昭穆同位，祝文并称“孝子”。[1] 当时设立的太祖、太宗“两室一世”的制度，也成了宋代庙制的一个基本制度。

第二次争论是因为仁宗康定元年（1040年）的真宗祔庙。当时有直秘阁赵希言奏：“按礼，天子七庙，亲庙五，祧庙二。据古则僖、顺二祖当迁。”此时，宋代宗庙已有七室，即僖祖—顺祖—翼祖—宣祖—太祖—太宗—真宗。赵氏持自翼祖而下已满“亲庙五”，故“僖、顺”当迁。但这在当时不能得到认同，同判太常寺宋祁以为赵希言援引郑玄之论，未必合乎礼：“郑康成谓周制立二昭二穆，与太祖、文、武共为七庙，此一家之说，未足援正。自荀卿、王肃皆云天子七庙，诸侯五，大夫三，士一，降杀以两。则国家七世之数，不用康成之说也。”自僖祖至真宗，才及六世，不应便立祧庙。所谓“六世”，因太祖、太宗一世，“以七室代七庙，相承已久，不可轻改”。[2] 国家遂用宋祁之说。

考《礼记·王制》“天子七庙，三昭三穆，与大祖之庙而七”，郑玄注：“此周制。七者，大祖及文王、武王之祧，与亲庙四。大祖，后稷。殷则六庙，契及汤与二昭二穆。夏则五庙，无大祖，禹与二昭二穆而已。”[3] 据此，“天子七庙”仅仅是周制，但王肃不同意郑玄之说，认为“天子七庙，谓高祖之父及高祖之祖为二祧，并始祖及亲庙四为七。周之文、武，受命之王，非常庙之数”。[4] 此与郑玄不同者有二：一以周之文、武“非常庙之数”，否定了以此为“祧庙”之标准的观点；二以“三昭三穆”为顺世之论，加始祖（大祖）为七。宋祁援引王肃之说，认为“七庙”祭及高祖之祖，则僖、顺二祖不用祧迁。他虽援引王素之说，但没有按照王素之说进行宗庙改制，而是为宋建国以来的传统作了合理的辩护，因此其实质依然是延续

---

〔1〕 两派争论材料见脱脱等：《礼九》，《宋史》卷一百六，第2566—2567页；也见于《宗庙三》，《文献通考》卷九十三，中华书局1986年版，考846页。

〔2〕 脱脱等：《礼九》，《宋史》卷一百六，第2569—2570页。

〔3〕 郑玄注，孔颖达正义：《王制》，《礼记正义》卷十七，第516页。

〔4〕 转引自黄以周：《礼书通故》第十六，中华书局2007年版，第724页。

唐制。但这一决定对其后宋代进一步建立国家宗庙制度起到决定性作用。

第三次论争是在英宗时期。嘉祐年间仁宗祔庙，学者卢士宗、司马光谏议曰："若以太祖、太宗为一世，则大行祔庙，僖祖亲尽，当迁夹室，祀三昭三穆，于先王典礼及近世之制，无不符合。"依然是援引《王制》"三昭三穆"之说，但无始祖之庙，故而主张迁僖祖夹室。这引起了当时学者的反对，问题依然是要不要祧迁僖祖。赵抃等以为："自唐至周，庙制不同，而皆七世。……今僖祖虽非始封之君，要为立庙之祖，方庙数未过七世，遂毁其庙，迁其主，考之三代，礼未有此。"[1]以太祖、太宗为一世，继承了真宗时期确定下来的制度。因此讲"未过七世"，实际上是将是否祧迁僖祖的问题推迟了。

然到神宗继位，英宗祔庙，司马光等所提出的问题终于再次呈现，当时朝廷依然延续汉唐从宜之制，不立始祖庙，而将僖祖祧迁夹室，史载：

> 治平四年，英宗将祔庙，太常礼院请以神主祔庙第八室，祧藏僖祖及文懿皇后神主于西夹室。自仁宗而上，以次递迁。翰林承旨张方平等议："同堂八室，庙制已定，僖祖当祧，合于典礼。"[2]

对此，朝廷并无太多争论，"同堂八室"的庙制基本定型，太祖、太宗同世而异室；祧迁僖祖，以顺次七世为制，延续传统习俗，也继承了真宗、仁宗两次争论的重要成果。至此，宋代庙制可以说是完备了。

二、熙宁庙制改革及其逻辑

治平四年（1067年）英宗祔庙，祧迁僖祖，当时朝廷大臣虽无异议，但神宗心中却有不安，史载：

> 治平四年……九月壬午，奉安八室帝后神主，奏告太庙，祧藏僖

〔1〕 脱脱等：《礼九》，《宋史》卷一百六，第2570—2571页。
〔2〕 脱脱等：《礼九》，《宋史》卷一百六，第2571页。

祖、文懿皇后神主西夹室……，罢僖祖讳及文懿皇后忌日。然上疑非礼，乃与安石议。[1]

可见神宗已有变革之意。他的疑惑是，僖祖既然是宋室所能追溯的始祖，怎么可以藏于夹室与子孙同处呢？至熙宁五年（1072 年）三月八日[2]，朝廷在理财方面初见成效，庙制改革提上议程。在神宗看来，此时恢复僖祖庙制，本应如此，似乎不必要有太多争论。《长编》记载神宗之言："人本乎初，岂复议功？当时合便施行，不须根议。"[3]甚至不需要讨论，直接施行便可以了。但出乎神宗意料的是，这引起了当时官僚的一场大讨论。这场讨论主要围绕两个问题，分两个阶段进行。

第一阶段主要围绕着"是否立僖祖庙为始祖庙"展开。平章事王安石，翰林学士元绛，知制诰王益柔、陈绎、曾布，直舍人院许将、张琥等人为重立始祖庙辩护，他们的理由包括：一是效法三代制度，应该建立始祖庙。二是僖祖以上世次不可得知，始祖应断自僖祖。三是始祖应当根据血缘亲情确定，不应当考虑有无建国之功。四是祧迁僖祖与子孙并列，不合人情。[4] 反对者包括翰林学士韩维，天章阁待制孙固等，他们的理由包括：一是商周所以为契稷立始祖庙者，因契稷为始封之君。二是宋有天下自太祖始，推功美，重本始，应以之为始祖。三是郊祀以始祖配天，如以僖祖配天，废止太祖，于宋之现实人情不合。四是藏僖祖于西夹室，处顺祖之右，仍为尊者。

两者之间的争论涉及"三代"与"汉唐"的制度区别问题，实际上这里的"三代制度"是王安石等人所做出的新诠释。在建立始祖庙的问题上，无论是沿用王肃之说，还是援引郑玄之论，始终无法自圆的一个问题就

〔1〕 李焘：《续资治通鉴长编》卷二百四十，第 5861 页。

〔2〕 《长编》作"五年八月"，《宋会要》作"五年三月八日"，据《长编》他处记载，应从《会要》。如《长编》记载七月时即有同知礼院赵彦若因议庙制而罢职，此时朝廷已经议礼多时。参见李焘：《续资治通鉴长编》卷二百四十之"注四九"，第 5872 页。

〔3〕 李焘：《续资治通鉴长编》卷二百四十，第 5838 页。

〔4〕 此表根据《长编》资料制成，见李焘：《续资治通鉴长编》卷二百四十，第 5838—5846 页。

是——宋代庙制没有始祖庙。而普遍地存在于汉唐的做法是，“始祖”是被等同于“太祖”的。最典型的一个例子就是发生在唐中宗神龙元年（705 年）的一场争论，当时议者欲立唐凉武昭王为始祖，[1]遭到了太常博士张齐贤等人的一致反对，他们提出来的理由就是“伏寻礼经，始祖即太祖，太祖之外，更无始祖”。[2] 由此来看，韩维等反对者提出应以太祖为始祖的观点，正是来源于汉唐传统，他们批评王安石等人“鄙绝汉、唐之所行，而纯行三代之制以为法”，并非无的放矢了。[3] 正是因此，“始祖信仰”在王安石的庙制改革中才具有了突出的意义，或者讲是对古代祖先信仰的重新解释。在改革者看来，“始祖信仰”是普遍的人性诉求，不应根据是否对家族事业的发展有无功劳来确定。先王之庙制无不尊祖，“若夫尊卑之位，先后之序，则子孙虽齐圣有功，不得以加其祖考，天下万世之通道也”。[4] 人之生皆有祖先，人应尊其祖先，并不在于是否有功德，这是“万世之通道”，天子之家更应如此。

然这场论争并没有结束，反对者也提出来了一个强有力的理由——以僖祖为始祖，则是否以始祖配天？在王安石将韩维、孙固的反对意见呈给神宗后，神宗对此也表示怀疑，但王安石坚持应以始祖配天，《长编》言：

> 安石曰：“万物本乎天，人本乎祖，故王者以太祖配天。以祖，非以有功。若以有功，即鲧以无功殛死，岂得谓之有功？然夏后氏郊鲧，其非有功可知也。”[5]

---

〔1〕 据《新唐书·本纪一》，唐初追溯唐高祖以上之世系包括：七世祖李暠，为凉武昭王；六世祖李歆，为他族所灭；五世祖李重耳，为后魏弘农太守，太宗时尊为弘农府君；四世祖李熙（高祖），为金门镇将；三世祖李天赐（曾祖）；二世祖李虎（祖），号八柱国，追封唐公；一世祖李昞（考），袭唐公。

〔2〕 杜佑：《礼七》，《通典》卷四十七，中华书局 2016 年版，第 1302 页；又见《新唐书》之《礼乐志》，而文字略有不同。见欧阳修：《新唐书》卷十三，中华书局 1975 年版，第 339 页。

〔3〕 李焘：《续资治通鉴长编》卷二百四十，第 5842 页。

〔4〕 王安石：《庙议札子》，《临川先生文集》卷四十二，《王安石全集》，第 6 册，第 809 页。

〔5〕 李焘：《续资治通鉴长编》卷二百四十，第 5847—5848 页。

祖先是人之本，所以王者重祖，不以有功为论。又举夏“禘黄帝而郊鲧”，鲧无功而所以得配天者，以其为夏之先祖。然神宗对于僖祖配天之论，并不能消除疑虑，又以韩维、孙固二状下太常礼院详定以闻，于是又有第二阶段的论争。此次“僖祖是否配天”成为讨论的主题，同判太常寺兼礼仪事章衡，同判太常寺兼礼仪事周孟阳，同知太常礼院宋充国、礼院检详文字杨傑等赞同之，他们认为自古有天下者，必尊始祖。但面对神宗的疑问，他们后退了一步，提出始祖感神灵而生，故应配祀感生帝。同知太常礼院苏棁，同判太常寺兼礼仪事张师颜，同知礼院张公裕、梁焘等提出有宋无以僖祖郊配之礼；[1]祧迁僖祖不当，应建别庙藏之。[2]

太常礼院的讨论调和了上一阶段的论争，首先反对立始祖庙者，也认同不应祧迁僖祖，转而援引《周礼》“守祧掌守先公、先王之庙祧”，宋虽然无像商之契、周之稷那样的始封之君，但应该建立先公之庙祧，即建立别庙，祧藏僖祖以及后来的顺祖、翼祖、宣祖[3]。其次主张立始祖庙者也看到了宋代无以僖祖配天的先例，难以突然实现，于是援引《礼记·大传》郑玄注，考“王者禘其祖之所自出，以其祖配之”，郑玄注曰：“王者之先祖，皆感大微五帝之精以生……皆用正岁之正月郊祭之，盖特尊焉”。[4]感五帝之精以生，故应祭感生帝。这样巧妙地设计，打消了神宗对于升格僖祖，却降格太祖的疑虑。因此，这一方案在王安石报告给神宗之后，很快便被接受，并通过中书降诏施行[5]。实际上这是顺应世情人心的从宜之举。至元丰元年（1078年），王安石已退居金陵，神宗立详定郊庙礼文所，最终确定八庙异宫之制，僖祖居中，“以翼祖、太祖、太宗、仁宗为昭，在左；宣祖、真宗、英宗为穆，在右。皆南面北上”，延续了王安石的变革思路，遂

---

〔1〕 宋太祖时郊祀以宣祖配，但仁宗时，以太祖、太宗、真宗配，其中“南郊以太祖定配，二宗迭配，亲祀皆侑。常祀圜丘、皇地祇配以太祖，祈穀、雩祀、神州配以太宗，感生帝、明堂以宣祖、真宗配，如旧。”实无以僖祖配祀之礼。见脱脱等：《礼二》，《宋史》卷九十九，第2439页。

〔2〕 据李焘：《续资治通鉴长编》卷二百四十，第5848—5860页。

〔3〕 李焘：《续资治通鉴长编》卷二百四十，第5851页。

〔4〕 郑玄注，孔颖达正义：《大传》，《礼记正义》卷四十四，第1349页；宋臣的转引论述见李焘：《续资治通鉴长编》卷二百四十，第5856页。

〔5〕 见李焘：《续资治通鉴长编》卷二百四十，第5861页。今保留在安石文集中《庙议札子》一文即是中书之定诏，因其也是王安石的观点，故编者收入文集。

使熙丰庙制成一代典制。

三、程、朱对始祖信仰的讨论及其普及化

“始祖”独立于“太祖”，为家族“统系本始”的观念，虽然通过王安石的庙制改革在国家层面上确立了下来，然对其进一步的论述，并使其逐渐成为后来社会之普遍仪式的，却要归功于程颐与朱熹的努力。两者对新法的很多方面都持批评态度，唯独对于当时的宗庙改制给予极高的评价。程颐《禘说》曰：

> 禘其祖之所自出，始受姓者也；其祖配之，以始祖配也。文武必以稷配，后世必以文王配。……万物本乎天，人本乎祖，故以所出之祖配天也。……本朝以太祖配于圜丘，以祢配于明堂，自介甫此议方正。……太祖而上，有僖、顺、翼、宣。先尝以僖祧之矣，介甫议以为不当祧，顺以下祧可也。何者？本朝推僖祖为始，已上不可得而推也。或难以僖祖无功业，亦当祧。以是言之，则英雄以得天下自己力为之，并不得与祖德。或谓：灵芝无根，醴泉无源，物岂有无本而生者？今日天下基本，盖出于此人，安得为无功业？故朝廷复立僖祖庙为得礼。介甫所见，终是高于世俗之儒。〔1〕

这只能说明面对宗庙改制的问题，程颐与王安石对“三代制度”的理解是相同的。所以程颐称赞有宋之庙制自介甫方正，不仅认同设立“始祖庙”，对于以之配大的建议，他也是认同的。他提出的理由也与王安石基本相同，即始祖为“统系本始”，不能以有无功业来论定。程颐进一步讲，万物之生皆有根本，后世帝王的功业，当然渊源于始祖。对于这样的观点，后来的朱熹也是赞同的。只是朱熹之时，王安石变法已成朝廷共矢之的，高宗、孝宗时已不断有学者攻击王安石的庙制改革，欲一反其法，以正太祖东向之位。宁宗继位，在当时宰相赵汝愚的推动下，陈傅良、楼鑰又

〔1〕　程颐：《禘说》，《二程集》，中华书局2004年版，第669—670页。

一次倡议立太祖庙为始祖庙。[1] 时朱熹在经筵，不惜忤逆宰相，力排众儒论其不可：

> 元祐大儒程颐以为王安石言“僖祖不当祧”，复立庙为得礼。窃详颐之议论与安石不同，至论此事则深服之，足以见义理人心之所同，固有不约而合者。[2]

朱熹之所以在这一问题上与赵汝愚等人论争，甚至不惜对抗整个朝廷的意识形态，显然并不是一次“无谓争论”[3]，而是有着更深的考虑。从程颐以来，理学家们就从义理以及具体的礼仪上尝试着在中国社会中建立一种普遍的祖先信仰形式，即始祖信仰。在《二程集》保留着一篇《祭礼》，程颐将“始祖”作为一个专门的项目独立了出来：

> 祭始祖，洒扫应事，如时祭，只设一位，以妣配。祝执辞，出主人之左，东向读之，曰：“维年月日，孝远孙某，敢昭告于某氏之祖妣，今以阳至之始，追惟报本，礼不敢忘，谨备清酌庶羞之奠，尚享！”三献如前式。[4]

在冬至祭祀始祖，以阳至之始，表达人报本之情。并且这里的仪式也是非常简单的，适合于一般的士庶人家举行。《文集》的编注者认为这一篇仪礼仅存于“罗氏本”，其他版本皆无，因此可能并非程颐所作。但考诸程颐的其他论述，如《粹言》中有“万物本乎天，人本乎祖，故以冬至祭天而祖配之。以冬至者，气至之始也。”[5]阳气始生，故冬至祭始祖，此处已

---

〔1〕 见脱脱等：《礼十》，《宋史》卷一百七，第2584—2586页；又见张焕君：《宋代太庙中的始祖之争——以绍熙五年为中心》，《中国文化研究》2006年第2期；殷慧、肖永明：《学术与政治纠结中的朱熹祧庙之议》，《湖南大学学报》（社会科学版）2009年第4期。

〔2〕 脱脱等：《礼十》，《宋史》卷一百七，第2588页；相近论述也见于《朱子语类》卷九十，《朱子全书》（第17册），第3039页。

〔3〕 束景南：《朱子大传》，福建教育出版社1992年版，第914页。

〔4〕 程颐：《祭礼》，《二程集》，中华书局2004年版，第628页。

〔5〕 程颢、程颐：《河南程氏粹言》卷二，《二程集》，第1227页。

可见其义。《朱子语类》中记载朱熹与门人讨论“始祖祭”的问题：

> 古无此。伊川以义起。某当初也祭，后来觉得僭，遂不敢祭。古者诸侯只得祭始封之君，以上不敢祭。大夫有大功，则请于天子，得祭其高祖；然亦止得祭一番，常时不敢祭。[1]

这一段可以看作是《祭礼》为程颐所作的直接证据，只是朱熹觉得有僭越之嫌，所以并没有进一步推行下去。但事实上，朱熹也已经注意到当时社会中存在的祖先祭祀的新情况，即一般的士庶之家祭祀也都是到曾祖为止的，程颐曾表示这样做是不对的，因为“高祖自有服”，应该祭祀到高祖。[2] 张载也有类似的考虑，他讲：“庶人当祭五世，以恩须当及也，然其袷也止可谓之合食。”[3]“五世”也即到高祖为止，但是张载没有提到“始祖”的祭祀问题。这是不是僭越呢？从历史上来看，也是很复杂的。因为礼经规定：有身份的“士”可以立庙，但止于考庙；庶人不得立庙，祭于寝而已。无庙并不意味不得祭祀，《礼记·祭法》谓“庶士、庶人无庙，死曰鬼”，孔颖达《疏》“鬼亦得荐之于寝”，但庶人是否能够祭祀始祖，以及可以祭祀的世数，并无明文。[4] 汉以后社会中普遍流行墓祭的形式，即使是一般的庶人也不会只祭及父母。[5]

尽管对于是否扩大祖先祭祀的世数，以及祭祀始祖的问题存有疑虑，后来流传下来的朱熹的《家礼》却基本上接受了程颐对祭礼的设计，其中即有“冬至祭始祖”，并且在祭仪上更加完善。[6] 正是在《家礼》的影响之下，元代以后“始祖祭”在民间不断地兴起，而官方礼制的规定则越来越

---

〔1〕 黎靖德编：《朱子语类》卷九十，中华书局 1986 年版，第 2318 页。

〔2〕 程颢、程颐：《河南程氏遗书》卷第二十二上，《二程集》，中华书局 2004 年版，第 286 页。吴飞教授对宋明理学家致力于“祭及高祖”的讨论进行了论述，见其论文：《祭及高祖：宋代理学家论大夫士庙数》，《中国哲学史》2012 年第 4 期。

〔3〕 张载：《理学理窟》，《张载集》，中华书局 1978 年版，第 295 页。

〔4〕 郑玄注，孔颖达疏：《礼记正义》卷五十五，上海古籍出版社 2008 年版，第 1796 页。

〔5〕 杨树达：《汉代婚丧礼俗考》，江西教育出版社 2018 年版，第 87—118 页。

〔6〕 朱熹：《家礼》卷五，《朱子全书》，第 7 册，第 941—943 页。

显得不合时宜了。明初礼制规定“品官家庙”，其中祠堂建制与世数多依据朱子《家礼》，可以祭祀四代，即至于高祖，但对于庶人则只能祭祀祖、父两代。洪武十七年（1384年），朝廷听从胡秉中的建议，将庶人祭祀放宽至三代，但始终未及始祖的问题。直到嘉靖十五年（1536年），因“大礼议”，世宗欲在祭祖方面“推恩”臣民，吏部尚书夏言遂上疏，建议开放民众冬至祭祀始祖，但为了防止“逾分”，同时又禁止专门立庙，或设立始祖牌位。这一建议虽然受到当时政治斗争的影响，并未被各派接受，但因它是适应了民众对始祖祭祀的需求的，故而很快便在整个社会中流行开来，有力地推动了“始祖信仰”的普及化。[1]

第五节　军事与外交战略

从熙宁君臣的对话与行动来看，变革者确实树立了一个强国的目标，即恢复汉唐旧境。[2] 但这是一个长远的计划，立足于北宋积弱的现实，需要王安石考虑的是，在吸收古代军事与外交思想的基础上，怎样建立一系列的制度改革与军事战略，实现国家的富强。对此，已经有很多学者对王安石的强军计划进行了比较系统的论述，笔者吸收前辈的研究成果，更着眼于揭示其整体战略的构想，尤其是对他如何在新的条件下创造性地转化了古代的军事与外交的思想资源进行论述。

一、“寓兵于民”的战略

首先来看宋初的兵制。它承袭唐末五代，国防主要以募兵为主。募兵又分为禁兵与厢兵，虽有民兵，但只负责地方治安与防务。募兵制在当时基本上还是可以满足国家的国防与军事需要的，这主要与太祖、太宗的军人背景有直接关系，但募兵之骄蹇难治，已经为当时的朝廷担忧。募兵

〔1〕 对于明代祖先祭礼不断接受朱熹《家礼》并放开始祖祭祀的详细考证，可参看常建华：《明代宗族祠庙祭祖礼制及其演变》，《南开学报》2001年第3期。

〔2〕 王安石曰：“他时兼制夏国，恢复汉唐旧境，此乃基本。”李焘：《续资治通鉴长编》卷一百三十，第5604页。

的衰弱在宋真宗之后逐渐显示出来，“咸平以后，承平日久，武备渐宽”。[1] 咸平之后，由于朝廷的绥靖政策，输币与辽议和，虽然换来了社会经济的和平发展，但也带来了武备的宽弛的弊端，其中受影响最大的就是募兵。仁宗时西夏叛乱，朝廷募兵几无可用，反而是重新招募的民兵战斗力更强。史载庆历时兵籍总数达到一百二十五万九千，其中禁军马、步八十二万六千，而开宝时兵籍总数仅为三十七万八千，禁军马、步十九万三千，相比较增长了近三倍，但是其战斗力远远不如宋初。这一方面是因为兵籍增多，大量消耗了国家财政；另一方面是募兵的战斗力不断下降，不能适应国防的需要。宋代的军队建设就是在这样的情况下，陷入了一个恶性循环。

那么这一问题的根源在哪里？改革的着眼点应该放在哪里呢？熙宁君臣逐渐在减少募兵，训练民兵方面凝聚了共识。[2] 早在熙宁初年，当神宗问及是否可以用民兵戍边时，王安石便曰：“言募兵之害虽多，及用则患少，以民与兵为两途故也。”其时已有兴民兵以代募兵的想法，并得到神宗以及其他大臣的认同，只是神宗强调要渐次推行方可。[3] 不难看出，王安石等人一开始就将改革的方向聚焦于募兵制本身的问题，他对募兵制之弊端认识主要包括以下两点。一是以募兵制源出于五代传统，所招募的兵员多是“偷惰顽滑不能自振之人”。这些人平常骄横难制，又“喜祸乱”，依靠这样的军队来保护国家，终不能“安宗庙社稷”，而五代之弊根亦不能从根本上解决，他称“五代之变，皆缘此辈”。[4] 二是募兵制导致国家财政的大量浪费，这一点也是王安石要改革的重点，故曰：“欲公私财用不匮，为宗社长久计，募兵之法诚当变革”。[5]

相应地，训练民兵所具有的好处，王安石也有着充分的认识。一是减

---

〔1〕 脱脱等：《宋史》卷一百八十七，第 4569 页。

〔2〕 对熙宁改革兴起民兵战略的论述，可参见余河郿：《王安石“以民兵代正兵”的军事思想》，《华夏文化》2013 年第 3 期。

〔3〕 脱脱等：《宋史》卷一百九十一，第 4735 页。

〔4〕 见李焘：《续资治通鉴长编》卷二百三十五，第 5706 页；卷二百三十六，第 5743 页等。

〔5〕 脱脱等：《宋史》卷一百九十二，第 4774 页。

兵节财用,募兵花费至大,保甲之费不过募兵的十之一二。二是训练民兵皆良民为之,无骄横之患,“为农者皆朴力一心听令之人,以比较之,则缓急莫如民兵可用”。[1] 三是维护地方治安,起到止盗除盗的作用。一些大臣开始担心民兵不如募兵善于战斗,王安石不以为然,他坚信只要选择合格的将帅,对民兵进行良好的训练,其战斗力就不会逊于募兵。当然,关键是将帅的选择,“募兵与民兵无异,顾所用将帅如何尔”。[2]

众所周知,为推行这一战略,王安石等人在各地推行了保甲法。对此,他称之为“稍复古制”,即效仿“先王以农为兵,因乡遂寓军旅”,“寓兵于农”正是这一制度的核心。它起源于“三代丘甲”,《周礼》中记载最为详备,所谓“伍长闾胥”者是也。王安石以为自三代以来,此法皆得以实践,秦国虽然废除井田,但是这样的社会组织并没有破坏,“然什伍之,尚如古制”,这是秦国得以强盛的根源。至于后世的军制,惟有唐代的府兵制与古制相类,这才是国家得以安强的根本。据此,他断言如果不能以此理兵,则“中国无富强之理”。[3]

为了保障这一战略的顺利推行,王安石与神宗采取了渐进的策略。如保甲法的推行,熙宁三年(1070 年)先在京畿地区试行,规定“十家为一保”,设保长一人;五十家为一大保,选大保长一人;十大保为一都保,设都保正及副职各一人。主客户有两丁以上,选一人为保丁。保丁在当时主要以缉捕盗贼为主,并未任以武事。熙宁四年(1071 年),方推行“兵农合一”之策,于农隙之时教以武事。为激励民兵,训练考核分为一、二、三、四等,依次各有奖赏,其中由皇帝简阅第一等者,合格即授武官。然此时尤未任以军务,直到熙宁五年(1072 年),始以新训之民兵戍守军营,但以自愿为原则。[4] 事实上,因为朝廷提供了丰富的奖励措施,保甲皆踊跃为之,军队士气不振的状况为之一变。

---

〔1〕 李焘:《续资治通鉴长编》卷二百三十六,第 5743 页。
〔2〕 李焘:《续资治通鉴长编》卷二百十八,第 5300 页。
〔3〕 脱脱等:《宋史》卷一百九十二,第 4771、4777 页。
〔4〕 脱脱等:《宋史》卷一百九十二,第 4767—4771 页;李焘:《续资治通鉴长编》卷二百十八,第 5296 页。

又如裁减募兵,也采取了渐进的方式。总计每年募兵逃死停放之数,相应增加民兵,不再扩大募兵兵籍。因为民兵花费较少,裁军很好地节约财政开支。史载仅元丰四年,府界、河北、河东、陕西诸路因推行保甲,便岁省旧缗钱一百六十六万一千四百八十三,而熙宁间系籍禁兵约为五十六万八千六百八十八人,比庆历、治平皆有很大的减少。改革的成效已经初步显现出来,还一点还是应该给予充分肯定的。

虽然在整体战略的构想上,王安石倾向于"兵农合一"的制度,但他并不主张完全废除募兵,事实上这也是不可能的,"募兵未可全罢,民兵则可渐复"。保持一定的募兵,王安石以为是符合"古制"的,他讲:"《周官》,国之勇力之士,属于司右,有事则可使为选锋,又令壮士有所羁属,亦所有弭难也。"〔1〕"司右"一职属夏官司马之属,其所掌管的部队以勇力之士为之,相当于先锋部队,与宋代募兵制不完全相同,但王安石用它表达了一个整体战略体系的构想,以民兵为基础,考校其优异者,组成国家用于国防的强盛军队。这一计划涵盖着从地方治安、京师防务到边疆战争的各种需要,以及从民兵到各级募兵之间的各种军队等级。

与其他的改革一样,熙宁兵制改革遭到了一些士大夫的攻击,他们提出了自己的理由,尤以司马光的意见为代表,总结而言有以下几点:一是保长、保正缘以为奸,上下其手,百姓不堪其扰;二是今不如古,民不习兵久矣,募兵为必然之势;三是保甲非惟不足以除盗,且有自为盗者。保甲法的推行从河东、河北、陕西开始,短短几年之内遍布全国,虽然是渐进推行,但其力度与广度都是空前的,因此不可能保证不出现弊端。如这里所讲的保长"缘以为奸",以及出现保甲自为盗贼的情况,皆可能确有事实之依据,但这属于变法本身可以解决的局部性问题。

只有第二条理由,即募兵为必然之势,是对王安石"寓兵于农"战略的根本反对,因此也特别值得我们注意。就保甲法的制定与推行来看,王安石并非一味地主张"复古"而不顾忌宋代兵制所面临的实际情形,他

〔1〕 李焘:《续资治通鉴长编》卷二百十八,第5300页。

没有彻底地否定募兵制，准确地讲，他所谓的“寓兵于农”，应该是从民兵中选拔优秀的兵员以充实国家军队，从而改变原来募兵制所带来的诸多弊端。他在给神宗的《上五事札子》中，充分地论述保甲法的利害所在：

> 保甲之法，起于三代丘甲，管仲用之齐，子产用之郑，商君用之秦，仲长统言之汉，而非今日之立异也。然而天下之人，凫居雁聚，散而之四方而无禁也者，数千百年矣。今一旦变之，使行什伍相维，邻里相属，察奸而显仁，宿兵而藏诸用，苟不得其人而行之，则搔之以追呼，骇之以调发，而民心摇矣。[1]

此维系民心，团结社会，察奸宿兵，当然要慎之又慎。

二、御将帅以道：军事体制改革

北宋军队之积弱，管理体制的问题是一个最直接的原因。随着熙宁年间一些重要的军事外交战略，如以王韶经制熙河，宋初所建立起来的一系列军事管理体制便显露无遗，特别是中御、更戍法等。宋初的立法者相信凭借着这样的制度，可以“曲为之防”“强干弱枝”，最终达到限制军阀，保证皇权安全的目的。总的来看，古代军事管理体制的根本问题可以概括为：如何厘清皇权、将权与士兵之间的职务关系，即如何既维持政权的稳定，又使得军队具有战斗力。这是一个问题的两面，相辅相成，如何将它们协调起来才是改革的重点。但对于王安石而言，宋初的做法限制了军队的战斗力，甚至有自弱其军之嫌，无法应对国防的需要，所以他鼓励神宗奖励军功，选择有胆略、有才能的将领，并将改革的重点放在提高军队的战斗力上。如果将这看成是对原来管理体制的一种“矫正”或许更为恰当。而从他的改革措置中，可以看出他对于上面所提的问题，是有一个全面考虑的，他提出的总方针是“御将帅以道”。

---

〔1〕 王安石：《上五事札子》，《临川先生文集》卷四十一，《王安石全集》，第6册，第795页。

“御将帅以道”,与他在政治体制改革中提出的“以道揆之”的理念是相应的。这里涉及王安石对皇权与将权之分职的理解,那么怎样以“道”来管理军事?什么是军事管理中的“道”呢?首先,在王安石看来,“道”是纪律或法度。他讲“大抵要驭将帅,令奉朝廷政令”,[1]又讲“纪律所以自治”,纪律是军队得到治理的根基。以纪律约束军队,才能使得将帅不会自行其是,遵守朝廷的政令与法令。之所以首先讲到纪律的问题,这与他对当时军队纪律涣散、骄蹇难制的观察有关,更为主要的是一些高级将领也没有法度意识,为了私利,公然欺罔甚至诋毁有功劳的将领。故他频繁向神宗强调要奖励功实、赏罚公正,对于敢于欺罔的将领给予相应的惩罚。“纪律所以自治,算数所以胜敌,故《兵法》曰:‘多算胜,少算不胜,况于无算乎?’今非但无纪律,尤患无算数。”[2]在纪律自治的基础之上,有能力的将领得到任用,才会有胜敌之道。

其次,只有在皇权与将权之间明确职分,才能“御将帅以道”。权力有大有小,事务亦有次有要,在朝廷与地方、皇权与将权之间需要合理地分配。王安石讲:“兵虽不可中御,然边事大计,亦须朝廷先自定也。”[3]即朝廷(以皇权为中心,包括枢密院系统)主要在于确定军事的方针与战略,选择合格的将帅以完成使命,并不是要事事都从“中御”。“中御”的传统使得皇权时时介入各级军政事务,它直接的后果就是使军队失去了机动性。王安石援引当时经边将领薛向之语曰:“边事不畏贼,但畏京递到不合事机耳。”[4]所以当时将帅并不是畏惧敌人,最怕触犯朝廷忌讳,或为同僚,或为中人所弹劾、诽谤,“惟内外之人相表里为浸润,最是将帅所患,将帅畏此乃甚于畏敌”。[5] 对此,王安石主张朝廷应该给予地方将领更多的自主权,重点在于掌握选拔将领的人事权,将具体事权下放到各个将领那里。他解《周易·师卦》之“六三,师或舆尸,凶”曰:

---

〔1〕 李焘:《续资治通鉴长编》卷二百三十二,第5638页。
〔2〕 李焘:《续资治通鉴长编》卷二百十四,第5197页。
〔3〕 李焘:《续资治通鉴长编》卷二百十四,第5197页。
〔4〕 李焘:《续资治通鉴长编》卷二百三十七,第5767页。
〔5〕 李焘:《续资治通鉴长编》卷二百四十四,第5932页。

舆，众也；尸，主也。师之命，正夫一也，不一则师惑矣。九二，一也；六三，不一也。六三不一何也？阳爻奇，阴爻偶，不一也。[1]

“舆尸”之解，历来注家皆以之为“车载尸体”之象，王弼注曰：“以阴处阳，以柔乘刚，进则无应，退无所守，以此用师，宜获舆尸之凶。”[2]以卦象而论，“三”为阳位，“六”为阴爻，故曰六三是“以阴处阳”；位于九二之上，故曰“以柔乘刚”，发动战争必然败师。但王安石别出新解，以“舆”为众，“尸”为主，如果主帅不能为一，上下相互掣肘，必然会有失败的结果。如此解释，正是针对宋代军事管理体制之弊端而发。熙宁六年（1073年），面对神宗等人对王韶经边的怀疑，王安石又援引了这一解释：“长子帅师，弟子舆尸，凶。军旅之事，尤宜听于一。”此正是军事的基本规律。神宗的做法，使得人人自达于天子，主帅不能有所统属，最终“军政有所不行矣”。[3]

宋初的更戍法，其目的在于使得将兵不相识，以防止军阀的出现。对此，熙宁年间开展了将兵法的改革，赋予将帅统兵更多的自主权。《兵志》载：“神宗即位，乃部分诸路将兵，总隶禁旅，使兵知其将，将练其士，平居知有训厉而无番戍之劳，有事而后遣焉。”其后这一制度不断完善，至元丰二年（1079年），全国共设九十二将，平日定期训练，有事则统一调遣。[4]将兵法加强了朝廷的统一领导，但由于“将不识兵”的风气依然流行，使得这一制度的效果并不是很明显。熙宁年间王安石观察到：“今士卒极窘，至有衣纸衣而擐甲者，此最为大忧，而自来将帅不敢言振恤士卒，恐成姑息，以至兵骄。”虽说是怕造成“兵骄”，其实是将帅忌讳朝廷，不敢振恤士卒，以担收买人心之责。其直接后果就是将兵不能在战斗中共进退，降低了军队的战斗力。故王安石主张“稍宽牵拘将帅之法，使得用封椿钱物随

〔1〕 王安石：《易解》卷一，《王安石全集》，第1册，第29页。
〔2〕 王弼注，楼宇烈校释：《上经·师》，《周易注校释》，中华书局2012年版，第34页。
〔3〕 李焘：《续资治通鉴长编》卷二百四十六，第5990页。
〔4〕 脱脱等：《宋史》卷一百八十八，第4628页。

宜振恤,然后可以责将帅得士卒死力也。”[1]

“御将帅以道”虽然涉及制度,但也是皇帝需要把握的一种“术”,即作为一种执政能力而存在。显然,只有处理好皇权与将权这一核心问题,其他的改革才能顺利推行,这也是王安石不断地向神宗强调“御将帅以道”的原因。值得注意的是,无论是在政治体制领域处理皇权与相权的关系上,还是在军事领域处理皇权与将权的关系上,都表明他更多地接纳了汉唐制度的资源,这也是为何他频繁地称引汉唐君臣的典故,如汉武帝用卫青、霍去病,或唐太宗用李靖,甚至在宋太祖身上,他也发现了这一传统的延续。在军事上,这一传统使得皇权在制定大的国家战略上起着主导作用,在具体事务中则给予将帅更多的自主性,这显然是与宋初基于“防范”的管理体制不同的。

三、内外强弱之辨:外交策略

首先需要说明的是,这里所讲的“外交”,主要是指宋与夏、辽之间的交往。[2] 一般而言,外交是国家实力的集中较量与体现。如果以此来分析宋朝与夏、辽之间的关系,很容易发现一个问题,即无论是在政治、经济、文化上,还是在军事的规模上,宋朝都不比后两者弱小,甚至在很多方面还具有明显的优势。但如果了解北宋中期以来的三国交往史,我们会发现这样一个问题:“大国宋”何以在外交上不断地受辱于“小国”夏与辽呢? 这一状况在神宗登基时依然没有改变。

王安石当政之后,对国家的外交局势进行了重新分析,以期发现其原因并提出解决之道。事实上,当熙宁年间,无论是西夏,还是辽国,都已经失去了原来的强盛。王安石认为这是一个重要的时机,宋朝恰可以通过内部的改革实现政治的良序发展,使“大国宋”转变为“强国宋”,最终

---

[1] 脱脱等:《宋史》卷一百九十六,第 4844 页。

[2] 现代“外交”观念主要是指国家与国家之间的政治交往行为,恰如一些学者所指出的,这样的观念并不自是存在于西方,在古代中国也存在着这样的“外交”含义。《礼记·郊特牲》“为人臣者无外交,不敢贰君也”,本义指人臣与外国的私下的不合法的交往,但在表示国家与国家之间的交往时所使用的词,如“邦交”“结使交好”等就已经具有现代“外交”一词的含义了。相关的研究可参见黎虎著:《汉唐外交制度史》,兰州大学出版社 1998 年版,第 1—10 页。

举解决辽、夏问题，恢复汉唐旧境。但是当时神宗以及很多大臣都没有认识到这种情势的变化，从熙宁五年（1072 年）发生在神宗与廷臣之间的一段对话，很能看出当时朝廷的一般态度：

> 又论夏国事势，枢密院但以为边面阔，彼能聚兵，我不能，所以无如之何。安石曰："胜负不在于此。今以陛下聪明齐圣当一稚子，是一胜也。朝廷所用人不择亲疏远近，惟材是择，然至谋国事，议边计，总领一方，尚患乏人；今彼所用谋国者，非梁氏叔伯即兄弟，岂能皆胜其任之人？是二胜也。彼虽倾国以十万众犯边，而老幼疲惫不能者皆在其间，我若有一二万精卒则足以胜彼。但我将帅今亦非其人，率苟且，兵虽众而不训练，朝廷举动往往不合时机，此所以不能胜彼，非彼无可胜之理。"〔1〕

按枢密院官僚的理解，宋永远没有胜过西夏的道理，这是因为两国边境广阔，又因西夏游牧的特点，能够短时间内聚集军队，而宋不能，自然不敌。胜西夏尚不能，更不用提强于西夏的辽国了。这种理解有一定的现实心理根源，特别是宋中期以来，因自身的虚弱，朝廷上下逐渐流行起来一种对西夏、辽国的恐惧感。庆历时发生的辽国乘宋与西夏交战之机，威胁并谋求关南地的事件最能说明当时朝廷外交的虚弱，这次事件中辽不费一兵一力就得巨大实惠。王安石尝谈及这次外交屈辱事件，将其原因归结为大臣不能公忠体国，而实际上因恐辽而导致的外交策略失当应该是最主要的原因。〔2〕 正是这种理解主导着神宗皇帝与当时枢密院决策者的思维。

对于枢密院的看法，王安石极不赞同。他一连列举了几个理由，如夏国正处于母党专政时期，政治上不能选贤任能，虽有所谓十万之众犯边，多有老弱之辈，并不可惧。可见并非敌国"无可胜之理"，关键的问题是中

〔1〕 李焘：《续资治通鉴长编》卷二百三十一，第 5613 页。
〔2〕 李焘：《续资治通鉴长编》卷二百三十七，第 5762 页。

国自身还不够强大,“将帅今非其人”,上下多苟且,兵士没有良好的训练,朝廷举动不合时机,只有改革内政,使中国真正强大,才可以战胜敌人。〔1〕

但是这种恐惧情绪依然长时期地主导着北宋皇帝的外交政策。熙宁五年(1072 年),宋、辽因边界问题又起冲突,神宗内心的不安很快就显露了出来,他先是担心契丹侵占属户,继而又以辽使重提安南地为忧,致使在后来的谈判中张皇失措,没有发挥自身的优势。王安石深知这种恐辽情绪的危害,故在一次对话中问神宗:“陛下以为契丹所以争校者,为陵蔑中国耶,为中国陵蔑之也?”神宗自然以为“自来契丹要陵蔑中国”,但是王安石不以为然。他讲“所以契丹修城、畜谷为守备之计,乃是恐中国陵蔑之故也。”故而以此情势度之,“即所以应契丹者当以柔静而已。”〔2〕事实上,由于宋每年给予大量的岁币来换取和平,辽国因此获利,且其时君臣又不是好战之辈,根本不会有战争之心。因此,王安石断定辽国不会破坏和约,更不会因为一些边界的冲突而轻启战端。

正是基于以上的判断,加之熙宁年间宋与夏、辽的冲突时有发生,王安石主张重新制定国家的外交战略。

首先转变真宗、仁宗以来的外交策略。熙宁七年(1074 年),由权御史中丞邓绾所上的奏疏,集中反映了王安石等人的主张。其谓:“伏以陛下之驭外敌,势与祖宗不同,真宗、仁宗意在无为,一用至柔,凡外敌慢侮、请求,无不可忍。”虽然是“无为”“至柔”,其实是一味地示弱,自取其辱罢了,这委婉地批评了真宗以来的外交策略。如今事势不同,“土疆金币,聘问礼遇,意满欲足,复何求哉?”如果辽、夏反生事端,不过是为了“贪惜金币,为坚久盟约之计耳”。当然,这并不是要神宗去发动战争,“然自古事以远虑则万全,兵以忿速则常败”。关键是破除朝廷中所存在的恐敌心理,因为“若示之以畏屈,则敌性无惮,将不堪其侵扰”,不过是自取辱之道。“若姑御之以坚强,则不失二国之平,平则彼不我疑,而我得以远虑。”

〔1〕 治平四年(1067 年),夏国李秉常继位,年仅七岁,政权由其母党梁氏掌握。
〔2〕 李焘:《续资治通鉴长编》卷二百三十六,第 5734 页。

“坚强”也不是示之以刚，而是据理力争，坚持自己的利益，不自畏屈。具体而言，“但当委之二府，使不惜使介往复，文字辨明，御之以直辞，守之以旧约，不惮岁月之淹久，道途之勤烦，使失其本望，而沮其后图，其不敢妄动而卒归于无事也必矣。”[1]但就后来局势的发展来看，神宗并没有采取这一策略，反而处处显得张皇失措，不能不让人惋惜。[2]

其次提倡“德力并用”的外交原则。当时一些臣僚打着儒家的旗号，主张朝廷于外事不应“尚力”，王安石围绕“德力之辨”进行了一番论述：

> 武王称同力度德，同德度义，力同然后度德，德同然后度义。苟力不足虽有德如文王尚不免事昆夷。但有德者，终能强大胜夷狄，文王是也。先王于夷狄，力不足则事之，力同则交之，力有余则制之。同力同德我交之，而彼拒我，则我义而彼不义，则我胜矣。[3]

道德、力量与合义在外交当中应该是怎样的关系？如果一味地任力，显然是不符合儒家王道的原则的，但纯任德在现实中是不可能的。王安石援引儒家的“文武之道”为自己的主张进行辩说。“同力度德，同德度义”出自《尚书·泰誓上》，是武王伐纣时，为号召军队而作的誓辞。王安石援引之，以证王道只是不纯用力，但并非忽视力而专任德，如周文王时力不足，尚不免事昆夷，文武之道，本来就是德力并用的。当然，王安石也认为德是力的一个基础，所谓“有德者，终能强大胜夷狄”。“义”在国家交往中亦有着重要的作用，它涉及在交往的过程中，谁更加合乎于正义的原则，具体而言，就是在力与德的基础上规范自己的外交行为。由此可

---

〔1〕 李焘：《续资治通鉴长编》卷二百五十，第6096页。

〔2〕 熙宁八年(1075年)，契丹使萧禧来议地界，王安石批评神宗：“乡者萧禧来，陛下两开天章阁议事，又连遣使就商量地界，乃所以长其偃蹇。”虽不至于如庆历时增岁币，但虚弱之形已显，皆因其外交策略的失败所致。李焘：《续资治通鉴长编》卷二百六十二、二百六十三，第6372、6428页。

〔3〕 李焘：《续资治通鉴长编》卷二百二十一，第5378页。

见，所谓“不尚力”的主张，不过是以儒家做幌子为自己的虚弱辩护罢了，并非真正地合乎王道。

最后需要强调的是，在外交上，王安石始终强调的是以静重为本的方针。这主要是因为他的外交政策是为其变法服务的，更准确地讲，是为了营造一个好的、有利于国内改革的外部环境而努力的。考之史实，可以看出神宗始终是有意于扩张性的军事政策的，因此熙宁元年（1068 年）便听任种谔、薛向等招抚蕃部，并筑绥州城。王安石当政之前，神宗就已经问过他“宣王即位何以便攘夷狄”的问题。当时王安石对以“宣王内修政事，然后外攘夷狄”，并得到神宗的认同。〔1〕 而当熙宁三年（1070 年），庆州地区爆发了宋、夏之间的军事冲突，最终导致西夏的大规模入侵。这次事件虽然与当时宋将李复圭处置不当有关，根本原因却是宋、夏边境冲突的总爆发。然面临着内政的困境，王安石深知此时并不是与西夏发生全面战争的时候，故他对神宗强调曰：“爱惜刍粮，无伤民力，以静重待敌之衅，则外患非所恤也。”〔2〕之所以如此，是因为王安石要为内政的改革争取更多的时间与机会。因此，虽然面临着紧张的边事，如西夏入侵以及稍后的与辽谈判河东地界等事，王安石始终坚持静重为本的外交方针。随后因韩绛的失误而发生的庆州兵乱，对于变法派是一次沉重的打击。朝廷中文彦博、冯京等人借机攻击新法推行太过，但王安石不为所动，依然坚持当时所确定的基本方针，他对神宗曰：

> 然陛下宜深思，财用不足，人才未有足赖者，于边事姑务静重而已。若能静重以待边事，则夷狄未能为患，于是可以修内政，内政已成，人才足用，财力富强，则为之无不可者。〔3〕

可见，“于边事姑务静重”，正是为了给内政改革提供良好的外部环

〔1〕 李焘：《续资治通鉴长编》卷二百二十，第 5343 页。
〔2〕 李焘：《续资治通鉴长编》卷二百二十，第 5358 页。
〔3〕 李焘：《续资治通鉴长编》卷二百二十一，第 5370 页。

境。当然，这并不是说于边事无所作为，把握住合适的时机还是要建立功业的，如发动熙河之役。但对于中国而言，最根本的利益始终是在内政的改革上，改革的成功将会使得中国自身强大，最终可以实现“远人自宾”的目标，如果说还有蛮夷倔强沙漠，则选择一二将帅，前往击破之即可。所以他频繁对神宗讲“寇敌不足论”“外患非所恤”等的道理，并非是不在乎边患，目的是为内政改革创造时机，要保证这一核心利益不被破坏。故当神宗忧心忡忡于西夏未宁之时，王安石却曰：“西夏未宁，不害圣政”，真正应该引起国家担心的是“民力困敝”；又援引唐魏征之语“中国既安，远人自服”为证，使国家始终将战略的重心放在内政改革上。总体而言，神宗在熙宁年间还是听从了王安石的建议，甚至熙宁四年（1071 年）专下诏令，诫励边将勿贪功生事。理解王安石的外交战略对于我们全面理解熙宁变法具有重要的意义。

第六节　法制与司法制度改革

司法改革是熙宁变法一个极为重要的方面，它开启了一场以儒家的经义来重新审视唐代以来刑法与司法体系的改革运动。新政策包括多个方面，如进行大规模的编敕活动，在立法上完善了国家法律体系。又如设立明法科，使司法人才专业化，建立统一的考核体系，完善司法人才的培养与选拔制度。又如在审判制度方面，改变原来中书、枢密分管文、武官职务犯罪的情况，将审核权统归于中书，等等。其中可以看出王安石等改革者的一贯思路：将儒家的人道主义理念贯彻到立法以及司法审判中。目前学界对这一问题的关注，颇为聚焦于熙宁初年的“阿云案”，这一案件历时弥久，引起了激烈的争论，并演化为党争，一些研究成果值得重视。本节深入王安石的经学文本，重在探讨其中的司法理念，希望能够更深、更全面地理解这些改革的意义所在。

一、法度的平等性与熙丰编敕

早在嘉祐年间的《言事书》，王安石就将“立法度”作为变法的基本目标。他所谓的“法度”主要是指“先王之法”,是对宋朝前期制度的改革。对于“法度”一词的含义,前面已有论述。我们知道古代典籍是在比较宽泛的意义上使用它的,凡制度、规则或礼义皆可用之,如《白虎通》有“父者,矩也,以法度教子”,即指礼义规则;而如《大禹谟》所谓“警戒无虞,罔失法度”,则偏向于指国家制度与规则的法制化。它们共同体现了“法度”所具有的两个层面的含义,正是在这一意义上,我们认为王安石的变法亦隐含着两个层面的意义:首先是以义理审视旧制度、旧刑法,建立新制度与新规则;其次便是借助具有合法性的皇权,将新制度上升为国家意志,即以成文法的形式颁布出来。

“法制”与“法治”不同,但它们都是在西方观念影响之下才被普遍讨论使用的概念。古代文献在使用它们时,往往是指一种国家治理的框架。如《管子·明法》篇曰:“威不两错,政不二门。以法治国,则举措而已。”这里使用的“以法治国”,突出了刑法制度作为一种治理的框架而存在的意义。甚至“法制”这一概念,也是在这一意义上使用的。如《韩非子·饰邪》曰:“禁主之道,必明于公私之分,明法制,去私恩。”“法制”即是法律制度,是国家治理的基本框架,它是公义的体现。虽然这一理念在先秦法家得到明确的表述,但实际上并非其特产。面对政治治理的问题,儒家也认同“法治”是作为一种治理框架的,只是它还是强调“道德”的作用,以及“礼法”作为这一框架的基本内涵。站在现代西方“法治”理念的框架之下,去批评古代理念没有立足在保护人权或限制政府权力的基础之上,是不公正的。因为古代理念自有它的内在逻辑。对于学术研究而言,还是要首先去发掘其内在的逻辑,如前面所讲的王安石对制度要合乎人性这一原则的论述,然后才有可能在对话基础之上对其作出评述。至于“限制政府权力”的理念,近代学者萧公权先生就注意到《管子》中的“法之不行,自上犯之”的论述,但古代没有发展出现实有效的“制君之法”。[1] 导致这种情况的发生是思想上原因多一些,还是现实历史的情

[1] 萧公权:《中国政治思想史》(上册),商务印书馆2018年版,第240页。

境多一些，实在是有待考察的。[1] 因为我们看到王安石对于法治的论述，也认识到了这一点："夫法度立，则人无独蒙其幸者。"[2]君主当然应该是守法的典范，既然"守法"，对君权就有限制。

另一个需要讨论的问题是，儒家认为在法律的执行中是可以有一些区别性的原则的。如《周礼·小司寇》有"八辟之法"，即主张对八种人的刑罚需要讨论后决定，他们是君主的亲族、元老旧臣、贤德之人、有才艺者、有大功劳者、有爵位者、吏之勤奋者、四方之宾客。对于这八种人的刑罚，要有区别性的对待，比如适用减刑政策，或者改变行刑方式等。尤其是对一些贵族和君主亲族的区别政策，体现了儒家所讲的"刑不上大夫"的观念，其目的是为了体现某些等级的尊严。它给我们提出的问题是：这有没有伤及司法的公平，即法律面前是否人人平等。汉初贾谊曾经就这一问题向汉文帝提过建议，汉律因延续秦代，虽贵族犯法，立沦于胥吏之手，故他建议贵族公卿如果触犯死刑，应"赐死而无戮辱"，因为这有助于维护君主的尊严，对此，他特别批评了法家重刑的理念。[3] 这里我们能够辩护的是，区别性对待并不是让他们逃离法律的制裁，而是保留某种身份的尊严。既然他们还是要面对法律的惩罚，那么这种区别性对待实际上并没有伤害到法律的平等性原则，并且这种尊严的保持在君主制的背景下显然是有其存在意义的。王安石认识到了这一点，《周礼义》解释"八辟之法"曰：

---

〔1〕 近代英国自由主义的辩护者哈耶克在论述"法治的起源"这一问题时，虽然总体是从古希腊的"Isonimia"（法律对各种各样人的平等性），与亚里士多德的"法治而非人治"的理念来探索近代法治（这主要包括法律面前人人平等、基于保护自由的法律，以及权力有限等理念）的思想渊源，但他还是意识到发生在16—17世纪的英国政治权力斗争的现实是近代法治的重要来源。就像他论述的："近现代的个人自由之起源几乎不可能追溯到比17世纪英国更久远。可能就像一贯的那样，它最初是作为夺权斗争的副产品。"见哈耶克：《自由宪章》，杨玉生等译，中国社会科学出版社2012年版，第231—265页。这提示我们在思考古代的政治哲学理念时要理解其复杂的历史处境，注重发掘其内在的逻辑与合理性，而不是将某种现代观念独断地运用，去批评或否定它。特别是当这些所谓的现代理念正在被四处滥用，作为被挥舞着的大棒高傲地凌驾于其他国家或人民头上时，对于它们就越要有清醒的认识。

〔2〕 王安石：《上仁宗皇帝言事书》，《临川先生文集》卷三十九，《王安石全集》，第6册，第767页。

〔3〕 贾谊：《阶级》，阎振益、钟夏校注：《新书校注》卷二，中华书局2000年版，第80—82页。

凡命夫命妇不躬坐狱讼者，贵贵也；凡王之同族，有罪不即市者，亲亲也；贵贵、亲亲，如此而已，岂以故挠法哉?[1]

他并没有反对这一区别性原则，但他更加强调法律的公正性或平等性。所谓“贵贵”“亲亲”，与一般百姓有区别对待，但“如此而已”，并不是要枉法曲判。故他又讲：“然以皋陶为士，瞽叟杀人，而舜不敢赦，则其议之大概可知矣。”即使有可议之处，然“法之不可挠以己私”则是第一原则。[2] 与贾谊不同的是，王安石并没有从“人君之尊”这一角度为之辩护，而是从法律本身的公正性出发去理解这一问题。虽然这个国家依然是君主制，但法律的对象是所有人，因此要特别关注其对民众的意义，而非作为维持君主制的权威而存在，这使得他充分地认识到法律的平等性原则。虽然与近代理念产生的环境，以及依托的思想资源不同，但王安石对平等性原则的认识还是前进了很大的一步。

法律的制定应该具有合理性，这也是王安石很早就认识到的。早在《言事书》中，他就指出如果我们的法律是不完善的，即法律本身无法体现公正性、合理性，那么司法工作，即“裁之以法”，也是不可能做到公正的。他讲：“夫不先教其以道艺，诚不可以诛其不帅教；不先约之以制度，诚不可以诛其不循理；不先任之以职事，诚不可以诛其不任事。此三者，先王之法所尤急也，今皆不可得诛。”[3]虽然这里主要谈的是士大夫任官的法度，但所表达的基本理念是，如果制度本身（以法律的形式被规定着）不合理，要做到“法行令止”“裁之以刑”显然是不可能的。

这一点可能得益于他掌管江东刑狱时的认识，面对官吏违法、不作为的情况，当时王安石并没有大肆追究，而是“得吏之大罪有所不治，而治其

---

〔1〕 王安石：《周礼新义》卷十四，《王安石全集》，第3册，第476页。

〔2〕 王安石：《周礼新义》卷十四，《王安石全集》，第3册，第477页。

〔3〕 王安石：《上仁宗皇帝言事书》，《临川先生文集》卷三十九，《王安石全集》，第6册，第760页。

小罪”。这种做法遭到了很多人的批评，但王安石有自己的理由，在给其好友王回的一封信中，他讲道：“某乃异于此，以为方今之理势，未可以致刑。致刑则刑重矣，而所治者少；不致刑则刑轻矣，而所治者多，理势固然也。”〔1〕所谓“理势固然”，正表现出王安石对现有法度的不满，故曰“未可以致刑”，适用这样的法律去审判则必然导致刑罚太重。从中引出的概念，正是努力于法度的建立，并将其法制化。

具体而言，熙丰年间进行的大规模的编敕活动，正是王安石对“法制化”的思考。众所周知，宋代的法律体系基本上延续了唐代，其所颁布之《刑统》亦因袭《唐律》而成，至于有随时变革的地方，则以“编敕”的形式进行补充。北宋前期不断有各种编敕活动，其中以嘉祐年间的编敕最为详备。然至熙丰年间，神宗又以“律不足以周事情”，凡是律没有记载的一概断以敕，并修改其目“律、令、格、式”为“敕、令、格、式”。从熙宁二年（1069年）开始，宰臣王安石、曾布、蔡确等人都曾亲自参与或提举过敕令的编写工作。值得注意的是，宋代的“律”即《刑统》，“敕”作为皇权介入立法的一种形式，唐时即已存在。但一些学者颇为关注熙丰之后“敕”与“律”的关系问题，他们认为“敕”逐渐具有了比“律”更高的地位，“律遂存于敕之外，无所用矣”。〔2〕但现在更多的学者倾向于持“敕律并行”的观点。〔3〕考熙宁三年（1070年），从王安石等人曾上《中书刑名未安者五条》，以及曾布专门从事《刑统》的刊正工作来看，当时的编敕所确实有全面改革刑律的计划与行动，但这其中改革的内容是什么，在司法实践中如何在“律”与“敕”之间取舍，需要认真详细的考证。〔4〕而从新法与旧律

〔1〕王安石：《答王深甫书》（二），《临川先生文集》卷七十二，《王安石全集》，第6册，第1299页。

〔2〕见陈顾远：《中国法制史概要》，商务印书馆2011年版，第77页，持这种观点的著作如张晋藩主编：《中国法制史》，群众出版社1983年版等。

〔3〕如江必新、莫家齐：《“以敕代律”说质疑》，载《法学研究》1985年第3期；戴建国：《宋〈刑统〉制定后的变化》，载《上海师范大学学报》1992年第4期；魏殿金：《敕·律兼行——宋代刑法体系简论》，载《齐鲁学刊》2000年第3期等。

〔4〕曾布是刑法改革的积极推动者，《长编》载“布言律《疏义》繁长鄙俚，及今所不行可删除外，凡驳其舛错乖谬百事，为三卷上之。诏布如有未便，续条析以闻。”可惜曾布所上三卷已佚，而当时所具体改革颁布施行者为何，已不可详知。见李焘：《续资治通鉴长编》卷二百十四，第5215页。

的冲突来看待这一问题,笔者更倾向于认同两者互补的观点。[1]

二、刑与教:对刑罚体系的思考

对于刑法的性质、目的与作用的看法,王安石并不是孤立地去认识的。在他看来,刑法是作为儒家政教体系的重要组成部分而存在的。这种理念引发了熙丰年间的许多刑法改革的议题,对此应该引起学者的注意。王安石等人正是通过对儒家经典的阐释,反思这一问题的。《书义》在解释《吕刑》一篇时,曰:

> 此书穆王之言,而名《吕刑》者,吕侯为主司寇,王使之参定赎刑,新制刑书已具,王乃推作刑之意,以训群后,故以《吕刑》名之。[2]

以《吕刑》所载为"作刑之意",即穆王对刑法的性质、目的与作用的阐释,这使得此篇具有司法的典范意义。那么什么是周穆王的"作刑之意"呢?《书义》解"士制百姓于刑之中,以教祗德",曰:

> 刑非教也,而言"以教祗德",盖圣人莫非教也。刑之所加,非苟害之,亦曰驱而纳之于善而已。故《周官》十有二教,亦曰刑教中则民(不)暴。[3]

王安石《文集》中保留着其所作的《策问》,其中之一即以《吕刑》中的"士制百姓于刑之中"为问,引导考生思考"刑教"的问题。[4] "刑"不是"教",不能替代"教",却要以"教"为目的,如"刑期于无刑"之义,又如《周官》"刑教",所以讲"莫非教也"。显然,所谓"教"正是建立在维持整

[1] 对于熙丰以后的编敕比较具体的论述的论文,可参考国内学者孔学的相关论文:《〈庆元条法事类〉研究》,《史学月刊》2000 年第 2 期;《论宋代敕律关系》,《河南大学学报》(社会科学版)2001 年第 3 期;《宋代专门编敕机构——详定编敕所述论》,《河南大学学报》(社会科学版)2007 年第 1 期。

[2] 王安石:《尚书新义》卷十二,《王安石全集》,第 2 册,第 295 页。

[3] 王安石:《尚书新义》卷十二,《王安石全集》,第 2 册,第 298 页。

[4] 王安石:《策问》,《临川先生文集》卷七十,《王安石全集》,第 6 册,第 1264 页。

个社会秩序的角度去理解的。就此而论，刑罚最直接的一个目的就是“除害”。王安石谓《周礼》“凡兴利皆以地官主之，凡除害皆以秋官主之”，《秋官》主刑罚，以“除害”为目的。“害”是指“害人之人”，其实也是“人”。某种程度上，他们只是没有完全认同整个社会之教化体系的人，但毕竟是“人”。基于儒家的人道主义理念，刑罚的最终目的是帮助人完成其社会化的过程，所谓“驱而纳之于善而已”。这一理念一直存在于儒家的传统中，如郑玄解释《周礼·讶士》曰：“制刑之本意”，贾公彦《疏》曰：“云‘制刑之本意’者，圣人所作刑法，止为息民为恶。”〔1〕“止恶”亦是“除害”。

《周礼·秋官》记载了比较完备的刑罚制度，在《周礼义》中，王安石进一步发挥了上述观点。其中《大司寇》建立“圜土”与“嘉石”，以刑教“罢民”〔2〕。“罢民”的定义正是基于这个人是否认同于儒家的社会秩序而论的，王安石称其为“不自强以礼故也”。据此，他对“罢民”作出了区分：

> 万民之有罪过，而未丽于法，而害于州里者，则《司救》所谓“邪恶”也；凡害人者，则《司救》所谓“过失”是也。过失不谓之罪，而得罪反重于邪恶，则为其已丽于法故也；惟其过失，是以未入于刑，不亏其体，而以圜土教之也。邪恶谓之罪，而得罪反轻于过失，为其未丽于法故也，坐诸嘉石，使自反焉，且以耻之，役诸司空，则以强其罢故也。〔3〕

区分的标准就是未触犯刑法和已经触犯刑法的，即“未丽于法”与“丽于法”。“未丽于法”者害于州里，有“邪恶”之行，换句话讲，即有破坏社会秩序的行为，但又未触犯具体的刑法内容。以现在的标准来看，更像

〔1〕 郑玄注，贾公彦疏：《周礼注疏》卷四十一，第1366页。
〔2〕 郑玄读“罢”为“疲”，其义为困极罢弊，与王安石略有不同。见郑玄注，贾公彦疏：《周礼注疏》卷四十，上海古籍出版社2010年版，第1321页。
〔3〕 王安石：《周礼新义》卷十四，《王安石全集》，第3册，第466页。

是违法而未入刑的人，他们对社会秩序也有一定的破坏性，理应受到惩罚。对于这样的人，“坐诸嘉石”，即坐在写有教诲文的石头上给予惩罚，主要目的是“使自反焉，且以耻之”。其次是已经犯有“过失”，而触犯刑法的人，则设立“圜土”，类似于现在的监狱，目的依然是“明刑耻之，则使知自好”。后者显然要重于前者，但所犯罪行依然是较轻的，因此王安石讲“未入于刑，不亏其体”，即尚未适用“五刑”。

正是依托于《周礼》的记载，王安石设想了一个完整的量刑体系。《司刑》有“掌五刑之法”，王安石论曰：

> 先王之惩民也，以让为不足，然后罚；以罚为不足，然后狱之圜土，役之司空；以狱而役之为不足，然后墨；以墨为不足，然后劓；以劓为不足，然后宫；以宫为不足，然后刖；以刖为不足，然后杀。

前两种方式，即“坐诸嘉石”与“狱之圜土”，是比较轻的，既“不亏体”又“不亏财”，如果通过它们就能够起到教民为善的目的是最好的。但达不到，进一步就会有“五刑”，即墨、劓、宫、刖、杀。根据它们对人体的损害程度，也是有一个轻重次序的。显然，王安石认为这样的体系是合乎儒家的人道主义理念的。

虽然王安石对这一刑罚体系赞誉有加，但从保留在其《文集》中的《原教》一文来看，这实际上是基于后世的现实而不得不做出的选择。因为他设想最好的社会是完全基于教化的，即“善教者之为教”，民众诚心于道德，而感受不到政治权威的存在。至于“不善教者之为教”，而建立起来刑罚的体系，如嘉石、圜土、五刑之类，实际上是因为后世的政教体系不能做到使民众心悦诚服，因此不能不说是一种无奈之举。但王安石又讲：“今之所以不为古，无闻焉，由后而已矣。”似乎又倾向于依据现实的政治逻辑而接纳《周礼》的刑教体系，毕竟这是现实中的最优选择。[1]

---

〔1〕 王安石：《原教》，《临川先生文集》卷六十九，《王安石全集》，第6册，第1242页。

熙宁年间，围绕着刑法改革展开了一系列的讨论，王安石等人也曾试图将《周礼》的刑教制度付诸实施。如熙宁三年（1070年）王安石就以中书的名义呈递了《刑名未安者五条》：一曰死刑不当，情轻不当死刑者往往入于死刑，而情重者又得以贷死，不能做到止恶除害；二曰徒流折杖之法，禁网太密，良民易犯而难避，且无教之悔过之意；三曰刺配之法不足以惩恶，情轻情重者无有判别；四曰建议检择士民，给付身贴，一犯且情轻者行赎刑，再犯则科决；五曰皇权敕裁条目繁杂，亦当删改。总之，皆应给人悔过自新的机会，以“劝善”为目的。其中亦有关于“复古”的想法，如对于徒流中情节较轻者，可以考虑“复古居作之法”，类于“圜土”之制；对于刺配中的情轻者，可以“复古徒流之坐移乡之法”。当然，如果是情重不悛者，亦当依法科决，不应无故宽贷。

这些想法在多大程度上曾付诸实施，需要对熙丰年间的变法历史进行详细的考证。实际上，很多措施是难以推行的，如第四条所讲的，允许地方官推荐孝悌之人给付身贴的做法，虽然本意是培养士类之羞耻心，但在地方官权力不受监督的情况下，也极有可能沦为权贵逃避刑罚的护身符。除此之外，当时的变法者，如王安石、韩绛、曾布等人还提出“复肉刑”的主张。“肉刑”即王安石前论的五种刑罚——墨、劓、宫、刖、杀，它们不仅存在于儒家经典中，也是汉文帝之前的主要刑罚方式。王安石《汉文帝》首句曰“轻刑死人众”，即是指汉文帝废肉刑，而用笞刑。文帝这一改革对后世刑罚制度影响至深，且被称为仁政的表现。王安石等人却不以为然，他们所提出的理由是：看似减轻刑罚，实际导致死刑犯增多，如军卒非战时逃走即判死刑之类，如果复肉刑，用刖刑即可。所谓“复肉刑”，只是要建立更为合适的刑罚次序，使得罪刑相当，尤其是减少死刑。曾布《肉刑议》谓：“今大辟之目至多，稍取其间情实可贷者，处之以宫、剕之刑，则人之获生者众。”可见减少死刑，正是当时要“复肉刑”的主要目的。这一想法得到神宗的支持，但也不可能施行。元丰初年，韩绛再次提议依然无果而终。[1]

---

〔1〕 相关史料，见李焘：《续资治通鉴长编》卷二百十四，第5211—5215页；杨仲良：《皇宋续资治通鉴长编纪事本末》“议肉刑”条。

虽然如此,他们所期望的能够减少死刑的观点还是得到了很好的贯彻。

三、司法公正:讯用情与弊用法

正是在对司法领域的改革中,儒家人道主义观念才被王安石切实地贯彻了下去,它的直接表现就是减少死刑,给予犯法者能够悔过,最终接受社会教化的机会。那么在具体的司法审判中,应该遵循什么样的原则,才能实现这一点呢?《周礼·小司寇》有“以五刑听万民之狱讼,附于刑,用情讯之”,《周礼义》曰:

> 以五刑听万民之狱讼者,听狱讼当知罪所丽故也。知罪所丽,则奸民可刺之实,不能以巧免;愚民有可宥之情,知所以出之焉。附于刑,用情讯之者,既得其情,罪附于刑矣;则用情讯之,恐其惟从非从也。至于旬,乃弊之者,慎用刑也。……讯用情,则民得自尽;弊用法,则吏无所肆焉。[1]

“丽”即“附”,审判就是考核情实,依据刑名定罪,所谓“知罪所丽”。依据“罪罚相当”的原则,审判主要有两个目的:一是掌握犯罪事实,使奸民不能以巧逃避刑罚;二是对于一般罪犯,有可原宥之情,则适用轻刑。这样才能真正地体现一个社会的司法公正。为此,这里提出了审判中的两个基本原则。

一是“弊用法”。这也是司法最基本的含义,要有法律的依据才能断案,否则将会导致司法官员独断专行、滥用刑罚。王安石强调“弊用法”,显然与其司法改革突出司法人员的专业性有着密切的关系。

二是“讯用情”。“情”即“情实”或“实情”,它既包括主观方面的,也包括客观方面的内容,在古人那里并没有做太多的区分。《周礼》又具体提出“五声”的审讯方式,即从“视听气色”等方面来观察嫌疑人犯罪的实际情况,王安石称之为“以知情伪”,“伪”即有主观方面的因素。汉儒从

---

〔1〕 王安石:《周礼新义》卷十四,《王安石全集》,第3册,第476页。

《春秋》学中发掘出来的“原情定罪”或“原心定罪”的理念，与“讯用情”的基本点是相同的，并且汉儒之后，这里的“心”与“情”往往可以互换使用。[1] 但是也不能夸大这里所讲的“主观”方面，最为主要还是基于事实，即表现出来的证据，其目的在于使民得以自尽其情。在另一段中，王安石讲道：“既得其罪，附于刑矣，又从而用情讯之，恐其非心服而从之也”，可见“讯用情”正是慎刑原则的体现。

显然，这两个原则在王安石那里都是很重要的，《周礼义》有“必情法两伸而无所偏挠”，即“讯用情”与“弊用法”两者结合起来，才能真正体现司法的公正性。对此，我们还可以从王安石本人所曾涉及的两个司法案件，来具体分析他对这一原则的坚持与运用。一是嘉祐七年(1062 年)的“斗鹑案”，二是治平四年(1067 年)的“阿云案”。

对于“斗鹑案”，《长编》记载最详：

> 先是，安石纠察在京刑狱。有少年得斗鹑，其同侪借观之，因就乞之，鹑主不许。借者恃与之狎昵，遂携去，鹑主追及之，踢其肋下，立死。开封府按其人罪当偿死，安石驳之曰：‘按律，公取、窃取皆为盗，此不与而彼乃强携以去，乃盗也。此追而殴之，乃捕盗也。虽死，当勿论。府司失入平人为死罪。’府司不伏，事下审刑、大理详定，以府断为是。有诏安石放罪。旧制，放罪者皆诣殿门谢。安石自言‘我无罪’，不谢。……台司因劾奏之，执政以其名重，释不问，但徙安石他官。[2]

这一案件被记述在《王安石传》中，用以说明他的执拗。这个案件事实是清楚的，它所引起的就是适用何种刑名的问题。这里的记述带有强

[1] “原心定罪”与“原情定罪”都出现在西汉经学家援引《春秋》决狱的论述中，两者被作为同义使用。这一原则对现代中国的司法审判依然有着重要的影响，相关论文可参考柳正权：《中国古代定罪原则的法文化分析》，载《武汉大学学报》(哲学社会科学版)2012 年第 6 期；王凌皞：《司法判决中的实践理由与规范适用——儒家“原情定罪”整体论法律推理模型的重构》，载《法制与社会发展》2015 年第 3 期，等等。

[2] 李焘：《续资治通鉴长编》卷一百九十七，第 4783 页。

烈的党派倾向，它默认了王安石的不合法。据《宋史·韩晋卿传》记载，此时韩晋卿正负责刑狱，他明确反对王安石的意见，其理由正是断其为“斗杀”。《宋刑统》之“斗讼律”条曰：“诸斗殴杀人者，绞；以刃及故杀人者，斩。”《议曰》：“斗殴者，原无杀心，因相斗而杀人者，绞。以刃及故杀者，谓斗而用刃，即有害心，及非因斗争，无事而杀，是名故杀，各合斩刑。”〔1〕无论绞与斩，都是死刑。据此，如果这一案件适用“斗殴”的情形，那么少年杀人便无活命的可能，无论其有杀人之心与否，结果都是死刑。虽然这里看不到王安石更多的论述，但显然他认为这并不合情，因为他看到了这个案件当中少年的“可宥之情”，即可以不判处死刑。只是面对冷冰冰的法条，如何能够“知所以出之”，是他要审慎考虑的。从上文的记述来看，王安石援引的是“盗贼律”与“捕亡律”，“公取、窃取皆为盗”，《宋刑统》曰：“诸捕罪人，而罪人持仗拒捍，其捕者格杀之；及走，逐而杀；若窘迫而自杀者，皆勿论。”〔2〕关键是这里的“及走，逐而杀”，据此，盗贼逃走，少年追而误杀之，不用承担法律责任。

对此，笔者并不就两者之是非进行评价，但王安石确实是依据律条而做出的判断，这里典型地体现了其减少死刑的理念。相对于这一案件，熙宁初年所发生的一场规模更大、影响更为深远的司法案件，即登州阿云案，则因神宗的支持而成为熙宁司法改革的序幕，也使我们更为清晰地看到“斗鹑案”争论的关键所在。首先对“阿云案”进行判决的是知登州许遵。据《宋史·许遵传》《文献通考》等的记载，这一案件的事实也是清楚的。登州民女阿云在服母丧期间，被自己的兄长嫁给了韦阿大，仅仅是许嫁尚未成婚。阿云嫌弃韦阿大丑陋，不愿嫁，“伺其寝田舍，怀刀斫之，十余创，不能杀，断其一指。吏求盗弗得，疑云所为，执而诘之，欲加讯掠，乃吐实。”争论首先发生在许遵与刑部、大理之间，不决。诏下两制议，王安石与司马光各执己见，安石主遵议。诏从安石所议。然御史中丞滕甫等请再选官定议，诏翰林学士吕公著、韩维，知制诰钱公辅复议，同安石。但

〔1〕岳纯之校证：《宋刑统校证》，北京大学出版社 2015 年版，第 283 页。
〔2〕岳纯之校证：《宋刑统校证》，第 277、378 页。

法官齐恢、王师元等皆不服，又集法官与安石辩论，最终从安石议。但事情并没有结束，随着王安石执政的开始，不满变法者开始借此攻击王安石变乱法度，最终神宗不得不又两次颁布诏令，重申熙宁元年（1068 年）七月的诏书，“谋杀已伤，案问欲举自首者，从谋杀减二等”论。经过一年多的争论，最终使得“谋杀首原法”成为全国性的法律。[1]

综合两派之间的论辩，其中的争论主要集中在两点。一是此案应以杀夫论，还是以杀凡人论。许遵以为阿云虽然纳采，但未成婚，因此不能算是谋杀亲夫，只能是凡人，即按一般杀伤案件处理；而司马光直谓：“近者登州妇人阿云，谋杀其夫，重伤垂死，情无可愍。”[2]在没有考察实情的情况下，便以“谋杀亲夫”之名断之，不免失于草菅人命。据《文献通考》记载，刑部为坐实阿云之罪，更以“违律为婚”奏裁。《宋刑统》“居丧嫁娶”条载：“诸居父母及夫丧而嫁娶者，徒三年。”这一点显然也是不合实情的，阿云并不想嫁，主婚者逼之嫁于韦阿大，据律条，应该罪主婚者，而非阿云。[3]

二是谋杀已伤是否适用自首。对于此案，许遵并没有否定阿云的谋杀罪，他先据《嘉祐编敕》“因疑被持，但诘问便承”，断阿云为自首；又据律条“因犯杀伤而自首者，得免所因之罪，仍从故杀伤法”，减免了阿云的死刑。这两点都引起了极大的争论，“按问欲举”是否自首？阿云之谋杀是否应得免刑？司马光认为“谋字只因杀字生文，不得别为所因之罪”，换句话讲，“谋”并不是“杀”之因，与“劫杀”以“劫”为杀之因、“盗杀”以“盗”为杀之因不同。据此，司马光推断，如果承认谋杀可因自首而减刑，将会助长奸恶，杀人者不得死，司法公正将无从谈起。[4] 王安石的奏疏专门论证了“谋”是“杀”之因，他讲《刑统》规定“谋杀与已伤、已死，自为

---

〔1〕 对“阿云案”在熙宁初年的争论始末的考证，可参见一些学者的论文，如郭东旭：《论阿云狱之争》，《河北学刊》1989 年第 6 期；陈立军：《论北宋阿云案的流变与影响》，《历史教学》2017 年第 18 期。

〔2〕 黄以周等辑注：《续资治通鉴长编拾补》卷五，第 216 页。

〔3〕 岳纯之校证：《宋刑统校证》卷十三、十四，第 183、191 页。

〔4〕 司马光的奏议，此处转引自黄以周等辑注：《续资治通鉴长编拾补》卷三上，第 106—107 页。

三等刑名”，即有因“谋”本身即判“徒三年”者，可见“谋”之与“杀”为两事，“谋”得为“杀”之因，可知矣。至于若开自首，是否会助长奸恶，关键在于有司能否守法，情理轻重自当奏裁。〔1〕

对于两者的争论，很多学者从不同的角度进行了分析，如律与敕的关系、慎刑与重刑的争论等。首先需要明白的是，两者的争论都是围绕着律法的解释而发生的，换句话讲，这首先是一个纯粹的司法审判事件，但在司法解释的技术性背后，他们关于司法的基本理念是不同的。王安石等以为刑罚应以“生之”为主，因此要尽可能地减少死刑；而司马光等人坚持以为司法的原则主要是报应公平，譬如杀人者死，这是天理，既然律法如此，应该严格的执行。两者相互攻击不可调和，前者谓后者“一切案而杀之，塞其自首之路，殆非罪疑惟轻之义”，后者谓前者“无以惩恶，开巧伪之路，长贼杀之源，奸邪得志，良民受弊，非法之善者也。”〔2〕这说明两者之间的争论，已经从“阿云案”上升为对审判原则的争论。借由此案，熙宁以后王安石开启了司法领域更大规模的改革，提倡“讯用情”的原则，减少死刑。《长编》载熙宁四年（1071 年）春正月：“辛亥，刑部详覆官、殿中丞朱温其为国子监博士，温其驳正大辟案，活五人，特迁之。”〔3〕宽刑的原则在整个司法体系得到了鼓励。但反对者并没有消失，随着元祐年间司马光当政，“以辟止辟”的原则重新占据上风，元祐元年范纯仁奏疏有：

> 前岁四方奏谳，大辟凡二百六十四，死者止二十五人，所活垂及九分。自去年改法，至今未及百日，所奏按凡一百五十四，死者乃五十七人，所活才及六分已上。臣固知未改法前全活数多，其间必有曲贷，然犹不失“罪疑惟轻”之仁；自改法后，所活数少，其间必有滥刑，则深亏“宁失不经”之义。〔4〕

---

〔1〕 王安石：《谋杀罪议》，《临川先生文集佚文》，《临川先生文集·附录一》，《王安石全集》，第 7 册，第 1797—1798 页。

〔2〕 见黄以周等辑注：《续资治通鉴长编拾补》卷三上，第 106—108 页。

〔3〕 李焘：《续资治通鉴长编》卷二百十九，第 5329 页。

〔4〕 脱脱等：《刑法三》，《宋史》卷二百一，第 5012 页。

从这里可以看出，熙丰宽刑的政策是得到实施的，身为元祐大臣的范纯仁也承认其政策的效果，故而对元祐改法之后出现的滥刑现象颇有反思。事实上，抛开两党之间的相互攻讦，就“阿云案”本身而论，当时司马光与审刑的官员确实有滥刑的嫌疑。一个女子因不满自己的婚姻，在泄愤的情绪下，持刀杀人，十余创，却只伤一指。这其中的“可宥之情”，初审者许遵是很清楚的，但在司马光等人的笔下，阿云成了“杀夫”者，成了不能宽恕的恶贼，显然是不合“实情”，也不合“人情”。虽曰国法、天理，却不能不让人为之惶惑不安。

本章小结

以上我们从经济、吏治、教育、典礼、刑法、外交、军事七个方面，展现了王安石变法所建立的国家治理框架。其中对于其他重要派别，如司马光、程颢、苏轼等人的意见也进行了论述，我们意图能够展示他们反对抑或赞同的理由。可以看到，变革本身是针对北宋治理体系中的弊端进行的，即“兴利除弊”，稍后的反对者纷纷目之为“新法”，并逐渐抬出“祖宗之法”与之抗衡，这也是王安石等人所没有预料到的。“新法”不过是他者所给予的称谓，而对于变革者而言，恰恰是要以“三代”制度为典范的。抛开这些表面的争论，新法所代表的这一新治理框架到底意味着什么呢？它的性质与地位该如何理解呢？这是我们需要说明的。

首先，在这一新治理框架中，儒家的思想理念是明显起着主导性地位的。国家富强是治理最直接的一个目标，王安石认为这也是“先王之治”自然可以达到的。理财本来是为了解决国家财政结构所面临的困境的，它通过鼓励国家资本的扩张，节制大资本，保护和促进中小工商业的发展；同时在恤农与征商之间取得财政的平衡。为的就是使国家财政状况能够好转，长远的目标也是为了建立一个合理、有序的财政管理体制。其中均平是儒家一直提倡的理念，但新政策也将富国、经济发展等一系列的目标融合了进去，显然是要在其中取得一种平衡性的关系。在军事外交领域,军队战斗力提升是最直接的目标,外交则是为国内变法创造条件,它并不是冒进的,它主张“德力并用”,王安石也从周文王的经验中获得启发,因为在他看来,儒家虽然主张以“德”“义”为本,但也不是一味地排斥“力”的。

在政治体制的变革上,《尚书》中对于“元首丛脞”,以及《周礼·大宰》中对于“八柄”的记述,成为王安石思考皇权体制改革的直接思想资源。“以道揆之”的理念成为他的一个基本政治理念。在教育、典礼以及刑法领域的变革,更体现了王安石作为一个儒学思想家的本色:推行学校教育,科改以“经义”为本;宗庙改制致力于恢复始祖信仰;司法领域则要求减少死刑,贯彻儒家人道主义的理念。似乎在这些地方,他终于不用太顾忌来自现实的约束,而可以将自己对儒家理念的理解贯彻施行。对于新法不同方面的措施,反对者内部也不是铁板一块,对新法进行全盘否定的。他的经济、军事、外交措施因为被认为过于突出“富强”目标,过于激进,已经偏离儒家的路线而受到激烈的批评,司法改革也因当时一些司法官吏的反对,以及与司马光的冲突而成为新旧党争之始。但他的学校与典礼变革,因明显的儒家立场,实际上被后来的理学家们延续了下来,只不过是在另外的时代背景中实现罢了。

王安石的政治理念受到老子的影响最大,苏轼评价他“少学孔孟,晚师瞿聃”,只是一种修辞性的说法,他对老子的研习在早年就已经开始。对于法家、汉唐以来好的政治经验,他在变法中也都有援引总结。如他的人才路线最直接受到老子观念的影响,他说“名”的根源是“天下之好恶”,反对庆历传统关于“尊名”的观点;在讲到要“奖励功实”“举事以练才”时,明显是受到法家观念的影响;而讲到选拔将才、吏才,能够知人善任,汉高祖、唐太宗都是他称述的榜样。这都体现了他综合诸家的特点,但不能因此否认儒家思想在其中的主导地位。

第二,需要从两个方面去理解这一新治理框架。它的根本是要处理“法度与道德”如何统一的问题,因为这意味着善治的建立。好的制度是其中的一个方面,关键是人才的培养。王安石提出“变风俗,立法度”的基本纲领，人才的培养依赖于好的道德风俗，“立法度”尚在其后。正是在这一方面，他严厉地批评庆历传统，“好名”使得虚伪横行，不能培养合适的人才。一个人是不是“君子”，要看他的言行，“忠信有义理，言可复，即是君子”，“复”即考复、考实之义，“忠信”是最主要的品德，能不能守法奉公，以及创造性地推行法度以利于民，是对官吏之能力的考核。这都是要将一个人的道德进行实际的考察，而不要去轻信所谓的“名誉”。即使一个很有名望、地位又很尊贵的人，依然是要如此考察。只有在公正的法度之下，“真道德”才会成为人们的普遍追求。政治上的“道德行为”是更实际，更可把握的，一个官吏如果能够做到守法奉公，个人品行上的一些瑕疵也是可以包容的。

第三，北宋社会是古代中国的一个大变革时期，从庆历新政、熙宁变法，再到元祐更化，向我们展示了这一点。但怎么理解这些变革的性质与地位？这与人们对那个时代的历史发展阶段的认识紧密相关。自 20 世纪日本学者内藤湖南提出“唐宋变革论”以来，宋代社会开始具有某种近代性的观点就一直流行不衰。相对于唐以前之社会，宋代确实呈现出了一些新的特点，但也恰如一些论者所指出的，将它们与西方近代相比拟，实际上包含着一种以欧美式近代为趋向的目的论思路，是死板的，不足以全部理解古代中国社会的丰富内容。〔1〕

如果以这种模式套用在王安石的变革上，那么显然也会存在很多的问题。虽然人们可以从新法中发现某种类似于近代性的因素，比如理财的国家资本主义倾向，意图建立一个法治的框架，兴起事务，以及注重吏治之效率等，但这实际上忽视了它本身所具有的问题意识。也隐含着这样的一种思路，即关于古代学术或政治问题，只有它具有近代性才能说明它的合理性。且不论人们对于近代性的理解差异，这样的思路本身就是存在很多问题的。与新儒学的问题意识是一致的，王安石依托儒家的经学资源，融突古代思想，所建立的这一国家治理框架仅仅是一个开端，它

〔1〕“唐宋变革论”又称“宋代近世论”，学界对其有很多的讨论，此处参见李华瑞主编：《“唐宋变革论”的由来与发展》，天津古籍出版社 2010 年版。

背后真正指向的是对儒家政教秩序的关怀与实践。在我们今天思考儒学传统及其命运时，无论如何都不应该忽视王安石的学术与政治所代表的传统。与当时的新儒学家一样，他们的思考是站立在一定的普遍性的问题之上的，笔者将这一问题总结为如何在法度与道德之间寻求某种统一性。北宋新儒学尽管是在古代国家的固有政体结构中去探讨的这一问题，但它又何尝不是现代国家也在面临的问题呢？更进一步讲，即使我们在思考儒家的道德理论及其现代命运时，也不能完全无视这一问题的存在。

第六章　元祐政治理念及其与王安石的论争

元祐更化是对王安石变法的反动，这不仅在于它将变法所建立起来的重要制度体系几乎废除殆尽，更在于它表达了一种完全不同的政治治理理念。这突出地反映在他们当中的一些代表人物，如司马光、程颢、程颐、苏辙、苏轼等人的论述中，他们同样是依托于儒家的经学表达自己的思考的。他们认为治理的根本不在于法度，而是支撑制度的道德。他们将全部的政治归结为“什么样的人当政”这一根本问题，并且坚信只有“君子党”才可以建立善治。司马光系统地表达这种“道德优先”的政治观，其谓“圣君而用贤臣”。程颐发展了一种“治道论”或“治体论”，即探讨制度背后的道德问题，实质是将政治的正当性建立在儒家纲常伦理的基础之上，并引申出君臣各自的“所当为之理”。苏轼、苏辙也是元祐更化的参与者，他们提供了一种新的政治分析范式，以苏辙为例，他将“势”，即君主与英雄（贤能）之间平衡关系作为秩序的根本，而“乱世”就是平衡关系的打破。早期的苏辙提出过改革的方案，并对制度的重要性进行论述，但熙宁改制开始之后，他很快就成为了一个反对者。苏辙在晚年的著述中开始强调“道德”的重要性，基本回到了司马光等人的观点。这表明他们都更加认同庆历政治传统，因而对王安石的变革理念提出了批评。

第一节　道德为本的政治观：司马光

司马光成为反对熙丰变法的领袖式人物，并非偶然。与那些元老大臣，如富弼、韩琦、吕公著等人相比，他对儒家的经史传统有着更为精深的研究与体悟，宋代的政治社会问题与新法的推行，使得他更有能力作出系统的思考，并完善反对派所持有的政治理论。在同时代的人物中，他与王安石皆蜚声士林，以儒臣自居，同时被寄予厚望。虽然都以儒术润饰自己的政治哲学观念，但其实两者之间的分歧还是一直存在的，王安石称之为"所操之术多异故也"。[1] 在前章对王安石变法理论的叙述中，可以看到两者之间在很多制度主张上的冲突，尤其是理财、外交与司法领域。熙宁变法开始之后，司马光因反对意见不被接受，逐渐退隐，专心著述，其政治理念也成熟起来。本节聚焦于他的政治哲学理念，并在此基础之上把握他与王安石之间冲突的根本所在。

一、"道德"优先论

首先要强调的是，司马光所表述的"道德优先论"的"道德"实际上是一个关于"存有"的概念，它的人格化即是"君子"或"圣贤"。它继承了庆历传统关于贤能政治的设想，以为君主最主要的职能就是选择贤者以为官僚之首，范仲淹概括为"委职不委权"。司马光谓："人主者，以官人为能者也，"又曰："圣君而用贤臣。"[2] 按照这一政治逻辑，"人事"是君主政治最为重要的事情，且比法度、政令都更为根本，这要求我们在政治治理中更加重视人事的选择（主要是宰相等大臣，范仲淹称之为"清要之职"），甚至将其作为政治优良与否的基本考虑因素。我们已经看到，这一问题实际上正是先秦儒家政治哲学所讨论的"治人"与"治法"的问题，只是在司马光这里，"治人"的重要性被推到了极致，其《三勤》曰：

---

〔1〕 王安石：《答司马谏议书》，《临川先生文集》卷七十三，《王安石全集》，第6册，第1305页。

〔2〕 司马光：《知人论》，李之亮笺注：《司马温公集编年笺注》卷七十，第5册，巴蜀书社2009年版，第305页。

扬子曰："民有三勤：政善而吏恶，一勤也。吏善而政恶，二勤也。政吏并恶，三勤也。"愚谓勤民者一，未尝有三也。何则？吏者，民之司命，吏良则民斯逸矣，未有吏善而政恶者也，亦未有政善而吏恶者也。度吏之才而任之者，君之政也；形民之力而用之者，吏之政也。吏苟得人，安有谷人不足于昼，丝人不足于夜者乎？故为人君者，谨于择吏而已矣，它奚足事哉？[1]

"勤"训"苦"，扬雄讲"民有三苦"，即三种政治不良的情形，其中"政"是指朝廷的政令、法度，"吏"是主政一方或一职的官员。扬雄认为两者基本上是对半分的，必须两善才能实现治理。司马光对扬雄是极为赞赏的，但依然不能认同其对法度与道德之关系的论述。与扬雄相比，他直接取消了"政"的作用，因为在他看来，"政"亦是由"吏"做出的，"吏"是"政"之源，因此他认为"苦民者一"，都是因为不能"择吏"。他再次强调君主应该"度吏之才而任之"，"谨于择吏"，其他的具体事务都不是君主所应该忧虑的。

那么对于这样的政治理念，是否应该将其等同于"人治"，从而与"法治"的理念相对立呢？对此，笔者持一种审慎的态度。因为司马光发展了这种"吏"对于政治治理更为根本的理论，但并不是完全忽视"法度"，只是他认为要将这样的一种理念作为"纲纪"，或者是"政体"确立下来，然后才是各种政治法度的建立与事务的处理。由此，他的政治哲学之首要的任务就是对政治的"纲纪"作出论述或说明。其实质是君主政体的完善，确立君主制的合理性。熙宁二年（1069 年）的《上体要疏》对此进行了论述："夫三人群居，无所统一，不散则乱，是故立君以司牧之。"群臣与百姓势均力敌，相互之间不能治理，故需要一个协调性的权力，"人君者，固所以决是非、行刑赏也"。如果君主不愿意，或不能去做这样的事情，那怎样能够使得持有不同观点、是非纷纭的社会联合成一个统一体呢？因此

〔1〕 司马光：《三勤论》，李之亮笺注：《司马温公集编年笺注》卷七一，第 5 册，第 339 页。

君主固然要多听民众以及群臣的意见，但最终还是要对是非有一个决定，即“谋之在多，断之在独”。[1] 第一步就是确立君主的最高权威，以为立国之本。

其次是确立“为政有体”与“治事有要”，什么是“体”呢？“君为元首，臣为股肱，上下相维，内外相制，若网之有纲，纲之有纪。”“纲纪”是君主制的政体，是国家的基本制度。此正源于儒家的礼制，在《潜虚》中，司马光构想了一个金字塔式的等级结构，即“体图”，从王至于庶人，共分为“十等”，“一等象王，二等象公，三等象岳，四等象牧，五等象率，六等象侯，七等象卿，八等象大夫，九等象士，十等象庶人。一以治万，少以制众，其惟纲纪乎！”[2]这是对君主制体系的详细论述。

那么什么是“治事有要”呢？“是故王者之职，在于量才任人、赏功罚罪而已。”即使是选择人才，也不是囊括天下所有的官吏，只要“谨择公卿牧伯而属任之”，“则其余不待择而精矣。”原因是将这些事情交给贤良的公卿去做就可以了。这一观点的意义是，明确了君主的权力就是最为重要的人事任免权，其他的具体事务都分配给各级官僚即可。[3] 这样的治理理念完全是以“治人”为核心的。

正是这样的一个君主政体论，为我们理解《大学》中“自天子以至于庶人，以是皆以修身为本”的政治哲学意义提供了基础，它意味着“道德”理应成为人事选择的根本标准。在《才德论》一篇中，司马光以为“才”属于天分，只有“德”是可以教育而成的。但自非圣人，都会有所偏重，“厚于才者，或薄于德；丰于德者，或杀于才。”如此，该怎样选择人才呢？“钧之不能两全，宁舍才而取德。”原因是“有德者”必不反叛，必能忠信，可以为“社稷臣”；而“有才者”应该“为德者役”，“德”与“才”之于政治的关

〔1〕 司马光：《上体要疏》，李之亮笺注：《司马温公集编年笺注》卷四十，第4册，第5页。

〔2〕 司马光：《潜虚》，转引自黄宗羲原著、全祖望补修：《涑水学案下》，《宋元学案》卷八，中华书局1986年版，第296页。

〔3〕 司马光：《上体要疏》，李之亮笺注：《司马温公集编年笺注》卷四十，第4册，第15页。

系，就像掌与指一样，如果手掌没有了，那么手指也将不存。[1]

事实上，这种“道德优先”的政治观念不过是上述政体论的逻辑延伸而已，将政治的根本放置在“治人”的选择上，必然会得出“道德”为其标准的理念。立足于此，司马光至少在两个方面拓展了“修身”政治学的意义：一是严君臣之辨，二是君主修心治国论。

第一是“严君臣之辨”。它的实质是对官僚中的政治伦理的重新塑造，是对秦汉以来“篡夺”政治的反思，也是对君主政体的重新确认。它实际上来自于庆历传统，是伴随着新儒学的复兴而出现的思潮，孙复、欧阳修、李觏等人都是它的拥趸者，这一点前文已有论述。司马光发展了这一政治传统，并对儒家政统中有违这一原则的典故进行了重新的阐释，这包括“禅让制”“伊尹放太甲”“周公摄政”等。

《孟子》与《史记》都有“禹传位给益”的记载，司马光以为这是妄说。他强调“父传子”是天然合理的，“自生民以来如是矣”，故“禹之传于子，非私之也”。当然他并没有否定“以德配位”的理念，尧、舜之所以禅让，而不传给自己的儿子，那是因为圣人出世，并且是特例。同样，伊尹放太甲，以及周公摄政，都是如此，是基于权宜之计，即便如此，也是在伊尹、周公都有圣人之德的情况下，才是可以的。这当然与后世禅让、摄政，如燕王子哙禅位子之、五代篡位等情况不同。[2] 司马光以一个严谨的历史学家的眼光，看到汉代以后出现的多是打着伊尹、周公之旗号，而行篡夺之实的状况，故其言：“此乃乱臣贼子所以滋多也。”[3]显然这种解释与《礼运》关于大同、小康的划分是不同的，与《孟子·万章上》的解释也是截然两途的。按孟子的解释，并不是禹传位给启，而是人民选择了启，所谓“天下之民从之”。然从中正可以看出北宋新儒家一派的“严君臣之辨”，以

---

〔1〕 司马光：《才德论》，李之亮笺注：《司马温公集编年笺注》卷七十，第5册，第300页。

〔2〕 司马光：《夏禹》，李之亮笺注：《司马温公集编年笺注》卷七四，第5册，第436页。

〔3〕 司马光：《朋党论》，李之亮笺注：《司马温公集编年笺注》卷七一，第5册，第335页。

确立君主政体之合法性政治诉求。

第二是修心治国论。显然这一点是与古代君主政体紧密相关的，因为君主是整个体制的根本，他掌握着最重要的人事权，而“人君之心”就是“治乱安危之本源”。[1] 由此我们便不难理解“修身”“正心”何以成为君主政治的必修课了，正是在这一点上新儒学的“修身论”同时又是一个政治哲学的基本问题。

司马光初步发展了儒学中的修身论传统，主要以中和论与格物论为主。在人性论上，他坚持扬雄“善恶混”的观念，即“善恶杂处于身之中”，就像稻田中有“稻粱”，亦有“藜莠”，关键在于治田者是否善治。司马光并没有在人性的问题上纠缠太多，对本体的讨论也没有太多的兴趣，他将重点放在了方法的探讨上，即聚焦于现实人心的改造上。虽然承认人之本性是善恶相混的，但这并不否定人心中有一种向善的力量。[2] “君子之心，于喜怒哀乐之未发，未始不存乎中”，又讲“人之情，莫不好善而恶恶，慕是而羞非”，因此他发展了一种斗争的意识，要人们面对外界的诱惑、自身不好的情绪时，能够以“中”制之，发展自己内心中善的一方面。他又将“格”训为“扞”，“格物”即是能“扞御外物”，“然后能知至道矣”。他将君子的理想定位为“君子守中和之心，养中和之气，既得其乐，夫复何求”。[3]

对于君主需要具备的德性，司马光总结为三种，即仁、明、勇。这与《中庸》中所讲的“三达德”（智仁勇）基本相同，只不过在给皇帝的建议中，他更突出它们之于君主政治所具有的意义。他讲“仁”并非姑息养患，而是“育万物，养百姓”；“明”并非烦苛细察，而是“别贤愚，辨是非”；“勇”并非强亢暴戾，而是“惟道所在，断之不疑”。[4] 如果说“仁”是对于

〔1〕 司马光：《进修心治国之要札子状》，李之亮笺注：《司马温公集编年笺注》卷四六，第4册，第139页。

〔2〕 司马光：《善恶混辩》，李之亮笺注：《司马温公集编年笺注》卷七二，第5册，第360页。

〔3〕 司马光：《中和论》，李之亮笺注：《司马温公集编年笺注》卷七一，第5册，第351页。

〔4〕 在仁宗、英宗、神宗朝，司马光都进奏过相同的论述，见其《三德论》《作中丞初上殿札子》《进修心治国之要札子》，此处引自司马光撰，李之亮笺注：《司马温公集编年笺注》卷三六，第3册，第465页。

民众而言，那么“明”与“勇”都是与其所设想的君主政体紧密相关的，不能辨别贤愚，导致小人当政，最终会将整个国家置于危险的状态。

总之，司马光给我们呈现了一个比较完整的君主政治理念。“道德”并不是一个抽象的词汇，也不仅仅是价值层面的提倡，它是落实到君主政体的结构中的，通过“严君臣之辨”保证君主政体的稳固，提倡君主的修身与人事大权的行使，建立“纲纪”，委职于君子来推动政务的顺利进行。因此，政治最根本的任务就是保证“圣君用贤臣”，这是无论如何都不能破坏的“纲纪”。据此，一切法度——凡涉及吏治、经济、教育、军事、外交、刑法等领域——并不是不重要，但都后于“治人”的选择，因为没有好的人事选择，是不会有好的制度的。我们可以称这种政治理念为“道德优先于法度”。

这正是他反对王安石变法的根本原因。王安石变法首重法度，以“立善法于天下”为自己的目标。这种政治观念是相信制度本身的力量的，就像王安石对汉武帝“推恩令”的评价一样，能够成功地削弱诸侯而不引起叛乱，并不是因为君主个人或某些大臣的德性威望，而是制度本身的效果。道德并非不重要，但王安石所称的“道德”并非专指个人的威望或士大夫之间的名誉，这一点在他的《名实论》中得到充分的论述。在王安石那里，“道德”类似于一种政治上的职业伦理，他对良吏的道德期望，并不是要这个官员在士大夫中获得什么道德声望，而是希望其能做到一个“吏所应做”的事，主要是“奉法”“为公”；一个官员的私行也许会有一些问题，但只要能够做到“吏所应做”，那也是可以包容的。并且对人才的培养、选拔、任用与考核，全部都要依据好的制度来解决。当然，王安石也强调君主的德性之重要，他发明“精理”论，提倡“道揆”的理念，并讲君主要控制自己的欲望，具体虽与司马光所论不同，但区别并不是很大。两者都是在君主政体之下，谋求政治的改革，但王安石以君主之德性来强调法度的重要，“为天下者，正当以大公之心，以正朝廷，使有纲纪号令，上下有守，虽更数千百年，安有怠忽之弊？”〔1〕君主只是一大吏，亦在整个法度的

〔1〕 李焘：《续资治通鉴长编》卷二百四十七，第6024页。

治理之中。

二、公议与义理：谁代表民意

司马光的政治哲学突出“民心”或“民意”作为施政的基础。其论曰：“大为政在顺民心，苟民之所欲者与之，所恶者去之，如决水于高原之上，以注川谷，无不行者。”[1]为政顺乎民意，就像水决于高原，是为必然之势。这一理念来源于儒家民本主义的传统，如《尚书·泰誓》之“天听自我民听，天视自我民视”，对此我们并不陌生。尽管司马光以此攻击新法，认为青苗、免役、保甲等法度皆不合民心，必不可持久，但在变法者看来，它们又都是以顺民心的名义颁布的。如果去分析某种具体的法度，如免役法，它是否真如司马光所描述的，一定要废除并重新回复到差役的旧制度才是顺民意的？恐怕亦难如此断定。抛开两方的相互攻击，他们的争论展现出来的真正问题是：什么是真正的民意？换句话讲，“民意”要通过什么样的方式体现并表达出来。

显然，这里的“民意”并不是现代政治中的“民意测试”，也不能通过选举表达出来，与民众团体意愿的自觉表达也不相同。在古代中国，“民意”主要是通过它的代言人，即士大夫群体表达出来的。“招贤纳谏”一直存在于古代政治的传统中，郑国子产不毁乡校，被认为是开明政治的象征。《周礼》地官之师氏、保氏，除了负责教养国子之外，还有劝谏君王的责任，而司谏则以纠察万民百官为职。《大司寇》又载“以肺石达穷民”，后世建立的登闻鼓制度颇类于此，可以说是古代的上访制度。司马光在《谏院题名记》中讲：“古者谏无官，自公卿大夫至于工商，无不得谏者”，可能与他对《周礼》的理解相关。

在没有发展现代代议制的情况之下，古代政治实践着眼于建立比较完善的台谏制度，发挥平常的监察和谏议职能，而在国家面临重大决策时，则由皇帝直接“诏求直言”，以开放言论，吸纳士民谏议。据现代学者对古代台谏制度的研究，普遍认为宋代出现了“台谏合一”的情况。“台”

---

〔1〕　司马光：《乞去新法之病民伤国者疏》，李之亮笺注：《司马温公集编年笺注》卷四六，第4册，第150页。

是指御史制度，“谏”是谏官制度。司马光《题名记》中所讲的“汉兴以来，始置官”，又讲：“夫以天下之政，四海之众，得失利病，萃于一官使言之，其为任亦重矣！”正是指负责谏议的言官，对于朝廷政令，以及君主本人得失的劝谏。[1] 有学者认为宋代台谏合流的标志性事件是真宗天禧元年（1017年）的整顿诏书，其中允许谏官而兼察举之责。但实际上台谏合一应该发酵于仁宗时期，特别是范仲淹、欧阳修等人以“直言敢谏”激励士风。[2] 借助于台谏制度，在士大夫中形成了一种强大的舆论力量，又称为“公论”，它们可以左右朝廷重要人事以及政令的发布。

熙宁年间，司马光就曾建议神宗在任用人事方面，要“与之公议于朝，使各举所知”，皇帝甚至不需要添加任何判断，只要“清心平虑”地听从“公议”就可以了。那些被公举为贤者的人被任用，不肖者自然远离朝廷。他更以此批评王安石，说他“拒谏”，“自古未有专欲违众而能有济者也”，且曾以“士夫沸腾，黎民骚动”批之。元丰八年（1085年）司马光开始当政，首先做的事情便是“开言路”，使士民言新法之利害，为其逐步罢免新法寻求舆论的支持。[3] 这些都可以看出司马光对“公议”政治的重视。

正是因为熙丰变法所引起的两派之间的论争，使得我们可以真正地反思这样的一个问题，即存在于士大夫中的“公论”是否即是“民意”？范仲淹与司马光都是当时士大夫中的领袖人物，深受儒家道德观念的激励，勇于为民代言，他们当然地以为这是没有问题的。如果说范仲淹当时对抗的吕夷简是一个官僚式的人物，那么司马光所遇到的王安石却有所不同，他与司马光一样也是一个儒家的学者，知道依据儒家的经史传统为自己辩护。王安石宣称变法正是以民为本，他斥责那些所谓的“公论”是敢

〔1〕 司马光：《谏院题名记》，李之亮笺注：《司马温公集编年笺注》卷六六，第5册，第197页。事实上，战国时期即有专职谏官，如齐设“大谏”、郑设“司过”等，司马光所讲“汉兴以来，始置官”是武帝元狩五年（前118年）所置的“谏大夫”一职，它的直接来源是秦朝的“谏议大夫”。相关论文可参见涂盛高：《论西汉谏大夫》，《南都学刊》2019年第1期；马珺：《中国古代谏官制度》，《外国法制史研究》2006年，第507—518页。

〔2〕 参见虞云国：《宋代台谏制度研究》，上海社会科学院出版社2001年版，第40—45页。

〔3〕 对于台谏制度与北宋变法的关系的研究，可参见下列论文：贾玉英：《台谏与宋代改革》，《中州学刊》1991年第3期；王世农：《台谏、舆论与北宋改革的命运》，《文史哲》2003年第3期。

为欺罔的"流俗",根本不值得考虑,这使他落得了一个"人言不足畏"的"骂名"。在与司马光的回信中,他说政治决策最重要的,不是考虑"什么是大家认可的",而是"什么是正确的",并援引《书》之"盘庚迁都"的典故,曰:"盘庚之迁,胥怨者民也,非特朝廷士大夫而已。盘庚不为怨者故改其度。度义而后动,是而不见可悔故也。"[1]盘庚五次迁都,民众有怨言,但是盘庚并没有改变决策,王安石以为是"度义而后动",用以比喻自己的变法。首先考虑其是否合乎义理,而不是士大夫的所谓"公论"。

应该肯定王安石作为一个政治改革家的见识,他知道改革一定会触动某些士大夫群体的利益,流言是不可避免的,这将会影响当时的舆论,由此他以"义理"为自己辩护,对抗所谓的"公论"。既然如此,这些"公论"当然也不是民意的代表。王安石与神宗真正担心的问题是一些官员造作舆论,导致真正的民意不能上达。对此,王安石所采用的策略是严选台谏官员,所谓"要耳目得人",[2]这说明他并没有削弱台谏制度对于表达民意的作用,而是要求真正的经得起事实考验的舆论表达。

由此就政治理论而言,无论是司马光等人的"公论",还是王安石的"义理",他们都意欲建立一个基于民意的政治体系,但又有所不同。前者倾向于相信公共表达出来的民意,在古代政体中主要来自敢言的士大夫群体,是不可违逆的,是国家政令的标准;而后者相信只有合乎义理、符合民众长远利益的意见,才是真正的"民意"。王安石争辩说凡是变革,"于大利之中不能无小害",如果要求"人人皆悦",是不太可能的。只有利无害,不仅圣人做不到,天地也不可能做到,譬如时雨是民众所需,但不可能不妨害市井贩卖、道路行役,也不可能使墙屋无浸漏之患。[3] 因此考虑民意,应该着眼于长久,凡法度的建立,如果是良法,就一定会得到人心的支持,"若众心以此法为便,即此法自然经久"。[4] 据此,"民意"不完全

〔1〕 王安石:《答司马谏议书》,《临川先生文集》卷七十三,《王安石全集》,第6册,第1306页。
〔2〕 李焘:《续资治通鉴长编》卷二百六十五,第6516页。
〔3〕 李焘:《续资治通鉴长编》卷二百二十四,第5453页。
〔4〕 李焘:《续资治通鉴长编》卷二百三十五,第5706页。

由舆论来决定。但两者都是在相同的政治结构中谈论这一问题，通过士大夫的代言来表达民意，这也使得这一问题的争论变得复杂化，这是我们需要理解的。

第二节　政治之“理”的探讨：程颐

二程是新儒学之“理体学”的开创者，在哲学史的研究中始终处于一个中心的位置。在政治上，他们是元祐政治的支持者，虽然程颢曾参与过熙宁改制，但终因学术与政见的差异而分道扬镳。正是以穷尽万物之理的哲学精神，他们对一些政治的基本问题——这些问题自新儒学产生以来就引人关注，有着系统而深入的思考。这些思考分散在他们的语录、章疏与经著中，尤其是程颐的《易传》。这一著作成书于其晚年遭遇党禁而被编管之时，是他探求政治之“理”的重要文本，其中不仅表现出内在一贯的观点与逻辑，而且反映了他对王安石学术与政治的反思进入到一个成熟的阶段。

一、治体论：君臣之道

首先来看程颐对君主政体下的国家治理问题的讨论。君主不能独立治理天下，必须建立百官，自公、卿至于大夫、士，“分正职事，顺天揆事”。尽管新儒学都以儒家的“礼序”来表达这一理念，但实际上这是一个普遍的共识，并不专属于儒家。然关键的问题在于，如何建立君臣之间的分工来进一步地实现“共治”，成为了这一时期所关注的一个重要问题。无论是范仲淹、王安石，还是司马光，他们都认同君主应该掌握最核心的权力，即人事任免权。范仲淹称之为“委职不委权”，王安石以《周礼》之“八柄”为王所独掌，司马光以为君主最主要的职责就是“谨择公卿牧伯而属任之”。在这一点上，他们之间并没有根本的区别。因此，这可以看作是新儒学在“共治”的制度框架上的一个共识。

然对于这一问题，程颐似乎并没有兴趣提出自己的制度方案，他更关注的是制度背后的伦理精神或理念，这使得他对于政治的论述更加抽象或形而上。他指出建立制度,“分正百职,顺天揆事”,仅仅是“治之法”或“道之用”,并非“治道”本身。[1] 因此,最关键的就是要讲明白:什么是治体。他感叹道“谈经论道则有之,少有及治体者”,那么他所认为的治体或“治之道”是什么呢?曰:“治身齐家以至平天下者,治之道也”,又曰:“自本而言,莫大乎引君当道,君正则国定矣。”[2] 即以正君或培养君德为国家治理的根本,前面诸位并不是不重视这一问题,因为在君主政体中实现国家治理,君主的意志显然是一个根本性问题,也是不容回避的,只是程颐明确地将其称为“治体”,与“治法”等区分开来,使得这一问题更加明确化了。

具体理解程颐所讲的“治体”,他对汉唐政治的评述可以作为一个切入点。对此,他有“汉大纲正,唐万目举”的说法。所谓“大纲正”,就是汉代君臣多知崇经尚礼,“君君,臣臣,父父,子子”,至于汉末多有守节之士,其风气使然。唐代则不同,“三纲不正,无父子君臣夫妇”,至于后世子弟君臣动辄相叛,最终导致藩镇割据,“陵夷有五代之乱”,但是其官制还是完备的。他认为唐代的问题正是起于太宗,以有功之大臣而篡位,后世子孙不过效仿而已。[3] 从这里可以看出,程颐的思路正是延续了庆历年间的“严君臣之辨”,而将政治的根本问题归结为纲常伦理,这是他阐发“治体论”的实质。在这一方面,程颐围绕着“君臣之道”展开自己的思考。

首先是论大臣以守职为本。与孙复、李觏等人的尊王观念一致,程颐从辩明大臣本分的角度来回答“严君臣之辨”的问题。他解释《坤》卦六三爻辞曰:

> 为臣之道,当含晦其章美,有善则归之于君,乃可常而得正。……或从上之事,不敢当其成功,惟奉事以守其终耳。守职以终

〔1〕 程颢、程颐:《河南程氏粹言》卷一,《二程集》(下),第1219页。
〔2〕 程颢、程颐:《河南程氏粹言》卷一,《二程集》(下),第1218页。
〔3〕 程颐对汉唐政治以及太宗的评价,散见语录中,如《河南程氏遗书》卷十八,《二程集》(上),第236页。

其事，臣之道也。[1]

大臣不居功，有善则归美于君主。这是因为大臣的本分就是守其职务以做好事情。这并不是所谓的御臣之术，而是君主政体本身所要求的。程颐将卦爻之相应关系解为君臣上下之位。“五”为君位，以刚健为本，故是事务的倡导与发动者。“二”是臣位，“不倡而和，故居后为得”，这是君臣关系的“常理”。[2]《随》之九四“随有获，贞凶”，《传》曰：“为臣之道，当使恩威一出于上，众心皆随于君。若人心从己，危疑之道也，故凶。”[3]“九四”为大臣之位，刚健而得众人之心，但如果不能谨守为臣之本分，即“使恩威一出于上”，则将“危疑”于君。《语录》中记载了程颐对此的解释，大臣之所以能够立功，正是建立在“君之人民”“君之势位”的基础之上的，实际上维护“君之势位”也是大臣的职责。这种论说与范仲淹所谓“委职不委权”的理念有同工异曲之应。

值得注意的是，程颐特别对礼经中的“周公用天子礼乐”的记载提出过批评，这可能与他对王安石的批评有关系。王安石尝曰：“周公有人臣所不能为之功，故得用人臣所不得用之礼乐”，程颐表示反对，以为礼经是妄言。人臣只是尽人臣之职，哪里有不能为之功？“凡有所为，皆是臣职所当为之事也。”对此，笔者以为不应过分夸大两者之间的区别，王安石并非不讲君臣之分，他只是顺从了礼经的记载，而给出一种自己的解释罢了。程颐抓住这一问题，与其严君臣之辨的理论诉求相关。但这与元丰年间陈瓘之流的政客，以此攻击王安石有“不臣之心”的所为依然有本质的区别。[4]

其次论君主以求贤同治为本。在程颐的理学看来，天下的事物都不能独立存在，君主也不能独立治理天下。《比》卦辞有“不宁方来”，其

[1] 程颐：《周易程氏传》卷第一，中华书局2016年版，第12页。
[2] 程颐：《周易程氏传》卷第一，第13、14页。
[3] 程颐：《周易程氏传》卷第一，第77页。
[4] 程颢、程颐：《河南程氏遗书》卷二十二上，第281页；《河南程氏遗书》卷十八，第235页。

解曰：

> 凡生天地之间者，未有不相亲比而能自存者也。虽刚强之至，未有能独立者也。比之道，由两志相求。两志不相求，则睽矣。君怀抚其下，下亲辅于上，亲戚朋友乡党皆然，故当上下合志以相从。[1]

天下事物没有不相亲比而能存在的，君主虽有刚健之德，依然需要下求贤臣，以分职委任治理天下。故而什么是"帝王之道"？《书解》曰："帝王之道也，以择任贤俊为本，得人而后与之同治天下。"[2]又解《乾》之九五曰："圣人既得天位，则利见在下大德之人，与共成天下之事。"[3]"同治"即共治，是当时政治的基本诉求。虽然程颐没有对其中的制度安排具体展开论述，但是基于"天理"论，他给出了自己的论证。"比道"是普遍之理，是自然之理。凡物必有对，两者相求为比，相反为睽，君臣之道亦然，君臣合志才能兴治。

君臣如何合志？除了这里所讲的"君怀抚其下，下亲辅于上"之外，程颐又发挥了儒家"君臣义合"的理念。《蒙》卦辞"匪我求童蒙，童蒙求我"，程颐解曰：

> 二以刚中之德在下，为君所信向，当以道自守，待君志诚求己，而后应之，则能用其道，匪我求于童蒙，乃童蒙来求于我也。[4]

《蒙》卦"六五"为君位，"九二"为下，但有"刚中之德"，正是君主所应寻求的贤能者。虽然如此，程颐以为贤者不能自求于君，应该等待君主主动来求。为什么一定要这样呢？因为不如此则不尊道，道不尊则不行于世。故又曰："贤者在下，岂可以自进以求于君？苟自求之，必无能信用

〔1〕 程颐：《周易程氏传》卷一，第36页。
〔2〕 程颐：《书解》，《河南程氏经说》卷二，《二程集》（下），第1035页。
〔3〕 程颐：《周易程氏传》卷一，第2页。
〔4〕 程颐：《周易程氏传》卷一，第20页。

之理。古之人所以必待人君致敬尽礼而后往者，非欲以自为尊大，盖其尊德乐道，不如是不足与有为也。"[1]为了让君主能够"尊德乐道"，真正信用贤者，必须要等待君主有了切实的需要而去求贤，非为贤者自进于君。在求贤的过程中，君主需要"致敬尽礼而后往"，并非是贤者妄自尊大。商汤之于伊尹，刘备之于诸葛亮，他们并非无救天下之志，然"必待礼至，然后出也"，正因为这个道理。

最后是论君子以"类进"。基于自然之理，气类相应，程颐论证贤者、不肖者都是以类相聚的。《泰》之初九"拔茅茹，以其汇征，吉"，程颐解曰：

> 时之否，则君子退而穷处；时既泰，则志在上进也。君子之进，必与其朋类相牵缘，如茅之根然，拔其一则牵连而起矣。茹，根之相牵连者，故以为象。汇，类也。贤者以其类进同志以行其道，是以吉也，君子之进，必以其类，不唯志在相先，乐于与善，实乃相赖以济。故君子小人，未有能独立不赖朋类之助者也。自古君子得位，则天下之贤萃于朝廷，同志协力，以成天下之泰；小人在位，则不肖者并进，然后其党胜而天下否矣，盖各从其类也。[2]

以"茅茹"之相互牵连，比喻君子以朋类相牵缘。泰之时，君主求贤，君子以类相聚，亦以类相进。程颐指出这其实是一种客观的情势，因为无论是君子，还是小人，没有能够不依赖朋类相助而能成功的。因此，君子一旦得位，一定要援引同类"萃于朝廷"，帮助君主"以成天下之泰"。如果小人得势，聚于朝廷，则"天下否矣"。程颐此论与欧阳修、司马光之《朋党论》如出一辙。

不惟大臣之间皆以类进，就是君臣之间亦以"气类相应"。君臣之所以不能和合，是因为有"强梗或谗邪间隔于其间"。程颐解《噬嗑》之卦象

[1] 程颐：《周易程氏传》卷一，第21页。
[2] 程颐：《周易程氏传》卷一，第50页。

曰:“凡天下至于一国一家,至于万事,所以不和合者,皆由有间也,无间则合矣。以至于天地之生,万物之成,皆合而后能遂,凡未合者皆有间也。若君臣父子亲戚朋友之间,有离贰怨隙者,盖谗邪间于其间也,除去之则和合矣。”政治上必须坚决除去谗邪,这要依靠刑罚,“小则惩戒,大则诛戮以除去之,然后天下之治得成矣”。[1] 当然,所谓“除去谗邪”是建立在国家法律的基础之上,并不是打击异己的扩大化。

程颐晚年对元祐时期的党争颇有反思,在他的哲学观看来,“天地之间皆有对”,其间不可能都是君子,但要“六分君子则治,六分小人则乱”,这与汉唐诸儒所强调的“变化小人”的观念相似。[2] 他虽然不认同元丰人物,以之为小人之党,但他又以为其间多是有才能之人,关键是如何变化其人以尽其才,为国所用,“在小人者用之于君子,则其为用未必不贤于今之人也”。[3] 这是一种比较开明的态度。

综上可以看出,程颐的“治体”或“治道”论进一步展开了新儒学围绕国家治理问题所进行的讨论,在严君臣之辨的态度上延续了庆历传统,更系统地对君臣之道进行了论述。南宋以后,随着理学逐渐成为学术之主流,其“推明治道”的政治传统亦被奉为圭臬。他与王安石的区别,最大者显然是关于君子“类进”的观念。王安石断定君子没有朋党,从大臣以至于小吏,守其职分,都在君主之法度的框架下完成自己的工作,所谓“法行则人人为用”。虽然王安石使用君子、小人的频率并不比司马光、程颐等人少,但他所谓的君子、小人并非基于“类”的观念,而是根据道德与政绩的考核判定的,依然是在法度的框架之内。对这一问题的看法不同,决定了他们对改革路径的设想是不会相同的。

二、民本论:君民之道

在古代君主制的政体下,君主之下皆是民众。君主委职给士大夫阶层以共治,民众要参与国家治理,必须通过努力成为“士”。要使君主政体

〔1〕 程颐:《周易程氏传》卷二,第91页。
〔2〕 程颢、程颐:《河南程氏遗书》卷十五,《二程集》(上),第162页。
〔3〕 程颢、程颐:《河南程氏粹言》卷二,《二程集》(下),第1230页。

能够长治久安,得到民众的真正认同,儒家以为一定要基于“民本”的理念进行治理,因为民众是国家的根基,所谓“民惟邦本,本固邦宁”。程颐从探讨君主与民众的关系之“理”的视角出发,对这一民本思想的传统进行了重新阐释,并对其中的一些问题提出了自己的建议。

首先程颐论证了君主与民众的相互依存之理。《比》卦《彖》辞“不宁方来,上下应矣”,程颐解曰:

> 人之生,不能保其安宁,方且来求附比。民不能自保,故戴君以求宁;君不能独立,故保民以为安。不宁而来比者,上下相应也。以圣人之公言之,固至诚求天下之比,以安民也。以后王之私言之,不求下民之附,则危亡至矣。故上下之志,必相应也。[1]

此处发挥其所谓的“比道”,即天地万物皆有所亲附才能生存,没有能够独立存在的。人之生亦然。不能保其安宁,故相互“附比”,为了自保而拥戴君主以求安宁;君主也不能独立自存,故需要保育民众以维持久安。“上下相应”,即君主与民众之间应该志意相通,相互“附比”。对于圣人而言,这是很自然的;对于后世以天下为私产的君主来说,认识到这一点,对于保存其帝王之位是有着根本意义的。可见,在程颐看来,君主与民众相保以安,并不仅仅是一个伦理的诉求,更是自然之理。顺之者则存,逆之者则亡。

值得注意的是,程颐对民众拥戴君主这一观念的认识,颇具有古代部落民主制的色彩,也正是因为这一点,他对禅让制颇有好感,不像李觏、司马光等人那样持着批评的态度。他讲:“五帝公天下,故与贤;三王家天下,故与子。论善之尽,则公而与贤,不易之道也。然贤人难得,而争夺兴焉,故与子以定万世,是亦至公之法也。”[2]“与贤”才是“不易之道”,而“与子”是迫于情势,避免争夺而引起政权的不稳定,并非是司马光所讲的

---

〔1〕 程颐:《周易程氏传》卷一,第37页。
〔2〕 程颢、程颐:《河南程氏粹言》卷一,《二程集》(下),第1217页。

“自然之理”。

其次是论证君主养民之理。就君主之势位与职责而论，本身就是为了养育民众的，程颐以《剥》之卦象讲述这一道理，其论曰：

> 上，谓人君与居人上者，观剥之象而厚固其下，以安其居也。下者，上之本，未有基本固而能剥者也。故上之剥必自下，下剥则上危矣。为人上者，知理之如是，则安养人民，以厚其本，乃所以安其居也。书曰：“民惟邦本，本固邦宁。”〔1〕

《剥》之卦象“坤下艮上”，山高于地，而反附着于地，是为颓剥之象。程颐以之比喻君民之关系。君在上，而势位重；民在下，但是为国家的基本，没有基本固而有颓剥之象。君主之势位的不稳定，必定是由于民众的不满，基本不固则国家危矣。可见“民本”并非仅仅是一个价值诉求，它也合乎自然之理，这是程颐论证的核心所在。“知理之如是”，君主应当安养人民，以培植根本，如此才能永保国家安宁。《颐》之六五，程颐进一步论述道：

> 六五颐之时，居君位，养天下者也，然其阴柔之质，才不足以养天下，上有刚阳之贤，故顺从之，赖其养己以济天下。君者，养人者也，反赖人之养，是违拂于经常。既以己之不足而顺从于贤师傅，上，师傅之位也，必居守贞固，笃于委信，则能辅翼其身，泽及天下，故吉也。〔2〕

“颐”者，养也，程颐用之比喻君主养民之理。据此而论，“五”为君位，居之者本是养育天下者，但“六”为阴柔之才，不足以养天下。程颐以为“上九”为师傅之位，君主能够依赖其才能为己所用，虽然“违于经常”，

〔1〕 程颐：《周易程氏传》卷二，第101页。
〔2〕 程颐：《周易程氏传》卷二，第120页。

但也会获得安定的局面。他举“周公辅成王”的例子来说明这一道理，并指出这一上下相互扶持的关系，必须依靠居于师傅之位的人具有很高的道德情操与政治智慧方可。

对于具体的养民之道，程颐强调了“重民力”的观念。其曰：“为民立君，所以养之也。养民之道，在爱其力。民力足则生养遂，生养遂则教化可行而风俗美，故为政以民力为重也。《春秋》，凡用民力必书。”〔1〕此为“与民休息”之政治观念，至于教化、风俗，皆以民众生养为本。对于民意的问题，程颐也强调君主不要“专恃己见”，要多听从下民的意见，“尧舜之圣，天下所莫及，尚曰清问下民，取人为善也”。〔2〕其经说中的这些论述，即是其一贯的政治主张，但考虑到司马光等人尝以此来批评王安石不恤民力、不重民意，此处的论述亦极可能是对新政的批评。

在对政治应当效法天道，以及政治最终目标的论述上，程颐讲到君主应该“发政施仁，使天下蒙其惠泽”，〔3〕并以万物“各得其宜”为其目标。其解《无妄》卦象曰：“天道生万物，各正其性命而不妄；王者体天之道，养育人民，以至于昆虫草木，使各得其宜，乃对时育物之道也。”〔4〕这与王安石的论述看似相近，但认真比较一下，还是会发现不同。在王安石看来，上天之仁是通过法度普及于万物的，这固然也要求君主之仁心，但政治作为一种实现方式，有它自身的规律。在程颐这里，“发政施仁”主要依靠王者的德性，它期望领导政治事务的君主与大臣是作为道德的典范——“圣贤”出现的，只有这样才能保证政治的本源永远基于“天道”。

三、变革论：时机与方式

面对北宋的政治社会危机，程颢、程颐都曾是大变革的鼓吹者，主张兴复先王之治，呼吁皇帝的大有作为。如熙宁元年（1068 年）作为监察御史里行的程颢，在呈递给神宗的奏疏中有“所谓更张者，顾理所当耳”，最

---

〔1〕 程颐：《春秋传》，《河南程氏经说》卷四，《二程集》（下），第 1095 页。
〔2〕 程颐：《周易程氏传》卷一，第 22 页。
〔3〕 程颐：《周易程氏传》卷一，第 39 页。
〔4〕 程颐：《周易程氏传》卷二，第 109 页。

终劝皇帝“体乾刚而独断,霈然不疑,则万世幸甚”。[1] 而仁宗皇祐二年(1050年),年仅十八的程颐作《上皇帝书》,希望皇帝能够兴起王道,“黜世俗之论,期非常之功。”[2]但元祐之后,经历了王安石变法,程颐对于变革的观点趋向于慎重,这尤其表现在他对于变革的时机与方式这一问题的思考上。

首先论变革是为常道。程颐借助《恒》卦而论曰:“天下之理,未有不动而能恒者。”“恒”并非一定之谓,一定必不能恒。天地间之万物,虽山岳之坚厚,亦须变化流转,才能恒久长存,因此“唯随时变化,乃常道也”。政治亦是如此,以事而论,不能不有变化,“大变则大益,小变则小补”。[3]《泰》为上下相通,太平之时,但其九二谓:“包荒,用冯河。”“包荒”训为“包含荒秽”,即盛世危险之时,程颐借此叙述自己的变革论:

> 泰宁之世,人情习于久安,安于守常,惰于因循,惮于更变,非有冯河之勇,不能有为于斯时也。冯河,谓其刚果足以济深越险也。自古泰治之世,必渐至于衰替,盖由狃习安逸,因循自然。自非刚断之君,英烈之辅,不能挺特奋发以革其弊也,故曰用冯河。[4]

“冯河”为徒手渡河之人,前儒多解为愚蠢无能之人,而程颐解为勇敢无畏之人。原因是太平之时,上下苟安,没有深谋远虑,对于事物之弊,不能变革,因此非有“冯河之勇”,不能有为于世。他呼唤奋发有为之君主,以革时弊。这一点是他与王安石相同之处,变革必然涉及利益的大调整,“自古立法制事,牵于人情,卒不能行者多矣”。譬如禁止奢靡之风,必然有害于皇亲贵戚;又如“限民占田”,必然有害于富贵之家,这些都需要皇帝依靠权力“断以大公而必行”,否则“牵于朋类”,不会有什么成功。

---

〔1〕 程颢:《论王霸札子》,《河南程氏文集》卷一,《二程集》(上),第451页。
〔2〕 程颐:《上仁宗皇帝书》,《河南程氏文集》卷五,《二程集》(上),第514页。
〔3〕 程颢、程颐:《河南程氏粹言卷第一》,《二程集》(下),第1218页。
〔4〕 程颐:《周易程氏传》卷一,第51页。

盛世而变革自然与国家草创之时不同，回到庆历时期石介所提出的“秦汉之后何以乱世纷纷”的思考，程颐在北宋中期鼓吹变革论，与王安石等人有着同样的深思。《临》之卦辞有“至于八月，有凶”，程颐借此评论道：“八月”为阳盛之时，之所以有凶，正在于天道轮回，由盛转衰之时。对于政治而言，且于此时，要君主思虑防衰之道，如果既衰之后才想到戒慎，则“无及矣”。“自古天下安治，未有久而不乱者，盖不能戒于盛也。”当其盛时不知戒备，则习于安富而骄奢淫逸，或乐于舒肆而纲纪败坏，浸淫必至于大乱。[1]

其次论变革成功的基本方式。程颐认为主要有两种，表现在他对《革》卦的解释中。第一种是《革》之六二“巳日乃革之，征吉”。他认为变革成功的条件主要有三种：时机、权位与才德，故曰：“变革，事之大也，必有其时，有其位，有其才，审虑而后动，而后可以无悔。”《革》之初九，有刚健之才，但于时为“初”，处于下位，又没有君主之德的支持，时机与权位都不具备，轻易变革，必有凶咎。“六二”不同，“柔顺而得中正”，上有九五之君为其支持，正是“时可矣，位得矣，才足矣，处革之至善者也”，但此时依然需要君臣相应，上下之信才能成功，故曰“巳日乃革之”。这是变革成功的一种方式，九五倚重“六二”之才德发动变革，“足以革天下之弊，新天下治”。[2]

第二种是《革》之九五“大人虎变，未占有孚”。“九五”是刚健有为之才者居君位，有变革之意志，“以大人之道，革天下之事，无不当也，无不时也；所过变化，事理炳著，如虎之文采，故云虎变”。“虎变”，政教大行之义，变革天下合乎大道，又如尧舜之圣治，是为变革的最高境界。

“六二”“九五”之革，都是变革的不同境遇，要随时变易以合于变革之理。最值得注意的，就是程颐对《革》之九三的解释，爻辞谓“革言三就，有孚”。关键是对于“三就”的训诂，程颐解曰：“就，成也，合也。审察

〔1〕 程颐：《周易程氏传》卷二，第84页。
〔2〕 程颐：《周易程氏传》卷四，第219、220页。

当革之言，至于三而皆合，则可信也。”处于“九三”之时，有刚阳之才，而不得中，是“躁动于革者也”。此时如果能够多听听大臣们的意见，至于三次，意见皆合，然后再言变革，即“重慎之至能如是，则必得至当，乃有孚也”。又讲“唯当慎重之至，不自任其刚明，审稽公论，至于三就而后革之，则无过矣”。[1] 呼唤“冯河之勇”的程颐，这里为什么要讲“三就”而后革呢？笔者以为正来自他对王安石变法的反思。

王安石在《易解》中对自己的变革论也有比较系统的论述。在对变革之条件的认识上，他也是从时机、权位与才德等方面去思考的，其中尤为重要的是君臣相应，同心一致。他很清楚即使是处于变革之时，如《革》卦“水火相息”，当变革以通之时，但如果上下不应，依然不可以有为。所以《革》之“初九：巩用黄牛之革”，《象》曰：“巩用黄牛，不可以有为也。”王安石曰：“初九刚大而文明，其材可以有为也。在下无应，虽材，不可以有为也。用中，顺固其志，待上革而已。”“初九”虽然刚大而有文明，其材可以有为，但处下位，上不与之相应，时机不到，所以不可以有为。当此时，应以中道自处，坚固其志向，等待上位之人发动变革。《革》之六二有“征吉”，王安石解为“征乃吉”。[2] 六二虽然得中得位，但如果没有九五与之相应，依然不可以有为，故至“巳日乃革之”，以柔顺之德等待上之征用，方是吉利的。这与程颐的解释基本相同。不同的是，王安石对于《革》之“九三”的认识，《易解》曰：

《革》之为道，宜刚中而已。九三刚过中，故“征凶，贞厉”。以过中之刚，其能革物也必矣，故“革言三就”。则虽过中而不失正，故“有孚”。其称三者，众辞也，言从革者众而有成功也。三过中，是以言而后能革，革之次也。九五尊位盛德，不言而能革，革之上也。有位无德，有德无位，必至于告戒丁宁，然后能感喻其人而成革之功也。《盘庚》、《大诰》之所以革民者，不可谓未占有孚也。所谓不言者，非

〔1〕 程颐：《周易程氏传》卷四，第221页。
〔2〕 王安石：《易解》卷二，《王安石全集》，第1册，第98、99页。

无言也，其所待于言也略矣。〔1〕

对于变革之道，王安石作了一个区分，即“革之上”与“革之次”。所谓“革之上”，即“九五”之“虎变”，变法者处于“尊位”，而有“盛德”，至于“不言而能革”。之所以能如此，主要是“因物之变而通之者”，即顺应事物变化之理。“物之所未厌，圣人不强去；物之所未安，圣人不强行”，在旧事物还没有展现出完全的弊态，为人们所厌倦时，圣人不会强制变革；在新事物还没有完全为人们所接受，习以为常时，圣人不会强制去推行。这样本于事物发展之自然，顺应其变化之理，民众乐于顺从。这是一种很高的境界，圣人不费太多的言语，就可以变化事物；事物因此而改变，却没有见到变化的痕迹。〔2〕

但是“革之上”总是难以遇到的，“有位无德，有德无位”更是现实的情况，这时要兴起变革该怎样办呢？王安石以为应该退而求其次，这是他与程颐不同的地方。九三为“刚过中”，刚健而未行中道，这在爻辞讲来是有凶兆的。但王安石强调“过中之刚，其革物也必矣”，即尽管未行中道，但变法者能够雷厉风行，虽然有躁进之嫌，但终能实现变革之道。值得注意的是王安石对“三就”的训解。王弼解为“自四而上，从命而变，不敢自违，故曰‘革言三就’”，指上卦三爻之变革成功，所以称为“三就”。王安石也取“就”之成功义，但解释大为不同，“其称‘三’者，众辞也”，“三就”表示顺从变革的人很多，因此而有成功。而这一解释是与程颐不同的。“九三”在王安石看来是“革之次”，在程颐看来却成了“躁动于革者也”；“革言三就”在王安石看来是“从革者众”，在程颐的解读中却成了“言重慎之至”。

当熙宁变法之时，王安石虽得神宗信任，却没有得到满朝大臣的团结一致，“革之次”成为现实的一种变革策略。《长编》载熙宁三年（1070

〔1〕 王安石：《易解》卷二，《王安石全集》，第1册，第99页。
〔2〕 王安石：《易解》卷三，《王安石全集》，第1册，第135页。

年）王安石论变革之时势曰："治天下譬如医用药，当知虚实寒热。方虚寒时，纯用乌头、附子，不患过热。"〔1〕他以治病来比喻改革，当虚寒时，纯用乌头、附子等重药来治并不为过；当此流俗横行，士大夫皆不知顺乎义理时，矫枉就不用担心过正。这种的激烈的变革态度，恰恰是程颐所不能认同的。而熙宁三年（1070年）程颢退出变法者的队伍，其奏疏中论道："盖自古兴治，虽有专任独决能就事功者，未闻辅弼大臣人各有心，睽戾不一，致国政异出，名分不正，中外人情交谓不可，而能有为者也。"〔2〕此岂非与程颐对"革之次"者的批评正相呼应？

第三节　政治之"势"的分析：苏辙、苏轼

北宋中期，生活在四川眉山的苏洵、苏轼、苏辙父子（三苏）及其所开创的蜀学派，在新儒学的复兴中亦占有重要的地位。他们对于当时的一些基本政治问题有着不同的见解，故能自成一家之说。熙宁之前，他们所表达的政治改革主张多有与新法相类似者，如注重制度建设、以理财为急务等。但在王安石上台之后，他们反而成了变法的激烈反对者。元祐时期的苏辙居然要求回到真、仁宗之时的政治传统了，可见变法如何深刻地改变其政治观点。

一、君臣共治：基于"势"的分析

苏辙发展了古代"势"的概念，并将其用于分析历代政治兴衰的根源问题。在他看来，"势"类似于一种普遍地存在于群体中的平衡性的"力量"，在古代社会结构中，它主要存在于一般民众、士大夫与君主之间的关系中。一般民众期望政治治理，而其中出类拔萃者，苏辙称之为"英雄之士"或"贤能"，他们是治理的担当者，同时他们也自觉到自己负有这一使命。但英雄要发挥其才德，必须依托于一个统一性的力量，即君主，才能最终完成这一治理。其论曰：

〔1〕李焘：《续资治通鉴长编》卷二百四十，第5217—5218页。
〔2〕李焘：《续资治通鉴长编》卷二百十，第5103页。

> 盖古之人君，收天下之英雄，而不失其心，故天下皆争归之。而英雄之士，因其君之资，以用力于天下，功成求得，而不敢为背叛之操。故上下相守，而可以至于无穷。惟其君臣相戾，而不能以相用，君以为无事乎其臣，臣以为无事乎其君，君无所用，以至于天下之不亲，臣无以用之，以至于惸惸而无所底丽，而天下始大乱矣。[1]

君臣相互为用，共同形成了天下治理之势。一方面英雄之士能够因君主之任用，用力于天下，完成自己的功德。另一方面君主因为任用英雄之士而得到支持，在一种平衡状态中，两者都能够满足自身的期望，故而"上下相守，而可以至于无穷"。平衡的打破来自于"君臣相戾"，君主不能用天下之英才，而天下之英才亦无视君主的存在，于是新一轮的秩序调整便会出现。这正是古代政治"治乱相仍"的根源。如果说出现了英雄之间长期的对峙，不能形成一个统一性的力量，那么天下便会长久地动乱下去。他分析"自晋以下，天下何其纷纷"，曰："强者不能以相吞，而弱者不能以相服，其德不足以相君臣，而其兵不足以相吞灭。"南北相分，虽有贤人，但国家不能统一，"盖亦其势之有所不可者也"。[2]

如此，秩序的问题便转化为怎样维持"势"的平衡的问题了。这实际上正是君主的责任，也是君主制的核心问题。他以为君主要"明天下之情，而后得御天下之术"，"术者，所谓道也"，首先就是"任贤"之道。"仁者使效其仁，勇者使效其勇，智者使效其智，力者使效其力。"[3]为此，需要建立一般的考核选举制度。"盖天下之事，任人不如任势，而变吏不如变法。法行而势立，则天下之吏，虽其非贤，而皆欲勉强以求成功，故天子可以不劳而得忠良之臣。"[4]依靠法度的建立与推行，可以对官吏进行监督管理，虽然所用之人不一定全部是贤能者，但有守法之官吏，终不至于

---

〔1〕 苏辙：《进论五首》，《栾城应诏集》卷二，中华书局 2017 年版，第 1251 页。
〔2〕 苏辙：《进论五首》，《栾城应诏集》卷二，第 1255 页。
〔3〕 苏辙：《进论五首》，《栾城应诏集》卷六，第 1284 页。
〔4〕 苏辙：《进策五道》，《栾城应诏集》卷八，第 1307 页。

坏事。就此来看，这一观点颇为类似于王安石，后者以为“法行则人人为用”，而将建立法度作为改革的重点。

但是对于大臣的选择，苏辙认为应该是君主独断专决的。“臣闻天子者，执天下之权，而擅四海九州岛之利。”正是因为有了权力与利益的分配，英雄之士才会为之所用，他认为，涉及天下的英雄是否为己所用的根本问题，君主不要与官吏分享权力，而应该将其牢牢地掌握在自己的手中，“使吏无所执吾法以邀我，收天下之权利而归之于上”。一些人认为这样可能会导致法度废弛，而“大吏易以为奸”。但苏辙争论道，“人惟不为奸也，而后任以为大吏”，即恰恰是对大臣进行了事先的考核，知道他不会为奸，所以才被任为“大吏”。他进一步论述道，对于一个国家而言，如果君主没有一二可以信任的大臣，反而要处处想方设法以提防大臣为奸，才是真正危险的，“国非其国矣”。而后者正是唐季以来经常发生的事情。[1]

苏辙这里的论述反映那个时代围绕君主制重建政治秩序的一般诉求。君主的权力是整个秩序的核心，不能保证这一点，整个政权将会处于动荡之中，平衡将不复存在。虽然君主的权力会导致暴君的出现或权力的滥用，但这要通过其他的途径去解决，现在首要做的是明确君主的权力。这一点我们从范仲淹、王安石以及程颐对君臣之道的论述中都可以看出来，只不过苏辙从“势”的角度对这一问题进行了新的论证。

需要强调的是，这里的“势”与法家所讲的“势”不完全等同。后者强调的是君主的权势，而苏辙的“势”是一种态势，强调力量之间的对比与平衡。对于法家所讲的“势治”，即“势位之足恃，贤者之不足慕”的理念，他并不认同，因为这里的平衡恰恰是建立在贤能政治的基础之上的，或者毋宁说是为贤能政治作辩护的。与同时代的儒学家相比，苏辙对秦汉以来君主制所产生的专制主义的流弊所进行的批判，是尤为值得重视的，如其评论隋政曰：

---

〔1〕 苏辙：《进策五道》，《栾城应诏集》卷八，第1310页。

隋文取梁灭陈，而后天下为一。彼亦见天下之久不定也，是以全得天下之众，而恐其失之；享天下之乐，而惧其不久；立于万民之上，而常有猜防不安之心。以是举世之人，皆有曩者英雄割据之怀，制为严法峻令，以杜天下之变。谋臣旧将，诛灭略尽，而独死于杨素之手，以及于大故终于炀帝之际，天下大乱，涂地而莫之救。〔1〕

经过魏晋以来几百年的动乱，隋文帝虽然统一了天下，但常有恐惧之心，因此对于民众常有猜防不安之心，又设严刑峻法以钳制天下英雄，甚至诛杀谋臣旧将，而他本人却死于杨素之手。至于炀帝暴虐，天下又沦于大乱。不难看出，苏辙的用意正是以此警告后世君主，依靠“堤防禁固其民”，甚至严刑峻法钳制天下英雄，是不可能取得“势”的平衡，建立长久的政治秩序的。他认为最好的秩序来源于自然，君主修己以德，贤能与民众自然依附，这是其理想中的三代政治。其次迫不得已，需要依靠君主所掌握的权势来取得平衡，他提出了内外强臣相制的策略。“愚尝以为天下之势，内无重，则无以威外之强臣，外无重，则无以服内之大臣而绝奸民之心。此二者，其势相持而后成，而不可一轻重者也。”〔2〕

因此，对于宋初所建立的“事为之制，曲为之防”的政策，苏辙是持批评态度的。尤其是其中的“更戍法”“轻视武臣”“废武举”等政策，他以为都是建立在唐季以来的“以乱为戒”的基础之上的，虽然起到了稳定天下的作用，但它所带来的流弊，如军队战斗力低下，也是不可胜言的。这里可以看出苏辙所具有的变革精神，但是他不能认同王安石所建立的法度，是另外一个问题了。

对于君臣之间的关系，苏辙反对相互之间的猜忌预防，他以为君臣之间应该“相信如父子，相爱如兄弟”，以诚心相待，“知无不言，言无不尽”。没有忌讳，则“士大夫皆敢进而博天下之大功”。换句话讲，就是君臣之间

〔1〕 苏辙：《进论五首》，《栾城应诏集》卷二，第1257页。
〔2〕 苏辙：《进论五首》，《栾城应诏集》卷三，第1259页。

亲密无间，团结一致，才是共治的最好模式。当然，这并不是讲君臣不能有不同的意见，恰恰相反，君臣之间最好是“和而不同”，“上有宽厚之君，下有守法之臣；上有急切之君，则下有推恩之臣”。两者是相济相助的关系，这也是符合他所讲的君臣相互为用的理念的。[1]

综上而论，从苏辙的论述中，处处可见他对君臣共治的设想。因为“势”的平衡状态，其实质就是君主与贤士大夫之间的共治模式。相对于庆历以来的“严君臣之辨”的伦理主义的态度，苏辙对“势”的论述突出了政治秩序的客观面向，这不能不说是极有裨益的。当然，这并不是说“道德”在其中不重要，他对君德的强调与论述并不比其他各派要少，只是要看到这一点，在君主没有才德维持“势”的平衡时，再怎样强调“君臣之辨”也是无济于事的。人终究是在历史的“大势”之中的，故而他对五代的宰相冯道并没有太多的批评，反而称赞他能够救百姓，有“盛德”。[2]其《春秋集解》解“丙戌，公会郑伯，盟于武父”曰：“郑伯，突也，突篡其兄而立。《春秋》以君许之，何也？诸侯虽以篡得，苟能和其民而亲诸侯，内外君之，则以君书之，不没其实也。虽君而实篡，虽篡而实君，皆因其实而已。不然则否，不能君也。”[3]只要有君之实，如“和民而亲诸侯”，则可以君论之。这与庆历诸儒“严君臣之辨”的态度是不同的。

二、“为治之地”与道德

熙宁之前，苏辙也是制度变革论的主张者。基于三代政治的理念，他要求改革宋初所建立起来的各个领域的制度。不出意外，他应该是改革的参与者。但在王安石变法之后，他坚决地站在了反对者的队列，进而在元祐政治中参与对新法更化。虽然如此，分析他对制度以及道德的看法，对于我们理解其政治思想以及最终的抉择依然是有意义的。

在《新论》中，苏辙将“制度”的重要性称之为“为治之地”，这是一个恰当的比喻。所谓“为治之地”就是儒家的政教体系，他认为从上古神农、

[1] 苏辙：《进论五首》，《栾城应诏集》卷三，第 1289 页。
[2] 苏辙：《历代论五》，《栾城集》卷十一，第 1011 页。
[3] 苏辙：《春秋集解》卷二，文渊阁《四库全书》本，台湾商务印书馆 1985 年版，第 148 册，第 14 页。

伏羲以来，这一制度体系就开始确立，凡民众之养生送死、父子君臣、农桑器械等，都是其中的重要内容。至于尧舜三代，“皆因其所阙而时补之”，如“尧命羲和历日月以授民时，舜命禹平水土以定民居”之类，都因时势不同而有所损益，制度也不断地完善起来，至于“《周官》三百六十人之所治者，皆其所以为治之地”，更可谓制度完备。[1]

故而他讲：“今世之弊，患在欲治天下而不立为治之地。”以三代制度改革宋代制度的要求是很明显的。他以为今天的制度之弊主要表现在三个方面，又称之“三不立”：

> 天下之吏，偷堕苟且，不治其事，事日已败而上不知使，是一不立也；天下之兵，骄脆无用，召募日广，而临事不获其力，是二不立也；天下之财，出之有限而用之无极，为国百年而不能以富，是三不立也。[2]

在熙宁初年呈递给皇帝的奏疏中，他将此总结为“冗官、冗兵、冗费”，并提出了改革的主张。[3]

称之为“地”，可见苏辙对制度之基础性作用的认识，但至于其与道德的关系，他更倾向于一种兼重的态度。“由是观之，治国之地，圣人无之，不得以施其圣。”不依靠制度，即使是有圣人也不能施展其才德。又曰：“夫子平居朝夕孜孜以教人者，惟所以自修其身，而其所以修其政事者，未尝言也。”表面上来看，孔子所讲的都是修身之事，就是制度言之不多，实际上并非如此，如“谨权量，审法度，修废官”，至于民食、丧、祭等都有论述，只是仅仅依靠“制度”尚有不足，故而又讲修德之事，以为成就制度之功。制度与道德兼重才是正确的态度。他批评世俗儒者忽视了制度的建立，虽从事于修身，却不见治世之功，便“以为古之人欺我也”，这是片面

---

〔1〕 苏辙：《新论上》，《栾城集》卷十九，第347—348页。
〔2〕 苏辙：《新论中》，《栾城集》卷十九，第351页。
〔3〕 苏辙：《上皇帝书》，《栾城集》卷二十一，第369页。

的。最后他号召“莫若退而立其为治之地，为治之地既立，则身修而天下可化也”。[1]

从苏辙的一些策论，可以看到他早期对于制度问题的思考，其范围包括经济、政治、军事、科举等各个方面。值得注意的是，这些建议虽然与后来王安石的新法不完全相同，大体的方向却颇为类似，有很多不谋而合之处。如论兵制，后世虽然不能完全舍弃募兵，但他也指出宋代屯戍之制的弊端，并认为“今世之患，在不教乡兵，而专任屯戍之士，为抗贼之备”，这与新法之保甲同义。如论征商，他以为后世农业人口逐渐减少，出现了大量的“工商技巧之民，与夫游闲无职之徒”，但是国家的赋税依然依靠农业，这导致农民的负担越来越重，因此“末重而农衰”，故而建议“收游民之庸调，使天下无侥幸苟免之人，而且纾农夫之困”，这与新法之征商同义。又如论修水利，垦荒田，以为“自楚之北”，从唐、邓至于许、洛之间，存在着大量待开垦的农田，建议选择能吏，奖励开垦，“十岁之后，臣以为此必为富壤之区”，这与新法之农田水利法同义。再如论贷民急，以为“使富民为贷，则有相君臣之心，用不仁之法，而收太半之息”，“民受其困，而上不享其利”，因此建议“莫如官贷，以赒民之急”，又曰：“《周官》之法，使民之贷者，与其有司辨其贵贱，而以国服为之息。”这不唯与新法之贷民同义，且亦援引《泉府》之职为之佐证。[2]

这也提醒我们在理解王安石变法时，需要看到新法并非王安石一人之独见，他只是变法的主持者，很多应为当时士大夫群体的共同诉求。如果没有王安石的变法，或许苏辙一直会作为积极的改革者出现，但熙宁变法开始之后，苏辙很快转为新法的批评者，他的很多观点亦随之发生改变。从他当时所呈递的奏疏来看，凡新政所建立者，遣使察访利害、水利、役法、青苗等，都在其攻击之列。[3] 值得注意的是，他所提出的理由并无多少新见，对于一些明显的谣言，也没有去认真地考察。那个前期作为改

[1] 苏辙：《新论下》，《栾城集》卷十九，第352—353页。
[2] 苏辙：《进策五道》，《栾城应诏集》卷九，第1315—1337页。
[3] 苏辙：《论时事状三首》，《栾城集》卷三十五，第608—621页。

革者的苏辙已经荡然无存，其作于晚年的《历代论》亦一改先前论调，以《周礼》为可疑，并论尧舜之政曰：

> 尧之世，洚水为害。以意言之，尧之为国，当日夜不忘水耳。今考之于《书》，观其为政先后：命羲和正四时，务农事，其所先也，末乃命鲧以治水。……尧、舜之治，其缓急先后，于此可见矣。使五教不明，父子不亲，兄弟相贼，虽无水患，求一日之安，不可得也；使五教既修，父子相安，兄弟相友，水虽未除，要必有能治之者。[1]

以治之"先后"分判尧舜之政教，与程颐所论的治之体用、本末同义。政治的根本是伦理之问题，使父子、兄弟、君臣相安、相慕；务农事，得民心，固国本。至于政治的具体事务，像"洚水为害"者，则是其后的事情。虽然一时不能得到合适的人才，最终也一定会有才能之士处理好这些具体的问题，"要必有能治之者"。这一论调几乎与程颐的治体论，以及司马光对道德的论述没有区别，这表明晚年苏辙的思想转向。[2] 与他早期游离于法度与道德之间而欲两者兼顾，且着眼于"为治之地"的建设态度相比，这时他更坚持道德的重要性。政体维持上下道德的和睦，保持君子群体的主导性，显然对于政治更为根本。在这一眼光看来，熙宁新法亦退变为所谓的"富强之术"，"患国之不富，而侵夺细民；患兵之不强，而陵虐邻国"，[3] 从这里或许可以找到他攻击王安石的思想根源。

三、如何对待异论

熙丰年间，苏轼以其文学才能攻击新法，也由此给他带来了牢狱之灾。他的学术与其弟苏辙同源，对于相关政治问题的思考，多能从儒家的

〔1〕 苏辙：《历代论一》，《栾城集》卷七，《苏辙集》，第959页。

〔2〕 朱熹尝评苏轼曰："凡荆公所变更者，初时东坡亦欲为之。及见荆公做得纷扰狼狈，遂不复言，却去攻他。"又曰："如东坡前进说许多，如均户口、较赋役、教战守、定军制、倡勇敢之类，是煞要出来整理弊坏处。后来荆公做出，东坡又却尽底翻转，云也无一事可做。"见黎靖德编：《朱子语类》卷一百三十，中华书局1986年版，第3100—3101页。认真阅读苏辙前后政见，其变亦是如此。

〔3〕 苏辙：《历代论一》，《栾城集》卷七，第959页。

经史中寻找根据。对于王安石变法的批评也是如此,他在对经典的阐释中提出了自己的意见。如《书》之《胤征》之"威克厥爱,允济;爱克厥威,允罔功",苏轼《传》曰:

> 先王之用威、爱,称事当理而已,不惟不使威胜爱,若曰"与其杀不辜,宁失不经",又曰"不幸而遇,宁僭无滥",是尧、舜已来,常务使爱胜威也。今乃谓"威胜爱则事济,爱胜威则无功",是为尧、舜不如申、商也,而可乎?此后羿之党,临敌誓师,一切之言当与申、商之言同弃不齿,而近世儒者欲行猛政,辄以此借口,予不可以不辨。[1]

《胤征》一篇,记载了仲康征讨羲和之誓,这是一场正义的战争。王安石《书义》曰:"威严胜于慈爱,人则畏而勉力,故诚有成;若慈爱胜于威严,则人无所畏而懈怠,故诚无功。尔众士当勉戒之,以期于有功也。"[2]其他人也多沿用了这一解释,并无太多新意。主要是讲战争前对出发士兵的训诫而已,此时自当诫勉将士,听从命令。但苏轼的解释不同,他认为当时正是后羿之党专权,"挟天子以令诸侯",故而是一次不正义的战争。如此,这里的重威权的观念,其实是后羿之党的言论,与申、商之言相同。其实苏轼不过借此发表一番议论,从文学上而言,他的政论文有很高的价值,但对于思想的阐释不多,而末谓"近世儒者欲行猛政",显指王安石等人。

另一个问题,引起苏轼在《书传》中进行回应的,就是王安石对《盘庚》《大诰》篇的解释。《盘庚》记载商朝的第五次迁都,《大诰》记载周公东征,都是国家的大事件,而当时官僚、民众畏惧变迁,甚至造作谣言。这与王安石变法之初的情境颇为类似,故而熙宁年间,王安石不止一次援引"盘庚之迁"为自己辩护,最惹人注目的就是,他在熙宁二年(1069

〔1〕 苏轼:《书传》卷六,文渊阁《四库全书》本,台湾商务印书馆1986年影印版,第54册,第538页。
〔2〕 王安石:《尚书新义》卷三,《王安石全集》,第2册,第105页。

年）给司马光的回信，这在当时反对者中应该引起不小的议论。《书义》的论述反映了他的观点，《大诰》有“爽邦由哲，亦惟十人，迪知上帝命”，其论曰：

> 武庚，周之所择以为商臣；三叔，周所任以商事者也，其材似非庸人。方主幼国疑之时，相率而为乱，非周公往征，则国家安危存亡，殆未可知。然承文、武之后，贤人众多，而迪知上帝以决此议者，十夫而已；况后世之末流，欲大有为者，乃欲取同于污俗之众人乎？〔1〕

显然，这里颇有一种独断的色彩，当国家危难之时，大臣猜忌，诸侯叛乱，虽“贤人众多”，但周公赖以决议者，唯有“十夫”而已。〔2〕更何况后世末流，欲大有为，怎样能够取同于所谓的众论呢？面对《盘庚》《大诰》所提出来的问题：政治大变革之时，如何处理群臣与民众的各种“异见”。王安石的态度是明确的，政治决策的独断是不可避免的，应该以是否合乎义理为标准，不要受到“异论”的干扰。早在嘉祐年间，在写给好友王回的信中，他就讲到什么是“异论”的问题：

> 古者一道德以同天下之俗，士之有为于世也，人无异论。今家异道，人殊德，又以爱憎喜怒变事实而传之，则吾友庸讵非得于人之异论、变事实之传而后疑我之言乎？〔3〕

古时人们对于是非的观念都能出于公心，故而“人无异论”。今天的情势不同，每个人都有个人的利益、是非与好恶，对于一些事件的评价，往

〔1〕王安石：《尚书新义》卷七，《王安石全集》，第2册，第197页。

〔2〕“独断”一词，古已有之，多用来指决策的果敢、坚决，并非不听任何人的意见，如《管子·明法》篇谓“明主者，兼听独断”，“兼听”与“独断”并行，王安石亦是如此。

〔3〕王安石：《答王深父书》（二），《临川先生文集》卷七十二，《王安石全集》，第6册，第1299页。

往依据自己的好恶变乱事实而传播之，因此所谓的“异论”并非仅仅是不同的见解，多是无根据的谣言或议论。对于这样的“异见”，王安石以为不仅不能听从，而且还要给予惩戒，故而变法期间，他不断地坚定神宗变革的决心，不为异议动摇。《盘庚》之“盘庚斅于民，由乃在位，以常旧服，正法度，曰：‘无或敢伏小人之攸箴！’”，《书义》曰：

> 无或敢伏小人之攸箴者，斅之以无自用而违其下。……治形之疾以箴，治性之疾以言。小人之箴虽不可伏，然亦不可受人之妄言。妄言适足以乱性，有至于亡国败家者，犹受人之妄刺，非特伤形，有至于杀身者矣。故古之人塈谗说，放淫辞，使邪说者不得作，而所不伏者嘉言而已。[1]

对于“无或敢伏小人之攸箴”，《正义》解为“无有敢伏绝小人之所欲箴规上者”，即训诫官僚不要阻碍下层民众真实意愿的表达。《书义》并没有改变其训故，却进行了另外一番论述。它对言论进行了一个区分，即“妄言”与“嘉言”，“嘉言”才是真正应该听的。这里的“嘉言”，应该是指真实反映民众意愿，体现实际情形的言论，而“妄言”则相反。从变法中的争论可以看出，王安石与神宗一直担心的是，由于官员造作言论，民众的诉求并不能被真实反映，如神宗讲：“造作新法不便者，乃官员耳”。《书义》的解释恰恰体现了当时区分各种言论的要求，听取正确的言论，惩戒流行的谣言。对此，苏轼表达不同的政见，《书传》论述道：

> 斅，教也。由乃在位者教自有位而下也。箴，规也；服，事也。矇诵，工谏，士传言，庶人谤于市。此先王之旧服，正法也，今民敢相聚怨诽，疑当立新法，行权政，以一切之威治之。盘庚，仁人也。其下教

〔1〕 王安石：《尚书新义》卷五，《王安石全集》，第2册，第126页。

于民者，乃以常旧事而已，言不造新令也，以正法度而已；言不立权政也。曰无敢伏小人之攸箴者，忧百官有司逆探其意而禁民言也，盘庚迁而殷复兴，用此道欤？[1]

从矇、工、士大夫到庶人普遍表达了对政令的不满，所谓“相聚怨诽”。这是因为民众担心造立新法，行威权以强制之。只要告诉民众这不过是“常旧事”“正法度”罢了。“盘庚之迁”在苏轼的论说下，成了“常旧事”的代表，其反对变法之意显而易见。他强调顺从民意、广纳民谏才是政治的根本，也是殷的复兴之道。这与司马光所表达的“顺民心”观念基本相同。《盘庚》之终，苏轼更论曰：

民不悦而犹为之，先王未之有也，祖乙圮于耿，盘庚不得不迁。然使先王处之，则动民而民不惧，劳民而民不怨。盘庚，德之衰也，其所以信于民者未至，故纷纷如此，然民怨诽逆命而盘庚终不怒，引咎自责，益开众言，反复告谕，以口舌代斧钺，忠厚之至，此殷所以不亡而复兴也，后之君子厉民以自用者，以盘庚借口，予不可以不论。[2]

苏轼也认同盘庚的政令是正确的选择，但为什么会有“聚而怨诽”呢？他以为是“盘庚，德之衰也”，不能完全取得民众的信任，并断言如果是先王的话，一定不会存在这个问题。但转而强调盘庚毕竟没有对民众动用刑罚，打击异见，反而是“反复告谕”，可谓“忠厚之至”，并暗示王安石变法不仅不合理，而且违背民众的意愿以“自用”。

抛开两者围绕新法的相互攻击，这里向我们提出来的是一个重要的政治理论问题：如何对待政治中的“异见”。王安石的回答向我们揭示了政治中一个普遍的规律：政治无论采取何种政体，它本质上都是一个“决

〔1〕 苏轼：《书传》卷八，文渊阁《四库全书》本，第54册，第553页。
〔2〕 苏轼：《书传》卷八，文渊阁《四库全书》本，第54册，第560页。

定”,都是一道选择题,尤其是当大事件发生之时。决策者所做出的选择要基于是否正确,是否合乎于义理,并将其确立为“国是”,这时必然会面对“异论纷纷”的问题。但王安石进一步认为,士大夫的言论是不可完全相信的,因为他们也是根据自己的利益与好恶进行判断的,所谓“家异道,人殊德”,要使真正的民意彰显出来,必须依靠台谏等制度调查实情。对于敢于造作谣言的官员,要严惩,不能宽容姑息;对于奉行法令的官员要给予奖励。而这关键在于皇帝本人能够体察人情,分别言论之是非,“以道揆之”。

但司马光、苏轼等人不会区分民众与士大夫的意愿,他们自然地以为士大夫群体的舆论是可以代表民众的意愿的,这似乎是不需要讨论的,因此,他们将这种舆论称之为“公论”。他们也相信政治决策在某种程度上具有独断性,但应该广泛地听从臣民的谏议,关键是要相信普遍的舆论。苏轼明确地论述到人君是“天下公议之主”,应该“众之所是,我则与之,众之所非,我则去之”,因为“众未有不公”。[1] 这与王安石的冲突是必然的,因为后者相信多数人并不一定就是“义理”的掌握者。

然这里需要说明的是,王安石所采取的惩戒方式。它止于对不奉法令之官吏的罢免,从政治上不得不如此,无论何种政体,最终都是要求官僚阶层自上而下地服从法令的;治理要求决策的独断,并不就是专制主义,后者是指已经逾越法律的界限,而发展为对一般人的生命侵犯。据笔者的观察,避免后一种政治恶果的发生,王安石是有充分地认识的,在其当政期间也没有发生这样的事件。熙宁八年(1075年),对于当时的“赵世居谋反案”,他提醒神宗要防止后人“诬告干赏”,使人横被灾祸的情况发生,然诏狱之祸,此后终不能免。元丰二年(1079年),苏轼遭遇“乌台诗案”,更开启了以言论定罪的先例。其《书传》讲盘庚“以口舌代斧钺,忠厚之至”,未尝不是有为而发。但元祐年间为打击新党而兴起的“车盖

〔1〕 苏轼:《上初即位论治道二首》,《苏轼文集》卷四,中华书局2017年版,第133页。

亭诗案”,更是打击面极广,且为其后更残酷之党争的开始。这不能不引起我们的反思：古代政治与学术交织在一起,政治斗争最终延续为对学术的打击,有其环境之必然性。

第七章　结　　语

以北宋的学术与变革思潮为线索，本书对王安石的学术与变法运动进行了系统的考察。面对北宋的社会政治危机，在君主政体的背景下，如何通过完善国家的治理体系以实现社会政治的良序发展，新儒学将对这一问题的探索作为儒学复兴的使命。在第一章的分析中，我们看到新儒学是如何将周秦以来的政教失序作为自己的问题意识，建立新经学产生的时代语境。第二章分析了新儒学在庆历年间的第一次新政运动，它以"道德"为秩序的根本，以君子的自觉联合，并在君主的"委职"下获得共治的机会为基本路线，以贤能政治的实现为基本目标。虽然持续的时间不长，其关于贤能政治的想象图景，连带其政治纲领却成为了一个典范，使后来的儒家士人夫们无限地向往与期待。

第三章对王安石的经学义理学进行了分析，可以看到其"义理学"是如何与他的变法理念联合在一起的。《三经义》开创了义理学的一种范式，影响一时之经学与文风，完成了对汉唐经学的超越，将新经学的发展推进到下一个阶段，即关于儒家义理的内涵之争，真正的学派开始建立起来。第四章对王安石的政治理念进行分析，我们看到王安石是如何将其建立在其天道性命论的基础之上的，他突出了政治对社会自然秩序的调节功能，将其作为正义实现的一个积极方式，对纯粹的"无为"政治持批评态度；他所期望的社会政治秩序是合乎儒家的道德价值的，对威权政治的后果有着明确的反思；他将政治治理的基础奠定在“法度”的理念之上，这使得他的政治改革路线呈现出一种“重法度”的特点，而将道德或人才问题作为法度运行的一部分，这一点与庆历传统“道德优先”的路线不同。

第五章的内容最多。熙宁变法使得王安石有机会将自己的政治理念转化为现实，面对北宋社会政治展现出来的各种危机，他以“变风俗，立法度”为总纲领，以财政改革为突破口，而落实于人才的培养，以推动社会政治各领域的制度建构。凡经济、政治、教育、刑法、军事、外交等领域，熙宁改制皆本于其政治理念，一方面追溯前代之制度典范，一方面又以改革切于实效为目标，“创法立制”，开启了一个大变革的时代。在论述中，我们逐一将其在各个领域中改革的任务、目标、战略构想以及具体的措施展现出来，围绕一些焦点问题，将反对者的意见与理由进行分析，应该讲这些制度的建立不仅在儒家的经学中可以找到其制度资源，更是符合当时的实际以及历史的发展趋势的。虽然其经济改革带来的争论最多，但真正体现王安石顶层设计的是政治改革与人才路线的确定。君臣共治的基础是法度的建立与贯彻，君主是立法者，群臣是守法者；具体的职务委任给臣僚，而君主与宰相“以道揆之”，即考核情实，奖惩公正，以大公之心使上下共遵法度。要开展理财、军事等政治事务，必须要吸收有才能者为国家效力，要重视“吏才”，考核政绩要以实效。“道德”作为官吏的最主要品质是守法奉公，主要能够做到一心为国，个人品行的瑕疵也可以被包容；不要事先对一个官员的人品进行判定，君子与小人之辨别要基于“行为”（言行），名誉是不可靠的；“君子党”作为一个政治团体是有害的，它站在道义的制高点上，必然对法度的统一性造成破坏，另外它也是“伪道德”产生的根源，这也是对庆历传统的反思。

第六章围绕着元祐学术对王安石的批判与反思进行论述，主要以司马光、程颐、苏辙、苏轼等人为代表。虽然变法反对者们对新法的具体措施进行了激烈的攻击，但两者之间最根本的冲突还要到“法度与道德”这一问题中去寻找。他们看到治理的关键不是法度，而是其背后的人。“道德”关乎纲纪，也关乎政治的正当性。好的治理就是保证君子在位，“圣君而用贤臣”。“君子党”是必然的选择，其通过君主的任命而获得治理的机会，而政事与法度是后面的事情，只要保证君子在位，自然就会有处理这些问题的人才出现。司马光典型地表达了这一“道德优先”的政治理念，程颐以治体论对其进行了论证。苏轼、苏辙兄弟早期建立了一种基于“势”，即君臣之间的平衡关系的政治分析范式，并且表现出对法度的重视，但后期改变了自己的看法，倾向将法度作为后于诒人的事情。

如果将新儒学产生的三次政治改革运动相比较，除了他们产生的语境以及面对的问题相同之外，还可以看到他们都在使用一些共同的政治哲学术语，比如都要求仁政的实现，要求政策要以民为本；比如他们都强调君子小人之辨；再比如他们对君主的德性的认识也使用相同的概念，甚至都在援引相同的儒家经学资源为自己辩护。元祐政治明确提出回到庆历传统，并在理念中对之进行论述，这是我们看到的。争议最大的就是王安石的学术及其变法运动，他对庆历传统的改革路线进行了批评，提出了自己系统的政治理念与改革路线，但又没有被后来的元祐传统所接受，尽管王安石一再宣称他是在继承“先王之法度”，但这无济于事，南宋以后更是逐渐被排斥出儒家的正统。

经过本书的研究，我们现在可以看到他们之间的分歧到底在哪里了。王安石看到社会经济自身发展的弊端，要求政治担当起更多的责任，重新调节利益的分配，推动经济、教育、刑法、军事等领域开展全面的改革，并将通过法度的治理看成是政治的基本方式，以建立善法为基本的改革目标。这里的“善法”是指法度本身之善，即合乎相应的原则，法度不仅包括诸多政事的处理，更根本的是政治的顶层设计。他要求法度的统一性与公正性，任何政治力量都不可度越，君权是如此，士大夫集团也是如此。“君子”或“道德”应是法度的创造者与维护者，以“忠信”为本，其言行都是可以具体考核的。这里我们清晰地看到一种“法度本位”的政治观念，无论王安石是否意识到，他对“道德”都进行了一个处理，即在政治上“道德行为”是更实际、更可把握的；并且为了解决一些具体的政治事务（理财、军事等），而倾向于将政治道德从个体道德中独立出来。

但对于庆历与元祐传统而言，政治也被要求承担庇佑民众、使万物各得其所的责任，但他们将“道德”看作是政治秩序的出发点与归宿。政治体制最核心的是一种基于人事的等级关系（上下有序），“纲纪”一词的含义正是指称这一体制。然后是政治的事务性，如理财、军事、民政等，这里存在一个“先后”或“本末”的关系。“纲纪”为先为本，事务性为后为末。如此，政治治理的根本问题不是有没有“善法”，而是“什么样的人当政”，即在人事的等级关系中，“什么样的人”位于最上层。他们坚信只要解决好这个问题，那么事务性的问题根本不在话下。“什么样的人”当政呢？当然是“君子”，即“道德”在位。正是要在这一意义理解他们所讲的“道德”之于秩序的意义，而这种观念显然在古代政治中是很有渊源的。

庆历时期基于这种政治观念提出了自己的改革路线：“君子党”的联合获得君主的“委职”而走上政治舞台，树立纲纪。“君子”是“道德”的人格性概念，他们之间通过一种类似“物以类聚”的感应关系，自然地获得一种联合。在士大夫群体中存在的名誉或“公论”使得“谁是君子”得以呈现出来，并因此而联合在一起。与现代政党的组织性、纪律性不同，“君子党”仅仅是对“道德”的自觉认同而走在一起，他们之间崇尚着“和而不同”的关系，但并没有一个所谓的领导者，尽管在某一段时期，“公议”或推出一个“名士大夫”作为典范性的人物。对于为处理事务而建立起来的制度是否更加合适，这是可以在君子们之间进行争论的，即“和而不同”的东西，但如果一个人因为某种行为而被“公议”为小人，那就只剩下了斗争，哪里还能讲“和而不同”呢？

王安石批评这一改革路线，并不意味着他不认同这里的“纲纪”，即“君子在位”的问题。关键是所有人都要在法度的框架下，通过自己的言行与努力表明自己是一个君子，所谓的“名誉”与“公议”也都要在“事实”面前得到法度的统一检验。“君子党”之所以对政治不利，正是因为它站在道义的高度，超越于法度之上，实际上成为了法度的破坏者。由此，王安石与庆历以及元祐政治的冲突正在于“法度与道德之间”。

需要强调的是,这些改革路线的争论都是在君主政体的背景下,围绕着如何完善国家治理体系而被设计出来,两者都没有将君主制作为秩序建立的阻碍来思考。对于庆历、元祐传统来说,君主不仅是“君子党”走上政治舞台的选任者,更应该是“道德”的典范,所谓“圣君而用贤臣”;对于王安石来说,君主是立法者,是法度的制定与颁布者,亦要做守法的典范,所谓“以大公之心”维持之。笔者以为并不能简单地用“人治”与“法治”的对立范畴来称谓两者,这主要是因为他们都追求“治人”与“治法”,或“道德”与“法度”的统一,只是对于他们的“本末”或“先后”关系认识不同。至于有没有可能存在一种完全独立而运行的“法治主义”,并没有成为任何一方的选项,即使是王安石强调法度本身之“善”,依然将君主的“大公之心”作为整个体制运行的必要条件,并以“变风俗”与“立法度”相辅相成。

相对于“人治”的概念,“圣治”或许可以更恰切地表达庆历、元祐诸儒的政治期待。准确地讲,他们最为关注的是“道德”本身,从个体的修身成德到社会的道德风化,再到政治风气的引领、善治的形成,是一体的过程,最终都归结到“皆以修身为本”。善治的实现是一个自然的结果,它的前提是个体的修身之学。所谓的“善法”不过是“善吏”所行使的法度而已,没有“善吏”也便没有“善法”。程颢对王安石的批评:“无周公之心,则不能行周公之法度”,正是讲了这么一个道理。成德之君子走上政治舞台,必然是“类进同志以行其道”,由此“君子党”是一种自然的趋向。君子越是回到自己的内心,寻找成德的可能性与觉悟,就越是期望着“君子党”的联合,进而“得君行道”。

显然,这样的政治路线带着极大的不确定性,它将政治权力的中心看成了一种类似于“戏剧舞台”的表演场,一方是“君子党”,一方是小人们。后者善于钻营,前者秉持道义。两者的斗争成了政治的核心,“你方唱罢我登场”,君子未必为君子,但被指责为小人的人则将甘愿为小人。斗争的过程中,阴谋、暗算、诡计无所不用其极,君子虽说守法,但又怎样能做到?其结局必然如苏轼所讲的,“争则小人者必胜”。还有一个更严重的后果是：国家法度荡然无存。但如苏轼也只能是期望有真正的大臣能够做到“以义正君而无害于国”，说白了就是对付小人要有策略，去其首恶而不至于激起他们的联合，而大多数的时候这不过是一种幻想。在漫长的历史中，处处可见的是斗争的残酷，小人甘于为恶，君子疾恶如仇，而伪善亦混迹其间，终不能使政治获得良序发展。以此谴责小人败坏法度，固然如此，但君子们所持的一种政治观才是问题的真正根源。

王安石对庆历传统的反思，显然触及到了这一点。“君子党”必然会成为法度的破坏者，所有人应在法度的框架内展示自己的道德与能力，不要预先断定谁为君子，谁为小人。人事的更迭要围绕着政治事务的开展进行，考核公正，使贤者与能者都能够专心于政治事务，以功实为本。这里我们清晰地看到了一种将全部的政治事务纳入法度之中的努力，但因此而将其归结为“管商之术”，笔者以为是太过简单化了。除非我们将“法治”作为管仲、商鞅之特产，而认为儒家的传统中没有这一理念，这显然是不符合实际的。王安石吸收古代各家的观点，包括法家、道家等，并总结了各代的治理经验，但是他对政治之本质、目的等的理解，对于制度本身之善的理解，都与儒家的理念紧密相关。对于威权政治的弊端也是有着明确认识的，法度并不是一味地依靠权威来强制推行，它要合乎人心才能自然地长久。因此，抛开两者的相互攻讦，王安石政治哲学的儒学性质是显而易见的。

对于这样的一个问题，是否可以认为王安石的政治理念已经是具有近代性的东西，特别是他对“法度”的理解。囿于笔者的学识，本书并没有对这一问题进行论述。事实上，“法度与道德之关系”正是政治所面临的一个基本问题，王安石并没有寻求一个完全基于“法治”的治理框架，道德依然占有着不可替代的地位，只是他的处理方式与庆历、元祐传统不同，这也是两者最根本的冲突。当然，基于“法度”并非就自然地可以实现政治的良序发展，王安石对于整个体系的维持所依赖的条件是讲得很明白的。最上层的政治权力中心，即君主与宰相，担负着最大的责任，他称之为“以道揆之”，使政令畅通，改变官僚风气。但是一旦失去这样的一种推进力,如“三代盛时,诸侯一遵法度,及其衰,法制弛坏,不可复振”。这恰可以帮助我们从逻辑上理解北宋晚期政治的变化,虽然诸多的制度依托着“绍述”之名建立了起来,但已经无法保持王安石所理解的制度之意。这些制度是熙宁君臣基于多方面的原则,以审慎与平衡的态度,经过长时间的探索建立起来的。另一方面,上升为国家意志的法度,居然成为一部分人打击另一部分人的手段,禁锢学术、专制之威已然成风。笔者以为这一问题的产生,是与古代政治的大环境紧密相关的,特别是学术与政治的关系问题,需要认真地加以反思,简单地将其归罪于王安石的学术,是有失偏颇的。

明末清初,距离王安石变法已然五百年矣,而当时最为著名的儒学思想家,无论是顾炎武、黄宗羲,还是王夫之,在回顾北宋的学术与政治传统时,依然将熙丰改制作为“宋世风俗”败坏的罪魁。王夫之直言:“熙丰以降,施及五百年,而天下日趋浇刻。宋初之风邈矣!”据此,不仅北宋亡于王安石之学术,凡南宋、元、明皆亡于此变法矣。但当王夫之说出这番议论时,王安石的经著几乎全部亡佚,学者只能从相关文献中搜寻其残篇佚文以窥究竟了。今天笔者希望可以通过全面而系统地分析王安石的学术及其变法运动,揭示他对政治相关问题的深层思考以及所建立制度的义理关怀。这对于我们全面地评估古代政治思想的价值或许不无裨益。

参 考 文 献

一、王安石的文集与辑佚类

程元敏辑:《三经新义辑考汇评》(上、下),华东师范大学出版社 2011 年。

陈良中辑:《王安石〈尚书新义〉辑补》,《重庆文理学院学报》(社会科学版)2011 年第 1 期。

李壁:《王荆文公诗笺注》,上海古籍出版社 2010 年。

蒙文通辑:《王介甫〈老子注〉佚文》,巴蜀书社 2001 年。

容肇祖辑:《王安石老子注辑本》,中华书局 1979 年。

沈钦韩注:《王荆公诗文沈氏注》,中华书局 1959 年。

王安石:《王文公文集》,上海人民出版社 1974 年。

王水照主编:《王安石全集》(全十册),复旦大学出版社 2017 年。

尹志华辑:《王安石〈老子注〉补辑》,《中国典籍与文化》2004 年第 3 期。

张宗祥辑录:《王安石〈字说〉辑》,福建人民出版社 2005 年。

张鹤鸣整理:《王安石全集》(全六册),崇文书局 2020 年。

二、史料类

陈振孙:《直斋书录解题》,上海古籍出版社 1987 年。

晁公武著,孙猛校证:《郡斋读书志校证》,上海古籍出版社 1990 年。

蔡绦:《铁围山丛谈》,中华书局 1983 年。

陈邦瞻:《宋史纪事本末》,中华书局 1977 年。

蔡上翔:《王荆公年谱考略》,上海人民出版社 1973 年。

杜佑:《通典》(全十二册),中华书局 2016 年。
郭伯恭:《〈永乐大典〉研究资料集刊》,北京图书馆出版社 2005 年。
洪迈:《容斋随笔》,中华书局 2005 年。
黄以周等辑注:《续资治通鉴长编拾补》,中华书局 2004 年。
李焘:《续资治通鉴长编》,中华书局 2004 年。
李德身:《王安石诗文系年》,陕西教育出版社 1987 年。
李心传:《建炎以来朝野杂记》,中华书局 2000 年。
马端临:《文献通考》,中华书局 1986 年。
邵伯温:《邵氏闻见录》,上海古籍出版社 2012 年。
脱脱等:《宋史》,中华书局 1985 年。
王应麟:《困学纪闻》,上海古籍出版社 1987 年。
徐松:《宋会要辑稿》(全八册),中华书局 1957 年。
杨仲良:《皇宋通鉴长编纪事本末》,黑龙江人民出版社 2006 年。
杨士奇:《历代名臣奏议》,文渊阁《四库全书》本。
于浩编:《宋明理学家年谱》(全十二册),北京图书馆出版社 2005 年。
詹大和、顾栋高、蔡上翔:《王安石年谱三种》,中华书局 1994 年。

三、相关古籍类

程颢、程颐:《二程集》,中华书局 1981 年。
程颐:《周易程氏传》,中华书局 2016 年。
陈祥道:《论语全解》,文渊阁《四库全书》本。
陈祥道:《礼书》,文渊阁《四库全书》本。
蔡卞:《毛诗名物解》,文渊阁《四库全书》本。
陈亮:《陈亮集》,中华书局 1987 年。
陈傅良:《陈傅良文集》,浙江大学出版社 1999 年。
陈立撰:《白虎通疏证》,中华书局 1994 年。
范仲淹:《范文正集》,文渊阁《四库全书》本。
冯椅:《厚斋易学》,文渊阁《四库全书》本。
顾炎武:《顾炎武全集》,上海古籍出版社 2012 年。
国学整理社整理:《诸子集成》(全八册),中华书局 2006 年。
韩愈、李翱:《论语笔解》,文渊阁《四库全书》本。
韩愈著,刘真伦、岳珍注:《韩愈文集汇校笺注》,中华书局 2010 年。
胡瑗:《周易口义》,文渊阁《四库全书》本。
胡瑗:《洪范口义》,文渊阁《四库全书》本。

黄震：《黄氏日抄》，文渊阁《四库全书》本。
黄以周：《礼书通故》，中华书局 2007 年。
黄宗羲原著，全祖望补修：《宋元学案》，中华书局 1986 年。
孔安国注，孔颖达疏：《尚书正义》，上海古籍出版社 2007 年。
李隆基注，邢昺疏：《孝经注疏》，上海古籍出版社 2009 年。
李觏：《李觏集》，中华书局 2011 年。
刘敞：《公是先生弟子记》，华东师范大学出版社 2010 年。
刘敞：《七经小传》，文渊阁《四库全书》本。
陆佃：《埤雅》，文渊阁《四库全书》本。
陆佃：《陶山集》，文渊阁《四库全书》本。
林之奇：《尚书诠解》，文渊阁《四库全书》本。
黎靖德编：《朱子语类》（全八册），中华书局 1986 年。
陆九渊：《陆九渊集》，中华书局 1980 年。
李衡：《周易义海撮要》，文渊阁《四库全书》本。
李学勤主编：《十三经注疏》，北京大学出版社 1999 年。
毛亨传，郑玄笺，孔颖达疏：《毛诗注疏》，上海古籍出版社 2013 年。
欧阳修：《诗本义》，文渊阁《四库全书》本。
欧阳修：《新五代史》，中华书局 2016 年。
欧阳修著，洪本健校笺：《欧阳修诗文集校笺》，上海古籍出版社 2009 年。
孙复：《孙明复小集》，文渊阁《四库全书》本。
孙复：《春秋尊王发微》，文渊阁《四库全书》本。
石介：《徂徕集》，文渊阁《四库全书》本。
司马光：《温公易说》，文渊阁《四库全书》本。
司马光著，李之亮笺注：《司马温公集编年笺注》，巴蜀书社 2009 年。
苏辙：《春秋集解》，文渊阁《四库全书》本。
苏辙：《苏氏春秋集解》，文渊阁《四库全书》本。
苏辙：《苏辙集》，中华书局 2017 年。
苏轼：《书传》，文渊阁《四库全书》本。
苏轼：《苏轼文集》，中华书局 2017 年。
王弼注，楼宇烈校释：《周易注校释》，中华书局 2012 年。
王安石：《周礼新义》十六卷附《考工记解》两卷，文渊阁《四库全书》本。
王令：《王令集》，上海古籍出版社 2011 年。
王昭禹：《周礼详解》，文渊阁《四库全书》本。
卫湜：《礼记集说》，文渊阁《四库全书》本。

王夫之:《船山遗书》,中国书店 2016 年。
王先谦:《荀子集解》,中华书局 2013 年。
王与之:《周礼订义》,文渊阁《四库全书》本。
应劭著,王利器校注:《风俗通义校注》,中华书局 2010 年。
杨时:《杨时集》,中华书局 2018 年。
叶适:《叶适集》,中华书局 2010 年。
叶时:《礼经会元》,文渊阁《四库全书》本。
岳纯之校证:《宋刑统校证》,北京大学出版社 2015 年。
郑玄注,孔颖达疏:《礼记正义》,上海古籍出版社 2008 年。
郑玄注,贾公彦疏:《周礼注疏》,上海古籍出版社 2010 年。
郑玄注,贾公彦疏:《仪礼注疏》,上海古籍出版社 2008 年。
周敦颐:《周敦颐集》,中华书局 2009 年。
张载:《张载集》,中华书局 1978 年。
曾巩:《曾巩集》,中华书局 1984 年。
朱熹:《朱子全书》(共二十七册),上海古籍出版社、安徽教育出版社 2010 年。
朱熹:《四书章句集注》,中华书局 2012 年。
朱熹:《诗集传》,文渊阁《四库全书》本。
郑伯谦:《太平经国之书》,文渊阁《四库全书》本。

四、近现代著述类

白彤东:《旧邦新命:古今中西参照下的古典儒家政治哲学》,北京大学出版社 2009 年。
贝淡宁:《贤能政治》,中信出版社 2015 年。
毕明良:《王安石政治哲学研究》,陕西师范大学博士学位论文 2012 年。
陈寅恪:《隋唐制度渊源略论稿》,商务印书馆 2011 年。
陈寅恪:《唐代政治史述论稿》,商务印书馆 2011 年。
陈焕章:《孔门理财学》,韩华译,商务印书馆 2015 年。
陈来:《宋明理学》,生活·读书·新知三联书店 2011 年。
陈来:《儒学美德论》,生活·读书·新知三联书店 2019 年。
陈壁生:《经学、制度与生活——〈论语〉“父子相隐”章疏证》,华东师范大学出版社 2010 年。
陈运宁:《中国佛教与宋明理学》,湖南人民出版社 2002 年。
陈乔见:《公私辨:历史衍化与现代诠释》,生活·读书·新知三联书店

2013 年。
陈顾远：《中国法制史概要》，商务印书馆 2011 年。
陈晓珊：《历史地理视角下的王安石变法》，北京大学博士学位论文 2011 年。
程元敏：《尚书学史》，华东师范大学出版社 2014 年。
蔡方鹿：《中国经学与宋明理学研究》，人民出版社 2011 年。
常建华：《明代宗族研究》，上海人民出版社 2005 年。
蔡根祥：《宋代尚书学案》，台湾花木兰出版社 2006 年。
邓国光：《经学义理》，上海古籍出版社 2011 年。
邓广铭：《北宋政治改革家王安石》，河北教育出版社 2001 年。
邓小南：《祖宗之法：北宋前期政治述略》，生活·读书·新知三联书店 2006 年。
邓克铭：《宋代理概念之开展》，台湾文津出版社 1994 年。
冯友兰：《中国哲学史新编》，人民出版社 2007 年。
冯尔康：《中国古代的宗族与祠堂》，商务印书馆国际有限公司 1996 年。
方笑一：《北宋新学与文学》，上海古籍出版社 2008 年。
樊凤玉：《王安石、司马光之注〈老〉与其政治实践之关系研究》，台湾中正大学博士学位论文 2011 年。
顾颉刚：《汉代学术史略》，人民出版社 2008 年。
郭齐勇：《儒家伦理争鸣集——以“亲亲相隐”为中心》，湖北教育出版社 2004 年。
郭善兵：《中国古代帝王宗庙礼制研究》，人民出版社 2007 年。
干春松：《制度化儒家及其解体》，中国人民大学出版社 2012 年。
苟东锋：《孔子正名思想研究》，复旦大学博士学位论文 2012 年。
黄勇：《当代美德伦理：古代儒家的贡献》，东方出版中心 2019 年。
黄玉顺：《中国正义论的形成》，东方出版社 2015 年。
黄复山：《王安石〈字说〉之研究》，台湾花木兰文化出版社 2008 年。
贺麟：《文化与人生》，商务印书馆 1996 年。
侯外庐：《中国思想通史》，人民出版社 1959 年。
姜广辉：《中国经学思想史》，中国社会科学出版社 2003 年。
姜国柱：《李觏思想研究》，中国社会科学出版社 1984 年。
蒋秋华：《宋人洪范学》，台湾大学出版社整理丛刊 1997 年。
蒋秋华、冯晓庭主编：《宋代经学国际研讨会论文集》，中研院文哲所 2007 年。
蒋义斌：《宋代儒释调和论及排佛论之演进——王安石之融通儒释及程

朱学派之排佛反王》,台湾商务印书馆 1988 年。
金春峰:《周官之成书及反映的文化与时代新考》,中华书局 1982 年。
柯昌颐编:《王安石评传》,商务印书馆(民国)1933 年。
梁启超:《王安石传》,陕西师范大学出版社 2010 年。
吕思勉著,林庆彰主编:《中国经学史论文选集》,台湾文史哲出版社 1992 年。
刘师培:《经学教科书》,上海古籍出版社 2006 年。
刘起釪:《尚书学史》,中华书局 1989 年。
李泽厚:《中国古代思想史论》,安徽文艺出版社 1999 年。
李振纲、方国根:《和合之境:中国哲学与 21 世纪》,华东师范大学出版社 2001 年。
李承贵:《儒士视阈中的佛教——宋代儒士佛教观研究》,宗教文化出版社 2007 年。
李华瑞:《王安石变法研究史》,人民出版社 2004 年。
李祥俊:《王安石学术思想研究》,北京师范大学出版社 2001 年。
李金水:《王安石经济变法研究》,福建人民出版社 2007 年。
李昌宪:《司马光评传》,南京大学出版社 1998 年。
李剑农:《中国古代经济史稿》(上、下),武汉大学出版社 2005 年。
卢国龙:《宋儒微言》,华夏出版社 2001 年。
鲁学军:《通经明道,康国济民——李觏思想研究》,复旦大学出版社 2013 年。
刘成国:《荆公新学研究》,上海古籍出版社 2006 年。
黎虎:《汉唐外交制度史》,兰州大学出版社 1998 年。
罗家祥:《北宋党争研究》,台北文津出版社 1993 年。
林庆彰编:《中国经学史论文选集》(上、下),台北文史哲出版社 1993 年。
林素芬:《北宋中期儒学道论类型研究》,台湾里仁书局 2008 年。
林菁菁:《王安石对于典籍之诠释与应用》,台湾花木兰文化出版社 2010 年。
马振铎:《政治改革家王安石的哲学思想》,湖北人民出版社 1984 年。
皮锡瑞:《经学通论》,中华书局 1954 年。
皮锡瑞:《经学历史》,周予同注释,中华书局 2004 年。
钱穆:《中国学术思想史论丛》(五),台湾东大图书有限公司 1984 年。
钱穆:《两汉经学今古文平议》,商务印书馆 2005 年。
漆侠:《宋代经济史》,中华书局 2009 年。

漆侠：《宋学的演变与发展》，河北人民出版社2002年。
漆侠：《王安石变法》，上海人民出版社1959年。
齐涛：《中国古代经济史》，山东大学出版社1999年。
亓小荣：《日本有关王安石的记载与研究》，浙江工商大学硕士学位论文2015年。
任锋：《道统与治体》，中央编译出版社2014年。
孙光浩：《王安石洗冤录》，台湾学生书局1996年。
束景南：《朱子大传》，福建教育出版社1992年。
沈松勤：《北宋文人与党争》，人民出版社1998年。
邵嘉骏：《20世纪初英国学者威廉森的王安石研究》，北京外国语大学硕士学位论文2018年。
唐文明：《隐秘的颠覆：牟宗三、康德与原始儒家》，生活·读书·新知三联书店2012年。
韦政通：《中国思想史》，上海书店出版社2003年。
吴钩：《宋仁宗：共治时代》，广西师范大学出版社2020年。
吴钩：《宋：现代的拂晓时辰》，广西师范大学出版社2019年。
王水照、崔铭：《苏轼传》，人民文学出版社2018年。
王水照：《苏轼研究》，中华书局2015年。
王桐龄：《中国历代党争史》，上海书店出版社2012年。
熊十力：《读经示要》，中国人民大学出版社2009年。
萧公权：《中国政治思想史》，商务印书馆2018年。
向世陵：《理气性心之间——宋明理学的分系与四系》，人民出版社2008年。
向世陵主编：《宋代经学哲学研究》（三卷），上海图书馆出版社、上海科学技术文献出版社2014年。
徐复观：《中国经学史的基础》，台湾学生书局1982年。
徐复观：《周官之成立时代及其思想性格》，台北学生书局1980年。
徐洪兴：《思想的转型——理学发生过程研究》，上海人民出版社1996年。
徐文明：《出入自在——王安石与佛禅》，河南人民出版社2001年。
徐波：《由湍水之喻到幽暗意识：理学视域下的人性善恶论新探》，上海三联书店2019年。
谢善元：《李觏之生平及思想》，中华书局1988年。
夏长朴：《李觏与王安石研究》，台湾大安出版社（民国78年）1989年。

肖永明:《北宋新学与理学》,陕西人民出版社2001年。
杨树达:《汉代婚丧礼俗考》,江西教育出版社2018年。
杨伯峻:《论语译注》,中华书局2009年。
杨新勋:《宋代疑经研究》,中华书局2007年。
杨天保:《金陵王学研究——王安石早期学术思想的历史考察(1021—1067)》,上海人民出版社2008年。
杨倩描:《王安石〈易〉学研究》,河北大学出版社2006年。
余敦康:《内圣外王的贯通——北宋易学的现代阐释》,学林出版社1997年。
叶国良:《宋人疑经改经考》,台湾大学出版社1980年。
叶坦:《大变法:宋神宗与十一世纪的改革运动》,生活·读书·新知三联书店1996年。
余英时:《朱熹的历史世界》,生活·读书·新知三联出版社2011年。
余英时:《士与中国文化》,上海人民出版社2003年。
虞云国:《宋代台谏制度研究》,上海社会科学院出版社2001年。
章太炎:《章太炎全集》,上海人民出版社1982年。
章权才:《宋明经学史》,广东人民出版社1999年。
朱维铮编:《周予同经学史论著选集》,上海人民出版社1996年。
周予同:《经学史论著选集》,上海人民出版社1996年。
张岱年:《张岱年全集》,河北人民出版社1996年。
张立文主编:《中国哲学范畴精粹丛书——道》,中国人民大学出版社1989年。
张立文:《中国哲学范畴发展史》(人道篇),中国人民大学出版社1995年。
张立文:《和合哲学论》,人民出版社2004年。
张立文:《中国哲学思潮发展史》,人民出版社2014年。
张立文:《宋明理学研究》,中国人民大学出版社1985年。
张义生:《宋初三先生研究》,山东人民出版社2012年。
张志宏:《德性与权利——先秦儒家人权思想研究》,人民出版社2012年。
张祥浩:《王安石评传——中国十一世纪改革家的悲欢与是非》,广西教育出版社1997年。
张白山:《王安石》,上海古籍出版社1986年。
张晋藩主编:《中国法制史》,群众出版社1983年。

张保见、高青青编：《王安石论著目录索引 1912—2014》，四川大学出版社 2015 年。

曾亦、郭晓冬：《春秋公羊学史》，华东师范大学出版社 2017 年。

朱刚：《苏轼苏辙研究》，复旦大学出版社 2019 年。

朱承：《儒家的如何是好》，广西师范大学出版社 2016 年。

赵益：《王霸义利：北宋王安石改革批评》，南京大学出版社 2000 年。

赵冬梅：《司马光和他的时代》，生活·读书·新知三联出版社 2013 年。

赵世瑜：《吏与中国传统社会》，浙江人民出版社 1994 年。

［美］包弼德（Peter k. Bol）：《斯文：唐宋思想的转型》，刘宁译，江苏人民出版社 2017 年。

［日］本田成之：《中国经学史》，孙俍工译，上海书店出版社 2001 年。

［日］东一夫：《王安石新法の研究》，风间书房 1970 年。

［日］东一夫：《日本中·近世の王安石研究史》，风间书房（昭和 62 年）1987 年。

［日］东一夫：《王安石事典》，国书刊行会 1980 年。

［美］George Ritzer（乔治·瑞泽尔）：Modern Sociological Theory，Peking University Press，2004。

［日］沟口雄三：《中国思想史（宋代至近代）》，龚颖、赵士林译，三联出版社 2014 年。

［日］沟口雄三：《中国的思维世界》，小岛毅主编，孙歌等译，江苏人民出版社 2006 年。

［日］沟口雄三：《中国的公与私·公私》，郑静译，生活·读书·新知三联出版社 2011 年。

［英］弗里德里希·哈耶克：《自由宪章》，杨玉生、冯兴元、陈茅等译，中国社会科学出版社 2012 年。

［英］H·R·Williamson（威廉逊）：Wang An Shih：A Chinese Statesman And Educationalist of the Sung Dynasty，Author Probsthain，1935。

［德］卡尔·曼海姆：《意识形态与乌托邦》，黎鸣、李书崇译，上海三联书店 2011 年。

［日］泷熊之助：《中国经学史概说》，陈清泉译，商务印书馆 1942 年。

［美］刘子健（James T.C.Liu）：Reform In Sung China，Harvard University Press，1959。

［美］刘子健：《中国转向内在》，赵冬梅译，江苏人民出版社 2002 年。

［日］梅原郁：《宋代官僚体制研究》，同朋舍 1985 年。

[美] 田浩:《功利主义儒家》,姜长苏译,江苏人民出版社 1997 年。
[日] 土田健次郎:《道学之形成》,朱刚译,上海古籍出版社 2010 年。
[日] 小岛毅:《中国思想与宗教的奔流(宋朝)》,何晓毅译,广西师范大学出版社 2014 年。
[日] 佐伯富:《王安石》,富山房 1941 年。

五、引用论文资料

白彤东:《中国是如何成为专制国家的》,《文史哲》2016 年第 5 期。
陈来:《儒家的政治思想与美德政治观》,《中国哲学史》2020 年第 1 期。
陈立军:《论北宋阿云案的流变与影响》,《历史教学》2017 年第 18 期。
常建华:《明代宗族祠庙祭祖礼制及其演变》,《南开学报》2001 年第 3 期。
丁四新:《王安石性命论思想研究》(下),《思想与文化》2014 年第 1 期。
戴建国:《宋〈刑统〉制定后的变化》,《上海师范大学学报》1992 年第 4 期。
冯锴、刘璐:《被污名化的秦始皇与汉文化的形成》,《秦汉研究》2019 年第 0 期。
范立舟:《宋代思想环境在张载对井田制的理解与提倡》,《湖北大学学报》(哲学社会科学版)2018 年第 9 期。
高克勤:《王安石著述考》,《复旦学报》(社会科学版)1988 年第 1 期。
干春松:《贤能政治:儒家政治哲学的一个面向——以〈荀子〉的论述为例》,《哲学研究》2013 年第 5 期。
谷继明:《杨时易学探义》,《中国文化研究》2018 年第 1 期。
郭畑:《唐宋孟子诠释之演进与孟子升格运动》,《孔子研究》2016 年第 5 期。
郭东旭:《论阿云狱之争》,《河北学刊》1989 年第 6 期。
侯旭东:《中国古代专制说的知识考古》,《近代史研究》2008 年第 4 期。
黄敏兰:《质疑“中国古代专制说”依据何在——与侯旭东先生商榷》,《近代史研究》2009 年第 6 期。
黄子鉴:《论汉武帝以来的经学分期分派》,《哲学研究》2018 年第 4 期。
黄玉顺:《“贤能政治”将走向何方》,《文史哲》2017 年第 5 期。
胡水君:《儒家法治:学理可能及其现代生发》,《天府论坛》2019 年第 1 期。
何忠礼:《宋代官吏的俸禄》,《历史研究》1994 年第 3 期。

华哲：《中古“庙制”始祖问题再探》，《文史》2015 年第 3 辑。
蒋凌楠：《晚清“专制”概念的接受与专制历史谱系的初构》，《史学理论与史学史学刊》2015 年第 0 期。
蒋丽梅：《为学与为道之间——王安石〈老子注〉的价值转向》，《中国哲学史》2013 年第 1 期。
金生杨：《王荆公〈易解〉考略》，《古籍整理研究学刊》2001 年第 3 期。
金生杨：《程朱理学与王安石〈易解〉》，《孔子研究》2004 年第 3 期。
江必新、莫家齐：《“以敕代律”说质疑》，《法学研究》1985 年第 3 期。
贾玉英：《台谏与宋代改革》，《中州学刊》1991 年第 3 期。
孔学：《〈庆元条法事类〉研究》，《史学月刊》2000 年第 2 期。
孔学：《论宋代敕律关系》，《河南大学学报》（社会科学版）2001 年第 3 期。
孔学：《宋代专门编敕机构——详定编敕所述论》，《河南大学学报》（社会科学版）2007 年第 1 期。
刘小平：《儒家为何必然需要法治？——黄宗羲的“法”理论及其内在转向》，《法制与社会发展》2020 年第 5 期。
刘丰：《王安石的礼乐论与心性论》，《中国哲学史》2010 年第 2 期。
李开元：《焚书坑儒的真伪虚实——半桩伪造的历史》，《史学集刊》2010 年第 6 期。
李欣复、纪燕：《王安石〈老子注〉再评述》，《中国哲学史》2009 年第 2 期。
李景林：《先秦儒学“中庸”说本义》，《吉林大学社会科学学报》1994 年第 4 期。
李希运：《三苏与北宋进士科举改革》，《山东大学学报》（哲社版）1999 年第 2 期。
李衡眉：《历代昭穆制度中“始祖”称呼之误厘正》，《求是学刊》1995 年第 3 期。
梁涛：《清华简〈保训〉与儒家道统说》，《邯郸学院学报》2013 年第 3 期。
路育松：《从对冯道的评价看宋代气节观念的嬗变》，《中国史研究》2004 年第 1 期。
路育松：《试论王安石对吏禄的改革》，《安徽史学》1999 年第 2 期。
雷博：《试论“熙丰变礼”及其思想史意义》，《政治思想史》2015 年第 3 期。
柳正权：《中国古代定罪原则的法文化分析》，《武汉大学学报》（哲学社会科学版）2012 年第 6 期。

马新:《试论汉代的墓祀制度》,《山东大学学报》(哲学社会科学版)2014年第1期。

马珺:《中国古代谏官制度》,《外国法制史研究》2006年第0期。

孙磊:《民主时代的贤能政治》,《天府新论》2018年第4期。

束景南、王晓华:《四书升格运动与宋代四书学的兴起——汉学向宋学转型的经典诠释历程》,《历史研究》2007年第5期。

涂可国:《政治儒学的一个重要向度,先秦儒家的法治思想》,《当代儒学》2019年第1期。

涂盛高:《论西汉谏大夫》,《南都学刊》2019年第1期。

唐文明:《儒家伦理与腐败问题》,《伦理学研究》2011年第5期。

王琦、朱汉民:《“政者,正也”析论》,《湖南大学学报》(社会科学版)2015年第5期。

王子今:《“焚书坑儒”再议》,《光明日报》2013年8月14日。

王宝利:《再论章句与章句之学》,《社会科学论坛》2007年第8期。

王金凤:《“逻辑的有效”与“意义的有效”——从孙复〈春秋〉诠释何以有效看经典诠释的有效性》,《思想与文化》2017年第2期。

王书华:《王安石诋〈春秋〉为“断烂朝报”之考辩》,《社会科学论坛》2005年第10期。

王善军:《宋代的宗族祭祀与祖先崇拜》,《世界宗教研究》1999年第3期。

王凌皞:《司法判决中的实践理由与规范适用——儒家“原情定罪”整体论法律推理模型的重构》,《法制与社会发展》2015年第3期。

王世农:《台谏、舆论与北宋改革的命运》,《文史哲》2003年第3期。

王启发:《在经典与政治之间——王安石变法对〈周礼〉的具体实践》,《湖南大学学报》(社会科学版)2007年第2期。

吴飞:《祭及高祖:宋代理学家论大夫士庙数》,《中国哲学史》2012年第4期。

吴承学、何诗海:《从章句之学到文章之学》,《文学评论》2008年第5期。

武勇:《宋型文化背景下的宋代孟子升格运动》,《现代哲学》2016年第2期。

魏殿金:《敕·律兼行——宋代刑法体系简论》,《齐鲁学刊》2000年第3期。

熊凯:《王安石“新学”名称由来考辨》,《史学月刊》2009年第4期。

徐时仪:《王安石〈字说〉的成书时间和版本流传考》,《喀什师范学院学报》1995年第1期。
徐时仪：《王安石〈字说〉考论》（上、下），《辞书研究》1992年第4、5期。
徐克谦：《论荀子的“中道”哲学》，《中国哲学史》2011年第1期。
向世陵：《仁爱与博爱》，《哲学动态》2013年第9期。
向世陵：《兼爱、博爱、一气与一理》，《中国哲学史》2012年第2期。
杨权：《论章句与章句之学》，《中山大学学报》（社会科学版）2002年第4期。
杨国荣：《贤能政治：意义与限度》，《天津社会科学》2013年第2期。
杨朝明：《孔子的“中道”哲学及其意义》，《邯郸学院学报》2013年第3期。
杨春俏、吉新宏：《北宋中晚期科举考试中的诗赋、经义之争》，《辽宁大学学报》（哲社版）2007年第1期。
杨鑫：《熙宁科举改革与八股文的起源》，《宋史研究论丛》2015年第2期。
阎云：《论北宋庆历经学探寻“治体”的困境与意义》，《福建师范大学学报》（哲学社会科学版）2018年第3期。
尹志华：《王安石的〈老子注〉探微》，《江西社会科学》2002年第11期。
俞菁慧：《〈周礼·泉府〉与熙宁市易法——〈泉府〉职细读与王安石的经世理路》，《首都师范大学学报》（社会科学版）2014年第4期。
殷慧、肖永明：《学术与政治纠结中的朱熹祧庙之议》，《湖南大学学报》（社会科学版）2009年第7期。
余河郾：《王安石“以民兵代正兵”的军事思想》，《华夏文化》2013年第3期。
张分田：《“专制”问题论纲——关于“重建中国思想史知识体系”的若干思考》，《天津社会科学》2011年第3期。
张志宏：《回归“正”治——当代中国哲学研究的发展路向》，《文史哲》2020年第3期。
张明华：《论冯道“不知廉耻”历史形象的塑造与传播》，《史学月刊》2012年第5期。
张涛：《三礼馆辑录〈永乐大典〉经说考》，《故宫博物院院刊》2011年第6期。
张升：《〈四库全书考证〉的成书及主要内容》，《史学史研究》2011年第1期。
张建民：《王安石〈老子注〉著作年代考》，《兰台世界》2011年第31期。

张焕君:《宋代太庙中的始祖之争——以绍熙五年为中心》,《中国文化研究》2006 年第 2 期。

周海春:《安定学派和泰山学派兴起的价值》,《价值论与伦理学研究》2015 年第 0 期。

后　记

本书是在博士论文的基础上修改的。它能够完成出版,得益于诸多师友的帮助,也得益于很多的机缘。

2012 年我很荣幸能够跟随张立文先生攻读博士学位。先生不仅学问博大,亦覃精研思,创立"和合学"的哲学体系。因为受到当时师友中流行的经学研究热潮的影响,我最终确定以"王安石的经学与变法"作为自己博士论文的题目,这也得到了先生的许可。还记得在论文的写作过程中,每次与先生交流,都会得到具体的建议与提示,常使我豁然开朗。对于如何将王安石的经学与变法贯通起来,正是先生提醒我要在理论的层面给予提升,因为我还是要在哲学院取得博士学位的。然现在看来,我的博士论文并没有很好地完成这一任务。

毕业之后,我一直延续这一课题的研究。但如何在理论上确立王安石的经学与变法之间的关联,我并没有非常明确地认识,相关论文的写作只是围绕着一些具体的经学与变法的问题展开而已,这使得我的论述不能不显得比较细碎。直到我将王安石及其前后思想家的政治哲学与变法理论进行了全面地、系统地梳理之后,我才意识到两个重要的范畴,即"道德与法度",它们之间的关系如何成为王安石以及整个北宋时代的政治改革思潮的基本问题。我这才回过头来,进行重新梳理与写作。与原来的博士论文相比，虽说是修改，但实际上是重写了。对于这一问题的揭示与论述，是否能够得到学界的认同，我的内心并不是很确定，因为相对于已经存在的观点，以此来分析王安石及那个时代的学术与变法，还是一个新的视角。但是我相信这是我由"形而下"的路线，即在对王安石经学与变法材料的充分掌握之后，所能得出的比较确切的结论罢了。

在我读博期间，一直有幸参与向世陵教授组织的读书会，先是《礼记正义》，后是《诗集传》，使我得以深入研读古代典籍，受益匪浅。我更是在读书会上，与现在的妻子黄花萍相识，这可以说是人生中另一重大而意外的收获。读书期间，不仅得到向老师的很多帮助，也有诸位同学、同门相互讨论、切磋学问，对此，我都铭记于心。

博士求学期间，多方受教于中国人民大学中国哲学教研室彭永捷教授、宋志明教授、罗安宪教授、干春松教授。他们学识渊博、见解独到，无论是课堂听讲，还是平时交流，常能给人意想不到的收获。依然记得彭永捷对我的论文所提的意见：研究并不是要为谁辩护，而是要从理论上说明其学术的价值。它使我认识到真正的学术研究，应该是一种"科学"的事业。我一直没有放弃对此的努力。人民出版社的方国根老师，慷慨豪爽，奖掖后学，给予我很多的帮助与建议。我在南京大学哲学系的硕士导师方蔚林教授（笔名舒也），一直关心着我的学习与生活。在此，谨致谢忱！

本书的出版尤其要感谢上海戏剧学院王云教授的推荐，使得它最终得到了"上海高校高峰高原学科建设计划"项目的资助。还要感谢上海古籍出版社高克勤先生的认可，使得本书能够顺利出版。自本书进入出版计划以来，古籍出版社所具有的专业精神，以及严肃认真的学术态度，让我受教颇深。感谢他们的工作，使本书少犯很多的错误。最后，还要感谢上海戏剧学院社科部的同事们，允许我在工作之余，按照自己的兴趣完成研究。工作虽然有压力，但与同事们的相处还是愉快和轻松的。

公元2021年恰值王安石诞辰1000周年，能够在这样的一个时刻出版这样一本书，虽说是一个偶然的机缘，但也可以让作者借以表达对古代这位卓越的政治家、思想家、文学家的缅怀之意。

2021 年夏记于上海祁连村